周维栋 著

Like Cases Be Treated Alike

同案同判的基本原理

法律出版社 LAW PRESS·CHINA
北京

图书在版编目(CIP)数据

同案同判的基本原理 / 周维栋著. -- 北京 : 法律出版社, 2023

ISBN 978 - 7 - 5197 - 8356 - 3

Ⅰ. ①同… Ⅱ. ①周… Ⅲ. ①审判 — 研究 — 中国
Ⅳ. ①D925.04

中国国家版本馆 CIP 数据核字(2023)第 177801 号

同案同判的基本原理
TONG'AN TONGPAN DE JIBEN YUANLI

周维栋 著

责任编辑 王 珊
装帧设计 李 瞻

出版发行 法律出版社
编辑统筹 学术·对外出版分社
责任校对 李慧艳
责任印制 陶 松
经　　销 新华书店

开本 710 毫米×1000 毫米 1/16
印张 23　**字数** 353 千
版本 2023 年 9 月第 1 版
印次 2023 年 9 月第 1 次印刷
印刷 北京新生代彩印制版有限公司

地址:北京市丰台区莲花池西里 7 号(100073)
网址:www.lawpress.com.cn
投稿邮箱:info@lawpress.com.cn
举报盗版邮箱:jbwq@lawpress.com.cn

销售电话:010 - 83938349
客服电话:010 - 83938350
咨询电话:010 - 63939796

书号:ISBN 978 - 7 - 5197 - 8356 - 3
定价:96.00 元

凡购买本社图书,如有印装错误,我社负责退换。电话:010 - 83938349

目　录

导　论

一、研究问题及意义

同案同判作为一种价值标准，是宪法平等原则的司法面向，是司法正义的体现。“不患寡而患不均”是我国传统文化中关于公平正义观念的体现，“平等的关切是政治社会至上的美德，没有这种美德的政府，只能是专制的政府”。① 平等理论的谱系主要关注的是分配什么以及如何分配的问题，将平等理论投射到司法实践中，侧重点则在于如何分配才能实现公正，也就是如何实现“同案同判”。同案不同判的现象在我国司法实践中普遍存在，类似的案件在不同法院中得出不同的裁判结论，相同的情形在同一法院不同时期作出完全相反的判决，甚至同一个案件在前后多次审判程序中也会出现相互矛盾的结论，这明显不符合宪法平等原则的精神。同案不同判不仅严重违反了宪法上的平等保护原则，而且危害到法律的统一适用。在个案法律适用中，同案不同判的原因是多方面的，包括案件事实的纷繁复杂与价值判断的多元并立，法律制定过程中的漏洞、冲突模糊与法律适用过程中的解释和选择分歧，还有大国宪制背景下的地域差异和文化差异。该如何实现并控制同案

---

① 参见［美］罗纳德·德沃金：《至上的美德》，冯克利译，江苏人民出版社2008年版，第3页。

同判？理论上并没有提供共识性的方案。正如世界上不可能有两片完全相同的树叶，世界上也不可能有两个完全相同的案件，更不可能实现绝对相同的判决结果，相同性问题最终将归为相似性难题。“在相同与相似之间并不存在逻辑上的界限，实质的平等经常仅是相似的关联。”① 如何判断案件相似性以及实现相似性判决？这不仅涉及实体层面的正义分配问题，还关系到程序层面的过程正义。在宪法思维的指导下，为了实现类案的可普遍化适用，从形式规范层面依据法治统一的秩序标准搭建类案规范体系，从实质权利要素角度以基本权利要素为比较要点建立适用于各个部门法的类案判断标准体系，从运行程序上引入平等参与程序与商谈说理程序推动司法沟通正义的实现。现行司法体制改革实践中的案例指导制度和类案强制检索制度，在一定程度上推动了法律统一适用和同案同判，但是制度的运行也会出现法治风险，需要接受合宪性调控。同案同判的最终落脚点在于保障法律统一正确适用，为了协调个案法律适用分歧，该如何发挥人大与司法机关的监督功能？需放在宪法整合的价值体系和权力秩序中进行通盘考量，本书据此展开研究。

（一）问题意识

1. 司法实践中的“同案不同判”难题

从司法实践上看，“同案不同判”现象一直是困扰司法公正的法治难题。类似的案件事实与争议焦点，却适用不同的法律给予不同的罚责的情形普遍存在。如王海先后在天津法院起诉的两起售卖假货案，在第一个案件中，天津市和平区人民法院支持了王海的索赔诉求，肯定了其消费者身份，天津市第一中级人民法院二审维持原判。在第二个类似案件中，天津市河北区人民法院认为王海在短暂时间内购买大量通信设备，并非为个人生活消费需要，不具有消费者身份，否定了其赔偿请求，天津市第一中级人民法院二审维持原判。同一个当事人的两个类似案件，在同一个法院却得出了完全相反的裁判，这是典型的同案不同判。再如，同样是几位单身被害人合租一间房被抢劫的案子，在最高人民法院指导性案例第466号“韩维抢劫案”中，法院依据《刑法》第

① ［德］阿图尔·考夫曼：《法律哲学》，刘幸义等译，法律出版社2011年版，第232页。

263条第1项、2000年最高人民法院《关于审理抢劫案件具体应用法律若干问题的解释》第1条，认定当事人构成入户抢劫罪，判处12年有期徒刑。而在“林立柱等抢劫案”中，一审法院认定林立柱等人构成入户抢劫罪，二审法院依照2005年最高人民法院《关于审理抢劫、抢夺刑事案件适用法律若干问题的意见》，认为本案租用房的居住成员之间无亲属关系，不具备家庭生活的基本特征，不属于“户”，将两被告人的刑期由10年改判至5年。正是由于法官对法律的理解和价值判断不一样，导致同样的案件事实中被告人的刑期相差5年以上不等，这种同案不同判现象严重影响了法律适用的统一与司法公正。

同案不同判的原因很复杂，既有制定法本身的漏洞与模糊，也有司法程序与审判组织设置上的缺陷，更有裁判主体对法律理解的分歧与价值判断的差异。各级法院为了实现同案同判，进行了不同程度的实践探索。如2002年7月25日，郑州市中原区人民法院制定了《关于实行先例判决制度的若干规定》，要求法院在审理同类案件时，应当参照本院生效的先例案件作出裁判。2003年12月，四川省高级人民法院通过了《关于案例指导制度的通知》，筛选在法律适用方面具有典型意义的案例作为指导案例，指导下级人民法院在法律规定存在空白或比较原则方面正确适用法律。2019年12月2日，北京市高级人民法院颁布了《关于规范民事案件自由裁量权行使保障裁判尺度统一的工作意见（试行）》，要求法官应注重通过类案检索分析发现自由裁量权行使中存在的裁判尺度不统一问题。各地高级人民法院发布的“典型案例”“参考案例”等，同样是为了统一裁判尺度，限制法官裁量，保证类案同判。

2. 司法政策上的同案同判要求

从政策导向上看，2010年11月26日，最高人民法院颁布的《关于案例指导工作的规定》强调，构建案例指导制度是适应公正处理各类案件的具体需要，要坚持法律的原则性与灵活性的统一，平等性与多样性的统一，实现裁判尺度的统一和司法个案的公正。2015年4月27日，《〈最高人民法院关于案例指导工作的规定〉实施细则》进一步明确，各级人民法院审理类似案件，应当参照指导性案例适用。2018年12月4日，最高人民法院《关于进一步全面落实司法责任制的实施意见》规定，健全完善法律统一适用机制，各级人民法院应当建立类案及关联案件强制检索机制，确保类案裁判标准统一、法律适用统一，存在法律适用争议或者“类案不同判”可能的案件，承办法官应当制作关联案件和类案检索报告。2020 年 7 月 27 日，最高人民法院《关于统一法律适用加强类案检索的指导意见（试行）》，明确类案强制检索的具体情形及类案的参照适用规则，对于约束法官的自由裁量权、统一法律适用，实现类案同判具有重要制度效力。虽然司法文件确立了基本事实、争议焦点、法律适用问题等作为类案判断的考虑维度，但是具有可操作性的类案判断标准依旧比较模糊，还需要结合事实和法律问题进一步明确细化类案判断标准体系。

3. 类案判断标准的宪法问题

从宪法规范上看，我国现行《宪法》第 5 条第 2 款规定“国家维护社会主义法制的统一和尊严”，作为国家机构的法院，通过统一法律适用，减少法律适用分歧，有利于实现法制统一。第 33 条第 2 款规定“中华人民共和国公民在法律面前一律平等”，平等保护原则分为法律面前的平等和法律的平等保护，既约束法律制定机关，也限制法律适用机关。作为约束司法机关的平等原则，要求法院在司法裁判中同案同判。第 128 条规定“中华人民共和国人民法院是国家的审判机关”，法院是裁决公民权利义务的司法机关，法院在解释和适用法律的过程中，具有维护司法公正的属性。也就是说，同案同判是法院的宪法义务。那么在合宪性思维指导下，如何确立类案的判断标准？在判定类案的比较要点过程中，各个部门法是否存在共性的类案判断标准？本书尝试从宪法基本权利的角度，建立一种可普遍化的类案判断原则。

4. 如何实现同案同判的理论问题

从法律理论上看，“法律是什么”这个问题是法理学争论的核心焦点，并且始终没有统一的定论。在有限的理性和复杂的经验之间，法律始终具有“开放结构”，法律的标准是什么，很多情况下也非由制定法的文本明白无误地规定，而需要通过解释等活动来确定。类案究竟在法律统一适用中能发挥多大作用，在法律论证理论方面需要获得理论支撑。在以演绎为主的推理形式中，“找法”或“法律发现”的过程本身就是一种案件事实与规范蕴含的事实要件进行比对的过程，相似的要件要求对自身适用相同的规则，并且期待能够从中推导出类似的结果。

而等置模式或类比推理,则是类型化思维最典型的表现。在司法裁判中,这种类型化的趋向一方面促使法官尽可能做到法律的统一适用、实现类似案件类似审判,另一方面也让人们通过对裁判结果的直观比较反过来督促司法追求同案同判。但是如何寻找类案以及如何实现参照同案同判,在理论上需要通过司法裁判的程序主义思维来破解,尽可能在司法者与案件当事人之间达成共识。法院在解释和适用法律的过程中,如何实现统一法律适用和价值判断一致,涉及法院在个案法律适用中的合宪性解释与审查问题。为了保障同案同判的实现,最终要回到整体宪法秩序中获得法律适用分歧协调理论与合宪性审查技术的支撑。

(二)研究意义

1. 明确同案同判与案例指导制度的性质定位与制度功能。同案同判作为司法机关的价值性原则,不仅是司法的构成性义务,而且是司法的方法性要求。通过对指导性案例的教义学分析,明确指导性案例的司法解释属性,提出具体性指导性案例与抽象性司法解释的“双轨型”司法解释体制,丰富我国司法机关的法律解释体系。

2. 建立中国案例法治体系,完善类案判断标准。从形式正义角度,搭建起以最高人民法院发布的指导性案例为一元、其他下级人民法院的案例为多级的类案规范等级体系;从实质正义角度,以权利保护为比较中项,建立起以主体、行为和法益等权利要素为比较内容的系统性类案判断标准;从程序正义角度,完善类案认定的内部监督程序和类案适用的外部沟通程序,达致商谈说理的司法过程。

3. 划定同案同判的宪法边界,不仅提出了同案同判与依法独立行使审判权的协调机制,区分了立法权与司法权的权力要素和运行特征;而且阐释了基于裁判正确性考量,逸脱同案同判的正当理由,维持“统一法律”的形式正义和“个案正义”的实质正义的价值平衡。

4. 推动同案不同判的合宪性运行,尤其是对个案法律不同解释方案之间的合宪性选择、对个案适用的法律冲突的合宪性协调,确保在个案规范的多重含义解释中锁定符合宪法的解释结果或选择适用更为合宪的个案规范,建立“个案—法律—宪法”的沟通桥梁,达到统一法律适用的目的。

5. 完善法律适用分歧协调机制,为法院个案法律适用争议问题提供理论支撑和制度方案。健全对不能确定适用的法律规范的移送裁决程序,促进法制统一适用;建构对涉嫌违宪违法规范性文件的预审与提请审查程序,推动合宪性审查;明确法院个案法律适用中合宪性问题的移送审查机制,建议通过发布指导性案例的形式推动合宪性审查,作为一个打开具体性合宪性审查的窗口。

二、国内外研究现状

为了统一法律适用,约束法官的裁量权,不同法律体系的国家,植根于本国的历史文化传统和特定的基本国情,实行的制度模式有所差异。虽然判例法在历史上与普通法传统联系紧密,但是在两大法系日益融合的趋势下,判例制度是具备完善的法制体系的现代法治国家的重要构成元素。只是英美法系实行的判例法、大陆法系实行的判例制度与我国实行的案例指导制度,在制度构造及其运作中,有诸多差异。通过梳理三种制度模式的发展脉络及其研究动态,有助于完善中国特色案例指导制度。

(一)国外研究现状

1. 英美法系的判例法考察

判例法是构筑英美法系司法体制的根基,法院的先例就像法律一样建立在理性和正义之上。以英国和美国为代表的普通法系国家对判例法的研究,主要围绕遵循先例原则、先例的法律效力、先例的识别与区分技术、遵循先例过程中的合宪性问题等四个方面展开。英美两国的判例法制度大体相同,但受到法典化运动的影响和美国二元司法体制的约束,美国的判例法在英国的基础上有所发展和突破。

(1)关于遵循先例原则。在一般情况下,判例“是指法院作出的与手头待决案件在法律上有显著的可类比性的先前判决”。在严格意义上,判例“仅仅指有约束力的相关案件或判决中具有实际约束力的那部分内容”。(尼尔·麦考密克)判例法的精髓在于遵循先例,其内涵为一个先例就是一个过去的事件,而法律上的事件几乎总是等于判决,并能够对当前的行为提供指引。(尼尔·达克斯伯里)也就是说,在先的案件对以后的案件具有约束力。遵循先例原则的含义包括三个方面:尊重上级法院的判决,下级法院的判决对于上级法院而言是说服性先例,上级法院的判决对于下级法院而言是约束性先例。(鲁伯特·克罗斯、J. W. 哈里斯)遵循先例原则的功能表现为:不仅可以发挥行为的指引作用,而且有利于使法律保持稳定。(瑞德勋爵)也有学者认为遵循先例的灵活性可以推动和发展法律,进一步适应新的社会生活需要。(约瑟夫-拉兹、布赖恩-A. 加纳)

(2)关于判例的法律效力。总体而言,判例在英美法系普通法体系中具有法源地位,具有强制拘束力,在类似案件的裁判中必须得到遵循。在英国,判例的拘束力分为强制性拘束力和说服性拘束力。(洛克哈特法官)强制性拘束力是指上级法院做出的判决,对下级法院在类似案件的裁判中具有强制拘束力。在强制性判例中,真正包含法律规则的部分才具有约束力,分为判决理由和附随意见。(鲁伯特·克罗斯、J. W. 哈里斯)说服性拘束力是指下级法院作出的判例以及其他管辖区域的法院判例,只具有说服力而非强制力。具有拘束力的判例对后案具有正式的法律约束力,在类似案件中必须遵循,而具有说服力的判例对后案没有正式的法律约束力,在类似案件中可参照判决。(伯纳姆)在美国,鉴于联邦和州的二元司法体制结构,联邦和州的判例法体系也并不像英国那样统一。美国的法律体系由成文法和判例法组成,成文法和判例法的地位有所差异,各种法律渊源的效力位阶排序如下:①美国联邦宪法;②联邦法规、条约和法院规则;③联邦行政机构法则;④联邦普通法;⑤州宪法;⑥州法规和法院规则;⑦州行政机构规则;⑧州普通法。(威廉-伯纳姆)由此看出,联邦普通法在联邦法律体系中的效力最低,州普通法在州法律体系中的效力也是最低的。从纵向上看,在美国判例法体系内部,由于联邦最高法院的最高地位,其判例对下级联邦法院和各州法院均具有约束力。在联邦判例系统内部与州判例系统内部,上级法院的判例均构成下级法院的先例,而联邦地方法院的判决和州低级法院的判决一般不具有判例性质。(E. 艾伦-法思沃斯)从横向上看,不同司法辖区的各州法院以及同一辖区的同级法院的判决之间并不具有拘束力,而仅具有说服力。并且联邦法院适用州法律作出的裁判对州法院也没有拘束力,但是州最高法院的判例对联邦法院适用州法律作出的裁判构成先例。(彼得-海伊)关于先例的效力来源,并不是来自法律的明确规定,而是蕴含在审级制度之中。在英国统一的司法体系下,法院制度的等级结构严格限制法官的自由裁量权,维持下级法院的判决与上级法院的一致性,间接性地承认了上级法院的法律效力。(伯尔曼)在美国复合型司法体制下,虽然判例的效力也是受审级制度的影响,但是联邦与州法院两个系统之间并非严格的等级格局,所以遵循先例原则不是那么机械,相反表现了美国判例法的灵活性。

(3)关于先例的识别与区分技术。如何寻找类似案件是遵循先例原则的关键,在英美法系中,主要通过区别技术来寻找相类似的案件事实。区别技术的运用分为两个步骤:一是分析待决案件与先例的相同点与不同点;二是判断待决案件与先例之间相同点与不同点何者更为重要。(史蒂文·J.伯顿)在英美法系的区别技术实践中,案件事实是否相似是判断案件相似性的关键,如果当事人能够提供一个有利的先例证明案件之间的相似性,先例就会得到遵循;如果证明一个先例是完全不相似的,相应的先例就会被排除适用。(迈克尔·赞德、P. Hay)但是由于判例法并没有明确何种事实是重要的或不重要的,往往留待法官在个案中具体裁量,所以何种事实相似仍有争议。有学者认为"对重要性问题的判断,应该以法的目的价值作为参考"。(史蒂文·J.伯顿)但是究竟是先例适用的法律的目的还是待决案件将适用的法律的目的不明确。有学者认为先例的实质效力源于判决理由,所以法官会在先例的判决理由中说明据以作出判决的事实是什么,而这些事实就是实质性的事实,是案件的重要事实。(鲁伯特·克罗斯、J. W.哈里斯)因为判决理由要根据实质事实来确定,法官通过这些事实得出先例的裁判原则,然后据以作出类似的判决,除非待决案件有其他重要的实质性事实或者先例中的某些实质性事实没有显示出来。(古德哈特)通过区分技术识别出案件之间的不相似之后,就会出现遵循先例原则的例外及其规避途径。"严格地遵循先例会让不正义继续,更会阻止法律的发展"。(尼尔·达克斯伯里)英国上诉法院在实践中逐渐确立了不遵循先例原则的三种情形:一是两个先例相互冲突时,上诉法院可以决定遵循其中一个先例;二是上诉法院应当排除与上议院不相一致的先例;三是先例触犯了疏忽失察原则。(鲁伯特·克罗斯、J. W.哈里斯)美国背离先例的情形更普遍,主要分为司法抵制和司法创新两个方面。在司法抵制方面也有两种情形:一是少数派法官在反对意见中公开批判先例;二是下级法院法官公开反对上级法院的先例。(托尼·莫罗)出现司法抵制,可能的原因包括案件事实差异、先例本身错误、难以操作、情势变更等方面。(迈克尔·J.格哈特)为了适应社会的发展,先例可能过时,旧的先例需要被推翻,创制新的规则。如布朗案、罗伊诉韦德案等都是通过推翻先例,实现社会正义。无论是在英国还是在美国,区分先例或者推翻先例,都需要履行严格的说理义务和遵循特定的论证规则。

(4)关于遵循先例过程中的合宪性问题,在议会主权至上的英国,法院能否审查议会立法的合宪性,一直存在争论。支持者认为法院可以有限度地审查议会立法,即可对议会立法作出一致性解释或不一致宣告,从而发挥保障公民权利的功能。(阿利恩·卡万加)并且法院在保护权利方面发挥着重要作用,法院对议会立法的解释权和宣布权之间也维持在一个合理的平衡区间内。(伽得鲍姆)更为重要的是,弱司法审查模式(司法审查次终性模式)不但没有侵犯,而且实际上支持和促进了审议民主。(迈克尔·J.佩里)反对者则认为弱司法审查模式意味着立法机关有权拒绝接受法院的意见,只有当立法机关真正而非偶然地尊重法院判决时,弱司法审查模式所建立的对话模式才能成立并具有意义,否则弱司法审查就是无效的,因为其与议会至上模式根本就没有差别。(图斯尼特)法院作出的与《欧洲人权公约》的一致性解释,可能是以违背立法原意的解释方法来解释法律,这是对立法原意的背叛,实质上是对议会权力的篡夺。(彼得·W.霍格)也有学者认为弱司法审查制度是一种融合了立法与司法审查的新模式,将有限的司法救济和议会审查结合在一起。(A.卡瓦纳)在美国型普通法院附带审查制国家,法官在个案事实认定的基础上,首先主动审查或者依据当事人申请审查案件拟适用法律的合宪性问题,上诉审法院除了审查法律本身的合宪性之外,还应审查下级法院法律适用的合宪性问题。(阿莱克斯通、西尔维亚·斯诺维斯)只有当法律本身和法律适用的合宪性问题得到解决之后,法官才依据合宪的法律处理个案中当事人的权利、义务和责任。(阿奇博尔德·考克斯)同时,如果法律违宪或者法律缺位等,法官在宣布违宪的法律无效或不予适用之后，还得通过宪法解释创造出本案可适用的法律，然后据以处理本案当事人的权利、义务和责任问题。

2. 大陆法系的判例制度考察

在注重法律体系的大陆法系国家，尽管法官必须严格遵守成文法，不得司法造法，但是判例制度在大陆法系的司法实践中日益发挥重要作用。通过考察德国、日本、法国等大陆法系国家中判例制度的效力定位、功能面向、推理技术与保障机制等方面的差异，可以窥见判例制度在成文法体系中的运行机制。

(1)在效力定位上，大陆法系国家的判例往往又称为“法官法”，对下级法院的裁判具有特定的影响力。在德国，由于联邦宪法法院和其他法院系统的宪法地位差异和功能区别，法院的判例分为具有法律约束力和事实约束力两类。根据《德国联邦宪法法院法》第31条的规定，联邦宪法法院的判决对联邦和州的所有联邦宪法机构、法院及其他权力机关具有正式的约束力。但是其他法院的判例的效力如何并未获得法律的承认，也就是说宪法法院的判例是正式的法律渊源，而其他法院的判例没有法律约束力，仅具事实约束力。这种事实约束力的性质如何，存在争论。“法律的认识渊源说”，主张判决先例并不是独立的法律渊源，它是法律认识的根源，判例中具有拘束力的是被正确理解或具体化的规范。(拉伦茨)“推定的拘束力说”，从法律论证的角度，主张判例是法官裁判的逻辑起点，当法律结论符合最高法院的判例时，可以推定裁判结果的正确性。(克黑勒、阿列克西)“辅助拘束力或次要的拘束力说”，认为判例是一种介于制定法与个案裁判之间的，具有事实和规范双重拘束力，类似于英美法系相同的真正的法官法。(比德林斯基)“个案规范说”，认为基于特定的案件事实，特定的法律规则或法律效果将得以适用，就形成了个案规范。该说主张个案规范就是法律，在个别案例范累积到一定的类型化程度后，就具备规范拘束力，获得普遍适用的可能。(费肯杰)在法国，判例并不是正式的法律渊源，但是判例具有较高的说服价值，尤其是最高法院和参政院的判决对下级法院的判决具有较强的约束效力。(勒内·达维)法国判例制度的功效在行政法领域十分明显，因为法国行政法的重要原则不在成文法中，而是在判例中。

(王名扬)在日本,通说认为判例并不是正式的法律渊源,判例的效力居于形式的拘束力和实质的拘束力之间。日本的遵循判例并没有制度化,但是在诉讼制度中间接肯定了最高法院的判例效力。根据《日本民事诉讼法》和《日本刑事诉讼法》的规定,下级法院的判决存在与最高法院的判决相抵触的情形,构成上告的理由。(后藤武秀)所以通过诉讼程序的设计,实际上赋予了最高法院的判例的效力。尽管下级法院的先例没有制度上的保障,但是大量的类似案件类似裁判时,基于形式正义的理念,其他法院也会遵循先例。

(2)在功能面向上,其一,借助判例有助于填补法律漏洞,解释和发展法律。因为立法者理性的有限和立法语言的模糊与歧义,以及社会生活的千变万化,法律必然存在漏洞,而司法判例的解释和补充功能,则缓和了社会的变化性与法律的安定性之间的矛盾。(拉伦茨、恩吉施)通过判例可以将法律开放"概念晕"的范围类型化和具体化,实现法律的"精确化诫命"。(许乃遒)其二,遵循先例可以统一法律适用,维护法制统一。遵循判例可以保持法律解释的一致性,"判例的运用体现了对过去经验智慧的积累"。(麦考密克)从法律论证角度,针对个案的重复讨论,即便不违反法律论辩的基本原则,也可能导致不同的结论,与法律论证的可普遍化原则和形式正义的要求相冲突。(阿列克西)其三,约束法官裁量,实现司法正义。类似案件类似审判的实质正义,也可以防止法官恣意裁量,实现法的一致性与安定性。(卢埃林)根据宪法中的公平原则,遵循先例并不限于机械地适用平等原则,还要防止法律共同体的成员恣意的、实质的、无根据的区别对待。(比德林斯基)

(3)在适用技术上,在援引方式上,在德国,司法实践中援引的判例往往是建立在对裁判文书进行汇编的基础上,法官援引的是汇编之后的判决要旨,判决要旨是对裁判中的结论部分的归纳和提炼。(周遵友)在法国,最高法院也注重判例的汇编。法官对判例的援引有两个特点:一是原则性,即从判例中总结出来的是抽象的法律原则,而非具体的法律规则;二是间接性,即法官不能直接引用先例作为裁判性依据,但可以援引判例确立的法律原则或相关的法律条文。(雅克·盖斯旦、吉勒·古博)在日本,判例汇编也比较发达,判例的主要内容分为判决理由（“主论”）和附随意见（“旁论”），前者具有拘束力，后者一般无拘束力，所以判例援引的主要内容是“主论”部分。在援引方式上，与德国相似，可以直接援引判例。（圆谷峻）在推理技术上，德国的判例使用方法较为发达，充分结合了演绎推理与类比推理两种论证方式，大体形成了以演绎推理为分析框架，以类比推理为补充的法律论证体系。（拉伦茨）演绎推理一般是在作为解决问题理由的法律规定比较明确的情况下所采用的推理方式，所以演绎推理可被看成制定法的标识性的推理方式。类比推理是基于两个不同案件在事实构成评价上的相同性，推导出法律后果上的相同性。诠释进路认为类似案件的判断，既有事实问题，又有法律问题，是一个在规范与事实之间的循环往复的判断。（考夫曼）分析进路并不区分法律解释抑或漏洞，在同一法律规范的语词范围内的类比，有助于对法律规范解释的精确化；用于扩张规则适用范围的类比，是填补法律漏洞的方式。（齐佩利乌兹）其实，类案证成是在演绎推理的框架下，融合类比推理的过程。具体而言，在外部证成方面，类比推理对演绎推理的大前提有确证和补充功能，因为演绎推理的困难首先在于如何确定前提，对大前提的解释通常要运用类型化的案例分析方法，尤其是运用类比推理的方法，可以实现法律解释的明确和统一。（麦考密克、科勒）在内部证成方面，法律推理还要保证从大前提、小前得出的结论的正确性，有时候即使大小前提均是正确的，得出的结论可能不正义。（克黑勒）

（4）在制度保障上，德国的司法体制中匹配了健全的判例有效运行的保障制度，如偏离判例报告制度和上诉强制许可制度。在德国司法实践中，为了防止不合理的偏离判例或者是实现合理偏离判例，《德国基本法》和《德国法院组织法》均规定了法院偏离判例的提交报告义务。而且上级法院也有一套完整的偏离判例的衡平程序，有效发挥对偏离判例的监督和救济。（汉纳克）偏离判例报告制度不仅有利于保障司法的统一，而且可以发挥下级法院参与到判例的推进和修正机制中来，也有利于上级法院修正和清理错误判例，推动判例法治的发展。（齐佩利乌斯、高尚）《德国民事诉讼法》和各专门法院法相应规定了，法院偏离判例时，当事人有权提起上诉。在日本，为了保证法律解释的统一和稳定，判例的变更程序比较审慎，变更判例权力专属于最高法院。（中野次雄、于佳佳)根据《日本裁判所法》的规定,若下级法院作出的关于宪法或法律第解释或适用问题错误、与最高裁判所的裁判不一致,则需要将案件移送最高裁判所并向其请示,由后者按照法定程序裁决。(荻原有里)根据《日本刑事诉讼法》的规定,当事人认为高等法院作出的判决违反宪法或解释宪法错误的、与最高法院的判例相反的,可以向最高法院提出上告。(周振杰)所以日本的判例制度在法院主动纠错与当事人被动监督的双重机制约束下,有利于判例制度的完善和发展。

(5)关于遵循先例过程中的合宪性问题,在德国,宪法法院的抽象性规范审查和具体规范审查,关注的焦点是法律的合宪性问题,而不是个案当事人的权利、义务和责任问题。(克劳斯·施莱希、斯特凡·科里奥特)德国也建立了完整的宪法诉愿制度,公民因基本权利受到侵害时提起的宪法诉讼,可以是针对法律的侵害直接提起,也可以是针对法院的生效判决提起。(康拉德·黑塞)另外,由于德国联邦宪法法院的判例具有真是的法律效力,所以联邦宪法法院的判例是推动合宪性审查制度的重要枢纽,有利于加强宪法与部门法的沟通,保证下级法院裁判的合宪性。关于普通法院可否进行合宪性解释,根据德国联邦宪法法院与大多数学者的观点,每一个法院,甚至每一个适用法律的机构都有义务对法律进行合宪性解释。(施莱希)也有反对观点认为,如果除宪法法院外任何一个普通法院也能从事合宪性解释,那么法治国的民主将遭到破坏(福斯库勒)。在法国,宪法委员会的审查方式主要是针对法案的事前审查,即在法律、行政法规、议事规则和国际条约颁布生效之前进行的合宪性审查。这一模式的局限性主要包括:一是普通公民无权提出合宪性审查申请(埃里·鲁西荣);二是法律颁布后的合宪性审查程序难以启动(埃里·鲁西荣);三是审查程序缺乏透明性(路易·法沃雷);四是人权的保障功能不足(Luchaire)。有学者详细介绍了宪法委员会的工作流程和方法:宪法委员会应当先行对最高行政法院或者最高法院转交的有关合宪性问题作出裁决,即"合宪性先决问题"(QPC),该裁决不得上诉。(亚瑟·戴夫尔)

(二)国内研究现状

同案同判问题是我国近年来实务和理论界讨论的热点问题,尤其是最高院出台的《关于统一法律适用加强类案检索的指导意见(试行)》从概念、条件、载体、范围和方法、内容及制度保障等方面作了规定,为同案同判提供了规范性支撑。在理论上,关于同案同判的相关问题有多个方面的分歧:一是关于同案同判的概念争议,究竟什么是同案同判或类案同判?二是关于同案同判的性质和定位问题,同案同判的要求究竟在司法裁判中处于什么地位?同案同判和依法裁判与个案公正的关系如何?三是案例指导制度下指导性案例的效力问题,指导性案例究竟具有法律效力还是事实拘束力?四是在同案同判的方法和技术层面,法官如何判断和适用类案?类案检索的程序、技术和步骤如何设计?五是同案同判的制度保障问题,如何在制度上确保同案同判的效果?在制度设计和安排上如何构造?

1. 关于同案同判的概念争议。在语义上,关于"同案同判"的含义,有"同样案件同样处理"与"同类案件同类处理"或"类似案件类似处理"两种说法,前者严格区分"同类案件"与"同样案件",而绝对相同的案件并不存在,所以"同案同判"就是一个虚构的法治神话。(周少华)也有学者从"同样案件"与"同类案件"的语义重心差异出发,认为"同样"或"相同"所表达的重点在"同"不在"异",而"同类"或"类似"所意指的形式为"同"、实质为"异",那么"同类案件同样判决"就如同说两个不相同的案件要采取相同的判决。(张志铭)从类型化意义的角度,"同案"就是"同类案件""类似案件","同案同判"是建立在"类似情况应类似处理"的形式正义原则的基础上。(孙海波)"同样案件"抑或"同类案件"只是个语义表达问题,二者属于同一个类型化的标尺,司法裁判中真正关心的是"法律上的相关相似性",所以"同案同判"与"类案同判""类案类判"的含义一致。(雷磊)在内容上,"同案同判"要求的是裁判结果的一致性还是赋予同样判决的理由?前者将"同判"局限在形式正义上的结果平等层面,主张相同判决意指相同的法律处置,包括相同的法律认定以及相应的法律后果。(周少华)后者主张"同案同判"并非司法裁判的终局性要求,而是要通盘考量后案的特殊性,以决定最终应否得出相同或类似的判决结果。(雷磊)"同案同判"是一项普遍性的、一般性的原则要求,但并非在任何情况下都必须类似案件类似审判。(张骐、孙海波)也就是说"同案同判"并非结果导向的规制要求,而是裁判理由导向的原则性约束。

2. 关于同案同判的性质和定位问题。首先,“同案同判”是道德义务还是法律义务?前者认为同案同判是司法裁判的普遍的道德要求,它无法成为司法的“构成性义务”,因为“同案同判”可被构成性的法律义务或其他更具分量的道德要求所凌驾,因而法官可以摆脱“同案同判”要求的束缚。(陈景辉)而后者则认为“同案同判”是司法裁判的普遍性法律义务,具有不可放弃性,司法活动应顾及前后裁判的一致性,保证法律能够以一以贯之的方式在持续性的类案裁判过程中被适用。(孙海波、泮伟江)其次,“同案同判”是价值原则还是方法原则?前者认为在价值逻辑上,同案同判只是依法裁判的要求,蕴含着形式正义的价值原则。(雷磊)后者认为同案同判是一个与法官自由裁量权相伴而生的原则,也即在不存在明确法律规定的前提下限制法官裁量权、统一法律适用标准的方法论原则。(孙海波、孙光宁)最后,同案同判与个案正义问题,有学者认为在具体个案的裁判实践中,基于特定的理由,为了维护实质性的正义或避免严重的道德上的错误等,“同案同判”的要求可能会被暂时地凌驾,产生差异化判决。(孙海波)“同案同判”对法官施加的义务只能是初始性的,当存在偏离“同案同判”的正当理由时,基于裁判的正确性考量,同案同判可能要受到限制乃至推翻。(张超)其实,如果同案同判是一项价值论原则,那么无论规则裁判(法律完整)还是原则裁判(法律规整漏洞)中,都需要适用它;若同案同判为方法论原则,就是一种类推技术,那么当没有规则时就需要适用同案同判来填补漏洞。对于当下我国的司法体制改革而言,价值论和方法论两个层面均需要同案同判。

3. 关于案例指导制度下指导性案例的效力问题。围绕指导性案例的参照效力及其效力来源的争论,有多种学说。非正式法律渊源说,主张指导性案例是非正式法律渊源,原因在于其具有的权威性,一方面是由最高人民法院发布的,另一方面是由于对法律的解释和适用的正确性。(张骐)也就是说,指导性案例的权威性来自权力的威慑和理性的约束,所以应该遵循指导性案例。在此基础上,有学者认为指导性案例应当被定位为说理依据的非正式法源,因为指导性案例在援引地位上低于作为裁判依据的司法解释,其“参照”的效力也低于法律效力。(黄泽敏)准法律渊源说,主张指导性案例是司法裁判中基于附属的制度性权威，是具有弱规范拘束力的裁判依据。（雷磊）事实约束力说，认为指导性案例没有法律上的强制约束力，但具有事实上的拘束力。该说主要是从审判管理和司法方法角度，下级法院应当参照适用指导性案例。（胡云腾）司法解释说，认为指导性案例具备解释法律的内容，是最高人民法院发布有拘束力的判例形式行使司法解释权，可以更好地发挥司法的多种功能，实现法律的统一适用。（董皞、郎贵梅）

4. 在同案同判的方法和标准层面。“同案同判”的关键在于如何判断案件的相似性。在判断方法上，学界大多主张通过借鉴普通法系中的区别技术，建立在比较中项的基础上，通过比较点的选择，来找到类似案件。（雷槟硕、张骐、孙海波）只是对于比较中项的认定与比较点的选择上存在分歧，有学者认为案件争议焦点是比较的中心。（张骐）有学者认为以理由为中心对不同点的比较，以及对各种理由之间的通盘考量，是一种终局性的判断。（孙海波）有学者认为比较中项应以“相关法条”为中心，通过阐明实质理由来支持法律事实要点的选择。（雷槟硕）有学者认为比较点的选择即是一种与相关规则关联并具有法律意义的价值评判。（王彬）在推理技术上，一般性观点的类比推理。有观点主张为了对待判案件与指导性案例之间的类似性作出妥当的判断，需要运用类比推理。（张骐）演绎推理的涵摄依赖作为大前提的抽象性概念，但抽象性概念并非总是能够成功涵摄，通过类比推理得出的结果可以作为演绎推理大前提的辅助补充。（雷槟硕）在具体判断标准上，大体有以下几种学说：(1)案件事实说：立足于案件事实与具体法律条文的联系，即以案件事实的法律特性为线索，来确定两个案件的事实在整体上是不是涉及相同的法律问题，是不是属于同样法律性质的案件。（张志铭、马荣）(2)法律构成说：其一，法律构成要素说：将法律条文分拆为几个部分，以各部分为构成要素，以之对比并非案件事实对比，仍是将法律规范涵摄到案件事实的过程；其二，法律关系说：待决案件与指导性案例之间的对比要点宜以案件法律关系为框架体系，形成以具体行为、法律关系主体、客体以及内容（权利与义务）为要点的相似性对比标准。（雷柄硕）(3)争议焦点说：确定类似案件的比较点就是确定案件的争议问题是否具有同类性，争议问题兼有事实性和法律性。（张琪、胡云腾、高尚）(4)价值判断说：同案同判的最终标准是价值判断、实质理由(王彬、张继成)(5)混合标准说:类似性应当具有四个特点,即案件的关键事实相似、法律关系相似、案件的争议点相类似、案件所争议的法律问题具有相似性。(王利明、左卫民、齐晓丹)

5. 关于同案同判的制度保障问题。有学者主张借鉴德国法中偏离判例的报告制度,因为类案参照监督制度的缺位,导致法院回避参照类案的适用,出现相似案件的不同处理情形普遍存在。(高尚)在需要偏离先例的情况下,建立强制性的偏离报告义务,可以监督和纠正错误的先例。(孙海波)为了推动类案检索机制与审判监督机制的联动发展,需要发挥审级监督作用,对于下级人民法院没有参照指导性案例或参照错误的,当事人可以上诉或申请再审,上级法院应对法律适用问题进行审查。(左卫民、胡云腾、于同志)有观点主张完善类案强制检索制度,一是细化类案检索标准(王彬),二是强化同案同判中的司法责任制(孙海波),三是建立类案检索报告备案审查制度。(孙光宁)

6. 关于同案同判中的合宪性问题。学界从宪法视角讨论同案同判的着墨不多,这个问题可转换到个案法律适用中的合宪性争论。中国学者关于法院能否解释和适用宪法的问题争论不休。法院在法律的适用与批判过程中,是否具有解释宪法的权力呢?法院能否适用宪法以及如何适用宪法始终是我国司法实践与宪法研究中的一团迷雾。自2008年最高院废止“齐玉苓案批复”后,学界关于宪法实施的研究路径逐渐从“宪法司法化”转向“合宪性解释”。在理论上,现有研究基本上并不否认法院在司法过程中的合宪性解释,但是对于法院援引宪法是否蕴含宪法解释未能达成共识。关于实践,有学者通过对裁判文书援引宪法的数据进行挖掘,尝试寻觅司法裁判中法院对待宪法的态度。(邢斌文、冯健鹏、梁洪霞)但这些实证分析受限于法院“援引宪法”的表面化的说理内容归纳与类型分析,对法院释宪说理背后的深层次功能与边界少有涉及。近年来学界开始反思法院援用宪法的经验研究的短板与误区,逐渐转向法院援引宪法的技术构造,(汪进元、杜强强、李海平)以及法院具体性审查的制度设计。(黄明涛、谢宇)但是对于法院在个案法律适用中解释宪法的内在程序与机制,仍缺乏系统全面的论证。

(三)国内外同案同判研究的比较评述

在英美法系国家,法律至上首先是判例法至上,因为遵循先例是英美普通法系的一项基本原则。经验积累是英美法系推崇的司法哲学，所以法官在司法活动中，首先想到的是依据先前的相同案例处理本案，只有当没有先例可循时，才依据制定法和衡平法作出裁判。相反，大陆法系国家则认为，人的理性是至高无上的，立法者可以通过理性思考创制出完备和完善的法律。所以在大陆法系的司法观念中，法律至上首先是制定法至上，即法官首先必须根据议会制定的法律审判，如果没有制定法或者法律条文模糊不清甚至相互矛盾，则启动宪法和法律解释或者依据先前判例作出判断。而在我国的法治体系中，如何恰当地安置和发展案例指导制度，既与域外国家的判例经验有着普遍性的相似规律，也体现了个殊性的中国特色。

1. 制度定位。我国实行同案同判的价值诉求，在于解决司法实践中的同案不同判与法律适用不统一等问题，这与成文法系国家的判例制度有异曲同工之效。所以德日等大陆法系国家的判例制度经验，如审级监督制度、偏离报告制度、法律解释或适用的合宪性判断制度等，均具有中国化的现实土壤。那么如何立足于我国的法律规范文本与司法案例指导的改革愿景，填充合理的制度要素与权力结构，打通规则之治与案例法治之间的壁垒，实现规则之治与案例法治的合宪性联动发展，是本书迫切需要解决的问题。

2. 效力安排。纵观各国关于判例或案例效力的讨论，大体上形成了英美法系的法律渊源说与大陆法系的非法律渊源说，德日等大陆法系的法律拘束力说与事实拘束力说，我国的权威性拘束力说与事实性说服力说等观点。实质上，判例的效力来源可以分为三个方面：一是制度理性，即基于法律制度的规定获得的合法性，如大陆法系国家中德国联邦宪法法院的判例和日本最高法院的判例，再如普通法系国家中遵循先例的法律传统，都是从法律或制度的规定中获得约束力。二是形式理性，即基于权力的威慑获得的服从效力，如我国通过最高人民法院遴选和发布的指导性案例。三是实质理性，即给予裁判内容的正确性和法律适用和解释的正确性产生的效力，如大陆法系国家中遵循先例并不是法律义务，主要是因为判例中法律推理或论证的正确性。我国的指导性案例“应当参照”适用，也得益于其本身正确的判决。那么该如何处理理性与权威、制度与事实、拘束力与说服力等之间的关系，尤其是当权威出现错误、当理性不足、当制度缺位时,又该如何协调彼此之间的冲突与矛盾,这是我国在实行同案同判过程中需要面对的问题。2018年修订的《人民法院组织法》承认了指导性案例的法律地位,在此规范约束下,指导性案例乃至案例规则效力又该如何?是否具有宪制基础?

3. 司法适用。观察大陆法系国家的判例援引规则可以发现,德国、法国和日本倾向于援引经过最高法院汇编之后的判例规则,而并非直接援引判例原文。这与我国最高人民法院发布的指导性案例相似,但是具体的援引方式和内容存在差异。在德国和日本,对判例的援引,不仅要注明判例的来源、出处和基本内容,而且要将法条和判例相结合,并进行一定程度的解释和论证,这有助于保障判例制度的刚性适用和监督纠错。反观我国,最高人民法院《关于统一法律适用加强类案检索的指导意见(试行)》规定的是,检索到的类案为指导性案例的,人民法院应当参照作出裁判,但与新的法律、行政法规、司法解释相冲突或者为新的指导性案例所取代的除外。检索到其他类案的,人民法院可以作为作出裁判的参考。但是如何参照适用指导性案例并未明确,通说认为在裁判理由中用于说理,而不得作为裁判依据。但司法实践中的裁判文书里往往很少看到直接参照指导性案例或者是只看到其影子,这就导致案例指导制度的制度效能未能得到发挥。正是在这种不透明的司法适用指导性案例过程中,削弱了案例指导制度规范司法裁量和统一法律适用的功能。所以基于程序正义的宪法理念,如何保证同案同判的公开公正价值?如何约束法官援引指导性案例说理以及当事人参与案例法治,是同案同判的司法适用关键所在。另外,当在先的案例与法律、行政法规、司法解释、指导性案例相冲突或者为新的指导性案例所取代时,如何协调彼此的冲突,进而维持统一法律适用?这也是合宪性审查时代的重要课题。为了保证法律的正确适用,形式正义下的同案同判可能与个案裁判的公正性相矛盾,该如何实现权利保障与社会公平的价值平衡,都将是我国案例指导制度要面对的核心议题。

4. 方法路径。在英美法系国家,遵循先例原则的适用是建立在类比推理的基础上,而大陆法系国家传统上采用的就是演绎推理。在两大法系日益融合的趋势下,制定法与判例法也相互渗透,演绎推理的结构体系也会存在漏洞,需要类比推理的补充和完善。尤其是在判例制度中,类比推理发挥重要作用。在类比推理的运用上,传统进路认为运用类比推理应当以实在法的漏洞为前提,因而将类比的功能定位为漏洞填补。诠释学进路认为,法律适用本身就是类比推理的过程,类比推理构成法律发现的核心思维模式,并不限于特定的前提。分析进路并不区分法律解释抑或漏洞,在同一法律规范的语词范围内的类比是对法律规范解释的精确化,用于扩张规则适用范围的类比是填补法律漏洞的方式。在演绎推理的框架下,如何融合类比推理的过程,实现同案同判的证成?这需要协调演绎推理与类比推理之间的衔接问题,把握案例、事实、规范与价值在推理过程中的功能。

5. 判断标准。尽管英美法系使用的区别技术,有利于区分案件的相同点和不同点,但是在讨论比较中项以及比较点的选择时,存在较大争论,因为相似性的判断终极是一个价值判断的问题。类比推理在同案同判的运用上,侧重于对规范要件与案件事实的实质内容进行价值评价。所以在借鉴区别技术的过程中,如何将事实、规范与价值通过案件之间的对比实现勾连,是相似性判断的核心。对于相似性的具体判断标准,由于缺乏成文的规则约束,不免存在较多的主观裁量色彩。如何构造科学合理的类似案件判断标准,始终是困扰同案同判的司法难题。类案判断标准是复杂的,并不是单一的事实标准或者规范标准能够解决的,相似性判断始终是在案件事实与规则之间的来回穿梭。

6. 个案释宪。域外经验比较丰富,为中国的制度运行提供了有益参考。在审查目的上,英联邦国家通过立法赋予法官司法审查权,主要是为了审查议会立法来保障公民权利。美国的附带审查和德国的具体性审查则是为了解决个案适用法律的合宪性,并不直接保障公民权利。在审查强度上,英国基于对非民选法官的不信任、对司法独裁的担心以及对议会保障公民权利的依赖,侧重于弱司法审查,即有限度的审查。而美国建立和完善了司法审查制度,联邦和州的各级法院都有权审查法律的合宪性问题。在审查效力上,英国法院对议会立法的审查,即使法院作出不一致宣告,也不影响议会立法的效力。在美国附带审查模式中,法院有权宣告个案适用的法律违宪,但是原则上,被宣告违宪的法律,仅仅在当下的个案中不予适用,并不当然失效。不过在遵循先例原则的约束下,一项法律被宣布违宪,在以后的判决基本上不会适用。德国宪法审查的裁决方式和效力如下:(1)对法院判决提起的宪法诉愿中,只是撤销原审判决,发回重审。(2)在法规审查中,法律一经判定违宪,自始无效,特殊情况下可变通。(3)不服联邦宪法法院裁决的,当事人可以上诉到联邦宪法法院,由其作出终审判决。在启动程序上,根据宪法审查目的差异,大陆法系国家的启动模式存在分歧。法国的合宪性先决程序主要是为了强化对基本权利的保障,所以赋予了主观权利属性,由普通诉讼的当事人提请审查。德国的具体规范审查更多的是为了保证个案规范的合宪性,所以由法院依职权提请审查。在我国,具体性合宪性审查制度较为薄弱,目前相对统一的观点是,法院不得在个案中"依宪裁判",一方面不能依宪裁判法律违宪,另一方面也不能依宪裁判个案权利、义务和责任。前者涉及人大之下法院的职能范围,后者涉及宪法解释与适用的功能定位。对于如何解决"同案不同判"的合宪性问题,学界涉及的并不多,尤其很少从合宪性解释层面把握"同案不同判"现象的根本原因。结合较为典型的同案不同判案件可以发现,法官对个案法律适用中同一规范的理解分歧、拟适用的法律规范本身的模糊、漏洞乃至违法违宪及调整同一案件事实的法律规范彼此冲突等,都是造成同类案件裁判结果不同的重要因素。在个案裁判中,法官适用宪法处理的问题点是什么?其实宪法是社会正义的调节器,宪法适用解决的是个案法律适用问题,而不是依据宪法直接处理当事人之间的具体权利、义务和责任,所以宪法的司法适用追求的是社会正义而不是个案正义。

在中国,尽管法院无权宣布法律违宪无效,但可以通过宪法解释选择最符合特定个案的法律或者补充立法的缺位和不完善。目前大量的司法案例揭示了这种功能导向,否则,依法裁判的宪法义务无法实现,将导致出现因没有法律依据而难以处理具体的个案的情形。在大陆法系国家的宪制实践中,德国的具体规范审查和法国的合宪性先决机制都要求普通法院的涉宪问题,经法院或当事人提出申请后,统摄于最高宪法审查机关之下。那么在我国人大体制下,尤其是宪法和法律委员会入宪的时代背景下,这种提请审查制度是否具有生存空间呢?在议会至上的英国弱司法审查制,在既尊重议会主权的前提下,又能发挥司法监督功能,对中国的制度实践有何借鉴资源?在实践中是否可以发挥站在法律纠纷解决最前沿的法院这一媒介,打通"个案—法律—宪法"的连接和沟通壁垒,真正实现统一法律适用的司法功能?这也是本书要回应的问题。

三、研究内容与难点

(一)研究对象

研究对象主要包括"同案同判"的基础理论,"同案不同判"的实证分析,"类案"的判断标准,"同判"的程序构造,"同案同判"的边界控制、"同案同判"的合宪性预审机制。研究涉及的具体范围:"同案同判"宪法价值基础、司法哲学理论、类比推理方法;"同案同判"中"类案"的形式判断标准、实质判断标准与程序判断标准;"同案同判"中"同判"的效力范围、规范阐释与同案同判的论证规则、监督规则;"同案同判"与人大立法、依法独立行使审判权、权利保障、个案正义的关系;"同案不同判"的原因与合宪性控制方案,以及法律适用争议的移送裁决程序。

(二)研究内容

1. 同案同判的理论诠释。同案同判的理论依据包括价值层面的平等原则、司法公正、法治统一与人权保障,司法理论层面上有凯尔森的个别规范说、哈特的承认规则说、米勒的个案规范说、德沃金的法律整全理论,方法层面上包括价值、规范与事实的诠释循环、类比推理与演绎推理的视域融合、权力与权利的民主商谈程序。

2. 同案不同判的宪法透视。首先,通过司法实践中同案不同判的设点采样分析,运用可普遍化原则,对部门法律适用中同案不同判的现状和原因进行深入剖析。其次,揭示案例指导制度下同案同判的理论困境与应然出路。最后,对法秩序统一中同案不同判进行宪法透视,提炼同案同判的宪法思路。

3. 类案标准的体系化建构。以宪法价值为根基,在形式法治统一价值与实质权利保障价值的导控下,建立同案同判的体系化标准。包括形式标准——“类案”的效力等级体系，主要以效力层级为依据建立；实质标准——“类案”的要件阶层体系，主要以基本权利保障和价值权衡为路径。

4. 同判论证的运行程序。如何保障实现同判，需要在程序正义的导控下，通过法释义学的原理和方法，建立“同判”的效力规则、技术规则与程序规则。在效力范围层面，主张形式上的结果相同与实质上的审判程序相同与法律适用相同。在技术路径层面，主张类比推理是同案同判的逻辑起点，演绎推理是同案同判的结果检验。在程序运行上，明确司法类案参照裁判的平等参与程序与商谈说理程序，保障同案同判的程序正义。

5. 同案裁判的权力控制。同案同判需要在宪法的框架内运行，既要守住人大立法主导下“同案同判”的适用限度，也要控制依法独立行使审判权原则下“同案同判”的边界，更要维持个案正义保障下“同案同判”的合理范围。

6. 同案同判的合宪性预审。通过运用合宪性解释方法来协调“同案同判”中法律适用分歧，明确审级监督体制下法律适用分歧的协调程序，通过制定法律统一解释规则与加强同案同判的备案审查，来保障法律适用统一。

(三) 研究难点

本研究的重难点包括以下几个方面：

首先，在成文法背景下，如何定位我国的同案同判与案例指导制度？其次，在合宪性视野下，如何将合宪性思维贯彻到同案同判的运行过程中？再次，建立可普遍化的类案判断标准与适用规则，在部门法律分立格局下是否可行？最后，在合宪性审查制度日益健全的时代背景下，人大与司法机关在统一法律适用中的角色定位如何，以及如何通过个案推动法律适用的合宪性审查？

四、研究思路与方法

(一) 研究思路

首先，总体思路的确立。同案同判的合宪性控制问题研究，需要处理好合宪性与同案同判的关系,将合宪性思维贯彻到同案同判的理论与实践中,是研究的核心命题。由此确立总体思路如下:同案同判的理论诠释—同案不同判的宪法透视—类案标准的体系化建构—同判论证的运行程序—同案同判的权力控制—同案同判的宪法保障。

其次,理论基础的诠释。同案同判问题涉及法律规范、案件事实与价值判断的诠释循环,需要合理建立合宪性视野下同案同判的理论支点。在明确同案同判的含义和功能基础上,确立同案同判的法哲学依据,为同案同判奠定理论基础。

最后,具体研究路径的展开。同案同判的合宪性控制的目的主要在于确保形式上的法律统一适用与实质上的公民权利保障,围绕两条线索贯穿全文,中间通过宪法解释和法律解释方法勾连事实认定、规范分析与价值判断。因此,文章首先通过正义价值的导控确立形式法治与实质法治相统一的类案判断的体系标准,然后依据法释义学的原理和技术建立同案同判的运行规则,在前两个维度的基础上,运用合宪性思维控制类案标准与运行规则的边界,最后在审级制度的司法结构与法律适用分歧的宪法协调机制中构建同案同判的监督保障体系。

(二)研究方法

对同案同判的合宪性控制问题进行研究。需要建立在我国现行《宪法》《立法法》《人民法院组织法》等相关法律法规的基础上,综合运用规范分析、案例分析、比较分析与实地调研等方法,实现方法的融合与创新。具体而言:

1. 规范分析方法

规范分析是本书基本的研究方法。遵循规范主义路径是法治原则的体现,已知的制定法规则体系能够保证司法裁判的确定性和可预期性,追求规则的形式正义也是公正司法的基本标志。合宪性时代“法院”的角色定位需要回归到宪法文本中来,通过对《宪法》序言第 13 自然段和第 5 条、第 67 条、第 131 条的规范阐释,可以导出法院对宪法的个案解释权。《宪法》第二章确立公民的基本权利和义务的条款中关于“平等”和“人权”等权利保护的内容,揭示了法院实现“同案同判”的价值诉求。如何解释《宪法》第 131 条关于法院的审判权、第 132 条关于上下级法院的监督关系等规范,关系到法院"同案同判"的内部运行机制。《立法法》关于法律冲突的解决条款、《人民法院组织法》关于司法解释和指导性案例的定位,这些规范为分析我国合宪性视野下的"同案同判"问题并进行制度构建提供了宪法和法律上的依据,同时这些规范本身也存在无法满足案例法治实践的现实需求。本书将运用规范释义学技术对上述规范进行研究,从中找出合宪性审查与"同案同判"协同发展的解释空间,并提出进一步完善的切实建议。

2. 比较分析方法

域外国家的判例法治发展经验比较丰富,对我国的案例指导制度及其案例法治有借鉴之处。通过运用比较分析方法,对英美法系的判例法和大陆法系判例制度的规范现状与运行机制等方面进行系统考察,在此基础上,比较分析域外判例法治的制度优劣势以及与我国的法治体系结构和案例治理的价值诉求异同,为完善我国案例指导制度的改革和实现同案同判的法治诉求,提供理论基础和制度方案。

3. 案例分析方法

法治是静态的法律规范与动态的案例规范的有机结合,实现法治需要规则之治与案例之治的协同发展。每一个案例都是一个可视化的法典,在全面依法治国新时代,司法案例对于法治建设和法治发展具有重要意义。在司法实践中,指导性案例、公报案例、参考案例、参阅案例、典型案例等形形色色的案例,对司法裁判的规制和公民行为的指引发挥重要作用。通过研究司法裁判中的类案可以弥合理论逻辑与实践逻辑之间的张力,将理论中的原理、概念、方法与实践中的制度、规范与问题融贯在案例中,实现理论与实践的良性互动。由具体的个案揭示的个案规范有助于实现法律的"精确化诫命",个案体现了法律的原则和精神,推进案例之治是实现法治、发展法治和完善法治的重要抓手。所以本书将以我国既有的各类案例体系和裁判文书公布的司法案例为对象,运用案例分析方法,分析我国合宪性视野下"同案同判"中存在的问题和不足,并提出可行性的建议。

4. 实地调研方法

在推进案例指导制度的过程中,司法类案究竟在我国司法实践中发挥多大作用?对于不同的司法参与者,法官、检察官和律师、当事人是如何理解和运用类案的？各级法院在案例指导制度改革中承担着什么角色及其对“同案同判”的态度如何？这些问题只有深入司法实践的前沿，在深入调研的基础上，才能获取客观真实的数据资料，进而发现“同案同判”在实践中的瓶颈与问题，并总结提出合理的解决方案。

第一章　同案同判的理论诠释

在司法实践中,同类案件得不到类似处理的现象普遍存在,影响法治统一和司法公正的实现。据媒体报道,被称为"河南打假第一人"的葛锐先后在河南郑州管城区、邙山区、中原区的三家药店购买了同款假药,并以相同的事实,依据《消费者权益保护法》向三个地区法院分别提起索赔诉讼,三家法院却作出了不一样的判决。① 这种类案不同判现象不仅危害了地区法律适用统一,而且不利于公民的权利得到平等公正的保护。为了保证法律的统一适用,加强人权司法保障,同案同判就显得尤为重要。但是,同案同判是否可能以及如何实现,需要从理论上提供诠释方案和基础支撑。在阐释同案同判的含义、性质和功能的基础上,明确同案同判的制度定位。

第一节　同案同判的概念和功能

一、同案同判的基本概念

法院的生效判决在不同的法律体系中,呈现出多样化的表现形式,并具有不同的法律效力。在域外法治国

① 参见王向前、王红伟:《河南"先例判决"挑战"司法不公"价值如何》,载《河南商报》2005 年 10 月 7 日。

家,法院的生效判决主要是以“判例”的形式,在法治体系中发挥着法律强制力或事实拘束力。在实行案例指导制度的中国,法院的生效判决主要是以“类案”(尤其是指导性案例)的形式,在类似案件的裁判中发挥着强弱不一的“同判”指导效力。

(一)“类案”与“案例”“判例”的区分

“判例”是法院的生效判决,通过特定形式编纂出版,对类似案件具有法律上的或事实上的拘束效力。《元照英美法词典》将“判例”解释为“法院的判决是同级法院或下级法院以后处理相同或类似法律问题案件的范例,以前的司法判决是以后处理类似案件的法律依据”。[①] 在英美法系中“判例”是一种正式的法律渊源,具有强制性的法律效力;在大陆法系中“判例”并不是正式的法律渊源,但是具有事实性的拘束效力。我国实行的是中国特色案例指导制度,并没有“判例”。“案例”是法院的生效判决,“案例”按照不同的裁判主体和发布程序,可以获得不同的效力。通过最高人民法院的遴选和公布程序,普通的“案例”可以上升为“指导性案例”,获得法律承认的强制执行效力。如果按照一定的比较标准,各级人民法院的“案例”可以作为相应待决案件的“类案”,在类型思维的导控下,作为“类案”的生效“案例”,对待决案件具有特定的拘束效力。

在制度话语中,“类案”在最高人民法院的司法文件中一直占据主导地位,并逐渐获得法律的强制效力。2010 年 11 月 26 日最高人民法院《关于案例指导工作的规定》(以下简称《案例指导规定》)和 2015 年 4 月 27 日《〈关于案例指导工作的规定〉实施细则》(以下简称《案例指导细则》),均规定各级人民法院在审判类似案件时,应当参照指导性案例进行裁判。这两个文件指明了指导性案例对类似案件的约束力,亦即指导性案例发挥了“类案”效力。2020 年 7 月 27 日最高人民法院《关于统一法律适用加强类案检索的指导意见(试行)》(以下简称《类案检索意见》)则明确提出了“类案”的含义及其范围,并要求法院对类案和关联案件进行强制检索。其中第 1 条规定,“类案”是指与待决案件在基本事实、争议焦点、法律适用问题等方面具有相似性,且已经人

---

① 薛波主编:《元照英美法词典》,北京大学出版社 2003 年版,第 1076 页。

民法院裁判生效的案件。第4条规定,“类案”包括最高人民法院发布的指导性案例、典型案例及裁判生效的案件,各高级人民法院、上一级人民法院及本院裁判生效的案件。2018年修订的《人民法院组织法》第18条第2款规定,最高人民法院可以发布指导性案例。由此,作为“类案”中效力层级最高的指导性案例获得了法律效力。

(二)同案同判的概念界定

在理论上,关于同案同判的基本概念仍未达成共识,同案同判究竟是类似案件类似处理、同样案件同样处理还是同类案件同样处理?亦即,是类案类判、同案同判还是类案同判?这亟待理论上的澄清。

基于社会生活事实和个案基本事实的复杂性,必须承认同案同判的前提性限制。世界上并没有完全相同或不同的事物,在相同与相似之间并不存在逻辑上的界限,实质的平等经常仅是相似的关联。① 绝对意义的“同案”是不存在的,无论是“同案”还是“类案”,均是相对意义的。“同案”只是部分相同,“类案”只是部分类似。同案同判的含义争论包括“同样案件同样处理”与“类似案件类似处理”两种观点,前者称为严格说,后者称为宽松说。

严格说主张从定性分析和定量分析相结合的角度,肯定“同样案件同样判决”,而否定“同类案件同样判决”。原因在于“同样”的含义既有性质上的肯定,也有数量上的肯定,而“同类”则仅属性质类似的问题,无涉量化分析。如果承认“同类案件同样判决”,就相当于不同的案件采取相同的判决,导致逻辑不自洽。② 该观点进一步指出“同案”要符合定性和定量的双重标准,但是“同判”只具备定性要件即可,并不强求法律后果定量上的相同。在这种观点的理论预设下,会导致两个问题。一是“同案”不复存在,因为社会生活千姿百态,在性质和数量得到完全精确的复制是不可能的;二是逻辑体系上的自相矛盾,持该观点者要求“同案”满足定性和定量的双重要件,但是在“同判”的过程中却放

① 参见[德]阿图尔·考夫曼:《法律哲学》,刘幸义等译,法律出版社2011年版,第232页。

② 参见张志铭:《中国法院案例指导制度价值功能之认知》,载《学习与探索》2021年第3期。

弃了定量要件，这无疑反映出“同案”的预设条件是有缺陷的。然而，在这种观点的基础上，有学者提出了更极端的学说，认为“同案同判”是一个虚构的法治神话。该观点认为“同案”要求案件的“质”和“量”两个方面相同，并以刑事司法案件为例，犯罪性质上的类同性、犯罪情节上的类同性、犯罪人情节上的类同性是“同案”的三个必备条件。[①] 但是该学者认为基于司法者作为“人”的主观决断性，“同案”的前提并不成立，从而否定“同判”，进一步消解了“同案同判”的正当性。该说充满现实主义色彩，司法体制改革的理想就是统一裁判标准，约束“人”的裁量空间，如果否定了“同案”或“类案”的存在，那么统一法律适用标准的目的终将落空。何况案件的相似性与否的判断，要受到法律本身的约束，法官也并不是不受约束的。

宽松说主张“同案同判”的含义是指“同类案件”应以类似的方式被裁决，因为“同案同判”是建立在“类似情况应类似处理”的形式正义原则基础上。[②] 如果将“同案”解释为“同样案件”，可能限缩了形式正义的映射范围。有观点认为“同案同判”是指“类似案件类似处理”，“同样案件”抑或“类似案件”只是个语义表达问题，“同样案件”只是“类似案件”的特殊情形，它们属于同一个类型化的标尺之上。[③] 另外，从语词源流上考察，“同案同判”或“类案类判”来源于判例法国家。将“Similar case should be treated similarly”“Like case should be treated alike”[④]翻译为“类似案件类似处理”，有利于消除“同案同判”在语义上的歧义。总体上，除了少数的反对者，基本上支持“类似案件类似处理”。

本书赞同宽松说，“同案同判”、“类案同判”或“类案类判”的本质含义是一致的，都是司法过程中对“同等情况同等对待”之平等原则的

---

① 参见周少华：《同案同判：一个虚构的法治神话》，载《法学》2015 年第 11 期。

② 参见孙海波：《“同案同判”：并非虚构的法治神话》，载《法学家》2019 年第 5 期。

③ 参见雷磊：《如何理解“同案同判”？——误解及其澄清》，载《政法论丛》2020 年第 5 期。

④ Andrei Marmor, *Should Like Cases Be Treated Alike*, Legal Theory, Vol. 11, No. 1 (2005), p. 28.

贯彻。“类似案件类似对待”是“正义的最简单形式”,①司法案例之间只要具备法律上的实质相似性,即可作出相似性的裁判。司法的本质在于判断,通常需要在事实和法律问题的相关性区间范围内游移,才能作出合理性的判断,而并不是寻求唯一正确的真理。在这个过程中,既不是绝对的自由裁量,也不是完全的机械适法,而是始终围绕类型化标准展开诠释循环之旅。判例被看作一系列具体程式的集合,法院通过这些具体程式的集合来确保释法的统一性。② “物以类聚”,在类型化思维导控下,相同或不同是一种分类方式,同类或异类也是一种分类方式。分类的标准取决于事物的本质,也就是案例的定性问题——个案的本质属性。从定性分析的角度,肯定“同类案件同样判决”才符合司法裁判的判断属性,既保证公正裁判,又为独立裁判预留空间。并且定量问题可以转化为定性问题,比如案件情节上的轻重、数量的大小等问题,通过类型化思维,可以划分为情节较轻、情节较重、情节严重等轻重不一的类型区间。从上文的制度性话语流变中可以看出,尽管我国的司法实践中一直适用的都是类似案件,并没有出现“同案”的表述,但是“同案”的含义与“类案”在实质上是一样的。而且“同案”与“同判”是作为一个整体在司法实践中发挥作用,提出“同判”意在强调“统一”法律适用的价值诉求,“同案”与“同判”在表达上采用前后一致的“同”字,这与“同等情况同等对待”的正义要求是相符的。所以本书在概念语词的选择上,使用“同案同判”,既是为了关照理论的共识,也是为了回应制度的功能。

二、同案同判的性质定位

同案同判的要求究竟在司法裁判中处于什么地位,根源在于同案同判的性质争论。同案同判是价值性原则还是方法性原则?是司法的构成性义务还是道德性义务?仍需寻求共识。

(一)同案同判是司法的价值性原则

原则性规范被作为一种准则予以遵守,主要是因为它符合公平、正

---

① ［英］哈特:《法律的概念》(第3版),许家馨、李冠宜译,法律出版社2018年版,第162页。

② 参见何家弘主编:《外国司法制度》,中国法制出版社2014年版,第134页。

义的要求。法律原则的含义是，在相关的情况下，官员们在考虑决定一种方向或另一种方向时，必须考虑这一原则。① 同案同判是一项普遍性原则，是司法公正的基本要求，法官在司法裁判过程中必须考虑类似案件的裁判标准。一方面，同案同判是对平等原则的贯彻，有助于推动法律适用的一致性。我国《宪法》第 33 条第 2 款规定的平等原则，要求法院负有追求司法判决和谐一致的宪法义务，法官应该作出与现有判决相一致的裁判。在英美法系国家，遵循先例是一项法律原则，凡是与先例相同或相似的案件，法院都要作出相同的判决。② 司法判决是形成一致性社会秩序的有效手段，有必要贯彻司法政策前后一致的立场。如新创立的裁判规则为嗣后的法官们所维持，并在法律生活中被遵守，那么该新造的裁判规则即获得了普遍化的法律效力，即事实上成为一条明确的法律规范。③ 由于原则具有重要性的深度和广度，同案同判原则可以与其他原则在彼此调适中得到发展。允许法院出现类似案件不同裁判，可以满足不同群体的多样需求与偏好。只要相关司法裁判在道德和其他方面处于可允许的限度内，法院应当被许可作出不同裁判，以反映在不可通约价值间的不同偏好。④ 在个案法律的解释与适用中，类似案件的裁判规则，会随着每个判决而处于生成变化中，可以弹性地容纳新的法律见解，适应社会生活与一般民众法律意识的变迁，有助于发展整体法秩序。

另一方面，同案同判是法的安定性原则的基本要求。法的安定性也是司法裁判的内在价值，社会大众对司法平等对待具有可预期性，因此人民期待将来在类似的诉讼案件中获得相同的判决。只有在个案中得到同等的对待，才符合人民对司法行为的可预测性，才能彰显看得见的正义。人类具有模仿的本能，习惯于适应性以及对以前类似行为的尊重。法院也会从实际反复适用的法则和一直存在的法律信服力中，

---

① ［美］罗纳德·德沃金：《认真对待权利》，信春鹰、吴玉章译，中国大百科全书出版社 1998 年版，第 45 页。

② 参见刘风景：《判例的法理》，法律出版社 2005 年版，第 5 页。

③ 参见张其山：《司法三段论的结构》，北京大学出版社 2010 年版，第 110 页。

④ 参见［美］安德瑞·马默：《同案必须同判？》，王重尧译，载郑永流主编：《法哲学与法社会学论丛》2018 年卷，商务印书馆 2021 年版，第 17 页以下。

产生将来继续如此裁判的意思。在司法裁判过程中,从个别的案例逐渐上升到聚集的类型化案例,在法律共同体中形成法的确信,从而将相应的裁判规则定型化。法律系统承担着维持社会交往的"规范性预期"之独有功能,就必须保持最基本的内在同一性,而同案同判是法律系统保证自身内在同一性最基本的方式。① 同案同判连接着过去、现在与未来的司法行为,司法机关通过相似性标准内在地嵌套在法秩序的融贯性结构中。

(二)同案同判是司法的构成性义务

对于法院而言,实现同案同判是一项强制性的法律义务,而并不是一个可被凌驾的道德要求。反对者认为同案同判是与司法活动有关的道德要求,可以被法律义务取代,也可被更高的道德要求凌驾。② 该观点主张"依法裁判"才是司法活动中唯一的构成性法律义务,同案同判是在依法裁判的前提下获得正当性,并且存在更高的道德要求随时可能超越同案同判的要求,导致同案同判只能成为司法裁判的"弱主张"。本书尝试从三个方面作出回应。首先,无论是同案同判还是其他司法价值,都不是绝对的司法义务。在价值多元论看来,价值之间的冲突,往往是普遍存在的,并且难以调和。③ 在理性多元化的时代,价值之间是不可通约的,原则之间具有分量的重要性大小。在司法裁判中,并没有一个绝对至上的价值性原则可以始终如一地占据道德的制高点,都是在权衡与协调中得到适用。其次,同案同判与依法裁判并不是分离的,同案同判是依法裁判的衍生性义务。依法裁判的基本含义就是按照法律的规定裁判案件,司法机关遵守这项义务,就必须贯彻同案同判的要求,才能保证所有的案件都是依法裁判,而不是恣意裁判。最后,反对者并未例证具体凌驾同案同判的道德要求,也未指出何时可以超越同案同判及其具体条件。其实最常见的就是同案同判与个案正义之间(差异化判决)的分歧,亦即形式正义与实质正义的调适问题。作为

---

① 参见泮伟江:《论指导性案例的效力》,载《清华法学》2016 年第 1 期。

② 参见陈景辉:《同案同判:法律义务还是道德要求》,载《中国法学》2013 年第 3 期。

③ 如伯林认为:"人类无法逃避在善与善之间作出选择,但善与善之间却并不存在可相容性和可通约性,因而如何选择,是一个无解的难题。"[英]以塞亚·伯林:《自由论》,胡传胜译,译林出版社 2003 年版,第 245 页。

司法正义的两个面向,二者是相融的,都是法律义务的具体表现,同案同判是初显性义务,个案正义是高级性义务。基于特定的个案事实,可以逸脱初显性义务,通过区别对待来实现个案正义。换言之,“同案同判”在司法活动的原则意义上具有不可放弃性,但是在个案裁判中它是可以被超越的。偏离同案同判需要受到制度性理由和程序性理由的约束,才能保证司法裁判在规范拘束与能动裁量之间维持平衡。

司法的构成性义务是一种法律义务,①对司法实践活动的主体具有强制性的约束力。同案同判作为司法的构成性义务,不同于道德性义务,法官受到明确的规则指引,并付诸实践,型塑法治秩序。从司法文件的角度,最高人民法院《案例指导规定》第7条规定,最高人民法院发布的指导性案例,各级人民法院审判类似案例时应当参照。最高人民法院《类案检索意见》第2条规定,人民法院办理案件具有下列情形之一,应当进行类案检索。最高人民法院《法律适用分歧解决办法》详细规定了同类案件法律适用分歧的协调程序。最高人民法院《统一法律适用意见》则明确要求各级法院审理同类案件时,统一裁判标准的工作机制。由此,形成了类案裁判的原则性指导、类案检索的强制性要求、类案分歧协调的程序性规则与类案统一裁判的实质性机制,全方位保障同案同判的制度性要求。所以同案同判是司法机关的强制性义务,是为了实现统一法律适用必须遵守的司法规则。

三、同案同判的功能面向

同案同判能够发挥什么功能呢?从案例指导制度的价值定位上看,中国特色的案例指导制度是司法机关为总结司法经验,指导审判工作,统一司法尺度和裁判标准,规范自由裁量权的司法制度。② 从司法实践中的个案出发,可以窥见制度运行过程中的实际功能面向。2017年2月,吉林省靖宇县人民法院受理了该院有史以来第一件公益诉讼案,为了合法合理解决案件纠纷,法院通过类案检索,找到了很多案件

---

① 参见孙海波:《司法义务理论之构造》,载《清华法学》2017年第3期。

② 参见周斌、郭文青:《确保案例工作对审判工作的有力有效指导》,载《法治日报》2012年9月7日,第1版。

证据采信及法律适用方面的有力支撑。承办法官在事后感叹道:"对于我们基层边远地区的法官,案件的数量有限,案件类型更是比较单一,当出现这种新类型案件时,其他较发达地区对于此类案件的审判已经形成了一套完整的体系,这时就可以为初办此类案件的法官提供经验参考。"[①]通过对大量的个案分析,可以发现同案同判在司法实践中承担着统一法律适用、规范司法裁量与填补法律漏洞等三个方面的功能。

(一)统一法律适用

"同案不同判"或"异案同判"都是司法不公正的表现,其根源在于法律适用标准不统一。法律为了适应社会的变迁,在立法技术上通常是言简意赅,而法官在解释和适用法律时就会出现分歧,导致裁判结果难以完全相同。同案不同判不仅会损害司法公信力,而且危害法律秩序的统一。法治原则中的一致性原则,要求维持法律执行与法律规则之间的一致性,保证一套法律体系的完整性。案例指导制度有利于统一裁判标准,保证法律适用的一致性。通过对类似案件采用相同或类似的裁判标准,使同类案件的裁判保持结论统一。

法律适用的核心在于法律解释,统一法律适用的关键在于统一法律解释。判例的运用体现了对过去经验智慧的积累,遵循判例可以保持法律解释的一致性。[②] 类似案件事实,应该适用相同的法律规范和解释方法。类似案件依据相同的法律规范裁判,有利于保证司法裁判服从规则之治,维护法秩序的稳定性。而保证制定法与法律适用一致性的精确方案,在于解释技术。法秩序的统一性要求法官不得根据自身喜好随意解释法律,相似的类案裁判规则才能保证法律适用的稳定性和精密性。同案同判通过法律解释来实现法律的规范功能,防止不同的法官针对类似的情形作出不同的裁判结论。当一个法条出现不同的解释方案时,通过类似案件的裁判可以得到澄清。当大量类似案件明确了有疑义的法条的含义时,就形成了统一的解释标准,后来裁判的案

---

① 姜佩杉、万紫千、赵利丽:《中国裁判文书网:法治中国的"亿"道亮丽风景》,载《人民法院报》2020 年 9 月 5 日,第 1 版。

② See Neil MacCormick & Robert S. Summers ed. , *Interpreting Precedents*:*A Comparative Study*, Ashgate:Dartmouth, 1997, p. 323.

件就不能作出不同的解释。那么在法律解释方法和技术的支撑下,就可以统一不确定性法律概念、释明模糊法律规范、协调法律适用冲突。法律解释方法和技术在案例指导实践中的运用,有效助推疑难复杂案件的解决,达到统一法律适用的目的。比如,在指导性案例 23 号“孙银山诉南京欧尚超市有限公司江宁店买卖合同纠纷案”中,法院认为“只要在市场交易中购买、使用商品或者接受服务是为了个人、家庭生活需要,而不是为了生产经营活动或者职业活动需要的,就应当认定为‘为生活消费需要’的消费者,属于《消费者权益保护法》调整的范围”。[①] 最高人民法院在裁判要点部分指出,消费者购买到不符合食品安全标准的食品而主张赔偿时,不论其购买时是否明知食品不符合安全标准,人民法院都应予支持。法院通过目的解释的方式,承认“知假买假”者的消费者地位,将“消费者”的概念认定回归到立法目的中来,扩大消费者的保护范围。这种明确的解释规则,排除消费者认定的主观因素,有利于统一解释基准,保证类似案件在今后的裁判中适用《消费者权益保护法》进行同等保护。在“邱辉与北京三元食品股份有限公司产品责任纠纷案”[②]“龙里县林城好乐多生活超市与张德泽买卖合同纠纷案”[③]等类似案件中,法院均是参照指导性案例 23 号,运用相同的解释方案,保证了类似案件的统一法律适用标准。

另外,统一法律适用标准也包括法律适用分歧协调机制的一致性。制定法之间不可避免地会出现相互矛盾或抵触之处,法院依据法律分歧处理原则,在法律适用过程中需要进行协调。针对类似的法律冲突与法律争议问题,法院通过运用类似的分歧解决机制,可以避免法律适用的矛盾,维持法律体系的和谐。在指导性案例 5 号中,[④]《江苏盐业实施办法》违反原《盐业管理条例》的规定,设定工业盐准运证,限制当事人的合法权益。法院认为法律和原《盐业管理条例》没有设定工业盐准运证类行政许可时,地方政府规章不能设定工业盐准运证制度。最高

---

① 参见江苏省南京市江宁区人民法院(2012)江宁开民初字第 646 号民事判决书。

② 参见北京市顺义区人民法院(2018)京 0113 民初 4072 号民事判决书。

③ 参见贵州省黔南布依族苗族自治州中级人民法院(2017)黔 27 民终 2543 号民事判决书。

④ 参见江苏省苏州市金阊区人民法院(2009)金行初字第 0027 号行政判决书。

人民法院在归纳的裁判要点中指出,在法律、行政法规没有规定的情况下,地方性法规或者地方政府规章不能设定工业盐准运证这一新的行政许可,地方政府规章违反法律规定设定许可、处罚的,人民法院在行政审判中不予适用。对于地方政府规章与法律和行政法规的冲突问题,法院按照《立法法》确立的上位法优于下位法原则,消除规范之间的矛盾,排除下位法的适用。在"淄博海力通盐化有限公司诉高青县盐务局行政处罚案"[①]与"曹县福源畜产品有限公司诉菏泽市盐务局等处罚及行政复议案"[②]中,也出现了类似的法律适用分歧,法院参照指导性案例5号的协调机制,妥善处理法律适用过程中的争议问题。反观曾经的"河南种子案",[③]审判法官未能遵守《立法法》确立的法律冲突协调原则,滥用合法性审查权,直接宣布《河南省农作物种子管理条例》违反《种子法》无效,这是违反法律分歧协调原则的,不利于法秩序统一。

(二)规范司法裁量

立法者的理性是有限的,规范文本的抽象性,一方面为社会变迁打开了通道,另一方面也给法官的自由裁量开辟了缺口。法律适用是指通过各种法律方法解释和适用法律的行为,而法律方法的选择和解释技术的运用具有主观能动性,这个过程中法官就可能滥用自由裁量权。法院的自由裁量蕴含在司法裁判权之中。但是法院在审判案件过程中,也不得恣意解释和适用法律,不受控制的权力必然丧失合理性。控制和防御裁量权的滥用,才符合法治的价值和目的。[④] 类似案件类似裁判,运用相同的裁判规则和相同的法律解释方法,就能够在法律适用方法和技术的范畴内,规范和约束司法行为,限制法官过度裁量。

为了规范司法裁量权,同案同判主要提供了两种治理方案。一是方法性限制,亦即在法律解释技术层面,统一解释规则,保证类似问题适用类似的法律解决方案。技术方案是约束司法裁量的前置性基础,也是统一法律适用的技术支撑。在方法论的基础上,统一法律适用与

① 参见山东省淄博市高青县人民法院(2015)高行初字第3号行政判决书。
② 参见山东省菏泽经济开发区人民法院(2015)菏开行初字第48号行政判决书。
③ 参见河南省洛阳市中级人民法院(2003)洛民初字第26号民事判决书。
④ 参见周佑勇:《行政裁量的治理》,载《法学研究》2007年第2期。

规范司法裁量是一体两面的关系。二是概念性约束，主要是限定司法裁量的实体性范围。法院的判决应该是由法律预先确定的，不受拘束的自由裁量是不存在的，法院的自由裁量空间应该保持相对狭窄。[①] 为了限缩裁量空间，通过同案同判类聚的类型化解释，可以缩小法律概念的模糊区间，实现法律概念的精确化。

按照法律概念的精确程度，可以将其分为概念核与概念晕，前者是法律概念中精确的内容，后者是法律概念中疑惑的地方。[②] 概念晕是法律的主要裁量区域，概念晕的范围越小，越靠近概念核，其精确程度越高，也更有利于压缩自由裁量空间。一方面，由于法律条文的概括性较强，法律解释的空间通常是广阔的，要防止裁量行为逸脱概念晕，游离在概念的边缘区域之外。为了划定裁量的边界，可以在概念的二分基础上，增加一个“概念弧”，由此形成“概念核—概念晕—概念弧”的完整闭合概念体系。这个概念体系就像一个圆，圆心就是概念核，中间区域是概念晕，圆圈就是概念弧。概念弧是裁量不可逾越的边界，其实就是法律本身，对法律的解释应该控制在法律的界限之内，实现规则之治。另一方面，法律的概念核可以从日常语言中来理解，但是概念晕无法通过日常术语获取，后者需要发挥法官的主观能动性来确定。[③] 法官的工作就是在概念晕的模糊区间之内做出选择，法律体系中存在许多不确定的法律概念或概括条款，表面上具备法律规范的完整形态，事实上需要法官在个案中进行加工和具体化。那么为了防止概念晕的范围过大，需要约束法官裁量，减少司法过程中的不平等对待，维护司法公正。类似案件审判经验的积累和裁判规则的细化，可以逐渐填充法律条文的不确定性领域，实现法律概念内部的周延和明朗。将同案同判的质料填充进概念晕的区间中，不仅可以逐渐缩小司法裁量范围，减少模棱两可的概念区域；而且能够促进法律概念的明确性，在逐渐靠近概念核的过程中，扩展法律概念中确定不变的概念区域。比如，对于公共

---

① 参见［美］本杰明·卡多佐：《法律的成长　法律科学的悖论》，董炯、彭冰译，中国法制出版社2002年版，第36页。

② 参见［德］卡尔·恩吉施：《法律思维导论》，郑永流译，法律出版社2014年版，第133页。

③ 参见高尚：《德国判例使用方法研究》，法律出版社2019年版，第109页。

利益、公序良俗、正当理由、诚实信用、情节严重等法律概念，存在较大的模糊性空间，需要借助类型化的案例实现具体化，从而缩小概念的不确定性，控制法院的裁量权限。

（三）填补法律漏洞

法律的稳定性与社会生活的变化性，使得法律体系不可避免地存在不周延之处，需要弥补制定法与现实生活中规则需求的脱节。司法机关在案例审判中，通过能动性释法与类型化比较，来补充和完善制定法的不足。法律漏洞是指法律体系中违反计划的不完整性，其中“计划”意指“法律之内涵目的”与“法秩序之全体精神”等方面。[①] 规范漏洞的本质乃是对值得保护之法益的保护欠缺，因此只要个案中存在值得保护的法益，法官就需要运用各种解释方法对该利益进行填补。法律漏洞可以分为开放的漏洞与隐藏的漏洞，前者是指法律对于特定的案件类型并没有可以适用的规则，但是依据法律的目的本应包含此类规定；后者是指法律对某类案件有明确的适用规则，但是依其目的不应包含此类规定。[②] 为了排除法律秩序中的体系违反，将法律追求的公平正义价值输入共同体的社会生活中，需要解释和发展法律，来填补法律漏洞。类推适用是填补法律漏洞的重要方法，基于正义的要求，类似案件应该同等对待，实现法律体系的完备。类型化的案例比较是在法律解释和开放的法律续造过程中使同等对待原则发挥作用的工具，[③]通过一个个同案同判的推进，逐渐发展出一般性的法律原则和规则。

法律并不是一个包罗万象、完美无缺的规则体系，仅仅依靠逻辑上的演绎推论，并不能总是得出适用于个案的准确答案。在人身损害赔偿法律适用中关于残疾辅助器具费的赔偿年限问题，法律和司法解释没有作出明确规定，司法实践中就通过比照类似案件的裁判，实现对制定法的补充和完善。例如，在“陈静诉十五冶一公司人身损害赔偿纠纷案”中，[④]湖北省人民检察认为对陈静残疾辅助器具以 20 年计算赔偿期

---

① 参见［德］克莱默：《法律方法论》，周万里译，法律出版社 2019 年版，第 157 页。

② 参见［德］拉伦茨：《法学方法论》，陈爱娥译，商务印书馆 2018 年版，第 254 页以下。

③ 参见［德］齐佩利乌斯：《法学方法论》，金振豹译，法律出版社 2018 年版，第 111 页。

④ 参见湖北省高级人民法院（2013）鄂监二抗再终字第 00080 号民事判决书。

限没有法律依据，应按人均寿命计算，法院最终比照残疾或死亡赔偿金20年的标准计算。在“李大林等与王某等机动车交通事故责任纠纷案”中，[①]对于残疾辅助器具费的赔偿年限争议，法院认为根据湖北省法院系统审判实践中的统一标准，残疾辅助器具费的赔偿年限为20年。在“马某某交通肇事案”[②]与“康某某诉廖龙辉等机动车交通事故责任纠纷案”[③]等案件中，法院也都是参照类似案件填补法律规则的空缺，保证法律适用的协调。通过同案同判，可以发挥填补法律漏洞的功能，防止出现无法可依和滥用法律的情形。

面对变化不定的社会生活事实，而法律的僵化和时滞，无法及时作出灵活的调整，就会出现法律“应该规定而未规定的事宜”，即开放的法律漏洞。由于社会的发展出现新型事物，就需要发挥解释的技艺，及时更新法律的观念，将个案法律适用的不公降至最低，适应社会生活的需要。法律概念的适用受到时间和空间上的限制，无法有效应对变动不居的社会生活事实。对法律概念的解释，应该结合历史的发展，取向于目的及价值观念的演变，实现法律概念所应担负的法律任务。[④] 比如，随着信息社会的到来，传统的法律体系无法应对新型技术的发展，需要新规则的指引和调整。在1999年发生的“张承志诉世纪互联通讯技术有限公司侵犯著作权纠纷案”（以下简称“张承志案”）中，[⑤]该公司将张承志发表的两篇小说上传到公司网站上，供网民浏览和下载，张承志以著作权受侵犯诉至法院。由于1990年制定《著作权法》时的社会背景是网络技术还未得到普及，所以主要是强调对作品的传统保护方式。当时该法第10条第5项中规定，“以复制、表演、播放等方式使用作品的权利；以及许可他人以上述方式使用作品，并由此获得报酬的权利”。可见，当时的法律并未为通过网络传播和使用作品提供保护，属于立法者未能预见的漏洞。法院认为，在网络上传播作品的行为，虽然不同于

① 参见湖北省荆州市中级人民法院（2017）鄂10民终869号民事判决书。

② 参见甘肃省定西市中级人民法院（2017）甘11刑终120号刑事附带民事判决书。

③ 参见云南省牟定县人民法院（2017）云2323民初680号民事判决书。

④ 参见黄茂荣：《法学方法与现代民法》，中国政法大学出版社2001年版，第129页以下。

⑤ 参见北大法宝数据库，http://www.pkulaw.cn/Case/pcas_117507411.html? match = Exact，2021年7月23日访问。

传统的传播途径,但是其本质都是使社会公众了解作品内容的手段,著作权人的权益应该受到同等保护。实际上,法院为了弥补法律对公民权利保护之不足,摆脱了形式主义解释的束缚,采用了目的性扩张解释方法,推动法律与科技的互动。“认识法律并不意味抠法律字眼,而是把握法律的意义和效果。”[①]站在整个社会变迁的历史场景中,按照实质合理性标准对既定法律规范进行创造性解释,有利于填补法律漏洞,作出公正的裁判。

司法机关在个案审判中发挥着规范型塑功能,在一定程度上助推立法机关来完善法治的拼图。“张承志案”对《著作权法》的修订产生了重要影响,从个别判决到类似案件,有效助推法律发展。该案后来被刊载在《最高人民法院公报》2000 年第 1 期,成为指导案例,得到各级法院的参照适用。2000 年 11 月最高人民法院制定的《关于审理涉及计算机网络著作权纠纷案件适用法律若干问题的解释》(已失效),承认了作品的数字化保护方式。2001 年 10 月全国人大常委会修改的《著作权法》,增加了信息网络传播权等适应网络发展的保护性规定。2002 年发生的“陈兴良诉中国数字图书馆有限责任公司著作权侵权纠纷案”中,[②]法院遵循“张承志案”的裁判思路,认为中国数字图书馆未经陈兴良许可,将其作品上传到网站上,侵犯了作者的信息网络传播权。司法案例推进法律发展的脉络,主要是按照“个案—类案—司法解释—制定法”阶梯式的前进轨迹。案例指导制度是国家法律的重要生长点,是司法机关参与发展和完善国家法制的关键载体。[③] 司法机关是发展和完善制定法规范体系的“前锋”,从每一个个案到一系列类案,法官都在细化和填充法律规范的概念晕和概念核。而立法机关往往充当的是更新和创造法律规范的“后卫”,因为立法相对缓慢,无法及时跟进变化多样的社会现实,只有待社会生活事实条件相对成熟之时,立法者才启动立法(修法)程序来制定(修改)普遍适用性的法律规则。

---

① [德]卡尔·恩吉施:《法律思维导论》,郑永流译,法律出版社 2004 年版,卷首语。

② 参见北京市海淀区人民法院(2002)海民初字第 5702 号民事判决书。

③ 参见于同志:《案例指导研究:理论与应用》,法律出版社 2018 年版,第 118 页。

第二节　同案同判的法哲学基础

同案同判是司法正义问题，具有深厚的理论基础。司法哲学是一种包罗万象的哲学，指引法官在疑难案件的法律选项中做出选择。[①] 从法律概念的规范构造层面，同案同判的规范论基础回归到"什么是法律"这个传统的经典命题。从司法裁判的推理方法层面，同案同判的方法论基础主要是类比推理的技术支撑。从平等对待的运行程序层面，同案同判的程序论基础取决于民主商谈的法治要素。

一、同案同判的规范论基础

同案同判的规范论主要回答的是在司法裁判的过程中，先前的类案是否可以作为一种法源。凯尔森的个别规范说、哈特的承认规则说、米勒等人的个案规范说以及德沃金的法律整全理论均是可以为类案在制定法的语境下争得一种类似于法源的地位。但类案本身不是法源，通过类案所形成的规范价值或者一般原则是可以作为法源的。但这里涉及"什么是法"的问题，即使赋予原则最大的范围，那么该原则是否可以作为法的概念范围，并成为一种法源呢？在逻辑上，由于对"什么是法"的问题存在不同的认识，因此，法本身的范围就是动态化的和有弹性的，将案例在裁判过程中所形成的规范作为法源或者是法的涵盖范围，那么其就可以是类案裁判中的法源。

(一)凯尔森的个别规范说

凯尔森认为法律是一种强制性的规范秩序，[②]并且这一秩序在法律的创制和适用过程中呈现一种动态体系，即基础规范是实在法秩序中其他规范据以创制的基础规则，宪法规范为国内法秩序中的最高规范，决定着习惯法和制定法等一般规范的创制，一般规范具体化为个案裁

---

① 参见[以]巴拉克：《民主国家的法官》，毕洪海译，法律出版社2011年版，第112页。

② 参见[奥]凯尔森：《法与国家的一般理论》，沈宗灵译，中国大百科全书出版社1996年版，第19页。

判中的个别规范。[1] 凯尔森还着重阐释了司法者的功能，尽管他不承认法律秩序内部的间隙，但是认可了法院对虚构的法律间隙的造法功能，并且法院还可以创造个别规范与具有普遍约束力的先例。法院在解决法律争端过程中，的确适用着制定法或习惯法等一般规范，但与此同时，法院也创造了规定对一定的人执行一定制裁的个别规范，这一个别规范与一般规范的关系就像法律与宪法的关系。[2] 在同案同判的过程中，如果说制定法是一般规范，那么个案的判决则创造了个别规范，在之后的司法裁判过程中，这种个别规范就会具有一定的拘束力。个别规范与一般规范之间是个别与一般的关系，个别规范的有效性也蕴含于一般规范的有效性之中。[3] 如果法院在裁判过程中碰到类似案件，必须按照先前案例确立的个别规范进行裁判。作为个案裁判结果的个别规范，一方面与一般规范相联系，另一方面作为具体个案的特别规范，其对之后的类似个案具有拘束力。

我国的案例指导制度同样具有这样一种一般规范与特别规范的属性。"实行案例指导制度是要以制定法为主，案例指导为辅，在不影响制定法作为主要法律渊源的前提下，借鉴判例法的一些具体做法"。[4] 在这样一种制度框架的构建过程中，制定法是一般规范，先前的案例则属于典型的个别规范，它们共同对之后的个案裁判在案件事实认定与规范适用上产生不同的影响。同时，在整体的法治体系中，这种规范关联有利于实现法的价值。"法官需要证明自己如此使用指导性案例是符合我国法律制度和法律的精神、价值和立法目的，此判决可以适用于所有类似案件"。[5] 应当说，凯尔森的个别规范说对于以同案同判为核心的案例指导制度的解释，具有显著的规范论意义。

---

① 参见［奥］凯尔森：《纯粹法学说》（第 2 版），雷磊译，法律出版社 2021 年版，第 88 页以下。

② 参见［奥］凯尔森：《法与国家的一般理论》，沈宗灵译，中国大百科全书出版社 1996 年版，第 152 页。

③ 参见崔拴林：《法律行为所创个别规范的效力来源再探析》，载《法制现代化研究》2020 年第 5 期。

④ 参见刘作翔、徐景和：《案例指导制度的理论基础》，载《法学研究》2006 年第 3 期。

⑤ 张骐：《再论类似案件的判断与指导性案例的适用——以当代中国法官对指导性案例的使用经验为契口》，载《法制与社会发展》2015 年第 5 期。

（二）哈特的承认规则说

哈特认为法律的本质是规则，是由初级规则与次级规则结合形成的规则体系。初级规则规范的对象是人的具体行为，次级规则运作的方式不仅导致具体规则的变动，也产生了责任或者义务的创设或者改变的规定。次级规则是关于法本身的规则，其本身又分为承认规则、变更规则与裁判规则。[①] 在哈特的规则体系中，承认规则发挥着评价其他规则的效力标准与确定法律的规则内容的功能，实际上决定了法律是什么。然而，由于语言的模糊性与当时立法条件下属于规则的未明事项，导致法律规则的空缺结构，而法院在这些空缺领域内承担着创造性司法角色，以填补法律的不确定性。对于如何解决疑难案件，哈特认为法官行使司法裁判权即可填补法律的漏洞。在法律适用过程中，法体系是一个重要前提，此时既是某个规范在发挥作用，也是一个法体系在发挥作用。哈特认为一个法体系的存在最少必须具备两个条件：一是那些符合法体系终极判准因而是有效的行为规则，必须普遍地被服从；二是这个法体系当中提供效力判准的承认规则，加上变迁规则与裁判规则，必须被政府官员实在地接受，作为衡量官员行动的共同标准。[②] 法体系的构成无疑是规范，而规范就涉及法源的问题，如此，指导性案例是否属于法源就出现了争议，这里的法源主要是指法的渊源或者说规范的表现形式。

一般的判例当然不具有法源的地位，那么在案例指导制度的环境中，具有指导性的案例是否具有法源的地位呢？指导性案例具有可重复性，对于之后的案件裁判具有指引意义和拘束力。“法官对适用或使用指导性案例进行可普遍化论证是保证这种适用或使用正当性的基本要求”。[③] 以哈特的承认规则说予以审视的话，如果一些指导性案例具有某种规范的效力，例如，“应当参照”的要求，那么作为制定法乃至整

---

① 参见[英]哈特：《法律的概念》（第3版），许家馨、李冠宜译，法律出版社2018年版，第137页。

② 参见[英]哈特：《法律的概念》（第3版），许家馨、李冠宜译，法律出版社2018年版，第178页。

③ 张骐：《再论类似案件的判断与指导性案例的适用——以当代中国法官对指导性案例的使用经验为契口》，载《法制与社会发展》2015年第5期。

个法体系就具有承认规则的属性。承认规则发挥着终极的判准角色，其提供法体系基础的效力支撑。因此，同案同判中的类案参照并不会给制定法体系造成混乱，因为最终还需要接受承认规则的审查。

（三）米勒等人的个案规范说

米勒的“文本规范”与“裁判规范”的区别，更是指明了从“立法者的法”到“法官法”的形成过程。如果借菲肯切尔的“个案规范”理论，认为仅有可直接适用于个案的“个案规范”才是严格有拘束力的，法源只是在法律探获过程中有其意义的话，那么制定法与判例、指导性案例乃至所有在先的判决一样并无二致，均是无拘束力的法源。[①]“个案规范”并不意味着它包含着一个一般原则或概念，规范与事实紧密结合在一起。它只限于得以确立的特定情形，并且这种由特定情形来决定它的含义，其本质是以个案类比为基础的决疑术。[②]“个案规范”在形式结构上必须附具“理由”作为先例式参照技术运用的实质根据，参照什么所体现的是案例的特质，而不是规则的外观。鲍曼认为立法者的任务是构建普遍性的法律规范，而法官关注的是如何在共性的法律与个性的事实间实现互动关系，形成个案的裁判规范。[③]菲肯切尔认为个案规范是一种规则，可以把法律效果归类到待解决的案件事实上。[④]任何一个待解决的案件，都是根据要将其归类的法律规则进行等置的。个案规范作为一个用来裁判个案的规范，对比于将要作成裁判的个案而言，也是一种规范。并在正义的要求下，将规范的构成要件要素对应适用于其他类似案件的关键事实。个案规范可以适用到其他案件，主要是基于同等情况同等对待的平等正义期待，推定将来类似的其他案件具有适用的可能性，也就是说个案规范具有将来效力。个案规范透过法律而得到实现，其在法律的文义范围之内，但不同于法律规范，个案

---

① 参见[德]菲肯切尔：《判决先例在德国私法中的意义》，苏永钦译，载苏永钦：《民法经济法论文集》，台北，三民书局1988年版，第61～63页。

② [美]哈罗德·J.伯尔曼：《法律与革命——西方法律传统的形成》，高鸿钧等译，中国大百科全书出版社1993年版，第167页。

③ [英]齐格蒙·鲍曼：《立法者与阐释者：论现代性、后现代性与知识分子》，洪涛译，上海人民出版社2000年版，第7页以下。

④ 参见吴从周：《法源理论与诉讼经济》，台北，元照出版公司2013年版，第66页。

规范是通过对法律的解释的具体化。

个案规范源于既定规范的转换和特定化以及解释者的漏洞填补，是解释者直接适用的并具有实际拘束力的个案裁量基准，具有案件针对性和实效性等特点。[①] 在同案同判的问题上，个案规范说其实就是将先前的案例以及当下的制定法，均作为个案裁判规范形成的前提。规范只有在被适用时才是现实的法，这就类似于现实主义法学派所主张的"行动中的法"。无论是制定法规范还是之前的个案，对于当下个案的裁判均具有现实的意义，最终就当下具体的个案裁判而形成某种个案规范，然后形成裁判结论。尽管这种个案规范说在同案同判中并没有直接回答先例的法源地位，但却说明了先例是否具有法源地位是不重要的。规范只有在个案中才是具体的，最终关注的重心应该是具体的个案规范。个案规范说具有典型的司法能动主义特征，这与同案同判所体现的判例法特征在司法主导的意义上具有相同性。一方面，同案同判具有限制司法自由裁量权的作用；另一方面，判例法本身就需要积极发挥法官的作用。于是，法官更多是受到司法的限制，而不是立法的限制，司法在参与社会治理的过程中具有重要意义。在司法裁判的过程中形成的个案规范，不仅作用于当下的具体个案，对之后的类似案件同样会具有现实的参照意义。

（四）德沃金的法律整全理论

德沃金认为法律是一种阐释性概念，判断法律是什么取决于法官的解释。[②] 他反对哈特的法律规则主义，认为法律不仅指规则系统中的"明确法律"，而且包含隐藏在规则背后的原则和政策等"隐含法律"，"法律概念的确证有赖于法律实践者的建构性解释"。[③] 面对规则的竞合与社会事实变动引发的多元性法官释法导致的法律不确定性难题，不同于哈特的观点，德沃金认为不存在法律漏洞，也否认法律的不确定

① 参见汪进元：《宪法个案解释基准的证成逻辑及其法律控制》，载《中国法学》2016年第6期。

② 参见[美]罗纳德·德沃金：《法律帝国》，许杨勇译，上海三联书店2016年版，第321页。

③ 刘星：《法律是什么：二十世纪英美法理学批判阅读》，中国法制出版社2015年版，第230页。

性,更拒绝法官恣意造法。他从“法律的整体性”出发,认为法官应该努力在有关人们权利与义务的某组融贯原则中,找到对其社群之政治结构与法律教义的最佳建构性解释。[①] 亦即法官是法律帝国中的王侯,法官说了什么,法律实际上是什么。

法律原则构成法院适用法律的正当性法理基础,高度发达的法律体制中就算有不被“规则”涵盖到的案件,也一定还是被抽象、概括性的“法律原则”所规范。法官应学会一套融会贯通的解释论,通过法律原则来裁判一切案件。[②] 法律解释应贯彻整体法秩序之统一性,既要结合过去的先例,也要展望未来的情形。因此,在具体的司法裁判过程中,能够作为案件裁判大前提的并不仅仅是具体的某个或者某几个法律规则,还包括原则和政策等更为抽象的东西,它们均可以被整合为法律适用的规范前提。法律原则的内容必须建立在权利的要旨上,亦即必须符合公平、正义或其他社会道德的要求,尊重并保障个人的权利。[③] 整全法既要在法条前后文脉络范围内,确保以往的先例及制定法等过去的各项决定在法律原则面向上的整合,也要尽可能适合当下人们普遍接受的公共道德价值,来建构解释理论。法的统合性,就是在于“相同事物,应该相同对待”。德沃金认为,融贯性的涵盖范围是比较广泛的,司法诠释的目的就是最佳地将司法实践诠释为单一而融贯的原则体系,要求法官在新案件中根据相同的标准实现公平正义。那么在同案同判中,先前的案例与涉及的规范本身可以和当下的具体规范相整全,从而成为司法裁判过程中的解释对象和重要支撑。另外,公平和正义等实质的法律价值和一般原则,可以作为法律原则连接先前的案例和当下的司法裁判。

(五)小结:同案同判的规范论基础的审视

同案同判所需要面临的问题包括类案是否属于法源的问题,但就法的表现形式而言,其从来是难以达成一致的,因为“什么是法”的问题

---

① 参见[美]罗纳德·德沃金:《法律帝国》,许杨勇译,上海三联书店 2016 年版,第 201 页。

② 参见[美]罗纳德·德沃金:《认真对待权利》,信春鹰、吴玉章译,中国大百科全书出版社 1998 年版,第 40 页。

③ 参见陈清秀:《法理学》,台北,元照出版公司 2017 年版,第 170 页。

本身是存在争论的。法律是一个多视角的命题。既定的宪法和法律规范只是对未来行为的预设，并不必然适用于当下的个案，个案裁判基准潜藏于既定规范和案件事实之中，是一个有待于通过解释规则发现、选择甚至续造的具体规则。“法律是复数的，制定法是动态变化着的。”[①]从静态上看，法律就是一套现行有效的面向未来预先设定的规范体系，即既定规范。从动态上看，法律是指司法者针对过去已经发生的案件事实依据既定规范选择甚至续造的裁判规范，即个案规范。这二者之间的关系表现为：既定规范预设了个案规范的前提和基础，个案规范是既定规范的具体化和特定化。[②] 如果借鉴西方学者的观点，前者指的是法律渊源（效力来源不同、表现形式各异的行为规范），后者指的是法律（实际作用中的法）。但是这两者并不是对立的，而是相互统一的，融合法律规则与现实案件于一体的诠释循环。所以，法律的概念始终是一个动静结合的体系性命题，每一次的法律适用都是一个在纸上的法律规范与鲜活的案件事实之间循环论证的过程。个案规范勾连着过去的既定规范与当下的案件事实，保障了法律的个案适用性和灵活适用性。明确个案规范的特定性和待证性，寻求个案规范的证成路径与规则，无疑是防堵恣意解释和适用法律，实现“同案同判”、减少“同案不同判”问题的重大理论课题。

相较于“什么是法”的问题，“什么是法源”的问题似乎相对容易明确一些。法源也称为法的渊源或者法的表现形式，但对此问题的回答同样离不开“什么是法”的问题。法官具有判断“什么是法源”的权利，在我国的实证法体系下，法源具有不同的效力。例如，有绝对效力的法源和有相对效力的法源，具有绝对效力的法源通常被认为是在司法裁判中可以被引用的规范，例如，法律、行政法规、地方性法规、自治条例和单行条例以及一些有权解释等。具有相对效力的法源主要是要求法官在裁判的过程中参照执行的规范，例如，习惯法、指导性案例等。由此可以看出，具有绝对效力的法源是属于制定法性质的立法规范或者

---

① 郑永流：《法律的“交叉”研究和应用的原理》，载《中国法学》2018 年第 4 期。

② 参见汪进元：《宪法个案解释基准的证成逻辑及其法律控制》，载《中国法学》2016 年第 6 期。

有权解释，具有相对效力的法源是不具有制定法性质的规范或者指导性案例。存在争议的主要是指导性案例是否会取得或者应当取得绝对效力的法源地位，如果指导性案例都不能作为具有绝对效力的法源地位，那么一般的先例在我国就更不能取得具有绝对效力的法源地位。一方面，具有法源性质的规范多属于法的范畴，其具有典型的规范属性，但在这一点上，即使是具有指导性的案例也难以成为法源。另一方面，在具体司法裁判中形成的个案规范同样难以符合法源的特征，例如，法律的原则或者精神理性等，单独来看，其是否属于法源就如同是否属于法一样含糊。

如果将法源分为具有相对效力的法源与绝对效力的法源，类案中的指导性案例或许可以被划归为具有相对效力的法源。但这种相对效力的法源既然在效力上是相对的，就说明其本身并不具有法源的典型规范地位，至于一般的类案，在我国成文法语境下就更难以被称为是一种法源。但是，从规范论的视角看，尽管类案不是一种法源，但在司法能动主义的立场上，类案又可以被视为一种法源或者说是"准法源"，当然，这还需要一系列制度的有效配合。这种意义上的法源不具有单独的拘束力，其所产生的拘束力是辅助的，主要是辅助相对应的制定法的效力。换言之，在具体的规范解释与说理论证的过程中，类案不能单独作为案件裁判的依据，其需要相对应的规范解释或者起到寻找、纠正作为规范的大前提的作用。

"同案同判"本身也说明了应当充分发挥司法的能动性，更好地解决规范与事实之间的紧张关系。在司法的能动主义方面，法源至少在理论层面具有现实的意义，在司法意义上的法源塑造具有实现司法参与社会治理的积极效果，有利于更好地实现案件裁判的法律效果与社会效果。法源理论所塑造的思维模式，秉持逻辑一致性思维，带有对制定法的尊重以及对法的自主性追求，有助于整合包括制定法在内的规范，融贯法律价值、法律精神、法律方法等因素，进而从理论和实践双重角度缓解法律与社会之间的紧张关系。① 这与个案规范说以及法律整

---

① 参见陈金钊：《法源的拟制性及其功能——以法之名的统合及整饬》，载《清华法学》2021 年第 1 期。

全理论之间也是一致的，就是要实现个案裁判在整体上的融贯性的同时，追求个案裁判结果的最优化，这是法教义学作业在现代社会中的一种理论期待与实践目标。“法释义学并不仅仅是法律体系的内在平衡，而且是与外部的社会和哲学背景知识的平衡，法律与道德或政治有着规范性的联系”。[①] 类案是否同判还需要受到社会现实因素的制约，即使在英美的判例法中，法官有时也可能会背离先例。总之，“同案同判”是一种价值指引，而不是一种规范适用于案件裁判的负担。

二、同案同判的方法论基础

同案同判的方法论基础，主要是寻找同案同判的推理与论证理论基础。在成文法的体系中，法律推理的方法更倾向于演绎推理，而在判例法国家，法律推理的方法更倾向于类比推理。类案检索反映的是成文法与判例法的综合思维，同案同判的方法论基础是在类比推理与演绎推理的视域融合中实现的。在同案同判的证成中，类比推理是逻辑起点，演绎推理是结果检验，法律解释贯穿始终。

（一）类比推理的适用场域

类推适用是指将法律针对某构成要件或多数彼此相类的构成要件而赋予之规则，转用于法律所未规定而与前述构成要件相类的其他构成要件。[②] 亦即类比推理是一种将法律明确规定的情形，适用到法律规范未直接调整的类似情形的推理方法。何时需要运用类比推理，是类比推理方法的前提性问题，类比推理的适用场域即为此服务。

在类比推理的运用上，理论上有三种路径，分别是传统路径、诠释学路径与分析性路径。传统路径的基本观点是类比推理适用于法律出现漏洞的情形，通过类推适用来填补法律漏洞。拉伦茨认为针对开放的法律漏洞，当案件之间在重要性的法律评价要素上相似时，即可类推适用。[③] 他进一步将类推分为“个别类推”与“整体类推”，前者是指将

---

① 王锴：《宪法解释的融贯性》，载《当代法学》2012 年第 1 期。

② 参见［德］卡尔·拉伦茨：《法学方法论》，陈爱娥译，商务印书馆 2018 年版，第 258 页。

③ 参见［德］卡尔·拉伦茨：《法学方法论》，陈爱娥译，商务印书馆 2018 年版，第 258 页。

某一法律规范准用于一个未被规范的同类案件事实上,又称为“法律的类推适用”;后者是指由多数法律规定(针对不同的构成要件,赋予相同的法律效果),归纳共同的法律理由,使其一般化,得出一般法律原则,将该法律原则适用到法律并未规定的案件事实,又称为“法的类推适用”。恩吉施也主张借助类比推理来填补法律漏洞,[①]而且类比推理不仅依赖于法律上的相似性与逻辑上的可靠性,而且根植于法律上的价值判断,维持法律秩序的完整性。诠释学路径的基本观点是类比推理以“事物的本质”和“类型”为支撑,通过类比推理来解释和适用法律,实现规范与事实之间的诠释循环。考夫曼认为法律发现具有类推的品格,是一种使生活事实与法律规范相互对应、一种调适与同化的过程,这种对应是基于类似性的结合。[②] 在事实向着规范与规范向着事实相互开放的过程中,事物的本质是事实正义与规范正义调和的中间点,而明确事物的本质则是建立在类型思维的基础上。“法的现实性本身是根基于一种类推,因此法律认识一直是类推性的认识,法原本即带有类推的性质。”[③]所以法律适用的本质并非在于形式的逻辑推论,也不是简单的涵摄,而是一种类推的过程。分析性路径的基本观点是类比推理在法律解释和法律漏洞填补过程中都发挥作用,两种情形下类比推理的适用条件不一样。齐佩利乌斯认为类型化案例比较是法律解释和填补漏洞的重要手段,前者是在法律措辞的语义空间内进行,通过将待处理的案例类型归入或不归入某一规范适用范围,可以实现法律概念的精确化;后者是超越法律规范的界限,借助同等对待原则,实现对法律的补充和体系正义的维护。[④] 阿列克西也认为存在两种类比推理的情形:一是内在于事实构成的类比,主要是在演绎框架内对规范概念的解释方法;二是扩张规范概念的类比,主要是对法律概念进行扩张适用的

---

① 参见[德]卡尔·恩吉施:《法律思维导论》,郑永流译,法律出版社 2004 年版,第 177 页以下。

② 参见[德]亚图·考夫曼:《类推与“事物本质”——兼论类型理论》,吴从周译,台北,学林文化事业有限公司 1999 年版,第 85 页以下。

③ [德]亚图·考夫曼:《类推与“事物本质”——兼论类型理论》,吴从周译,台北,学林文化事业有限公司 1999 年版,第 43 页。

④ 参见[德]齐佩利乌斯:《法学方法论》,金振豹译,法律出版社 2018 年版,第 105 页以下。

法律漏洞填补。综上,比较类比推理的学术脉络可以发现,类比推理的适用场域包括法律解释与法律漏洞填补。现代成文法国家之所以强调判例的作用,主要不是因为个案裁判没有法律规则可依,而是因为同样的规则在类似的案件中得不到统一的解释与适用。我国的法律体系较为完备,类比推理主要发生在法律解释过程中,少量法律滞后的情形也需运用类比推理来填补空白。

类比推理在法律解释中的作用,主要是为了保证法律解释的连贯性,实现作为推理大前提的既定规范的精确化。在内部证成中,主要是判断能否从既定的法律规范和案件事实中,运用有效的技术规则,得出一个适用特定案件的个案规范。既涉及既定法律规范的正确解释,又关涉案件事实的正确认定,整个过程由司法者说了算。法官解释法律和认定事实的能动性不可避免,不仅由于法律语言本身具有不确定性,缺乏统一的法律解释规则,而且法官的司法能力差异明显,各地方经济发展水平和司法政策也有所不同,导致法官在解释法律和认定事实的过程中会形成不同的结果。而基于类似案件类似处理的形式正义观念,通过类比推理的方法,可以实现法律解释的统一与法律适用的统一。这种类推的方法也被称为法律增益的过程,当某一规范因具有相同的基本利益而可以概括待解决案件时,将该项法律规范类推适用于待解决案件便是合理的。[①] 任何类推都建立在法律预设的内在秩序一致性基础上,为了实现法的一致性原则,法官在判断案件中有必要参照上级法院在先前案件中对法律概念的界定。

基于平等原则的精神,比照援用与其相类似案件的规定来适用,类比推理在一定程度上能够弥补制定法的不足。随着社会生活的变化,作为演绎推理的大前提不可能事无巨细地规定所有内容,常常处于难以避免的不确定状态,所以法律必然存在漏洞。而演绎推理在论证结构上的封闭性,在大前提的确定过程中,类比推理可以发挥填补制定法漏洞的功能。在进行漏洞填补时,常用的思维是根据类型概念进行论证。对于类似案件进行区分,并适用相同者相同对待、不同者不同对待的平等原则,是在法律漏洞领域进行法律适用时,类型建构的主要作用

---

① 参见[德]伯阳:《德国公法导论》,北京大学出版社 2008 年版,第 27 页。

方式。[1] 以类型的规范评价标准,对于具有类似或相同利益状态的典型案件类型,进行对比性评价。类案之所以可以补强演绎推理的大前提,是因为被赋予了一定的拘束力。《类案检索意见》第9条规定:“检索到的类案为指导性案例的,人民法院应当参照作出裁判。检索到其他类案的,人民法院可以作为作出裁判的参考。”指导性案例或类案参照适用与参考适用的前提,是需要满足相似性的要求,满足相似性要求首先就要求法官能够判断相似性。比较案件之间相似性就是一个类比推理过程,类比推理的核心是要点对比,乃是由“特殊到特殊”。这种辅助工作的方式就是在整体的演绎推理下进行类比推理——通过类比推理比较待决案件与类似案件的相似性,在满足相似性要求的基础上,类似案件的裁判要点才能输入演绎推理的大前提,作为大前提的辅助理由强化演绎推理的说理。

另外,同为法律漏洞填补的方式,类比推理与目的性扩张较为接近,但也有差异。目的性扩张解释是指法律文义的涵盖情形,相较法律规定的立法意旨过于狭窄,有必要将法律的适用范围扩张至该文义包括的类型之外。目的性扩张与类比推理的相同之处在于:两者都是将一个法律规范扩张到其文义所不能涵盖的事实关系,并且都是为了贯彻立法目的,避免出现裁判中的价值判断不一致。上述两种法律补充方式也有不同之处:目的性扩张适用的前提条件不满足类比推理的相似性标准,前者是由于法律规定得过于具体,缺少对不同情形的规制,需要增加法律规范调整对象的新类型;后者是由于法律规定的类型化情形不周延,需要扩充同类案件的适用范围。

(二)类比推理的运行模式

类比推理是法律论证的重要形式,类比推理的运行模式解决的是类比推理的逻辑结构如何展开的问题。类比推理遵循从特殊到特殊的逻辑形式,在重要相似性的考量下,得出一个有效的结论。举一个罗马法上的经典例子。根据罗马《十二铜表法》的规定,“四足动物”的所有者对动物因其野性引起的损害负有责任,现所有者的一个“两足动物”造成了他人的损害,面临是否要承担责任的问题。两种情形除都是动

---

① 参见[德]魏德士:《法理学》,丁小春、吴越译,法律出版社2013年版,第374页。

物、都有足等相似要素之外，根据其动物属性，都极易致人严重伤害，这比"四足"动物与"两足"动物的差异显然更重要，所以"两足动物"造成损害也要承担责任。[①] 可见，在类比推理的运行过程中，除了比较案件之间的相似性，更为重要的是判断相似性与案件处理的相关程度。

类比推理的逻辑结构可以分为五个步骤：(1)某种事实模式A，由a、b、c等要素构成；(2)待证事实模式B，由b、c、d等要素构成；(3)事实模式A可以适用规范C来处理；(4)事实模式A与事实模式B的相似性要素对于适用规范C来处理案件非常重要；(5)事实模式B也可以适用规范C来处理。[②] 上述步骤中(1)(2)(4)是需要进行判断的条件，(3)是拟制前提，(5)是结论。其中(1)和(2)可以归类为启动条件，(5)可以称为评价条件。对于启动条件而言，相似性要素与差异性要素共存，事实模式A与事实模式B的相似性要素是b和c，差异性要素是a和d等。首先，差异性要素必不可少，否则就成为了相同案件，不存在比较性。当然，任何案件之间都是有差异的，只是差异的程度不同而已。其次，相似性要素是类比推理的关键前提条件，如何判断相似性是整个启动环节的核心。

对于评价条件而言，任何案件之间都存在很多方面的相似要素，也存在很多方面的不同要素，何者更为重要？如何进行判断，取决于评价条件。对此，既有评价相似性，也有评价差异性。并且只有排除差异性的重要性，亦即差异性对于案件的评价不重要，类比推理才不会出现过度推理的风险。对于相似性评价，在类比推理中，并不能说相似要素越多，类比推理结论的准确性越高。当两个案件存在某些特征相似，并不代表所有的特征都相似，比如当看到一只乌鸦是黑色的时候，并不一定能推测出另一只乌鸦一定是黑色的。类推思维有助于帮助我们加强对可能性的判断，但是这种判断并不一定就是确切的。这区别于归纳推理，后者严重依赖于相似要素的数量，数量越多，推理的可靠性越强，如

---

① 参见[德]卡尔·恩吉施：《法律思维导论》，郑永流译，法律出版社2004年版，第181页以下。

② 参见[美]凯斯·R.孙斯坦：《法律推理与政治冲突》，金朝武等译，法律出版社2003年版，第77页。更为简单的推理架构是：(1)X是Z；(2)Y与X相似；(3)因此Y可能是Z。

果穷尽所有的例子,归纳推理的结果就是正确的。[①] 当然,这不是说相似要素的数量对于类比推理的有效性不重要,只是相较而言,相似要素的质量对于类比推理的有效性更重要。有学者认为,相似要素之间是否存在相关性,是决定类比推理的过程和结果的说服力的关键条件。[②]其实这种"相关性"是指价值相关性,强调的是在法律评价上具有重要作用,所以可以称之为评价条件。为何一个特殊案例可以适用到另一个特殊案例上,作为重要性的评价条件成为类比推理的支点。如何评价相似性之间的重要性,需要回归到事物的本质,即相似性要素在法律评价上具有共同的本质属性。事物本质是事物有意义的内涵,意旨与社会关系现存的实际关联以及在其中所具有的意义内涵。[③] 在类比推理中,如果"有一个普遍的共性分别存在于两物之内",[④]那么就可以通过类型化来实现与事物本质的关联,从而实现类似案件的类似判断。比如,在地球与火星的类比中:(1)地球上有水、温度、大气层、矿物质、面积大;(2)火星上有水、温度、大气层、矿物质、面积小;(3)地球上有生物;(4)水、温度、大气层是生物存在的本质条件,这三个要素的相似性评价至关重要,超越了与生物构成不相关的面积大小的差异性要素;(5)火星上也有生物。

(三)同案同判的推理构造

我国是成文法国家,自然是以演绎推理的方法为主,但在"同案同判"的指引下,类比推理也是一种重要的实践法律推理方法。在逻辑上,应当实现的是类比推理与演绎推理在"同案同判"中的视域融合。演绎推理是从一般法律规范出发,通过涵摄的方式,将待处理的案例(小前提)归入某一法律规范(大前提),从而得出个案结论的三段论式推理模式。演绎推理一般是在作为解决问题理由的法律规定比较明确的情况下所采用的推理方式,所以演绎推理可被看成制定法的标识性

---

① 参见雍琦:《法律逻辑学》,法律出版社 2004 年版,第 252 页。

② 参见陈景辉:《规则扩张:类比推理的结构与正当化》,载郑永流主编:《法哲学与法社会学论丛》2010 年第 1 期,北京大学出版社 2010 年版。

③ 参见[德]亚图·考夫曼:《类推与"事物本质"——兼论类型理论》,吴从周译,台北,学林文化事业公司 1999 年版,第 103 页。

④ 林立:《法学方法论与德沃金》,中国政法大学出版社 2002 年版,第 97 页。

的推理方式。类比推理是基于两个不同案件在事实构成评价上的相同性,推导出法律后果上的相同性。类比推理是从案件裁决出发的推理,因而在判例法制度中是重要的一种推理方式。关于判例法的推理过程分为三个步骤:首先要提炼出个案之间的相似之处,其次总结出先例中蕴含的相关法则,最后将此相关法则运用于当下的个案之中。① "同案同判"并不只是以通过一定程序发布的指导性案例为准,该原则对于一般的司法裁判过程也具有无形影响。"同案同判"以一种内在的方式嵌入司法审判的深层机构之中。作为司法的内在构成性原则,它施加给了裁判者一种应予以贯彻和落实的义务,但是这种义务并非绝对的、无限度的。② 在法律推理层面,除了追求同判的类比推理,也会存在演绎推理对类比推理的限制与指引。在具体的个案裁判过程中,类比推理被定位在演绎推理的框架之中,类比推理的作用机制是比较案件之间的相似性。

类比推理有的时候也被简称为类推,但单独的类比推理在规范的解释适用过程中是不够的,因此这时候的演绎推理不仅可以与之共存,而且具有促进结论有效性的作用。类推比归纳和设证还要不确定、大胆和有风险,主要是类推程序的有效性所依赖的两个因素:一是为了扩展比较的基础,人们必须尽可能地出示许多案例;二是类推的有效性根本地取决于比较点的选择,而且取决于确定被比较者之特征。③ 在制定法的语境下,即使倡导"同案同判",并且以案例指导制度的构建为相关语境,纯粹的类比推理也是不现实的,需要演绎推理发挥主导性作用。类案并不能作为法律大前提,只能作为法官认识法律大前提的媒介。在类比推理的方法论指引下,通过案件之间的相似性比较,从类案中提炼出裁判规则供待决案件参考。但是从指导性案例等类案中提炼出来的裁判规则,在适用到待决案件中不一定准确,还需要既定的法律规范进行检验。因此,在制定法语境下,演绎推理与类比推理的视域融合主

---

① 参见[美]艾德华·巧维:《法律推理引论》,庄重译,中国政法大学出版社 2002 年版,第 3 页。

② 孙海波:《"同案同判":并非虚构的法治神话》,载《法学家》2019 年第 5 期。

③ 参见[德]阿图尔·考夫曼:《法律哲学》,刘幸义等译,法律出版社 2011 年版,第 93 页。

要体现为两种推理方法的明确与配合。

演绎推理与类比推理该如何配合呢？演绎推理的模式一般以大前提、小前提、结论构成的三段论，用涵摄的方法串联各解释要素。基于指导性案例的正确性推定，可将其作为补充性的统一见解，融入演绎推理的框架中，其背后建立在权威性法条的支撑基础上。在事实中对规范再认识、在规范中对事实再认识，不断拉近规范与案件事实间距离，实现等置模式。[①] 类比推理首先比较的是案件事实，但即使通过比较案件事实，也不能直接得出当下案件的裁判结论。在具体的个案裁判过程中，演绎推理与类比推理之间也没有必然的先后顺序，不存在方法上的位阶性。在有的个案裁判中，可能只有演绎推理方法的运用，而没有类比推理方法的运用；在有的个案裁判中，可能先演绎推理后类比推理，或者先类比推理后演绎推理，抑或是演绎推理与类比推理的循环往复，直至达成一个最为合理的裁判结论。在这个过程中，无论是先演绎推理还是先类比推理，均可能会遇到案件裁判过程中的障碍。因此，在制定法的语境下倡导“同案同判”，演绎推理方法仍然是主要的，类比推理方法具有指引或者补正的作用。正是在这个意义上，演绎推理方法与类比推理方法实现了方法论层面的视域融合，并且在价值论层面，均是为了尽可能地实现一个公平正义的裁判结果。

三、同案同判的程序论基础

同案同判的程序论基础在于同案同判运行过程的正义，保证司法裁判受到程序理性的支配。法律获取程序依其本质不是依靠形式逻辑推论，而是一种比较决策过程，包括规范与事实之间的比较、个案之间的比较。相似性比较中比较点和比较中项的确定，也不是纯粹的认知行为，而是一种司法决断，必须得到理性论证程序上的保证。[②] 而且类比推理所选择参照的类案与裁判结论之间是一种或然性关系，不能保证裁判的公正性，为了提高推理的有效性与可接受性，需要融入民主商

---

① 参见[德]亚图·考夫曼：《类推与“事物本质”——兼论类型理论》，吴从周译，台北，学林文化事业公司1999年版，第44页。

② 参见[德]阿图尔·考夫曼：《法律获取的程序——一种理性分析》，雷磊译，中国政法大学出版社2015年版，第162页。

谈的多元主体要素。

(一)寻求裁判的普遍可接受性

在法律获取的过程中,类比推理存在极大的不确定性,最可能导致法官的权力专断。为了达成裁判的普遍可接受性,需要运用法律论证理论,通过主客体的共同参与论辩,实现行为共识。西方社会学对我国法学理论产生了较大影响,随着政治学、哲学、经济学等学科的发展以及跨学科的融合,法学的理论与实践有了一些新的视角。对于解释与论证而言,有观点认为,法律解释已经渐渐式微,应当倡导法律的论证。什么是法律论证呢?法律论证追求一种结论的可接受性,不同主体之间根据自己的先前理解进行相互的商谈与对话,这个过程我们可以称为法律论证。法律论证以法律解释为前提的,但其和传统的法律解释具有较为明显的区别。这主要表现在几个方面:一是其以合理性为诉求目标;二是其在开放的体系中予以展开;三是其采取对话的方式进行。法律论证强调一种说理性,说理的最大旨趣就是体现其包容性与协调性。如果说宪法的协调是制度层面的,其体现为规范制约,那么规范的协调则是理论层面的,其体现为规范说理。这种说理的范围是什么呢?案件事实向法定事实的抽象与剪裁的过程属于事实性说理;对相应的法条在前理解的判断基础之上,进而试图与事实涵摄的过程属于解释性说理;当案件结论作出之后的说理则属于补强性的说理。法理对应的是情理,因为法的本质规定性在于自由,其形而上的层面包括善,而自由与善就属于情理的一个部分。情理向法理的转化就是善和自由的理性规范化。用法理说理是法律说理中的一个重要组成部分,而辅助性的用情理说理也是一个组成部分。法理说理是在用法律说理的过程中为法律说理。法本身就是在某个时间节点上对现实的一种反映,它反映了大部分现实之后又必须回应现实,因为反映是一种状态,而回应是一种行为。

“法律论证场域具有的教义学结构不同于政治论证场域或经济论证场域,这使得法律论证与政治、经济、道德之间保持了一定的距离”。[①]但作为其他因素的一种影响,其与法律论证之间具有相关性,只是强调

---

① 雷磊:《法教义学的基本立场》,载《中外法学》2015 年第 1 期。

不能被彼此混同，其最终均是为了实现裁判结论在普遍意义上的可接受性。对于结论的普遍可接受性而言，法律论证理论主张法律适用是一个多主体之间根据自己的先前理解进行相互商谈、对话的开放过程，以此为司法裁判提供正当化基础，实现规范命题的正确性和有效性。诚然，在哲学领域，哈贝马斯肯定了后现代主义哲学对主客的形而上学理论的颠覆，同时也批判了其解构行为与相对主义的倾向，从内在于日常语言中的主体间性出发，建构了交往行为理论。在理性之维提出了旨在理解的交往理性概念，以取代所谓的目的理性。"交往理性之区别于实践理性，首先是因为它不再被归诸单个个体或国家——社会层次上的宏观主体。相反，使交往理性成为可能的，是把诸多互动连成一体、为生活形式赋予结构的语言媒介"。[①] 交往理性概念的提出，得益于西方20世纪60年代以后的语言哲学转向，尤其是受到了奥斯汀言语行为理论的启发。[②] 在哈贝马斯的理论中，规范的解读不依赖于解读者个人，而是在解读者和职业共同者之间、解读者与社会公众之间、解读者与当事人之间都要达成共识，而非解读者的个人理解和判断。于是，法官的独断性解释变成了合意性解释，由独唱变为合唱。此时尽管是一些概念认知方面的基本问题，但其无疑具有重要意义，这是将法律论证方法作为"同案同判"的程序论基础的重要前提。

（二）民主商谈程序的运行机理

在规范的解释适用过程中，规范与事实之间存在诠释学意义上的解释论循环，这种解释循环的前提是解释主体存在相应的理解。伽达默尔的哲学诠释学认为，在解释学原理上，存在共同体性，同时兼顾文本的历史与现实、一般概念与具体应用。"解释者与文本的关系，不是主客关系，而是一种辩证互动的关系。解释者需要理性地整合自己的前见同法律文本内容意义之间的冲突。"[③]现实主义法学与伽达默尔的本体论诠释学都关注规范读者的作用，也即主张充分释放解释主体的

---

① ［德］哈贝马斯：《在事实与规范之间：关于法律和民主法治国的商谈理论》，童世骏译，三联书店2003年版，第4页。

② 参见高鸿钧、赵晓力主编：《新编西方法律思想史》，清华大学出版社2015年版，第311页。

③ 高鸿钧、赵晓力主编：《新编西方法律思想史》，清华大学出版社2015年版，第277页。

能量，达到对法律规范最大化的理解和阐释，以此完成对社会现实生活的适应和规制。这种诠释学角度的真理观，既颠覆了形而上学的客观真理观，又避免了主观主义的相对真理性，也超越了解构主义的真理虚无观。语言是理解内容的载体，解释者创造性的贡献通过语言表达出来，而且与在交往活动中实现自身的理性的潜在的公共性有一种特别的关系。[①] 诠释学强调在解释过程中并不是单向的，而是存在一种解释学循环，对于解释过程中的先前理解，也需要在解释学循环的过程中不断进行验证和纠正。为了减少本体论视域中理解的偏见，克服主体——客体层面的工具理性，尽可能达成理解的共识，哈贝马斯提出了交往行为理论。交往行为也是建立在言语理解的基础上，侧重于多主体间的相互关系，旨在达至相互理解的共同目的。“抽象的世界概念是交往行为的主体相互之间，就世界中已经存在或应当存在的一切达成共识的一个必要条件。”[②]在交往行为理论看来，有效的司法裁判需要从主体之间的关系出发，通过协商和沟通程序，达成一个多方接受的共识。

在商谈程序中，主体间性是前提，沟通和论辩是方法，形成共识性结论是目标。上述三个方面构成一个完整的商谈论证程序，最终服务于规范的理性适用。首先，法律的合法性依赖于交往性安排，交往理性的前提是主体间性。“规范和价值能否得到所有相关者的合理地推动的共识，只有从第一人称复数这个主体间扩大了的视角出发，才能加以判断。”[③]交往行为是多主体间的行为，主体间性丰富了理解关系的主体视角，使沟通和协商成为可能。法律类推既表现为一种实践理性思维，也是一种交往理性行为。[④] 实践理性是基于“主体与客体”之间的对应关系，以目的行为作为中介的相互作用。在单一主体的主导下，通过单方面的强制性义务灌输，不利于对内容的理解和接受。交往理性则是

---

① 参见[德]伽达默尔：《真理与方法——哲学诠释学的基本特征》（下卷），洪汉鼎译，上海译文出版社2004年版，第742页。

② [德]哈贝马斯：《交往行为理论：行为合理性与社会合理性》，曹卫东译，上海人民出版社2004年版，第13页。

③ [德]哈贝马斯：《在事实与规范之间：关于法律和民主法治国的商谈理论》，童世骏译，三联书店2003年版，第280页。

④ 参见杨晓娜：《法律类推适用新探》，中国政法大学出版社2013年版，第236页。

基于“主体与主体”之间的对应关系，以交往行为作为中介的相互作用。主体间同一物是一个较高级次的构成性统一体，其构成作用与一个开放的，处于“相互理解”关系中的诸主体的多元体相关联。[①] 在交往关系中，通过多元主体的参与，吸收民主智识的力量，克服独白式的自我理解，促进共同体的相互理解。其次，商谈程序的主要方式是相互之间的沟通和论辩。交往行为的合理性标准不是诉诸权力的干预，其普遍有效性来源于合理的商谈论证。在论证过程中，参与者把有争议的有效性要求提出来，并通过有力的论据进行检验。[②] 这种检验方式是建立在沟通基础上的实践话语中，具体可以分为三个阶段：其一，整个交往结构要排除外在强力的干扰，不能武断地作出决定，要保证沟通说理的平等性；其二，沟通过程呈现为正反双方的竞争论辩模式，各个参与方提出争议的问题和要求，并指出相关理由进行佐证；其三，比较各种有效性要求及其理由，在充分权衡的基础上，明确有充分理由的论据，实现有效性要求的话语兑现。最后，商谈程序的目标是得出一个理性的、各方可接受的、共识性结果。“一个人的行为如果能够得到现存的规范语境的接受，也就是说，既不感情用事，也不目的用事，而是努力从道德角度对争执作出不偏不倚的判断，并加以调节和达成共识，我们就说他是合乎理性的。”[③]法律论证程序就是一个以理解和共识为导向的合法性和合理性论证过程，从而实现各参与主体在社会中的有效整合。

（三）同案同判中的民主商谈要素

在当下的案件裁判中，时常会出现案件当事人对案件裁判结论不公的质疑，而质疑的理由就包括之前存在某个类似的案件，但是裁判结论却不是这样的，并且社会发展的情势因素也没有体现为显著的影响。此外，其他社会民众也会对相应的案件及其裁判结果予以评论，即同样是何种案件，有个案件判决的结果是怎样的，其他案件的裁判结果又是

---

① 参见［德］胡塞尔：《纯粹现象学通论　纯粹现象学和现象学哲学的观念》（第 1 卷），李幼蒸译，商务印书馆 1992 年版，第 364 页。

② 参见［德］哈贝马斯：《交往行为理论：行为合理性与社会合理性》，曹卫东译，上海人民出版社 2004 年版，第 17 页。

③ ［德］哈贝马斯：《交往行为理论：行为合理性与社会合理性》，曹卫东译，上海人民出版社 2004 年版，第 18 页。

怎样的。法律判决的正确性的衡量标准，说到底是判决过程对那些使公平判断成为可能的交往性论辩条件的满足程度。[①] 解释者需要面对与回应这样一些质疑和问题，而在这个过程中，就会存在显著的民主参与要素。因此，在“同案同判”中，最好的方式是在案件裁判的开始就关注到这种民主商谈的要素，作为权力主体一方的解释者和裁判者与代表权利主体双方的案件当事人，及时参与到这种商谈之中，并且代表权力主体一方予以合理性地商谈，在交往互动过程中，使得解释意见得到充分的流动。

具体到法律论证的方法，强调双方或者多方的可接受性。法律论证的同时当然离不开对法律规范的解释，只是这时的解释不再是一种主客观的认识论，也不是一种独断的解释程序，而是一种主体间性的认识论，是一种商谈的论证程序。法律论证所涉及的是规范性命题之特殊情形即法律判断的证成，分为内部证成和外部证成两个层面。内部证成主要判断是否从为了证立而引述的前提中逻辑地推导出来；外部证成的对象是这个前提的正确性问题。[②] 其中，外部证成无疑主要是法律解释的问题，而内部证成则主要是演绎推理的方面。主体之间的商谈则体现在证成的各个环节，在寻找大前提的过程中，如果存在偏差，类案的同判要求就会起到指引作用，从而审视大前提定位的准确与否。当演绎推理之后得出的裁判结论存在不合理性时，法律论证的过程就会重新开始或者回溯。因此，合理性尤其是较为普遍认同的合理性，其始终是对法律论证的一种审查与指引，最终实现在主体之间的最佳合理性。

第三节　同案同判的宪法价值诉求

随着经济社会的发展和转型，人民群众的诉讼需求不断增长，新型

---

① 参见[德]哈贝马斯：《在事实与规范之间：关于法律和民主法治国的商谈理论》，童世骏译，三联书店 2003 年版，第 282 页。

② [德]罗伯特·阿列克西：《法律论证理论——作为法律证立理论的理性论辩理论》，舒国滢译，商务印书馆 2020 年版，第 277 页。

疑难复杂案件逐渐增多。同案同判制度的推进是顺应时代发展的现实需要，也是推进人民法院审判体系和审判能力现代化的必然要求。明确同案同判的宪法价值诉求，既有利于回答什么是类案，也是同案同判得以展开的正当性基础。缺乏价值根基的案例指导制度是难以实行的，而且价值内容除正当性的依据外，还具有弥合同案同判难以实现绝对结果的问题。同案同判的应然状态及其宏观目标，决定了其必然具有而且需要具有相应的价值论基础。同案同判的价值论基础除了一般的法律价值论以及社会价值论，更重要的是在司法治理层面的宪法价值。在价值层面，宪法价值是社会共识的载体，宪法的价值秩序在司法裁判过程中发挥着重要引导作用，承担着协调个案正义与社会正义的功能。明确同案同判的宪法价值定位，可以实现合宪性理论与同案同判之间的有效勾连。合宪性视野下同案同判的价值诉求，主要包括平等原则、司法公正与法治统一。

一、实现平等保护

平等保护是世界各国宪法的一项基本原则，我国《宪法》也明确规定“在法律面前一律平等”。宪法作为调整国家与公民之间关系的根本大法，这一原则约束的对象当然是国家及其机关，以及其他依法行使公权力的组织和个人。平等作为人权保障的基本原则，包括法律面前的平等和法律的平等保护。[①] 法律制定内容的平等，是法律适用平等的前提。法律内容不平等甚至歧视，法律适用平等只能是空口白话。作为约束司法机关的平等原则，要求法院在司法裁判中，针对同一案件的当事人应给予同等保护，针对相同案件的不同当事人也应给予同等保护。当然，平等并不意味着均等或者平均主义，而是“等者等之，不等者不等之”。亦即相同的情况相同处理，不同的情况不同处理。

平等原则作为一项法律原则时，它具有规范的价值属性。法律原则是需要去证成的东西，原则之间具有一定的分量大小。[②] 在平等原

---

① 参见汪进元：《论宪法的平等保护原则》，载《武汉大学学报（哲学社会科学版）》2004年第6期。

② ［美］迈克尔·D. 贝勒斯：《法律的原则——一个规范的分析》，张文显、宋金娜、朱卫国、黄文艺译，中国大百科全书出版社1996年版，第12～13页。

则、司法公正原则、法治统一原则以及人权保障原则中，平等原则无疑是一种基础性的原则，具有基础价值。绝对的同案同判只能是一种应然的理想状态，但在实然层面，朝着这样一种方向努力是法律不断寻求精确性，实现司法平等原则的重要体现。法学对于精确性的追求是其科学性的重要体现，而平等原则的价值遵循无疑有利于这样一种趋于精确性与科学性的司法实践，最终这样一种司法实践也有利于促进平等原则的实现。但是规范的科学远没有精确的自然科学接近科学的理想，作为规范科学的法学虽然是科学，也是一门技术之学。[①] 为了在价值上实现这种平等原则，在技术上寻求司法裁判的科学性，以同案同判为基础的案例指导制度就具有相应的正当性和适应性。

平等原则本身是一种观念，属于主体的一种价值需求。而平等观念的法律化则首先得益于西方近代启蒙思想家们对人类不平等现象的深刻批判，它能够在现代法治国家成为至高无上的原则，乃是因为人们认识到正义的公平体制只能产生于民主政体。[②] 而“平等是民主的最高美德”，所以平等原则必须成为民主社会的“最高指导原则”。[③] 个人是民主体制中的一分子，因而制定法律的每个步骤中都表达了所有公民平等的原则。于是“适用法律人人平等”也就顺乎人心地成为现代法治国家的一项宪法原则，它要求法律平等地对待每一个人。在司法领域这一原则被具体化为“同等情况同等对待”，亦即所谓的“同案同判”。立法是涉及分配利益的活动，司法同样涉及具体的利益平衡和利益分配活动。在立法的问题上，涉及立法的权威性问题，如果说公权力是其形式权威性的来源，那么民众对法律的认同则构成立法权威性的实质来源。民众会对立法的认同直接作出反应，例如，就某项法律规范制定的合理与否作出判断，但民众对立法的认同最终需要体现在现实的司法实践中，体现在一个个现实的司法案件裁判中。正是通过一个个鲜活的案例，司法的法律效果和社会效果才能够得以最全面地体现。在

---

① [德]阿图尔·考夫曼：《法律哲学》，刘幸义等译，法律出版社2011年版，第73页。

② 参见[美]塞缪尔·弗莱施哈克尔：《分配正义简史》，吴万伟译，凤凰出版集团译林出版社2010年版，第78页以下。

③ 参见[德]阿图尔·考夫曼：《法律哲学》，刘幸义等译，法律出版社2011年版，第228页。

这个意义上,“同案同判”是在向民众传达一种司法的价值导向,即大家在法律面前都是平等的,而且这种平等会通过类似案件相同处理的方式得以体现。在逻辑上,平等原则是法律权威性的实质性来源之一,而“同案同判”既是这样一种平等原则的要求,也有利于更好地实现这样一种法理价值,维护法律的权威性,进而有效保障民众的合法权利。

二、维护司法公正

努力让人民群众在每一个司法案件中都感受到公平正义,是新时代司法工作的核心价值追求。公正司法是依法裁判的重要价值表现,同案不同判,当事人很难息诉服判;同案同判,则可以提高司法公信力、使人民群众获得更多公正感受。司法公正原则也可以说是公平正义原则,其中的公平原则与平等原则之间具有一定的重合性,但不能说二者完全相同。公平更加侧重于实质的价值判断,而平等更加侧重于形式的直观感受。正义原则正是建立在平等以及公平原则的基础之上,否则正义的实现缺乏赖以支撑的价值基础。这也说明了不同的原则之间不仅有时会存在冲突关系,有时也会存在相互支持的关系,例如,“一个原则可能受到另一个更一般的原则的支持”。[①] 如果说平等原则是基础,那么公平原则就是中坚,而正义原则属于价值内容中最为抽象的部分,相对位于金字塔的顶端。在平等原则的基础上,“同案同判”找到了最一般性的理由。而在保证“同案同判”的过程中,实现司法公正则是“同案同判”的进一步价值追求,也是出于法的价值的全面要求,这样的价值追求与价值实现有利于法治社会的整体构建。在个案法律适用中实现“同案同判”,就其终极价值目标而言,在司法领域是为了维护司法公正,在国家和社会生活场景中则是促进法治发展和公平正义。[②] 同案同判的价值基础是司法的公正价值,公平正义最基本的要求就是在同一个法律规范面前对同一类事实作出相同的裁判,这也是法律明确性的必然要求,有利于实现法律规范的行为指引作用。

---

① ［美］迈克尔·D. 贝勒斯:《法律的原则——一个规范的分析》,张文显、宋金娜、朱卫国、黄文艺译,中国大百科全书出版社 1996 年版,第 13 页。

② 参见张志铭:《司法判例制度构建的法理基础》,载《清华法学》2013 年第 6 期。

司法裁判经常出现恣意行为,导致不公正的审判,“同案同判”有利于限制司法的恣意裁量。为了实现司法公正,就要适当限制司法人员进行裁量的权限,以防止裁判的主观任意化导致出现冤假错案。因而,在现实的司法实践中才会经常需要强调正当程序的要件与严密的推理、论证以及法律解释方法。尽管我国属于制定法的传统,但在制定法的环境下,对司法者的自由裁量权进行必要的限制并不仅限于相关程序的构建以及法律解释方法的层面,案例的作用反而会具有更为显著而直接的作用。“对既有生效判决的尊重,使得法官裁量的空间和机会大为收缩,因此可以实现拘束自由裁量权的效果”。① 在社会生活复杂多变以及社会现实难以预料的情形下,必要的司法裁量权是有益的,但是过度的司法裁量必然损害法治的公正价值,“同案同判”则有助于限制司法的恣意裁量。所以对于法院来说,“同案同判”有利于更好地实现司法公正的裁判要求;而对于普通民众而言,法院通过裁判可以向人们传达司法公正的价值理念,符合民众对公平正义原则的期待,同样有利于实现司法裁判的法律效果与社会效果的统一。

三、促进法治统一

法治统一原则是现代法治国家的宪法原则,法的统一性,包括规范一体化与适用一体化,亦即法律体系的统一与法律实施的统一。规范一体化要求:一国现行有效的部门法规范体系完备、功能清晰、位阶确定,低位阶的法律规范应该践行高位阶的宪法规范的目的,进而形成下位法统一于上位法、部门法统一于宪法,维持法秩序的井然有序。法律制度的统一有利于法律权威的塑造,有利于减少法律实施的成本,更好地实现法律的综合价值。适用一体化要求:统一法律适用应当有健全的保障制度,包括合宪性审查、合法性审查、同案同判等。因为成文法的条文比较抽象,不同的法官对条文理解可能不一致;而且不同的时期、不同的地域、不同的政策,都会对类似情节的案件的判决产生影响。为了避免出现适用混乱,需要贯彻法治原则,统一法律适用标准。

我国《宪法》第 5 条第 2 款规定:“国家维护社会主义法制的统一和

---

① 陈景辉:《同案同判:法律义务还是道德要求》,载《中国法学》2013 年第 3 期。

尊严”。法院在个案法律适用过程中具有维护国家法制统一的义务和职责，法院主要是忠实于宪法和法律进行裁判，确保宪法和法律正确实施，切实维护国家法制统一和尊严，努力实现裁判良好的法律效果、社会效果与政治效果相统一。在司法实践中，“同案不同判”或“类案异判”不利于法治的统一。具体到社会生活中，也是当事人或者其他民众对司法裁判不公的一个形象说法，其实质是法律适用不统一的问题。同案同判是法院统一法律适用标准、维护法制统一的主要方式，因为在参考类案的裁判规则过程中，类似案件对于法律的解释、法律冲突的协调机制、法律漏洞的填补方案，对待决案件裁判规则的形成具有拘束力，可以避免不同法院在相似案件中适用法律的冲突，能够有效地减少法院适用法律的错误。如果一个判决得不到任何原则和先例的支持，可能会导致它无法接受，所以必须对此进行“一致性”检验。[①] 尤其是法院在类案裁判中对法律适用的合宪性解释与合法性解释，可以更高效地实现法治统一的目标，更充分地维护宪法秩序的统一。在对法院裁判的审查程序中，其审查标准为宪法。[②] 通过宪法原则和价值的导控，有利于维持司法裁判的规范适用的统一与价值观念的统一，从而实现司法裁判的合宪性控制。

同案同判有利于实现法的安定性，维护形式法治统一。拉德布鲁赫认为，法律理念可以概括为三个要素：一为正义；二为合目的性；三为安定性。[③] 所谓法的安定性，是指既已生效的法律应该具有稳定性、连续性和公信力等。法的稳定性是指既已颁行的法律应当持续有效，不能朝令夕改；法的连续性是指法律针对类似问题的同等处理具有连贯性、一致性；法的公信力是指法的制定和实施体现多数人的意志、保护多数人的利益、满足多数人的期待。在普通法系国家，确定性是遵循先例原则存在的重要理由。类案存在的意义，首先有助于法律概念的解

---

① 参见［英］尼尔·麦考密克：《法律推理与法律理论》，姜峰译，法律出版社2018年版，第299页。

② 参见［德］克劳斯·施莱希、［德］斯特凡·科里奥特：《德国联邦宪法法院地位、程序与裁判》，刘飞译，法律出版社2007年版，第7页。

③ 参见［德］古斯塔夫·拉德布鲁赫：《法哲学》，王朴译，法律出版社2013年版，第73页以下。

释类型化和明确化，通过各种类案的积累，可以确定法律概念的范围边界。而且法官对类案中的法律解释方式的遵循，有利于实现对同一法律规范的一致理解，保证法律含义的确定性。其次，随着类案的不断积累，可以逐渐缩小法律概念的模糊范围，实现法律的“精确性诫命”，进一步稳固制定法所追求的法的安定性价值，可以减少制定法的修改频次与内容。最后，遵照以往的类似案例裁判与信赖利益保护联系在一起，因为过去的司法裁判是司法经验的总结，法院参照之前的案例裁判，给予当事人一种信赖，即法院在未来类似案件中依然会类似处理。总之，参照在先类案处理待决个案，可以保证法律适用的连续性与一致性，实现看得见的正义，同时也符合社会大众的预期，保护了当事人的信赖利益，提升司法的公信力，维护形式法治统一。

同案同判有利于保障基本人权，促进实质法治统一。在司法裁判中，宪法视域下的法律统一适用，应以基本人权为实质条件。权利内容性的价值规定在法秩序中必须前后统一，基本人权作为客观价值秩序勾连起宪法与部门法的具体适用。基本人权构成了一般法律原则的内在组成部分，法院必须确保其被遵守。① 司法过程本身就要实现人权保障的要求，而同案同判则涉及人权保障的普遍化，此处的人权保障原则与实质法治价值相联系。判例制度重叠了两个正义标准，采取形式主义进路，以追求形式正义为逻辑起点，同时尽可能间接实现个案的实质正义。② 同案同判对法律适用的实质合理性的追求，最终的目标在于实现个案中的人权保障。当案件出现没有法律依据的情况下，也就是针对一些新型疑难案件，现行法律无法有效保护公民的权利，而法官又不能拒绝裁判，同案同判的理念就能提供裁判指导，保障公民的权利得到有效救济。当案件有法可依的情况下，同案同判可以防止司法权力滥用，抵御对人权的不正当限制和侵犯，实现对人权的消极性保护。

---

① 参见姚孟昌：《挑战一个更美好的联合——探究人权规范普遍化的根本意义》，载《民主、和平与人权——陈志龙教授古稀祝寿论文集》，台北，元照出版公司2006年版，第659页。

② 宋晓：《判例生成与中国案例指导制度》，载《法学研究》2011年第4期。

第二章　同案不同判的宪法透视

在司法实践中,同案不同判的现象普遍存在。同案不同判与疑似同案同判都是不公正的表现,实现同案同判与统一法律适用既是司法体制改革的目标,也是维护国家宪制统一的要求。一个案例胜过一沓文件,一组类案细化一条规则。案例指导制度实施十余年,其运行效果并不理想,统一裁判尺度的愿景还任重而道远。通过对大量的典型性类案进行分析发现,同案不同判的原因既可能是制定法本身的疏漏和矛盾,也可能是受到法官个人的价值判断差异和裁量因素影响,更重要的是法律适用过程中宪法监督和分歧协调机制不健全。追溯到宪法层面,同案不同判问题与平等保护原则、司法公正原则、法治统一原则等密不可分,需要在上述原则的统领下,重构同案同判的标准体系和运行程序。

第一节　同案不同判的实践样态

实证数据分析是全面检验同案不同判的实践现状的有效方法。全面有效地观察同案不同判的司法实践现状,需要运用抽样分析方法。抽样分析是指从大量的分析对象中抽取具有代表性的部分样品进行分析,分为随机性取样和代表性取样两种方法。随机抽样一般对应的是小样本,要求整批研究样本中的具体对象都有被抽到的可能。由于我国司法裁判中的案例体量较大,案例分布的呈现形式分门别类,难以采取随机抽样方法。代表性取样则是采用系统性抽样方法,在掌握了样品分布规律的基础上,选取有代表性的样品进行分析研究。鉴于我国司法裁判的案例类型比较复杂,可以考虑设置多个有代表性的参照点,进行设点采样分析,方能由点带面地揭示法院类案裁判的规律和同案不同判的原因。采用设点采样分析有代表性的类案,既要体现不同部门法的学科特色,也要突出案例的典型性,尤其是关注裁判争议较大的、对公民权利义务影响严重的生效案例。

通过分类抽样分析刑事、民事和行政审判中的典型案例,有利于挖掘同案不同判的内在机理,为同案同判提供规则指引和方法支撑。本书基于两个衡量标准来保证类案的典型性:一是案例来源的权威性,主要是最高人民法院公布的指导性案例、公报案例、典型案例,以及最高人民法院各业务部门编纂的审判业务指导与参考案例。二是案例性质的复杂性,主要是司法实践中争议较大的,事关人民群众切身利益的典型案例。

一、刑事类案抽样分析

刑事类案抽样分析的样本来源为最高人民法院公布的指导性案例、公报案例、典型案例,最高人民法院审理的案例,最高人民法院刑事审判庭出版的《刑事审判参考》,以及在《刑事审判参考》基础上分类编纂的《中国刑事审判指导案例》,辅之以中国裁判文书网上公开的案例。由于《刑事审判参考》是指导全国法院刑事审判工作的唯一公开出版物,为刑事司法人员提供了有针对性和权威性的业务指导和参考。[①]《刑事审判参考》上的案例在司法实践中发挥着重要指导作用,所以这些案例也是主要抽样来源。刑事类案抽样分析的对象主要是"入户型"抢劫罪和"醉酒驾车型"危险驾驶罪,原因在于这两个罪名在所检索的样本中分布数量最多,在实践中争议最大,相关同案不同判的程度最明

① 参见王坤:《〈刑事审判参考〉创刊10周年座谈会召开》,载《人民法院报》2009年10月29日,第2版。

显。并且前者代表的是法院对犯罪定性的争议较大的一类案例,后者代表的是法院对犯罪量刑争议较大的一类案例,两者可以充分说明刑事类案中定罪量刑的差异。

(一)“入户型”抢劫罪的类案分析

以“抢劫”为检索关键词,在所选取的样本中进行检索,在筛选过滤的基础上,得出涉及“入户型”抢劫罪的案例数据总计为130个。① 具体而言,指导性案例0个,最高人民法院公报案例1个,最高人民法院公布的典型案例2个,最高人民法院复核的案例85个,《刑事审判参考》案例42个。

通过对这些数据的进一步分析,可以观察到,法院在认定入户抢劫罪的过程中,当事人进入的场所是否构成刑法上的“户”是核心争议焦点。并且“户”的争议类型可以分为四类:一是进入被害人生活的家中,称为“普通入户型”;二是进入被害人经营生活一体的商店,一般都是“前店后宅”或者“店宅共用”等营业外时间用于家居生活的场所,称为“混合入户型”;三是进入被害人的出租屋,称为“出租屋入户型”;四是进入被害人生活的工人宿舍,称为“宿舍入户型”。在此基础上,可以得出类案数据统计,如表2-1所示。

表2-1　“入户型”抢劫罪类案数据统计

单位:个

类型	普通入户型	混合入户型	出租屋入户型	宿舍入户型	合计
指导性案例	0	0	0	0	0
公报案例	0	1	0	0	1
典型案例	2	0	0	0	2
复核案例	56	16	10	3	85
刑事审判参考案例	26	8	7	1	42
合计	**84**	**25**	**17**	**4**	**130**

① 检索时间截止到2021年5月31日。

在表2－1统计的130个案例中，由于法院对“户”的认定标准不一致，导致同样的情形在不同法院的裁判中被认定为不同的犯罪类型，有的被认定为普通抢劫罪，有的被认定为入户抢劫罪。然而，根据《刑法》第263条的规定，以暴力、胁迫或者其他方法抢劫公私财物的，处三年以上十年以下有期徒刑，并处罚金；有下列情形之一的，处十年以上有期徒刑、无期徒刑或者死刑，并处罚金或者没收财产：(1)入户抢劫的……也就是说，普通抢劫罪与入户抢劫罪的刑罚差异较大，前者的量刑基点是三年有期徒刑，后者是十年有期徒刑，犯罪认定类型的差异导致对被告人权利限制的程度也大为不同。所以对“户”的理解非常重要，“入户型”抢劫罪的同案不同判导致的危害严重影响对公民的权利保护。

具体而言，在统计的86个“普通入户型”抢劫罪中，法院对于进入被害人家中进行抢劫的行为定性基本上没有争议，裁判均认定构成入户抢劫罪。如2020年3月10日，最高人民法院发布的第一批依法惩处妨害疫情防控犯罪典型案例之三，在“业某某抢劫案”中，法院认定“被告人业某某冒充疫情防控人员，骗开小区住户房门，持刀入户抢劫，其行为构成抢劫罪，并判处有期徒刑十一年”。在最高人民法院的复核案例中，如“于某某抢劫案”，[①]最高人民法院经复核确认，于某某翻墙潜入李某某家院内，意欲杀人劫财，持匕首对被惊醒的李某某、赵某某夫妇身上捅刺，并劫取财物的行为，属于入户抢劫的严重情节。在《刑事审判参考》案例中，如“扎西达娃等抢劫案”，[②]被告人扎西达娃、次仁格桑、索朗扎西、尼玛扎西预谋抢劫翁俊兴的钱财，依次借故进入翁俊兴的住处，并对被害人采取勒脖子、脚猛踢腹部等威胁手段使其不能反抗，并用匕首刺杀致其死亡后，劫取若干现金后逃窜。法院认定被告人构成抢劫罪，且有入户抢劫、抢劫致人死亡的严重情节，判处扎西达娃与次仁格桑无期徒刑、索朗扎西与尼玛扎西有期徒刑十五年。上述案例主要是针对进入被害人的稳定住所进行抢劫，该住所具有与外界相对隔离、供当事人及其家人生活的特征，法院一致认定为入户抢劫，实

① 参见最高人民法院(2014)冀刑四复字第49号刑事裁定书。

② 参见《刑事审判参考》2002年第3辑(总第26辑)，第184号。

现了同案同判。

1.“混合入户型”抢劫罪的类案分析

在统计的25个“混合入户型”抢劫罪中,法院对于进入被害人经营生活一体的商店进行抢劫的行为定性,存在较大争议,有的认为构成入户抢劫罪,有的认为不构成入户抢劫罪。具体统计情况见表2-2:

表2-2　“混合入户型”抢劫罪同案不同判数量统计

单位:个

类型	构成入户抢劫罪	不构成入户抢劫罪	合计
指导性案例	0	0	0
公报案例	0	1	1
典型案例	0	0	0
复核案例	7	9	16
刑事审判参考案例	2	6	8
合计	**9**	**16**	**25**

通过表2-2可以发现,最高人民法院的复核案例、刑事审判参考案例都存在判决意见不一致的情形,也就是可能出现同案不同判。从规范层面看,最高人民法院针关于“入户抢劫”中“户”的认定出台过三个司法解释,并且这三个司法解释目前仍然有效。2000年11月22日最高人民法院《关于审理抢劫案件具体应用法律若干问题的解释》(法释〔2000〕第35号)(以下简称《抢劫解释》)第1条第1款规定,刑法第263条第1项规定的“入户抢劫”,是指为实施抢劫行为而进入他人生活的与外界相对隔离的住所,包括封闭的院落、牧民的帐篷、渔民作为家庭生活场所的渔船、为生活租用的房屋等进行抢劫的行为。《抢劫解释》对“户”的认定包括两个特征:一是供他人生活;二是与外界相对隔离。2005年6月8日最高人民法院《关于审理抢劫、抢夺刑事案件适用法律若干问题的意见》(以下简称《两抢意见》)第1条规定,“户”在这里是指住所,其特征表现为供他人家庭生活和与外界相对隔离两个方面,前者为功能特征,后者为场所特征。一般情况下,集体宿舍、旅店宾馆、临时搭建工棚等不应被认定为“户”,但在特定情况下,如果确实具

有上述两个特征的,也可以认定为"户"。《两抢意见》对"户"的认定也包括两个特征:一是"功能特征",即供他人家庭生活;二是"场所特征",即与外界相对隔离。《抢劫解释》与《两抢意见》的差异在于"户"的"功能特征",前者是"供他人生活",后者是"供他人家庭生活",后者的标准明显严于前者。这两个解释对于生活与经营混同于一体的商店是否认定为"户",仍然缺乏清晰的界定。2016 年 1 月 6 日最高人民法院《关于审理抢劫刑事案件适用法律若干问题的指导意见》(以下简称《抢劫指导意见》)第 2 条规定,对于部分时间从事经营、部分时间用于生活起居的场所,行为人在非营业时间强行入内抢劫或者以购物等为名骗开房门入内抢劫的,应认定为"入户抢劫"。对于部分用于经营、部分用于生活且之间有明确隔离的场所,行为人进入生活场所实施抢劫的,应认定为"入户抢劫";如场所之间没有明确隔离,行为人在营业时间入内实施抢劫的,不认定为"入户抢劫",但在非营业时间入内实施抢劫的,应认定为"入户抢劫"。《抢劫指导意见》就明确了生活与经营混同于一体的商店认定为"户"的类型化判断标准,在"功能特征"和"场所特征"的基础上,提出了"时间特征"的区分标准。即在非营业时间进入生活与经营混同于一体的商店抢劫,构成"入户抢劫";在营业时间进入生活与经营之间有明确隔离的场所抢劫,构成"入户抢劫";在营业时间进入生活与经营之间没有明确隔离的场所抢劫,不构成"入户抢劫"。尽管《抢劫指导意见》为"混合入户型"抢劫罪的司法裁判指明了方向,但是对于"户"的"功能特征"究竟是"供他人生活"还是"供他人家庭生活",依旧没有定论。然而,进一步分析上述类案的具体裁判要点,可以发现在当事人进入的住所特征完全相同时,不同法院的裁判结果依然存在同案不同判的情况,甚至最高人民法院裁判的案件也会出现前后矛盾。具体统计情况见表 2-3:

表2-3 “混合入户型”抢劫罪同案不同判特征统计

类型	案例名称	功能特征（经营生活一体）	场所特征（有无明显隔离）	时间特征（是否营业时间）	判决结果（是否构成入户）
公报案例	魏培明等人抢劫案	商店（内侧卧室）	无	否	否
复核案例	张世明抢劫案	商店（内屋）	无	否	是
	魏某某抢劫案	商店（商住合一）	无	否	是
	李某某抢劫案	商店（生活）	无	是	否
	彭某某抢劫案	商店（生活）	无	是	否
	庄保金抢劫案	代销店（居住）	无	否	是
	邓钦太抢劫案	烟酒店（里间）	无	否	否
	房义虎抢劫案	加油站（卧室）	有	是	是
	汪久胜抢劫案	早餐店（卧室）	无	否	否
	王华财抢劫案	个人旅店（值班室）	无	是	是
	雷宝洪抢劫案	废品收购站（家庭生活）	无	是	否
	王国海、李国福抢劫案	废品回收店（家庭生活）	无	否	是
	刘忠旭抢劫案	废品收购站（营业室）	无	是	否
	吴晓辉抢劫案	废品收购站（值班室）	无	否	否
	宋某某抢劫案	废品收购站（生活）	无	否	否
	姚某某抢劫案	服装店（卧室）	无	否	是
	张智松抢劫案	服装店（生活）	无	否	否

续表

类型	案例名称	功能特征（经营生活一体）	场所特征（有无明显隔离）	时间特征（是否营业时间）	判决结果（是否构成入户）
刑事审判参考案例	明安华抢劫案	粮油门市部（卧室）	无	否	否
	陆剑钢等抢劫案	个人赌场（家庭生活）	无	是	否
	杨廷祥等抢劫案	家庭旅馆（家庭生活）	无	是	否
	张世明抢劫案	—	—	—	—
	宋江平、平建卫抢劫案	网吧（值班室）	无	是	否
	庄保金抢劫案	—	—	—	—
	郑福田、傅兵抢劫案	酒楼（房客）	无	是	否
	汪久胜抢劫案	—	—	—	—

在表2－3统计的25个案例中，由于“汪久胜抢劫案”、“庄保金抢劫案”与“张世明抢劫案”在刑事审判参考案例与最高人民法院复核案例中重复出现，故在刑事审判参考案例中不重复分析。对表格中的同案不同判情况总体分析如下：首先，抢劫行为发生的场所，商店、代销店、烟酒店、加油站、早餐店、旅店、废品收购站、服装店、粮油门市部、个人赌场、家庭旅馆、网吧、酒楼，其功能特征都是经营生活一体两用，表现为“前店后宅”“店宅共用”“楼下店铺、楼上生活”“白天用于经营、夜晚用于居住”等。其次，抢劫行为发生的场所特征基本上都是经营与生活之间无明显隔离，除了在“房义虎抢劫案”中，[①]被害人的卧室通过防盗门与加油站明显隔开。再次，抢劫行为发生的时间分为营业期间与非营业时间两种情况，这也是影响上述同案不同判的关键因素。在其他条件相同的情况下，有5个案例将非营业时间发生的行为认定为入

① 参见山东省高级人民法院（2013）鲁刑三终字第90号刑事裁定书。

户抢劫罪,7个案例将非营业时间发生的行为未认定为入户抢劫罪,2个案例将营业时间发生的行为认定为入户抢劫罪,8个案例将营业时间发生的行为未认定为入户抢劫罪。最后,在判决结果上,当个案中的功能特征、场所特征与时间特征全部一样时,有的案件认定为构成入户抢劫罪,有的案件未认定为入户抢劫罪,也就是说出现了“同案不同判”,如“姚某某抢劫案”[①]与“张智松抢劫案”[②];当个案中的功能特征与场所特征一样,而时间特征不一样时,法院的判决结果却相同,也就是说出现了“异案同判”,如“庄保金抢劫案”[③]与“王华财抢劫案”[④]。

针对表2-3中的同案不同判产生的原因,选取几组代表性案例具体分析如下。首先,针对商店(供销店)的抢劫行为,“魏培明等人抢劫案”与“庄保金抢劫案”的功能特征、场所特征与时间特征都一样,前一个案例是最高人民法院的公报案例,后一个案例是最高人民法院的复核案例,其裁判结论完全不一样。在“魏培明等人抢劫案”中,[⑤]魏培明3人于晚上11点多,乘店内无顾客之机进入商店作案,并闯入商店的内侧卧室,对睡在床上的被害人妻子黄益芳进行威胁劫取财物。法院认为芳芳商店系被害人公开营业的商店,被害人的卧室仍然是商店的一部分,店内的生活区域与营业场所没有明确的分隔,生活功能和营业功能的区分不明显。根据《抢劫解释》,作为刑法意义上的“户”,应当是以生活为目的或主要以生活为目的设立的场所,而其他为生产、经营、学习设立的场所,则不宜认定为“户”,故不能认定魏培明等人构成入户抢劫。在“庄保金抢劫案”[⑥]中,庄保金于晚上23时许溜进罗继永店内,待罗继永关门熄灯睡觉后,庄保金从柜台后面出来作案。法院认为被害人罗继永经营的供销店在白天发挥着经营场所的功能,在夜晚作为住所,庄保金深夜潜入作案,应确认其为入户抢劫。该案审理时并未出台《抢劫解释》,所以裁判未能从功能特征上明确区分营业功能与生活功能,只是

① 参见山西省高级人民法院(2017)晋刑终100号刑事裁定书。
② 参见辽宁省高级人民法院(2013)辽刑三终字第65号刑事裁定书。
③ 参见江西省高级人民法院(1999)赣刑一抗字第02号刑事判决书。
④ 参见山西省高级人民法院(2013)晋刑一复字第11号刑事裁定书。
⑤ 参见上海市高级人民法院(2002)沪二中刑终字第511号刑事判决书。
⑥ 参见江西省高级人民法院(1999)赣刑一抗字第02号刑事判决书。

从时间上分为经营场所与生活场所。最高人民法院裁判的上述两个类似案件出现不同判的原因在于“户”的功能特征的区分标准不同,“庄保金抢劫案”发生时由于缺乏明确的“户”的认定标准,法院采取的是通常情形下的“营业—休息”二分法;“魏培明等人抢劫案”发生时有司法解释可供参考,法院采纳了《抢劫解释》中规定的“与外界相对隔离”标准。

其次,针对家庭旅馆(个人旅店)的抢劫行为,最高人民法院复核案例“王华财抢劫案”与刑事审判参考案例“杨廷祥等抢劫案”的抢劫对象都是针对提供住宿服务与用于家庭生活一体的旅馆,场所特征都是无明显隔离,时间特征都是在营业时间,判决结果却截然相反,这是一组明显的同案不同判案例。在“王华财抢劫案”中,①王华财于下午1时许在张某甲经营的旅店住宿时,以打开水为由进入张的值班屋内,采用暴力手段劫取财物,法院认为上述行为构成入户抢劫罪。在“杨廷祥等抢劫案”中,②杨廷祥等人以住宿为名进入顾红卫开办的家庭旅馆,次日凌晨4时许,杨廷祥等人以退房为名,骗开顾红卫兼作办公、值班之用的房间房门后,将顾红卫及其妻子、儿子等人捆绑,并采用暴力劫取财物。法院认为家庭住所改造为家庭旅馆之后,即不再具有与外界相对隔离的场所特征,而且被害人顾红卫的居住场所具有开放性和非固定性,客人可以随时到这里办理住宿等事务,遂依照《抢劫解释》第1条的规定认定不具备“户”的特征。上述两个类似案件裁判尺度不统一,除了法院自身的裁量因素,③更重要的在于“与外界相对隔离”的认定标准模糊。

最后,针对废品回收店的抢劫行为,“王国海、李国福抢劫案”与“吴晓辉抢劫案”发生的功能特征、场所特征与时间特征全部一样,判决结果却不一致。在“王国海、李国福抢劫案”中,④王国海与李国福等人于凌晨骗开谭某甲的店门,采用暴力控制谭某甲夫妇,并劫取财物,法院认为当事人构成入户抢劫罪。在“吴晓辉抢劫案”中,⑤吴晓辉等人于

---

① 参见山西省高级人民法院(2013)晋刑一复字第11号刑事裁定书。

② 参见《刑事审判参考》2004年第4辑(总第39辑),第309号。

③ “王华财抢劫案”没有给出构成入户抢劫的具体理由和法律依据,存在过度裁量之嫌;“杨廷祥等抢劫案”发生时,《抢劫解释》和《两抢意见》均有效,法院并未给出选择适用前者而不适用后者的理由。

④ 参见广西壮族自治区高级人民法院(2012)桂刑三复字第19号刑事裁定书。

⑤ 参见内蒙古自治区高级人民法院(2012)内刑一终字第14号刑事判决书。

晚上骗开王某某的房门，采用暴力手段控制王某某后，劫取财物，法院认为当事人构成抢劫罪，并未认定为“入户”抢劫。上述类案出现不同判的原因，主要是法院未援引司法解释对刑法上的“户”进行解释，导致裁量空间较大，引发不同法院对法律适用和理解的差异。

2. “出租屋入户型”抢劫罪的类案分析

在统计的17个“出租屋入户型”抢劫罪中，被害人租住的出租屋的功能特征是供个人生活还是家庭生活，对于“户”的认定有直接影响。法院在适用法律上究竟是依据《抢劫解释》中的“供他人生活”，还是依据《两抢意见》中的“供他人家庭生活”，有明显分歧，导致同案不同判。具体数量统计情况见表2－4[①]：

表2－4　“出租屋入户型”抢劫罪同案不同判数量统计

单位：个

类型	构成入户抢劫罪	不构成入户抢劫罪	合计
复核案例	8	2	10
刑事审判参考案例	6	3	9
合计	**14**	**5**	**19**

通过表2－4可以发现，最高人民法院的复核案例、刑事审判参考案例都存在判决意见不一致的情形，也就是可能出现同案不同判。对于进入被害人的出租屋进行抢劫的行为定性，存在较大争议，有的认为构成入户抢劫罪，有的认为不构成入户抢劫罪。进一步分析上述类案的具体裁判要点，可以发现在当事人出租屋的功能特征完全相同时，不同法院的裁判结果依然存在同案不同判的情况，甚至同一个案件一审、二审法院中都会出现前后矛盾的结果。具体统计情况见表2－5：

① 在统计中发现有两个案例的一审、二审结果不一致，所以也纳入表格中单独计算，但是总体案例数量中未重复计入。

表 2－5　“出租屋入户型”抢劫罪同案不同判特征统计

类型	案例名称	功能特征	判决结果（是否构成入户）
复核案例	靳梦韩抢劫案	个人生活	是
	刘亚运抢劫案	个人生活（共租）	否
	熊某某抢劫	个人生活	是
	赵某某抢劫案	个人生活（共租）	是
	廖荣琰抢劫案	个人生活（招嫖）	否
	曾某抢劫案	个人生活	是
	师海峰抢劫案	个人生活	是
	顾某某、许某某抢劫案	个人生活	是
	孟强雷抢劫案	个人生活	是
	吴淑文抢劫案	个人生活	是
刑事审判参考案例	夏鹏飞、汪宣峰抢劫案	个人生活	是
	韩维等抢劫案	共同生活	是
	林立柱等抢劫案	共同生活	一审：是；二审：否
	尹志刚、李龙云抢劫案	个人生活（共租）	是
	刘长庚抢劫案	个人生活	是
	黄卫松抢劫案	个人生活（招嫖）	否
	韦猛抢劫案	无人居住	一审：是；二审：否

通过对表 2－5 的观察可以发现，当出租屋的功能特征表现为个人生活时，法院基本上倾向于认定为“户”，相应的行为构成入户抢劫罪。但有两组例外：一是被告人与被害人共租于一户两屋的情形，在“刘亚运抢劫案”中，[①]被告人刘亚运进入与租住在同一户内的被害人樊某房间，采用暴力手段劫取财物，法院并未认定为入户抢劫，而是认为构成抢劫罪。而在“赵某某抢劫案”中，[②]赵某某与被害人孙某某在同一出

① 参见山西省高级人民法院（2015）晋刑三复字第 4 号刑事裁定书。

② 参见山东省高级人民法院（2013）鲁刑一终字第 156 号刑事判决书。

租屋租房居住,赵某某伙同武某某进入孙某某住处,采用暴力手段劫取财物,法院认定为入户抢劫。在“尹志刚、李龙云抢劫案”中,[①]也是同住人伙同他人入户对另一同住人实施抢劫,法院依据《两抢意见》认为同住人与其他非同住人共同预谋入户对其他同住人实施抢劫,对共同造成的侵犯他人家庭生活安全性、私密性的加重后果均应承担刑事责任,构成入户抢劫罪。上述三个案例中被告人与被害人住在同一户内,但是相互的房间是明显分隔的,也就是属于“与外界相对隔离的住所”,符合《抢劫解释》的场所特征,在功能上也是“供他人生活”。如果按照《抢劫解释》的标准,都应该构成入户抢劫罪,但是裁判结果却不一样。二是进入卖淫女出租房的情形,在“廖荣琰抢劫案”[②]与“黄卫松抢劫案”[③]中,被告人以嫖娼为由跟随被害人来到其出租房后实施抢劫,法院认为卖淫女带嫖客进入出租房后,该房屋实际承担的功能就是性交易场所,并不具备家庭生活功能,所以未认定为入户抢劫。

当出租屋的功能特征表现为共同生活时,法院的观点就出现了明显的冲突,原因在于“共同生活”之“户”的性质是否应承载“家庭生活”的功能,导致同案不同判。在“韩维等抢劫案”中,[④]韩维等人进入何亚东等几位单身被害人的合租房内抢劫,法院认定为入户抢劫罪,判处当事人有期徒刑 11 年。在说理部分,法院认为“供家庭生活”与“供他人生活”的住所都是社会生活的基本单位,只要这种住所具有与外界相对隔离的特征,居住的成员比较固定,成为居住成员的生活场所,就可以认定为刑法意义上的“户”。而“户”的认定标准并不受住所内人员之间关系的限制,也就是说并不限于住所必须为一个家庭生活所用。《两抢意见》将“户”理解为供家庭成员共同生活的住所是不全面的,《抢劫解释》中将“户”的功能特征表述为“供他人生活”,更能适应社会生活的现实,因为随着现代社会的发展和人们观念的改变,空巢老人和单身青年独居的情况越发普遍。而在“林立柱等抢劫案”中,[⑤]被害人张某

---

① 参见《刑事审判参考》2012 年第 6 辑(总第 89 辑),第 815 号。

② 参见广东省高级人民法院(2014)粤高法刑四终字第 272 号刑事裁定书。

③ 参见《刑事审判参考》2013 年第 2 辑(总第 91 辑),第 844 号。

④ 参见《刑事审判参考》2007 年第 6 辑(总第 59 辑),第 466 号。

⑤ 参见江苏省苏州市中级人民法院(2006)苏中刑二终字第 26 号刑事判决书。

等6人合租一间房屋,被告林立柱等人入室抢劫。一审法院依据《抢劫解释》,认定林立柱等人构成入户抢劫罪,判处有期徒刑十年;二审法院依据《两抢意见》,认为本案为生活租用房屋的居住成员之间无亲属关系,不具备家庭生活的基本特征,所以不属于"户",将两被告人的刑期改判为五年。结合上述两个案件,可以看出类似的案件或者是同一案件,当法官对法律的理解和选择不一样时,判决结果也不一样,导致被告人的刑期相差5年以上不等。在"韦猛抢劫案"中,[1]被告人韦猛等人以假装租房的名义,跟随王某某进入无人居住的待租房屋后实施抢劫,一审法院认为当事人构成入户抢劫罪,判处韦猛有期徒刑十年。二审法院依据《两抢意见》,认为无人居住的待租房屋不是"供他人家庭生活和与外界相对隔离的住所",不应该认定为"户",依法改判为有期徒刑五年。很明显,同一个案件两个法院的意见不一,原因主要在于一审法院适用法律错误,未能正确理解"户"的"功能特征"和"场所特征",其实二审法院的法律适用也有瑕疵,因为依据《抢劫解释》中"供他人生活"的标准足以排除本案中空置的出租房之"户"的属性。

3."宿舍入户型"抢劫罪的类案分析

在统计的4个"宿舍入户型"抢劫罪中,工人宿舍能否认定为刑法中的"户"是争议的核心焦点,法院由于适用的法律不同,类似案件的判决结果也不同。具体统计情况见表2-6:

表2-6 "宿舍入户型"抢劫罪同案不同判情况统计

类型	案例名称	功能特征	判决结果(是否构成入户)	合计/个
复核案例	牙库甫江·艾买尔抢劫案	员工宿舍	否	3
	徐斌抢劫案	活动板房	是	
	李圣林抢劫案	员工宿舍	是	
刑事审判参考案例	王志坚抢劫案	工人宿舍	一审、二审:是	1
			死刑复核:否	

① 参见广西壮族自治区南宁市青秀区人民法院(2011)青刑初字第73号刑事判决书;广西壮族自治区南宁市中级人民法院(2011)南市刑二终字第140号刑事判决书。

表2-6中的三个案例都是发生在供工人休息和生活的宿舍,法院的观点却不一致。在"牙库甫江·艾买尔抢劫案"中,[①]被告人翻墙入院后进入农机库房保管员袁某某的宿舍,采用暴力手段劫取财物,法院未认定"入户"情节,而是认为构成抢劫罪。在"徐斌抢劫案"中,[②]徐斌进入富力新城商业区工地王某某居住的活动板房内,采用暴力手段控制王某某后劫取财物,法院认为构成入户抢劫罪。在"李圣林抢劫案"中,[③]李圣林携带尖刀来到某新华印刷厂宿舍院内,爬窗进入被害人丁某、张春雪的宿舍劫取财物,法院认为构成入户抢劫罪。在"王志坚抢劫案"中,[④]王志坚伙同他人进入建筑工地和工人宿舍实施抢劫,一审、二审法院均认为当事人构成入户抢劫罪。最高人民法院经复核认为,《两抢意见》明确将"户"认定为供家庭生活的住所,而工人宿舍不具备家庭生活的实质条件,建筑工地不能认定为住所,所以不能认定为入户抢劫罪。

综上,在"入户型"抢劫罪的类案裁判中,由于法官对刑法条文中"户"的理解差异,以及《抢劫解释》与《两抢意见》对于"户"的界定之间的冲突,导致大量的同案不同判情形出现,这不仅严重危害到刑事法律的统一适用,而且侵犯了公民的平等保护权利。尤其是在"混合入户型""出租屋入户型""宿舍入户型"三类入户抢劫罪中,"户"的功能特征究竟是"供他人生活"还是"供他人家庭生活",在规范上缺乏统一的标准,导致法官在裁判中价值判断的恣意;"户"的"场所特征"在区分生活区域与营业场所时过于武断,缺乏实际的判断标准,导致实际发挥着生活功能的经营与生活于一体的商店或其他营业场所未能认定为"户",这对当事人的权利保护严重不足。

(二)"醉酒驾车型"危险驾驶罪的类案分析

2011年2月25日全国人大常委会颁布的《刑法修正案(八)》第133条之一规定,"在道路上驾驶机动车追逐竞驶,情节恶劣的,或者在

---

① 参见新疆维吾尔自治区高级人民法院(2011)新刑三终字第00066号刑事裁定书。

② 参见河北省高级人民法院(2014)冀刑四终字第152号刑事裁定书。

③ 参见最高人民法院(2012)刑三复73860660号刑事裁定书。

④ 参见《刑事审判参考》2010年第2辑(总第73辑),第613号。

道路上醉酒驾驶机动车的,处拘役,并处罚金”(已被修订)。将“醉酒驾驶”作为危险驾驶罪的法定情形之一纳入刑法的规制范围。目前,“醉酒驾车型”危险驾驶罪已成为我国司法实践中排名第一的犯罪。据不完全统计,“全国每年共查处酒驾、醉驾近200万起,其中,构成犯罪的‘醉驾’有30余万起,占我国刑事案件总数的20%以上”。[①] 2013年12月18日最高人民法院、最高人民检察院、公安部颁布的《关于办理醉酒驾驶机动车刑事案件适用法律若干问题的意见》第1条规定,在道路上驾驶机动车,血液酒精含量达到80mg/100ml以上的,属于醉酒驾驶机动车,依照《刑法》第133条之一第1款的规定,以危险驾驶罪定罪处罚。也就是说,司法解释确立了“酒精浓度”作为醉酒驾车的判断标准,这也符合质量监督检验检疫总局公布的《车辆驾驶人员血液、呼气酒精含量阈值与检验标准》(GB/T 19522－2010)中的醉酒后驾车(≥80mg/100ml)的法定阈值标准。尽管学界大多数观点认为这只是认定醉酒状态的一个形式标准,是否构成“醉酒驾车型”危险驾驶罪,还需要结合影响醉驾行为实际危害程度的各种因素,对法益侵害性进行实质解释,才能实现刑法打击犯罪的实质正义。[②] 但是80mg/100ml的酒精含量标准依旧是司法实践中构成危险驾驶罪的铁律,将其作为醉驾行为的定罪标准基本上没有分歧。然而,国家并未统一该罪的量刑基准,地方各地人民法院在裁判类似案件时在量刑上存在巨大差异。主要原因在于各地对于“醉酒驾车型”危险驾驶罪的刑事政策宽严有别,导致定罪量刑标准不统一,司法实践中出现大量同案不同判的情形。“醉酒驾车型”危险驾驶罪的量刑幅度从免予刑事处罚、适用缓刑到拘役1～6个月、加重处罚不等,鉴于免予刑事处罚和适用缓刑的适用情节较为简单,而拘役刑和加重处罚的情节要素较多,下文主要集中探讨该罪对免予刑事处罚和适用缓刑两种情节的同案不同判。

1.“醉酒驾车型”危险驾驶罪中免予刑事处罚的类案分析

以“醉酒”“危险驾驶”为关键词在总样本中进行检索,获得“醉酒

---

① 朱宁宁:《用一体化犯罪预防理念治理醉驾》,载《法治日报》2020年6月16日,第7版。

② 参见蔡巍:《“醉驾”不起诉裁量权的适用及完善》,载《苏州大学学报(哲学社会科学版)》2019年第5期;刘艳红:《醉驾犯罪血液酒精含量鉴定证据客观性与合法性之判断》,载《法学论坛》2014年第5期。

驾车型”危险驾驶罪的有效案例。① 指导性案例 0 个,最高人民法院公报案例 1 个,最高人民法院公布的典型案例 2 个,《刑事审判参考》案例自 2011 年第 1 期到 2021 年总第 125 期,合计 25 个“醉酒驾车型”危险驾驶罪案例。以上案例总计 28 个,样本过小,无法揭示该类案例裁判的整体状况,为了增加统计分析的可靠性,需通过中国裁判文书网补充类似案例,来扩大样本的容量。

就已有案例分析而言,公报案例是“陈孙铭交通肇事”,②法院认为当事人构成交通肇事罪,无法纳入研究对象。两个典型案例“孙伟铭以危险方法危害公共安全案”“黎景全以危险方法危害公共安全案”,③都是由于醉驾被判处以危险方法危害公共安全罪,也无法作为抽样分析样本。在《刑事审判参考》案上刊载的 25 个“醉酒驾车型”危险驾驶罪案例中,只有 4 个案例涉及免予刑事处罚,分别是“唐浩彬危险驾驶案”“吴晓明危险驾驶案”“郑帮巧危险驾驶案”“杨某危险驾驶案”。以“醉酒”“危险驾驶”“免予刑事处罚”等为关键词在中国裁判文书网上检索,总计案例 23,545 个,为了统计的简化,以 2020 年的 828 个案例为对象,选取有相关免予处罚规范的 10 个省份案例 260 个。具体情况统计见表 2－7:

表 2－7　部分省份“醉酒驾车型”危险驾驶罪中免予刑事处罚的类案统计

省(区、市)	案例数量/个	代表性案例	具体情节	是否免罚
浙江	4	(2020)浙 05 刑终 144 号	181mg/100ml,逃避检测,认罪认罚	否
		(2020)浙 07 刑终 223 号	135mg/100ml,坦白,认罪认罚,赔偿,谅解	否
		(2020)浙 0111 刑初 414 号	185.1mg/100ml,坦白,认罪	否
		(2020)浙 1102 刑初 29 号	120mg/100ml,坦白,认罪认罚	是

① 检索截止时间为 2021 年 5 月 31 日。

② 参见《最高人民法院公报》1999 年第 4 期(总 60 期)。

③ 参见四川省高级人民法院(2009)川刑终字第 690 号刑事判决书;广东省高级人民法院(2007)粤高法刑一终字第 131 号刑事判决书。

续表

省(区、市)	案例数量/个	代表性案例	具体情节	是否免罚
湖南	32	(2020)湘0408刑初180号	115.43mg/100ml,自首,认罪认罚	否
		(2020)湘0211刑初318号	179.73mg/100ml,发生事故,自首,赔偿,谅解,初犯,认罪认罚,主观恶性小	是
		(2020)湘1126刑初106号	91.27mg/100ml,坦白,认罪悔罪	是
		(2020)湘0725刑初7号	164.3mg/100ml,坦白,认罪认罚,悔罪,初犯	否
四川	19	(2020)川0183刑初183号	122.50mg/100ml,坦白,认罪认罚	是
		(2019)川1922刑初342号	199.9mg/100ml,自首,初犯,偶犯,认罪悔罪	是
		(2020)川0524刑初229号	112.4mg/100ml,坦白,认罪认罚	否
		(2020)川1304刑初152号	152.7mg/100ml,发生事故,自首,立功,赔偿,谅解	是
重庆	4	(2020)渝05刑终420号	186.2mg/100ml,主干道,自首,赔偿,谅解	否
		(2020)渝0238刑初59号	135mg/100ml,赔偿,谅解,坦白,认罪悔罪,立功	否
		(2020)渝0152刑初169号	302.lmg/100ml,坦白,立功	否
		(2020)渝0103刑初526号	121.3mg/100ml,认罪认罚,悔罪	否
湖北	42	(2020)鄂1182刑初226号	101.56mg/100ml,坦白,认罪认罚	否
		(2020)鄂0325刑初216号	94.77mg/100ml,坦白,认罪认罚	是
		(2020)鄂1303刑初345号	121.26mg/100ml,坦白,认罪认罚,初犯	否
		(2020)鄂1202刑初2号	142.48mg/100ml,认罪认罚	是
河南	28	(2019)豫1324刑初851号	161.09mg/100ml,坦白,认罪认罚,初犯,偶犯	是
		(2020)豫03刑终891号	112.5mg/100ml,坦白,认罪悔罪,初犯,主观恶性小	否
		(2020)豫0724刑初52号	102.9mg/100ml,坦白,认罪认罚,初犯,偶犯	否
		(2020)豫1324刑初467号	127.2mg/100ml,坦白,认罪认罚	否

续表

省(区、市)	案例数量/个	代表性案例	具体情节	是否免罚
上海	2	(2020)沪01刑终178号	129mg/100ml	否
		(2020)沪0151刑初220号	89mg/100ml,事故,自首,赔偿,谅解,认罪认罚	否
天津	7	(2020)津01刑终192号	166.5mg/100ml,坦白,认罪	否
		(2020)津0116刑初1325号	123.1mg/100ml,坦白,认罪认罚	否
		(2019)津0111刑初1311号	141.8mg/100ml,坦白,赔偿,谅解	是
		(2020)津0119刑初168号	81.11mg/100ml,无证,自首,认罪认罚	否
江苏	20	(2019)苏0102刑初874号	167.6mg/100ml,事故,自首,赔偿,谅解	否
		(2020)苏0903刑初88号	91.9mg/100ml,坦白,认罪认罚	否
		(2020)苏1311刑初190号	94mg/100ml,自首,赔偿,谅解	是
		(2020)苏0903刑初88号	91.9mg/100ml,坦白,认罪认罚	否
广东	47	(2020)粤0307刑初631号	109.69mg/100ml,坦白,认罪认罚,悔罪	否
		(2020)粤2072刑初1595号	91mg/100ml,坦白,认罪悔罪	否
		(2020)粤0106刑初254号	122.3mg/100ml,坦白,认罪认罚	是
		(2020)粤0106刑初276号	121mg/100ml,坦白,认罪认罚,初犯	是
辽宁	48	(2020)辽1103刑初269号	114.82mg/100ml,坦白,认罪认罚,主观恶性小	是
		(2020)辽1104刑初137号	120.86mg/100ml,坦白,认罪认罚	是
		(2020)辽11刑终119号	111.45mg/100ml,坦白,认罪认罚	否
		(2020)辽0302刑初166号	84mg/100ml,认罪认罚	是
青海	7	(2020)青0123刑初41号	269mg/100ml,坦白,认罪认罚	否
		(2020)青0223刑初73号	84.009mg/100ml,坦白,认罪认罚,初犯	是
		(2020)青0104刑初35号	246mg/100ml,自首,赔偿,谅解	否
		(2020)青2802刑初16号	138.3mg/100ml,坦白,认罪认罚	是

通过表 2 - 7 可以发现,各地“醉酒驾车型”危险驾驶罪中免予刑事处罚的类案数量差异较大,免予刑事处罚的标准也各不相同。具体比较而言,在同一省份不同法院之间,湖南的(2020)湘 0408 刑初 180 号案与(2020)湘 1381 刑初 28 号案中,具体情节基本相同,都是自首和认罪认罚,前者酒精阈值为 115.43mg/100ml,后者酒精阈值为 120.87mg/100ml,但是前案没有免予刑事处罚,而后案免予刑事处罚,出现了明显的同案不同判。再如四川的(2020)川 0524 刑初 229 号案和(2020)川 0183 刑初 183 号案,具体情节基本相同,都是坦白和认罪认罚,前者酒精阈值为 122.50mg/100ml,后者酒精阈值为 112.4mg/100ml,前案法院免予刑事处罚,而后案的酒精阈值还低于前案,却没有免予刑事处罚。不同省份的法院之间,如河南的(2019)豫 1324 刑初 851 号案和湖南的(2020)湘 0725 刑初 7 号案,具体情节基本相同,都是坦白、初犯和认罪认罚,前者酒精阈值为 161.09mg/100ml,后者酒精阈值为 164.3mg/100ml,河南法院对此免予刑事处罚,而湖南法院没有免予刑事处罚。再如辽宁(2020)辽 1103 刑初 269 号案和河南(2020)豫 03 刑终 891 号案,具体情节基本相同,都是坦白、认罪认罚和主观恶性小,前者酒精阈值为 112.5mg/100ml,后者酒精阈值为 114.82mg/100ml,辽宁法院对此免予刑事处罚,而河南法院没有免予刑事处罚。四川的(2020)川 0183 刑初 183 号案和重庆的(2020)渝 0103 刑初 526 号案,具体情节基本相同,都是认罪认罚,前者酒精阈值为 122.50mg/100ml 后者酒精阈值为 121.3mg/100ml,四川法院对此免予刑事处罚,而重庆法院没有免予刑事处罚。江苏的(2019)苏 0102 刑初 874 号案、湖南的(2020)湘 0211 刑初 318 号案与四川的(2020)川 1304 刑初 152 号案,具体情节基本相同,都是发生事故负同等责任、自首、赔偿、谅解,酒精阈值分别为 167.6mg/100ml、179.73mg/100ml 与 152.7mg/100ml,而江苏法院没有对当事人免予处罚,湖南和四川法院都对当事人免予处罚。

造成上述同案不同判的原因,除了法院的裁量因素,更主要的是制度规范层面缺乏统一的认定标准。2017 年 5 月 1 日,最高人民法院《关于常见犯罪的量刑指导意见(二)(试行)》第 3 条规定,对于醉酒驾驶机动车的被告人,犯罪情节轻微不需要判处刑罚的,可以免予刑事处罚。司法解释规定的“醉酒驾车型”危险驾驶罪免予刑事处罚的标准,“犯罪情节轻微不需要判处刑罚的”比较模糊和抽象,缺乏具体操作性。尽管地各方司法机关据此制定了相应的司法政策,但是相互之间的标准不统一,这影响到司法裁判中免予刑事处罚标准的认定。地方司法文件中“醉酒驾车型”危险驾驶罪免予刑事处罚的标准统计,如表2-8所示。

表2-8　地方司法文件中“醉酒驾车型”危险驾驶罪免予刑事处罚的标准统计

省(区、市)	免予刑事处罚标准	司法文件
浙江	170mg/100ml以下,认罪悔罪,无从重情节	浙江省高级人民法院、浙江省人民检察院、浙江省公安厅《关于办理“醉驾”案件若干问题的会议纪要》
	100mg/100ml以下,无从重情节,危害不大	
湖南	150mg/100ml以下,无从重处罚情节	湖南省人民检察院《关于危险驾驶(醉驾)犯罪案件不起诉参考标准(试行)》
	200mg/100ml以下,无挪车等特殊情况	
四川	130mg/100ml以下,无从重处罚情节	四川省高级人民法院《〈关于常见犯罪量刑指导意见〉实施细则(二)》
	150mg/100ml以下,初犯,具有急救病人等特殊情形	
重庆	130mg/100ml以下,无从重处罚情节	重庆市高级人民法院、重庆市人民检察院、重庆市公安局《关于办理危险驾驶犯罪案件法律适用及证据规范问题的座谈会综述》
湖北	100mg/100ml以下,初犯	湖北省高级人民法院《关于扩大量刑规范化罪名和刑种的量刑指导意见(试行)》
河南	100mg/100ml以下,不具备法定从重情节	河南省人民检察院《轻微刑事案件适用相对不起诉指导意见》
	140mg/100ml以下,无挪动车位等特殊情形	
上海	100mg/100ml以下,初犯,认罪、悔罪	上海市高级人民法院、上海市人民检察院《〈关于常见犯罪的量刑指导意见(二)(试行)〉实施细则》

续表

省(区、市)	免予刑事处罚标准	司法文件
天津	100mg/100ml 以下，初犯，认罪、悔罪	天津市高级人民法院《关于扩大量刑规范化罪名和刑种的量刑指导意见(试行)》
江苏	未超过醉酒标准 20%(96mg/100ml)	江苏省高级人民法院、江苏省人民检察院、江苏省公安厅《关于办理醉酒驾驶案件的座谈会纪要》
广东	情节轻微，不需要判处刑罚的	广东省高级人民法院《〈关于常见犯罪的量刑指导意见(二)〉实施细则(试行)》
辽宁	犯罪情节轻微，不需要判处刑罚的	辽宁省高级人民法院《〈关于常见犯罪的量刑指导意见〉实施细则(二)(试行)》
青海	为了公共利益或者紧急避险等特殊情况	青海省高级人民法院《关于审理危险驾驶犯罪案件的指导意见(试行)》

由表 2－7 和表 2－8 可以发现，地方司法机关并不一定完全遵守本地司法政策裁判，在免予刑事处罚的判断过程中，往往是结合多种情节具体裁量，但是即使情节类似，由于主观裁量空间偏差较大，导致出现大量的同案不同判现象。如湖南省免予刑事处罚标准，要求酒精阈值 150mg/100ml 以下，无从重处罚情节。但是司法裁判中的(2020)湘 11 刑终 431 号案，酒精阈值是 120.04mg/100ml，具有坦白和认罪认罚情形，未能免予刑事处罚。而湖北省免予刑事处罚标准，要求酒精阈值 100mg/100ml 以下，并是初犯。但是司法裁判中的(2020)鄂 1303 刑初 345 号案，酒精阈值是 121.26mg/100ml，坦白、认罪认罚和初犯情节，法院却免予刑事处罚。这两个类似案件，法院都未遵守当地省高院的司法政策，得出的裁判结果也不同，这是法院恣意裁量导致的同案不同判。四川和重庆的法定免予刑事处罚的标准差不多一样，但是司法裁判并没有遵循相同的判断标准，而是类似的情节在两个省的法院得到完全相反的裁判结论，如上文表 2－7 中四川的(2020)川 0183 刑初 183 号案和重庆的(2020)渝 0103 刑初 526 号案。即使法院遵守了当地地

方文件设定的免予刑事处罚标准，依旧会出现同案不同判，如广东法院裁判的(2020)粤2072刑初1595号案，酒精阈值为91mg/100ml，具有坦白、认罪悔罪情节，法院未能免予刑事处罚。江苏法院裁判的(2020)苏0903刑初88号案，酒精阈值为91.9mg/100ml，也具有坦白、认罪认罚情节，法院同样未能适用免予刑事处罚。但是湖南法院裁判的(2020)湘1126刑初106号案中，酒精阈值为91.27mg/100ml，具有坦白和认罪悔罪情节，法院却适用了免予刑事处罚。但是这种同案不同判是否具有合理性呢？将酒精阈值作为醉驾的主要判断标准，可能本身就存在不合理之处，因为不同地区生活的人的生物机能以及不同身体素质的人对酒精的吸收和反应程度会有所差异。

2.“醉酒驾车型”危险驾驶罪中适用缓刑的类案分析

在《刑事审判参考》上刊载的25个“醉酒驾车型”危险驾驶罪案例中，只有“魏海涛危险驾驶案”①1个案例适用缓刑，虽然具有指导作用，但不足以窥见“醉酒驾车型”危险驾驶罪中适用缓刑的类案全貌。为此，以“醉酒”“危险驾驶”“缓刑”等为关键词在中国裁判文书网上进一步检索，探讨该类案件的具体状况。经过检索发现，该类案例数量达到70万个以上，为了简化样本，以年份为单位选取2020年部分省份的缓刑适用情况进行分析统计，得出数据如表2-9所示：

表2-9　2020年全国部分省份“醉酒驾车型”危险驾驶罪的缓刑率统计

省(区、市)	审结醉驾案件总数/个	缓刑案件数量/个	缓刑率/%
浙江	7481	3586	47.93
四川	5854	3180	54.32
重庆	2453	1215	49.53
江苏	17,246	8647	50.14
天津	3395	1954	57.56
山东	19,668	12,640	64.27
湖北	9094	6436	70.78

① 参见《刑事审判参考》2013年第5辑(总第94辑)，第895号。

表2－9显示出各地缓刑率差异较大，其中浙江的缓刑适用率最低，广东的缓刑适用率最高，四川、重庆、江苏、天津等地的缓刑适用率相差不大。原因是多方面的，除了法官在个案中的裁量因素，主要取决于各地关于“醉酒驾车型”危险驾驶罪适用缓刑的标准不统一。现行司法解释并没有对“醉酒驾车型”危险驾驶罪适用缓刑的标准作统一规定，地方也只有部分省份对此有司法政策予以明释。经过统计分析，各地关于“醉酒驾车型”危险驾驶罪适用缓刑的标准统计如表2－10所示：

表2－10　地方司法文件关于“醉酒驾车型”危险驾驶罪适用缓刑的标准统计

省(区、市)	酒精标准	其他附加情节	适用依据
浙江	160mg/100ml以下	无10种从重情节且认罪	浙江省高级人民法院刑三庭《关于“醉驾”犯罪审判中若干问题的解答》
	200mg/100ml以下	两轮电动车	
四川	200mg/100ml以下	考虑醉酒程度、道路环境等	四川省高级人民法院《〈关于常见犯罪量刑指导意见〉实施细则(二)》
重庆	200mg/100ml以下	认罪、悔罪，综合考虑行为人醉酒程度等情节	重庆市公检法《关于办理危险驾驶犯罪案件法律适用及证据规范问题的座谈会综述》
	200mg/100ml以上	应当从严掌握	
天津	200mg/100ml以下	具有认罪悔罪，积极赔偿或其他情形	天津市高级人民法院《关于扩大量刑规范化罪名和刑种的量刑指导意见(试行)》
山东	200mg/100ml以下	—	山东省高级人民法院《〈关于常见犯罪的量刑指导意见(二)〉实施细则(试行)》
江苏	200mg/100ml以下	情节较轻	江苏省高级人民法院、江苏省人民检察院、江苏省公安厅《关于办理醉酒驾驶案件的座谈会纪要》
湖北	240mg/100ml以下	具有积极赔偿或其他情形	湖北省高级人民法院《关于扩大量刑规范化罪名和刑种的量刑指导意见(试行)》
广东	300mg/100ml以下	—	广州市中级人民法院《关于醉酒驾驶案件审判参考》等八个审判参考

表2－10中的文件显示，浙江省的缓刑标准最低，广东省的缓刑标准最高，四川、重庆、江苏、天津、湖北等省份的缓刑标准基本一致。进一步观察司法案例，发现实践中各地的裁判标准差别也很大。以上述几个省份的代表性案例为统计对象，得出统计如表2－11所示。

表2－11　2020年全国部分省份“醉酒驾车型”危险驾驶罪适用缓刑代表性案例统计

省（区、市）	案号	情节	是否适用缓刑
浙江	（2020）浙05刑终49号	159mg/100ml，无证，事故，顶包，酒驾前科	否
	（2020）浙0122刑初428号	153.7mg/100ml，事故，坦白，认罪认罚	是
	（2020）浙0482刑初673号	214mg/100ml，坦白，认罪认罚	是
四川	（2020）川14刑终190号	156.4mg/100ml，无证，坦白	是
	（2020）川07刑终301号	159mg/100ml，事故，坦白，认罪认罚	否
	（2020）川01刑终835号	128.5mg/100ml，逃避检查，事故，初犯，坦白，认罪悔罪	否
重庆	（2020）渝01刑终628号	193.8mg/100ml，酒驾前科，坦白	否
	（2020）渝05刑终739号	163.3mg/100ml，立功	是
	（2020）渝05刑终707号	116.8mg/100ml，自首，赔偿，悔罪	一审：否 二审：是
天津	（2020）津01刑终460号	214.8mg/100ml，坦白，认罪认罚，立功	否
	（2020）津01刑终192号	166.5mg/100ml，坦白，认罪	是
	（2020）津01刑终135号	218.8mg/100ml，酒驾前科，坦白，认罪悔罪	是
山东	（2020）鲁08刑终488号	180.4mg/100ml，坦白，认罪认罚	否
	（2020）鲁09刑终165号	216.2mg/100ml，立功	一审：否 二审：是
	（2020）鲁09刑终177号	137.3mg/100ml，立功，坦白，认罪悔罪，初犯	是
江苏	（2020）苏12刑终20号	133.7mg/100ml，事故，躲避检测，坦白，认罪认罚，赔偿，谅解	一审：是 二审：否
	（2020）苏07刑终278号	132mg/100ml，坦白	是
	（2020）苏08刑终243号	142.5mg/100ml，累犯，坦白	否

续表

省(区、市)	案号	情节	是否适用缓刑
湖北	(2020)鄂07刑终110号	216mg/100ml,事故,自首,赔偿,谅解,认罪认罚	否
	(2020)鄂03刑终304号	145.24mg/100ml,酒驾前科,认罪认罚	否
	(2020)鄂96刑终245号	321.8mg/100ml,自首,立功	是
广东	(2020)粤07刑终421号	194.11mg/100ml,城市快速路,交通事故,逃逸,坦白,认罪认罚,赔偿	否
	(2020)粤19刑终1690号	181.23mg/100ml,抽血抗拒,坦白,认罪认罚,赔偿,谅解	是
	(2020)粤20刑终687号	213.5mg/100ml,初犯,坦白	一审:否 二审:是

由表2-11中的案例可以看出,相同的案件情节,不同省份的法院作出不同的裁判结论。如浙江法院的(2020)浙0482刑初673号案与天津法院的(2020)津01刑终460号案:前者的酒精阈值是214mg/100ml,具有坦白、认罪认罚情节;后者的酒精阈值是214.8mg/100ml,具有坦白、认罪认罚与立功情节。前者适用了缓刑,而后者却没有适用缓刑。再如浙江法院的(2020)浙0122刑初428号案与四川法院的(2020)川07刑终301号案,具体情节都是发生事故、坦白与认罪认罚,前者的酒精阈值是153.7mg/100ml,而后者的酒精阈值是159mg/100ml,前者法院使用缓刑,后者法院没有适用缓刑。甚至同一个案例,在同一个省的不同法院得出不一样的适用结果。如山东法院的(2020)鲁09刑终165号案,酒精阈值为216.2mg/100ml,具有立功表现,一审法院否定了适用缓刑的请求,二审法院则支持适用缓刑。再如,广东法院的(2020)粤20刑终687号案,酒精阈值为213.5mg/100ml,具有初犯和坦白行为,一审法院否定了适用缓刑的请求,二审法院则支持适用缓刑。

综上,通过上述关于"醉酒驾车型"危险驾驶罪中免予刑事处罚和适用缓刑的案件统计,可以总结出该类案件的量刑尺度不统一。法律面前人人平等在刑法中的适用,不仅要求类案同罪,而且要同罪等罚。刑事案件同案不同罚,不仅危害到国家法制统一,而且不利于公民权利的刑事法律平等保护。

二、民事类案抽样分析

民事类案抽样分析的样本来源为最高人民法院公布的指导性案例、最高人民法院公报案例、最高人民法院公布的典型案例、最高人民法院审理的案例、最高人民法院民事审判庭出版的《民事审判指导与参考》,以及在中国裁判文书网上公开的案例。民事案例主要选取人身损害赔偿案件中城镇居民和农村居民死亡赔偿金标准差异引发的"同命不同价"问题,以及在消费者权益纠纷中"知假买假"者是否属于消费者问题,因为这两类案件在司法实践中争议较大,裁判标准不统一,危害了法律统一适用和公民权利平等保护。

(一)人身损害赔偿中死亡赔偿金认定标准争议类案分析

死亡赔偿金是造成被害人死亡的,按照一定标准给予死者家属的赔偿。死亡赔偿金制度的现存法律依据主要是《民法典》第 1179 条的规定,即侵害他人……造成死亡的,还应当赔偿丧葬费和死亡赔偿金。死亡赔偿金并非对生命的定价,也不是对生命权丧失的填补,因为生命是无价的,一旦丧失无可修复。其性质主要是指对因侵害生命权所引起的近亲属的各种现实利益损失的赔偿,①目的在于补偿活着的人的利益损失。死亡赔偿金的认定标准在法律上并没有具体数额,而是由司法解释具体规定的。2003 年 12 月 4 日最高人民法院颁布的《关于审理人身损害赔偿案件适用法律若干问题的解释》(以下简称《赔偿解释》)第 29 条规定,死亡赔偿金按照受诉法院所在地上一年度城镇居民人均可支配收入或者农村居民人均纯收入标准,按二十年计算。当时城乡二元分立的赔偿标准由此确立,在 2022 年修正《赔偿解释》之前,该标准究竟如何适用?司法实践中的案例反映出死亡赔偿金认定标准在各地都不一致,同一法院前后裁判观点也彼此矛盾。

以"人身损害""死亡赔偿金"等为检索关键词,在所选取的样本中进行检索,在筛选过滤的基础上,选出死亡赔偿金标准认定存在争议的案例:②

---

① 参见张新宝:《〈侵权责任法〉死亡赔偿制度解读》,载《中国法学》2010 年第 3 期。

② 检索时间截止到 2021 年 5 月 31 日。

指导性案例1个,最高人民法院公报案例2个,最高人民法院公布的典型案例0个,最高人民法院审理的案例2个;《民事审判指导与参考》案例自2000年第1辑到2019年第3辑,合计1个案例。以上总计6个案例代表的是最高人民法院对于人身损害赔偿中城镇居民和农村居民死亡赔偿金标准争议的观点,还有必要选取部分地方司法实践中的代表性案例。为此,以浙江、山东等十个省份的高级人民法院裁判的20个案例为地方司法实践的小样本。通过对这些数据的进一步分析,可以观察到,法院在认定人身损害赔偿中城镇居民和农村居民死亡赔偿金标准的过程中,"户籍地"和"经常居住地"是两种主要的裁判标准。具体统计分析见表2-12:

表2-12　人身损害赔偿中死亡赔偿金认定标准类案统计

案例来源	裁判标准	裁判理由	代表性案例
指导性案例	经常居住地标准	死者虽是农业户口,但能证明死者生前经常居住地和主要收入来源地均为城镇的,应根据城镇居民标准计算死亡赔偿金	赵春明等诉烟台市福山区汽车运输公司等道路交通事故人身损害纠纷案
公报案例	经常居住地标准	对于常年生活工作在城镇,收入相对稳定,消费水平也和一般城镇居民基本相同,已经融入城镇生活的农村居民,应按城镇居民标准计算死亡赔偿金	季宜珍等诉财保海安支公司、穆广进、徐俊交通事故损害赔偿纠纷案
	收入来源标准	虽然是农民,但主要收入来源于城镇的,应按城镇居民收入标准计算死亡赔偿金	范茂生等诉淮安电信分公司淮阴区电信局、淮安市淮阴区公路管理站人身损害赔偿纠纷案
最高人民法院	经常居住地标准	经常居住在城镇,应按城镇居民收入标准计算死亡赔偿金	温某、罗某与乐昌市疾病预防控制中心医疗服务合同纠纷案
		户籍在农村的不足以否定经常居住地在城镇的事实,应以死亡前经常居住地计算死亡赔偿金	时德义、潘得七海上、通海水域人身损害责任纠纷案

续表

案例来源	裁判标准	裁判理由	代表性案例
民事审判指导与参考	户籍标准	一审、二审：死者生前为农村户口，应按农村居民标准计算死亡赔偿金	罗金会等5人与云南昭通运输集团公司公路旅客运输合同纠纷案
		再审：一种观点认为农村居民和城镇居民是一个身份概念，死者生前虽在城市经商，但并未改变农民身份，应以农村居民标准计算死亡赔偿金	
	经常居住地标准	再审：另一种观点认为居民与户籍并不是对等的概念，农村居民和城镇居民的概念应以经常居住地标准进行解释	
		受害人虽然为农村户口，但在城市经商、居住，其经常居住地和主要收入来源地均为城市，应按照城镇居民标准计算死亡赔偿金	
浙江	户籍标准	户籍登记为农业家庭户的，居住在城镇的居民并不意味着自然获取城镇居民户籍	林某、胡某1海上、通海水域人身损害责任纠纷案
		一审：户籍为农业家庭户的，在城镇居住生活的居民并不必然等同于就是城镇居民户口	林吕梅、黄道包等与林光满生命权、健康权、身体权纠纷案
	收入来源标准	再审：居住在城镇的居民，但户籍系农村居民，且无法证明收入来源于城镇	
山东	经常居住地标准	经常居住地的收入标准高于受诉法院所在地标准，可以按经常居住地的相关标准计算	潘得七、沈有清海上、通海水域人身损害责任纠纷案
	户籍标准	收入状况与户籍性质无关联，居住地属于农村的，应按农村户口计算死亡赔偿金	许连杰、冯桂英等与杨喜华等海上、通海水域人身损害责任纠纷案
辽宁	混合标准	无法证明在经常居住地连续居住一年以上的，应以户籍地作为判断城镇居民或农村居民的标准	姜凤英、谭惠玲海上、通海水域人身损害责任纠纷案
	户籍标准	户籍性质为农业户口，应根据农村居民的标准计算死亡赔偿金	周立艳与中国人民财产保险股份有限公司大连市分公司人身损害责任纠纷案

续表

案例来源	裁判标准	裁判理由	代表性案例
湖北	经常居住地标准	虽然户籍性质为农业户口,但经常居住在城镇的农村居民,应以城镇居民人均可支配收入计算死亡赔偿金	丁殿元、徐新兰等与彭国连、郑少平等提供劳务者受害责任纠纷案
		虽为农业户口,但不能否认在城镇居住的事实,应以城镇居民人均可支配收入标准计算死亡赔偿金	中国人民财产保险股份有限公司江陵支公司、席国案政机动车交通事故责任纠纷案
重庆	户籍标准	一审:死者生前系农村户籍,应以农村居民身份计算死亡赔偿金	冉瑞华、杨道琼与陈家富、杨勇等机动车交通事故责任纠纷案
	经常居住地标准	再审:虽然是农村户口,但符合城镇居民的实质性条件,应以城镇居民人均可支配收入标准计算死亡赔偿金	
上海	户籍标准	死者生前户籍地在农村,属于农村居民,应按农村常住居民人均可支配收入标准计算死亡赔偿金	江苏弘航船业有限公司与王娟等海上人身损害责任纠纷案
		死者生前为非农户,应按城镇居民标准计算死亡赔偿金	陈某某与吴某甲等人身损害责任纠纷案
广西	混合标准	受害人为农村户口,不在农村生活,但不能证明在城镇居住的,应按农村居民标准计算死亡赔偿金	何裕德、谢燕玲等与生命权、健康权、身体权纠纷案
	户籍标准	死者户籍在农村,为农村居民,应按农村居民标准计算赔偿数额	广西梧州港航集团有限公司与梁泽培等人身损害赔偿纠纷案
新疆	混合标准	对城镇居民与农村居民的认定,一般以户籍登记地为准。但在发生道路交通事故时已在城镇连续居住一年以上,且有正当生活来源的,可以按照城镇居民标准计算赔偿数额	杜勇与郭云芹、詹光宾等机动车交通事故责任纠纷案
	经常居住地标准	城镇居民抑或农村居民的标准,应按经常居住地的相关标准计算	姚啸东与新疆维吾尔自治区和田县人民医院医疗损害赔偿案

续表

案例来源	裁判标准	裁判理由	代表性案例
四川	混合标准	一审：死者生前为农业户口的，不能证明经常居住地在城镇的，应按农村居民标准计算赔偿金	严旭、严冬梅触电人身损害责任纠纷案
	收入来源标准	再审：死亡赔偿金是对被侵权人未来经济损失的补偿，主要收入来源于城镇，应按照城镇居民标准计算死亡赔偿金	
福建	户籍标准	死者生前户籍地在农村，属于农村户口，应按农村居民标准计死亡算赔偿金	林某1、林某2触电人身损害责任纠纷案
		户籍证明为农村居民，应按农村居民标准计死亡算赔偿金	刘立科故意杀人案

根据表2－12中的数据，在2022年修正《赔偿解释》之前，司法实践中关于人身损害赔偿中死亡赔偿金认定标准可以分为“户籍标准”“经常居住地标准”“混合标准”“收入来源标准”四类，分别占比40%、36.7%、13.3%、10%。依据上述四类标准计算得出的死亡赔偿金数额会呈现两种不同的结果，即按照“城镇居民人均可支配收入”或“农村居民人均纯收入”，这导致实践中的同案不同判。“户籍标准”是指2003年《赔偿解释》中城镇居民与农村居民的概念是一个身份的象征，户籍在农村的属于农村居民，应按农村常住居民人均纯收入标准计算死亡赔偿金；户籍在城镇的属于城镇居民，应按城镇居民人均可支配收入标准计算死亡赔偿金。如《民事审判指导与参考》上“罗金会等5人与云南昭通运输集团公司公路旅客运输合同纠纷案”中的初审法院的观点，再如上海高级人民法院的“江苏弘航船业有限公司与王娟等海上人身损害责任纠纷案”①和“陈某某与吴某甲等通海水域人身损害责任纠纷案”。② “经常居住地标准”是指2003年《赔偿解释》中城镇居民与农村居民的认定取决于受害人生前经常居住地，若经常居住地在城镇的，就按城镇居民标准计算死亡赔偿金；若经常居住地在农村，就按农村居民

① 参见上海市高级人民法院（2019）沪民终473号民事判决书。

② 参见上海市高级人民法院（2015）沪高民四（海）终字第154号民事判决书。

标准计算死亡赔偿金。如指导性案例 19 号“赵春明等诉烟台市福山区汽车运输公司等道路交通事故人身损害纠纷案”和公报案例“季宜珍等诉财保海安支公司、穆广进、徐俊交通事故损害赔偿纠纷案”。“混合标准”是“户籍标准”和“经常居住地标准”的结合,死亡赔偿金标准的认定推定以户籍地为准,有证据证明在经常居住地连续居住一年以上的,以经常居住地为准。如广西壮族自治区高级人民法院的“何裕德、谢燕玲等与生命权、健康权、身体权纠纷案”①和辽宁省高级人民法院的“姜凤英、谭惠玲海上、通海水域人身损害责任纠纷案”。② “收入来源标准”是指死亡赔偿金的计算标准以主要收入来源地为准,无论户籍在农村还是城镇,主要收入来源于城镇的就以城镇居民标准计算,主要收入来源于农村的就以农村居民标准计算。如公报案例“范茂生等诉淮安电信分公司淮阴区电信局、淮安市淮阴区公路管理站人身损害赔偿纠纷案”③和浙江省高级人民法院的“林吕梅、黄道包等与林光满生命权、健康权、身体权纠纷案”。④

进一步比较分析数据发现,不仅不同省份的死亡赔偿金认定标准有差异,而且同一省份的标准都前后不一。如湖北省高级人民法院的两个案例“丁殿元、徐新兰等与彭国连、郑少平等提供劳务者受害责任纠纷案”⑤和“中国人民财产保险股份有限公司江陵支公司、席国案政机动车交通事故责任纠纷案”⑥采取“经常居住地标准”,前者依据 2013 年度湖北省城镇居民年人均可支配收入标准认定死亡赔偿金 41. 680 万元,后者依据 2014 年度湖北省城镇居民年人均可支配收入标准认定死亡赔偿金 49. 704 万元;而上海市高级人民法院的两个案例“江苏弘航船业有限公司与王娟等海上人身损害责任纠纷案”⑦和“陈某某与吴某甲等通海水域人身损害责任纠纷案”⑧采取“户籍标准”,前者按照

---

① 参见广西壮族自治区高级人民法院(2015)桂民四终字第 21 号民事判决书。
② 参见辽宁省高级人民法院(2019)辽民终 1510 号民事判决书。
③ 参见《最高人民法院公报》2011 年第 11 期(总第 181 期)。
④ 参见浙江省高级人民法院(2014)浙海终字第 25 号民事判决书。
⑤ 参见湖北省高级人民法院(2014)鄂荆州中民二终字第 00386 号民事判决书。
⑥ 参见湖北省高级人民法院(2017)鄂民申 525 号民事判决书。
⑦ 参见上海市高级人民法院(2019)沪民终 473 号民事判决书。
⑧ 参见上海市高级人民法院(2015)沪高民四(海)终字第 154 号民事判决书。

2017年度江苏省农村居民人均纯收入标准认定死亡赔偿金28.763万元,后者按照江苏省2014年度城镇居民人均可支配性收入标准认定死亡赔偿金68.692万元。由于城乡收入差异,这几个案件反映出按照“户籍标准”和“经常居住地标准”计算得出的死亡赔偿金数额差别很大,不仅不同省份之间的差异明显,而且同一省份内部差异也很突出,这加剧了地区不平等和区域不平等。再如,重庆市高级人民法院的“冉瑞华、杨道琼与陈家富、杨勇等机动车交通事故责任纠纷案”中,一审、二审法院依据“户籍标准”,按照2011年重庆市农村居民人均纯收入标准认定死亡赔偿金11万元;[①]再审法院依据“经常居住地标准”,按照2011年重庆市城镇居民可支配收入标准认定死亡赔偿金40.5万元。[②]该案前后法院关于死亡赔偿金认定标准的差异,导致当事人获得的死亡赔偿金数额差异较大,这种同案不同判现象在地方司法实践中普遍存在。

造成上述同案不同判的原因是多个方面的,包括法律概念本身的不确定性、死亡赔偿金性质的争议、农业户口和非农业户口的制度问题,以及司法裁量因素的影响等。首先,死亡赔偿金的计算标准是由司法解释确立的,但是2003年《赔偿解释》中规定的“城镇居民”和“农村居民”的概念是模糊的,无法确定准确的解释含义。具体而言,“城镇居民”和“农村居民”的认定标准存在多种解释方案,以户籍为标准和以经常居住地为标准解释“城镇居民”和“农村居民”均在规范文义的涵摄范围之内。这正好印证了司法实践中“户籍标准”和“经常居住地标准”两种对立的裁判标准,造成了同案不同判现象。但是,若以户籍为标准解释“城镇居民”和“农村居民”会导致同一起交通事故中出现“同命不同价”现象,存在不符合《宪法》第33条第2款“公民在法律面前一律平等”之嫌。其次,关于死亡赔偿金的性质存在分歧,司法实践中“户籍标准”的拥护者往往倾向于认定死亡赔偿金是对死者生命价值的赔偿,所以将死亡赔偿金刻上了身份的烙印,进而依户籍导致“同命不同

---

① 参见重庆市万州区人民法院(2013)万法民初字第00448号民事判决书;重庆市第二中级人民法院(2013)渝二中法民终字第00927号民事判决书。

② 参见重庆市高级人民法院(2016)渝民再8号民事判决书。

价”现象的出现。此时“户籍标准”与“收入来源标准”就形成了对立局面,“户籍标准”带来的结果往往是当事人的死亡赔偿金标准是以农村居民标准计算,而“收入来源标准”的裁判结果往往是按照城镇居民标准计算,引发同案不同判。尽管立法亲历者强调死亡赔偿金的“平等性”,即“同命同价”,主张死亡赔偿原则上应适用统一标准,不宜以城乡划界,也不宜以地区划界,而是人不分城乡、地不分东西的全国统一标准。[①] 有学者认为死亡赔偿的城乡差异不具备合理差别的正当性基础,违反了宪法平等原则的精神。[②] 在户籍制度实施早期,我国城乡人员的流动性较小,城乡经济发展水平不平衡,基于城乡收入差距的现实考量,采用类型化赔偿标准有其合理性。但是当下中国经济社会发展的速度加快,人员的流动性加剧,城乡居民收入差异逐渐缩小,此时若依旧按照严格的户籍标准来分配死亡赔偿金,就会与平等保护的实质内涵背道而驰。2022 年修正的《赔偿解释》第 15 条对死亡赔偿金的规定已作修改,不再区分城镇居民与农村居民,有效保证了法律适用标准的统一。

(二)消费者权益纠纷中“知假买假”行为消费者身份争议类案分析

《消费者权益保护法》第 2 条规定,消费者为生活消费需要购买、使用商品或者接受服务,其权益受本法保护;本法未作规定的,受其他有关法律、法规保护。但是究竟何为消费者,从法律的文义上并不能获得清晰的解释。尤其是在消费者权益纠纷中,“知假买假”者是否属于消费者?现行立法并没有给出明确的答案,在司法实践中也没有形成统一的认识标准,而是存在大量的同案不同判情形。

以“消费者”“知假买假”“职业打假”等为检索关键词,在所选取的样本中进行检索,在筛选过滤的基础上,选出“知假买假”行为的消费者身份认定存在争议的案例。[③] 指导性案例 1 个案例,最高人民法院公报

---

① 参见王胜明:《我国的侵权责任法律制度》,载中国民商法律网,http://www.civillaw.com.cn/qqf/weizhang.asp?id=45571,2021 年 3 月 12 日访问。

② 参见吴萍、廖多福:《平等与合理差别——兼论统一人身损害赔偿标准立法》,载《西南政法大学学报》2003 年第 6 期。

③ 检索时间截止到 2021 年 5 月 31 日。

案例1个,最高人民法院公布的典型案例1个,最高人民法院审理的案例0个,《民事审判指导与参考》案例自2000年第1辑到2019年第3辑(总第79辑)1个。其中公报案例、典型案例与《民事审判指导与参考》中的案例为同一个案例,即"吴海林诉朱网奇消费者权益保障纠纷案",下文只将其统计在公报案例中。由此,以上实际上只有2个案例。指导性案例和民事审判指导与参考案例都支持"知假买假"行为的消费者身份,具体观点如下:在指导性案例23号"孙银山诉南京欧尚超市有限公司江宁店买卖合同纠纷案"中,①法院认为只要在市场交易中购买、使用商品或者接受服务是为了个人、家庭生活需要,而不是为了生产经营活动或者职业活动需要的,就应当认定为"为生活消费需要"的消费者。在《民事审判指导与参考》案例"吴海林诉朱网奇消费者权益纠纷案"中,②法院认为销售者对商品作虚假宣传,购买者知假买假后,可以消费者身份索赔。以上两个案例不足以看出"知假买假"行为消费者身份争议的类案的裁判样态。在中国裁判文书网进一步检索,共有8504个案例,其中高级人民法院审理的案例有588个,涉及消费者概念认定的有效案例有143个,对这些案例进行类型化分析之后,统计如表2-13所示:

表2-13　"知假买假"行为消费者身份争议类案统计分析

省(区、市)	结论	标准	理由	代表性案例	数量/个
北京	是	客观行为	购买动机是否用于牟利,无法用来否认购买者的消费者身份	徽燕(北京)茶业有限公司与张培磊买卖合同纠纷案	3
	否	购买动机	不以食用为目的,牟利意图明显;大量购买进行索赔,不属于正常的消费行为	刘维与董蕾网络购物合同纠纷案	2

① 参见江苏省南京市江宁区人民法院(2012)江宁开民初字第646号民事判决书。

② 参见最高人民法院民事审判庭编:《民事审判指导与参考》2014年第2辑(总第58辑),人民法院出版社2014年版,第101页。

续表

省(区、市)	结论	标准	理由	代表性案例	数量/个
河北	是	客观行为	只要具有购买、使用商品或者接受服务的消费行为，并且不是用于生产销售的，就应当认定为“为生活消费需要”，即属于消费者	裕华区晨杯茶行、刘剑锋买卖合同纠纷案	1
	否	购买动机	购买并非为了自己的生活消费，而是通过诉讼来谋取利益	郑景晨、北京水华石立商贸有限公司网络购物合同纠纷案	5
山西	是	广义概念	除了购买行为自身用于销售，都应看作生活消费；法律并未明确规定知假买假者不属于消费者，也未将职业打假人排除在消费者概念之外	武乡县三里湾种植专业合作社与邢志红、武靖等买卖合同纠纷案	1
	否	客观行为	多次购买涉案产品或其他品牌产品多辆，证明不是为了生活消费需要，不符合消费者身份	邢某与小鸟车业有限公司产品责任纠纷案	1
辽宁	是	立法目的	无论购买者是不是知假买假，严厉惩治食品、药品生产和销售领域中的违法行为，保证人民群众的生命和安全，是法律规定的目的	沈阳和和堂大药房有限公司案	1
	否	客观行为	购买商品的种类及购买数量有别于一般消费者，以往有知假买假经历，不符合一般消费习惯	赵雨、深圳市小山沟土特贸易有限公司买卖合同纠纷案	1
		购买动机	知假买假行为的目的不是消费而是获赔，以生活消费为名而牟利，不属于消费者	崔钰、盛红燕买卖合同纠纷案	1
黑龙江	是	客观行为	不能因为消费者购买次数多，就否定消费者的身份，只要具有购买使用商品的消费行为，且不能被证明系用于销售的，就应当认定为消费者	北京华联综合超市股份有限公司哈尔滨第一分公司、姜国军买卖合同纠纷案	1
	否	客观行为	短期内重复购买大量相同食品的行为，不应认定为“生活消费需要”	哈尔滨哈尔信连锁超市有限责任公司、丛李松买卖合同纠纷案	1

续表

省(区、市)	结论	标准	理由	代表性案例	数量/个
上海	是	客观行为	判断是否为消费者并不以购买者的主观状态、身份而有所差别	潘月萍与林进信息网络买卖合同纠纷案	1
	否	客观行为	集中购买同类食品且数量巨大,超出正常生活需求的,不能认定为“生活消费需要”购买商品	上海萃鼎电子商务有限公司与陈燕红买卖合同纠纷案	1
江苏	是	客观行为	现行法律、法规并没有对消费者的主观购买动机作出限制性的规定,“知假买假”的消费者受法律保护	陈志新与北京世纪卓越信息技术有限公司产品销售者责任纠纷案	3
	否	购买动机	购买涉案商品的动机是为了牟利,违背诚实信用原则	张军与连云港顺浦贸易有限公司、金华市华益生物科技开发有限公司产品责任纠纷案	20
		客观行为	涉案商品的时间、数量、方式均超出了生活需要的范围,购买过程中的录像等行为,不符合普通消费者的消费行为	孙海涛与昆山京东尚信贸易有限公司买卖合同纠纷案	
浙江	是	客观行为	“生活消费需要”并不是规定需有主观上的消费目的,而仅是从客观上确定了与生产消费相对的消费行为	王忠与佛山市顺德区优梵家具有限公司、浙江天猫网络有限公司产品责任纠纷案	2
	否	客观行为	网购数量较大,并通过提起诉讼谋取利益不符合普通消费者进行生活消费的行为	李海东、佛山市响当当商贸有限公司产品责任纠纷案	1
安徽	是	客观行为	消费分为生产资料的消费和生活资料的消费,判断是否为消费者,不应以主观状态为标准,而应以购买的商品性质为标准,只要购买的商品是生活资料,就是消费者	新沂市茗惠食品店、杨茗惠、冯兆华网络购物合同纠纷案	3
	否	购买动机	以营利为目的的购买行为,不同于为生活消费需要购买商品的消费者	孟威、安徽省霍山县柳斛园中药材开发有限公司产品责任纠纷案	2
山东	否	客观行为	购买商品的数量超出正常的生活消费范围	杨珂、蓝山县翟氏食品店买卖合同纠纷案	3

续表

省(区、市)	结论	标准	理由	代表性案例	数量/个
河南	是	客观行为	虽系明知存在质量问题而购买,但其有权以消费者身份主张权利	李书臣与青海三江源药业有限公司产品责任纠纷案	7
	否	购买动机	知假买假行为,利用惩罚性赔偿方式,来获取私利不属于消费者	衡庆、李晓娜产品责任纠纷案	2
湖北	是	立法目的	食品、药品领域中的职业打假行为,有利于保护人民群众生命健康	左卫东与鄂州市吴都医药有限公司康福来大药房买卖合同纠纷案	15
	否	购买动机	主观目的是营利,有索赔诉讼,不符合普通消费者的日常消费习惯	杨德学、云南书达商贸有限公司产品责任纠纷案	1
湖南	是	立法目的	食品、药品领域支持惩罚性赔偿打假机制,有利于保障食药安全和人民健康	袁也、黄英网络购物合同纠纷案	1
广东	否	购买动机	购买商品是以牟利为目的,违反诚实信用原则	黄春华买卖合同纠纷案	13
广西	是	购买动机	只要不是为了生产经营需要购买的,就应当认定为消费者	南宁港昌房地产有限公司南湖名都酒店、李海林产品责任纠纷案	8
重庆	是	立法目的	支持知假买假,有助于保护消费者合法权益,遏制假货泛滥	桐君阁大药房江北区星胜药店与刘雯霞产品销售者责任纠纷案	16
四川	是	客观行为	司法解释并未在食品、药品领域限制购买者的动机	龙贻东、三台县众信堂医药连锁有限公司产品销售者责任纠纷案	9
	否	购买动机	购买商品时有拍照、录像等行为,并带有公证员一同前往,这与普通消费者购买商品的行为有别,其牟利意图明显,不属于消费者	张闯、成都福兴酒店管理有限公司买卖合同纠纷案	4
贵州	是	客观行为	法律未对知假买假行为作出限制性规定,只有购买商品行为,未进一步销售就是消费者	贵阳花溪福康药房、左卫东产品销售者责任纠纷案	2
	否	购买动机	购买商品的行为,并非为了生活消费需要,而是职业牟利行为	杜执乾、霍山县众康堂中药材开发有限公司网络购物合同纠纷案	5

续表

省(区、市)	结论	标准	理由	代表性案例	数量/个
陕西	是	客观行为	不论是否明知食品不符合安全标准,只要购买了不符合食品安全标准的食品,就支持赔偿诉求	孙安民与榆林市凯信世纪商贸运营管理有限公司产品销售者责任纠纷案	3
	否	购买动机	实际购买目的在于索赔牟利"购买者",不属于消费者	韩红姣与海州区同兴社区惟明食品经营部网络购物合同纠纷案	2
新疆	否	客观行为	多次购买相同食品,并提起赔偿诉讼的事实,不符合消费者的概念	薛焱锋与石河子市永家超市买卖合同纠纷案	1

通过对表2-13的分析汇总,在统计的143个案例中,有77个案例支持"知假买假"行为的消费者身份,66个案例反对"知假买假"行为的消费者身份,分别占比将近一半。也就是说,在"知假买假"行为的消费者身份争议类案中,裁判出现了明显的两极分化。而且不仅不同法院的观点不一致,同一法院在类似案件中的判决也存在完全相反的情形,甚至在同一判断标准下都会出现不同的判决。进一步观察表2-13可以发现,法院对于消费者身份的判定标准,大概有四种类型,包括"客观行为""购买动机""广义概念""立法目的"。这四种认定消费者身份的标准,对"知假买假"行为能否认定为"生活消费需要"产生了不同的结论,其根源在于司法机关对不确定法律概念的解释争议。不确定法律概念是指法律条文中,常使用一些概念不明确的用语,让法律适用者可以斟酌实际情况来决定或解释其内容。[①] 按照主流观点,不确定法律概念的类型可分为经验性不确定法律概念与价值性不确定法律概念。前者通过经验法则即可确定,后者依靠填补者的价值评价,但是二者并非绝然分立。因为"将事实涵摄于使用不确定法律概念之法律要件,其判断可能一面须依客观经验法则,同时另一面须依价值之观念而定"。[②]《消费者权益保护

---

① 参见陈新民:《中国行政法学原理》,中国政法大学出版社2002年版,第148页。

② 翁岳生:《论"不确定法律概念"与行政裁量之关系》,载翁岳生编著:《行政法与现代法治国家》,台北,祥新印刷有限公司1989年版,第70页。

法》在立法表述上的开放性,导致不同法院对消费者概念及其认定出现理解上的分歧。对于“消费者”的概念认定,既需要结合客观事实判断,也需要进行价值评价。“为生活消费需要”虽然从经验法则可以推定,但是也无法脱离价值观念的倾向。下文针对以上四种标准具体分析:

其一,客观行为标准,主张只要购买者实施了购买商品的行为,并未进行销售的,就认定为消费者,而不管是否知假买假等其他牟利目的。如在“裕华区晨杯茶行、刘剑锋买卖合同纠纷案”中,[1]法院认为只要具有购买、使用商品或者接受服务的消费行为,并且不是用于生产销售的,就应当认定为“为生活消费需要”,即属于消费者。在“王忠与佛山市顺德区优梵家具有限公司、浙江天猫网络有限公司产品责任纠纷案”中,[2]法院认为“生活消费需要”并不是指主观上的消费目的,而是指客观上进行了与生产消费相关的消费行为,没有实施销售行为即可。为了区分消费行为和销售行为,在“新沂市茗惠食品店、杨茗惠、冯兆华网络购物合同纠纷案”中,[3]法院将购买的商品分为生产资料和生活资料,只要购买的商品属性是生活资料,就属于消费者。但是在该标准之一,有观点认为如果购买者的行为次数频繁,购买的商品数量较多,不符合消费习惯,不能满足消费需要目的,不能认定为消费者,导致同案不同判。如“邢某与小鸟车业有限公司产品责任纠纷案”,[4]法院认为当事人多次购买涉案产品或其他品牌产品多辆,且以产品质量问题为由提起多起诉讼,其购买目的不是生活消费需要,不能认定为消费者。该案实际上是从客观行为上推测行为人的主观购买目的,但是多次购买大量商品的行为,如果不能证明用于销售,怎么能说用于营利呢?何况购买多少取决于消费者的自身意愿,如何处分自己的私人财产,是宪法赋予公民的自由和权利,法院的审查行为严重限制了当事人的行为自由。

其二,购买动机标准,主要是审查购买者的主观目的,如果不是为了生活消费,而是为了牟取利益,就不能认定为消费者。如在“郑景晨、

① 参见河北省高级人民法院(2019)冀01民终2827号民事判决书。
② 参见浙江省高级人民法院(2015)浙杭民终字第2868号民事判决书。
③ 参见安徽省马鞍山市中级人民法院(2020)皖05民终1017号民事判决书。
④ 参见山西省高级人民法院(2020)晋民申2674号民事裁定书。

北京水华石立商贸有限公司网络购物合同纠纷案”中，[1]法院认为当事人购买商品的目的，并非为了自己的生活消费，而是通过诉讼来谋取利益，未能支持其赔偿诉求。但是通过表2－13可以看出，北京高级人民法院的两个案子判决就完全相反，法院在“徽燕（北京）茶业有限公司与张培磊买卖合同纠纷案”中认为不能以购买动机否定消费者的身份，但在“刘维与董蕾网络购物合同纠纷案”中却认为消费者大量购买行为具有谋利意图，不能认定为消费者。此外，在“南宁港昌房地产有限公司南湖名都大酒店、李海林产品责任纠纷案”中，[2]广西壮族自治区高级人民法院认为只要不是为了生产经营需要购买的，就应当认定为消费者。这实际上变相地承认以牟利为目的，就不属于消费者。由于该标准的主观裁量空间较大，导致出现同案不同判情形。

其三，广义概念标准，认为消费者是相对于生产者、销售者而言的，只要其与生产者或销售者之间存在购买交易，并且购买的商品不是用于销售的，都推定为用于生活消费，该标准肯定了知假买假者和职业打假人的消费者身份。如在“武乡县三里湾种植专业合作社与邢志红公司买卖合同纠纷案”中，[3]法院认为消费者的概念应当作广义的理解，其是相对于生产者、销售者而言的，现行法律并没有将知假买假者和职业打假人排除在消费者的概念之外。广义概念还有另一个面向，即“生活消费需要”的含义可以是多元的，不仅包括为自己生活需要购买商品，也包括为了赠送、收藏等其他需要而购买商品，以及代替他人购买生活用品。消费是由需要引起的，消费者购买商品和接受服务的目的是满足自己的各种需要，购买商品和接受服务本身体现着消费者一定的经济利益的追求。这种标准有利于消费者权益保护，但是会导致裁判依据不统一，不利于统一法律适用。

其四，立法目的标准，站在保护消费者权益的角度，无论购买者是否知假买假，严厉惩治食品、药品生产和销售领域中的违法行为，有利于保护消费者的合法权益，保证人民群众的生命和安全。在“沈阳和和

---

① 参见河北省高级人民法院（2020）冀民申7144号民事判决书。

② 参见广西壮族自治区高级人民法院（2020）桂民终1661号民事判决书。

③ 参见山西省高级人民法院（2015）晋民申字第1317号民事裁定书。

堂大药房有限公司案”中，[①]法院认为最高人民法院《关于审理食品药品纠纷案件适用法律若干问题的规定》，支持知假买假行为的目的，是为了惩罚食品、药品生产和销售领域中的违法行为，保证人民群众的生命和安全。打假行为有利于维护社会公共利益，净化消费市场。但是这个标准也容易滑向消费市场的诚信面向，即主张知假买假行为违反诚实信用原则，扰乱市场秩序。如在“鲍长生诉沓书印买卖合同纠纷案”中，[②]法院认为当事人的知假买假打假行为与知假售假者无异，违背了立法精神和诚实信用原则，影响市场的健康发展，否定了其赔偿诉求。也就是说，在立法目的标准下，不同的法院基于目的理解上的差异，也会导致同案不同判。

对“知假买假”行为的讨论，还必须追溯到扛起职业打假大旗的王海早期在天津提起的两例诉讼，并结合天津法院近期的司法裁判情况，统计如表 2 – 14 所示。

表 2 – 14　天津部分法院“知假买假”行为消费者身份争议类案统计

<table>
<tr><th>审理法院</th><th>结论</th><th>理由</th><th>代表性案例</th><th>年份</th></tr>
<tr><td>天津市和平区人民法院</td><td rowspan="2">是</td><td>支持王海的诉求，肯定了“知假买假”者的消费者身份</td><td rowspan="2">王海与天津龙门大厦永安公司消费者权益纠纷案</td><td>1996</td></tr>
<tr><td>天津市第一中级人民法院</td><td>维持原判，亦即支持了“知假买假”者的消费者身份</td><td>1997</td></tr>
<tr><td>天津市河北区人民法院</td><td rowspan="2">否</td><td>在短暂时间内购买大量通信设备，并非为个人生活消费需要，否定了其赔偿请求</td><td rowspan="2">王海与华联商厦消费者权益纠纷案</td><td>1998</td></tr>
<tr><td>天津市第一中级人民法院</td><td>维持原判，亦即未支持其消费者身份</td><td>1998</td></tr>
<tr><td>天津市西青区人民法院</td><td>否</td><td>以牟利为目的，知假买假后向超市索要赔偿，构成敲诈勒索罪</td><td rowspan="2">孟凡野、李晶敲诈勒索案</td><td>2019</td></tr>
<tr><td>天津市第一中级人民法院</td><td>是</td><td>当事人实施的索赔方式系法律所规定且索赔要求及内容均在法律框架之内，肯定其消费者身份，撤销原判，改判无罪</td><td>2020</td></tr>
</table>

① 参见辽宁省高级人民法院(2018)辽民申 1751 号再审民事裁定书。

② 参见河北省高级人民法院(2018)冀民申 2719 号再审民事裁定书。

通过对表2-14的分析,可以发现天津市三个初级法院的判决结果完全不同,天津市和平区人民法院在1996年的"王海与天津龙门大厦永安公司消费者权益纠纷案"中,肯定了"知假买假"者的消费者身份;天津市河北区人民法院在1998年的"王海与华联商厦消费者权益纠纷案"中,否定了"知假买假"者的消费者身份;天津市西青区人民法院2020年的"孟凡野、李晶敲诈勒索案"中,[1]认为"知假买假"行为构成敲诈勒索罪。而且在王海起诉的两个案件中,天津市第一中级人民法院的观点在前后相隔一年的时间内就发生了相反的变化。"支持打假行为—拒绝打假行为—动用刑法惩罚知假买假行为",类似案件在同一个地区出现三种不同的判决结果,地方司法适用都不统一,这会影响国家法治统一和司法权威。并且司法实践中类似上述将"知假买假"行为认定为敲诈勒索罪的并非孤案,以"敲诈勒索罪""知假买假""消费者"等关键词检索,发现司法裁判中将消费者权益纠纷案件中的"知假买假"行为被认定为敲诈勒索罪的有33个案件。这类案件的裁判观点认为,当事人不是为了生活消费需要购买商品,而是以谋取利益为目的,向商家索取钱财,不属于《消费者权益保护法》意义上的消费者,其行为构成敲诈勒索罪。如在"车某等敲诈勒索案"中,[2]法院认为当事人在明知销售的食品存在的违规之处,有针对性地到相关门店购买商品并进而以"打假"为名索要钱款,已不再属于严格意义上的"知假买假"行为,而是一种"找假买假"行为,构成敲诈勒索罪,判处当事人有期徒刑三年六个月。

司法争议的缘由部分程度上取决于法律规范和政策文件的偏好,地方司法裁判的差异也与地方司法政策的动向息息相关。关于"知假买假"行为的消费者身份争议问题,国家层面的制度变迁对司法机关判断有一定的影响。经过统计,将国家和部分地方法院关于知假买假行为的政策态度,总结如表2-15所示。

---

① 参见天津市西青区人民法院(2019)津0111刑初834号刑事判决书。

② 参见北京市第二中级人民法院(2018)京02刑终440号刑事裁定书。

表 2－15　关于"知假买假"行为的制度规定统计

时间	制度文件/法院	制度内容	是否支持知假买假
2013 年修订	《消费者权益保护法》	经营者提供商品或者服务有欺诈行为的,应当按照消费者的要求增加赔偿其受到的损失,增加赔偿的金额为消费者购买商品的价款或者接受服务费用的三倍;增加赔偿的金额不足五百元的,为五百元。法律另有规定的,依照其规定	是
2009 年修订	《食品安全法》	生产不符合食品安全标准的食品或者经营明知是不符合食品安全标准的食品,消费者除要求赔偿损失外,还可以向生产者或者经营者要求支付价款十倍或者损失三倍的赔偿金;增加赔偿的金额不足一千元的,为一千元	是
2013 年	最高人民法院《关于审理食品药品纠纷案件适用法律若干问题的规定》	因食品、药品质量问题发生纠纷,购买者向生产者、销售者主张权利,生产者、销售者以购买者明知食品、药品存在质量问题而仍然购买为由进行抗辩的,人民法院不予支持	是
2016 年	《消费者权益保护法实施条例》(征求意见稿)	消费者为生活消费需要而购买、使用商品或者接受服务,其权益受本条例保护。但自然人、法人或其他组织以牟利为目的购买、使用商品或接受服务的,不适用本条例	否
2004 年	上海市高级人民法院	"知假买假"或者"诱假买假"的不适用"退一赔一"	否
2009 年	北京石景山人民法院	个人只要能证明购买行为已经发生,且不是用于再销售,不考虑购买数量多少和是否实际用于个人消费,都应该认定为是消费者	是
2016 年	深圳市中级人民法院民事审判庭	生产者或者销售者能够证明消费者系以营利为目的专门购买不符合食品安全标准的食品的,对于消费者的惩罚性赔偿请求,人民法院不予支持	否
2016 年	重庆市高级人民法院	明知商品或服务存在质量问题而仍然购买的人请求获得惩罚性赔偿的,有违诚信原则,人民法院不予支持	否
2016 年	江苏省高级人民法院	对于非食品、药品消费领域,购买者明知商品或服务存在质量问题仍然购买商品或接受服务,其主张惩罚性赔偿的,人民法院不予支持	否

从上述国家层面的制度变化,可以看出政策取向上国家对于“知假买假”行为的态度是逐步限制。而在地方层面,各个省份关于“知假买假”行为的司法政策也各不相同。这些在制度层面的不统一问题,无疑是导致司法实践中“知假买假”行为赔偿纠纷同案不同判的影响因素。当然,造成这同案件不同判的更为重要的原因是,对于开放性法律概念,无论是运用经验法则还是价值判断,法官始终面临着解释和适用法律标准的不统一问题。

三、行政类案抽样分析

行政类案的选取按照行政行为的类型划分,主要选取行政处罚和行政强制两种具体行政行为下的代表性案例。经过检索发现,在行政处罚层面,食品安全行政处罚的法律适用标准在执法司法实践中存在严重不一致;在行政强制层面,非诉行政强制执行中申请期限的变更问题在司法实践中也表现出大量的同案不同判情形。所以选择“食品安全行政处罚纠纷中法律适用标准争议的类案”与“非诉行政强制执行纠纷中申请期限的变更争议问题的类案”,这两类案例来研究行政执法司法中的同案不同判问题。在样本的选择过程中,最高人民法院公布的指导性案例、最高人民法院公报案例、最高人民法院公布的典型案例以及最高人民法院行政审判庭编纂的指导性刊物,并没有刊发相应的代表性案例,所以样本主要来源于中国裁判文书网。

(一)食品安全行政处罚纠纷中法律适用标准争议的类案分析

通过初步检索发现,在食品安全行政处罚纠纷中,法院对于销售不符合质量安全标准的食用农产品,究竟该适用《食品安全法》还是《农产品质量安全法》,不同法院的观点不统一。其中《食品安全法》规定,生产经营超过食品安全标准限量的食品、食品添加剂货值金额不足1万元的,并处5万元以上10万元以下罚款。《农产品质量安全法》规定,农产品销售企业销售的农产品不符合农产品质量安全标准的,没收违法所得,并处2000元以上2万元以下罚款。适用这两个法律的处罚起点相差48,000元,最高处罚基准相差8万元。如果这类案件中出现类案不同判问题,不仅会影响执法司法公正,而且关系到人民群众的切身利益。以“食品”“农产品”“行政处罚”等为关键词,检索发现司法实践中“食品安全行政处罚纠纷中法律适用标准”存在较大争议，类似的案件在不同法院的适用法律标准与裁判结果完全不同，导致司法不公正。代表性案例统计见表2－16：

表2－16　食品安全行政处罚纠纷中法律适用标准争议的类案统计

裁判标准	代表性案例名称	案情简介	裁判理由	适用法律
法律冲突解决规则说	焦作市山阳区市场监督管理局、焦作市山阳区人民政府质量监督检验检疫行政管理案	销售农药残留超标的韭菜	一审：《农产品质量安全法》是特别法，《食品安全法》是普通法	《农产品质量安全法》
			二审：《食品安全法》的规定更为具体详细，应为特别法，而《农产品质量安全法》的规定更为原则宽泛，应为一般法	《食品安全法》
	张永利与鸡东县市场监督管理局、鸡东县世云蜂蜜摊床、衣洪波行政处理案	自产自销无包装标识的蜂蜜	《农产品质量安全法》是特别法，《食品安全法》是普通法，特别法优于普通法适用	《农产品质量安全法》
	南平市延平区华明水产经营部与南平市延平区食品药品监督管理局处罚案	销售含甲醛的牛百叶	按照《立法法》规定的后法优于前法的法律适用规则，应适用《食品安全法》	《食品安全法》
分段适用规则说	聂伍、仙桃市农业农村局农业行政管理案	违反法律法规卸载、配送冷鲜猪肉	冷鲜肉属于食用农产品，在市场之外对冷鲜猪肉进行卸载，发生在进入批发、零售市场前	《农产品质量安全法》
	福建省万鑫肉业发展有限公司、靖江市市场监督管理局、靖江市人民政府行政处罚案	销售无标签的冷冻猪后腿肉	进入流通领域后，已符合食品的特征，应适用《食品安全法》	《食品安全法》
	祁珍霞与菏泽市牡丹区市场监督管理局行政监察案	销售兽药残留超标的鸡蛋	鸡蛋属于农产品，但在投入市场进行销售时，其质量安全标准应适用《食品安全法》的规定	《食品安全法》
	连云港市连云区市场监督管理局与朱敏行政非诉审查案	销售不合标准的芹菜	食用农产品的市场销售，应当遵守《食品安全法》的规定	《食品安全法》

续表

裁判标准	代表性案例名称	案情简介	裁判理由	适用法律
加工程度说	施俊等与泰顺县市场监督管理局等复议上诉案	销售未经许可的红茶	一审:红茶未经精加工	《农产品质量安全法》
			二审:精制茶、边销茶及掺兑各种药物的茶和茶饮料,不属于食用农产品范围	《食品安全法》
	吴进文与扬州市江都工商行政管理局行政受理案	销售不合规包装的草鸡蛋	草鸡蛋是在蛋鸡养殖活动中获得的初级产品,属于农产品	《农产品质量安全法》
	临沂市河东区思达果蔬超市与临沂市河东区市场监督管理局行政监察案	销售农药残留超标的芹菜	芹菜属于来源于农业的初级产品,销售含毒死蜱的芹菜符合《农产品质量安全法》第 33 条规定,应适用《农产品质量安全法》第 50 条的规定进行处罚	《农产品质量安全法》
生产许可说	上海康庄园食品有限公司太仓分公司与太仓市市场监督管理局行政处罚案	销售标注虚假生产日期的蜂蜜	按照《食品生产许可分类目录》规定,蜂蜜是食品	《食品安全法》
	广西凌云县岑王老山茶业有限责任公司、凌云县食品药品监督管理局行政处罚案	销售食品生产许可证过期的红茶	食品生产许可分类目录中,将茶叶列为其中,《食品安全法》第 150 条规定,茶叶是食品	《食品安全法》
	吴佳强、湘潭市食品药品监督管理局等行政案	销售无证的核桃仁	《食品生产许可分类目录》也未将涉案产品列入应当办理食品生产许可的范围	《农产品质量安全法》

根据表 2－16 的统计分析,在食品安全行政处罚纠纷中,法院对于销售不符合质量安全标准的食用农产品,究竟是适用《食品安全法》还是《农产品质量安全法》呈现四种判断标准,并且同一标准内部的法律适用标准不一致,不同标准之间也存在法律适用分歧,导致同案不

同判。

其一,法律冲突解决规则说。法院认为应该依据《立法法》规定的特别法优于一般法、新法优于旧法的适用规则,来协调《食品安全法》与《农产品质量安全法》中关于同一事项规定不一致的冲突问题。在“焦作市山阳区市场监督管理局、焦作市山阳区人民政府质量监督检验检疫行政管理案”中,[①]当事人销售农药残留超标的韭菜,一审法院认为韭菜属于农业的初级产品,为可食用的农产品。《农产品质量安全法》是特别法,《食品安全法》是普通法,应该适用《农产品质量安全法》。二审法院认为根据《农产品质量安全法》的规定,韭菜属于农产品,而根据《食品安全法》的规定,韭菜又属于食品,两法的立法目的均是保证农产品和食品的质量安全,维护公众健康和生命安全。从制定质量安全标准的角度看,《食品安全法》的规定更为具体详细,是特别法,而《农产品质量安全法》的规定更为原则宽泛,是一般法,所以应该适用《食品安全法》。可见,两级法院关于一般法与特别法的判断标准不一样,前者是从产品的属性来判断,而后者是从产品的安全质量标准来判断,导致同案不同。在“张永利与鸡东县市场监督管理局、鸡东县世云蜂蜜摊床、衣洪波行政处理案”中,[②]当事人自产自销无包装标识的蜂蜜,法院认为蜂农销售的蜂蜜未经过任何加工,属于初级农产品。对于销售初级农产品,《农产品质量安全法》是特别法,《食品安全法》是普通法,特别法优于普通法适用。该案也是从产品的属性来判断特别法,与上述类似案件中一审法院的裁判相同。

其二,分段适用规则说。法院采取二分法,认为农产品生产阶段适用《农产品质量安全法》,销售阶段适用《食品安全法》。在“聂伍、仙桃市农业农村局农业行政管理案”中,[③]法院认为涉案冷鲜猪肉进入了销售环节,应适用《食品安全法》。而在“福建省万鑫肉业发展有限公司、靖江市市场监督管理局、靖江市人民政府因食品行政处罚案”“鸡西市二库粮油经销处、鸡西市鸡冠区市场监督管理局质量监督检验检疫行

---

① 参见河南省焦作市山阳区人民法院(2020)豫0811行初30号行政判决书;河南省焦作市中级人民法院(2020)豫08行终255号行政判决书。

② 参见黑龙江省鸡西市中级人民法院(2017)黑03行终40号行政裁定书。

③ 参见湖北省汉江中级人民法院(2019)鄂96行终36号行政判决书。

政管理案”“祁珍霞与菏泽市牡丹区市场监督管理局行政监察案”“连云港市连云区市场监督管理局与朱敏行政非诉审查案”中，涉案农产品均未进入销售环节，所以法院适用《农产品质量安全法》。

其三，加工程度说。法院按照农产品是否进行深度加工，从而改变产品的自然状态和化学属性，主张直接食用或者经过简单加工的产品适用《农产品质量安全法》，进行深加工的产品适用《食品安全法》。在“广西南宁凯善饲料有限公司与富宁县市场监督管理局工商行政管理案”“吴进文与扬州市江都工商行政管理局行政受理案”“临沂市河东区思达果蔬超市与临沂市河东区市场监督管理局行政监察案”中，案涉的玉米粒、草鸡蛋与芹菜均未进行深入加工即销售，法院适用《农产品质量安全法》。而在“施俊等与泰顺县市场监督管理局等复议上诉案”中，一审法院认为红茶未进行精加工，应该适用《农产品质量安全法》；二审法院认为案涉红茶属于精制茶、边销茶及掺兑各种药物的茶和茶饮料，不属于食用农产品范围，应适用《食品安全法》。

其四，生产许可说。法院认为按照《食品生产许可分类目录》的规定，列入的产品属于食品，适用《食品安全法》，未列入的农产品适用《农产品质量安全法》。在“上海康庄园食品有限公司太仓分公司与太仓市市场监督管理局行政处罚案”与“广西凌云县岑王老山茶业有限责任公司、凌云县食品药品监督管理局行政处罚案”中，当事人销售的蜂蜜和红茶都在《食品生产许可分类目录》之列，所以法院适用《食品安全法》。而在“吴佳强、湘潭市食品药品监督管理局等行政案”中，①当事人销售无证的核桃仁，由于《食品生产许可分类目录》未将其纳入食品生产许可的范围，所以法院适用《农产品质量安全法》。

比较上述四种法律适用分歧判断标准，可以发现类似的案件在不同的标准下，裁判结果可能完全不同。在“法律冲突解决规则说”与“生产许可说”之间，同样是销售不合格的蜂蜜，在“张永利与鸡东县市场监督管理局、鸡东县世云蜂蜜摊床、衣洪波行政处理案”中，②法院依据特别法优于普通法，适用《农产品质量安全法》；而在“上海康庄园食品有

① 参见湖南省长沙市岳麓区人民法院(2017)湘0104行初161号行政判决书。
② 参见黑龙江省鸡西市中级人民法院(2017)黑03行终40号行政裁定书。

限公司太仓分公司与太仓市市场监督管理局行政处罚案”中,[①]法院认为按照《食品生产许可分类目录》的规定,销售蜂蜜应该适用《食品安全法》。在“分段适用规则说”与“加工程度说”之间,同样是销售不合格的鸡蛋和芹菜,在“祁珍霞与菏泽市牡丹区市场监督管理局行政监察案”[②]和“连云港市连云区市场监督管理局与朱敏行政非诉审查案”[③]中,法院认为鸡蛋和芹菜都属于农产品,但在投入市场进行销售时,其质量安全标准应适用《食品安全法》的规定;但在“吴进文与扬州市江都工商行政管理局行政受理案”[④]和“临沂市河东区思达果蔬超市与临沂市河东区市场监督管理局行政监察案”[⑤]中,法院认为鸡蛋和芹菜都属于未经加工的初级农产品,应该适用《农产品质量安全法》。在“加工程度说”和“生产许可说”之间,同样是销售许可证有问题的红茶,在“施俊等与泰顺县市场监督管理局等复议上诉案”中,[⑥]法院认为红茶没有精加工,应该适用《农产品质量安全法》;而在“广西凌云县岑王老山茶业有限责任公司、凌云县食品药品监督管理局行政处罚案”中,[⑦]法院认为,茶叶在食品生产许可分类目录中,应该适用《食品安全法》。由此可见,当法院选择不同的法律解释标准时,裁判结果也会截然不同。换言之,法律解释标准和方法的选择,影响着类似案件的裁判。

当然,该类案件出现不同判的原因,除了法律适用过程中的分歧,还有立法本身的疏漏和抵牾。对于产品、食品与农产品的质量安全问题,我国分别制定了《产品质量法》《食品安全法》《农产品质量安全法》。根据适用范围说,一般法是指在时间、空间、对象以及立法事项上作出的一般规定的法律规范;特别法则是与一般法不同的适用于特定时间、特定空间、特定对象和特定事项的法律规范。《食品安全法》和《农产品质量安全法》相较于《产品质量法》,前者是特别法,后者是一般法。对于食用农产品而言,既是食品,又是农产品,受到《食品安全

① 参见江苏省苏州市中级人民法院(2018)苏05行终23号行政判决书。
② 参见山东省菏泽市牡丹区人民法院(2020)鲁1702行初176号行政判决书。
③ 参见江苏省连云港市连云区人民法院(2018)苏0703行审10号行政裁定书。
④ 参见江苏省扬州市中级人民法院(2015)扬行终字第00023号行政判决书。
⑤ 参见山东省临沂市河东区人民法院(2019)鲁1312行初31号行政判决书。
⑥ 参见浙江省温州市中级人民法院(2016)浙03行终385号行政判决书。
⑦ 参见广西壮族自治区百色市中级人民法院(2019)桂10行终43号行政判决书。

法》和《农产品质量安全法》的双重规制。那么当立法过程中出现不一致时，应该理性看待“一般”和“特别”的关系，两者并不是绝对分立的，而是相对互补的。《食品安全法》第2条第2款规定，供食用的源于农业的初级产品的质量安全管理，遵守《农产品质量安全法》的规定。但是，食用农产品的市场销售、有关质量安全标准的制定、有关安全信息的公布和本法对农业投入品作出规定的，应当遵守本法的规定。本条实际上杂糅了“加工程度说”与“分段适用规则说”，“供食用的源于农业的初级产品的质量安全管理适用《农产品质量安全法》”属于“加工程度说”，“食用农产品的市场销售”属于“分段适用规则说”。这就导致经过深度加工之后的食用农产品以及处于生产、制作阶段的食用农产品，其适用规则模糊不清。而且该条中的“质量安全管理”是否包括生产、销售全流程的“质量安全”？“市场销售”是否涵盖市场销售过程中的质量安全问题？这些都是概括性较强，缺乏具体解释规则。2022年修订的《农产品质量安全法》第77条规定：《食品安全法》对食用农产品进入批发、零售市场或者生产加工企业后的违法行为和法律责任有规定的，由县级以上地方人民政府市场监督管理部门依照其规定进行处罚。这是对原《农产品质量安全法》第52条的修改，该修改一揽子授权《食品安全法》处理涉及食用农产品的违法问题，在一定程度上缓和了原来《农产品质量安全法》与《食品安全法》在适用上的冲突，有助于促进法律统一适用。

（二）非诉行政强制执行纠纷中申请期限的变更争议问题类案分析

非诉行政强制执行期限是指，没有行政强制执行权的行政机关申请法院强制执行生效的基础性行政行为的时间要求。生效的基础性行政行为确定的内容能否得到及时执行，不仅关系到行政目的的实现和公共利益的维护，而且影响行政相对人权利的保障和法律秩序的安定，所以行政行为的执行应该受到时效性的约束。2011年6月30日第十一届全国人大常委会修订的《行政强制法》第53条规定：当事人在法定期限内不申请行政复议或者提起行政诉讼，又不履行行政决定的，没有行政强制执行权的行政机关可以自期限届满之日起3个月内，依照本章规定申请人民法院强制执行。该条确立了非诉行政强制执行的期限为3个月，但并未明确该期限是否可变更，属于立法者的疏漏，为行政机关的申请留下了裁量空间。2017年6月27日第十二届全国人大常委会修订的《行政诉讼法》第97条规定：公民、法人或者其他组织对行政行为在法定期间不提起诉讼又不履行的，行政机关可以申请人民法院强制执行，或者依法强制执行。该条仅原则性地确立了非诉行政强制执行权力，并未提供明确的程序规则。2018年2月8日起施行的最高人民法院《关于适用〈中华人民共和国行政诉讼法〉的解释》（以下简称《2018年解释》）第156条规定：没有强制执行权的行政机关申请人民法院强制执行其行政行为，应当自被执行人的法定起诉期限届满之日起3个月内提出。逾期申请的，除有正当理由外，人民法院不予受理。该条不仅细化了《行政诉讼法》中非诉行政强制执行的期限要件，而且增加了基于正当理由变更期限的内容，这突破了《行政强制法》中非诉行政强制执行期限的规范设置，引发规范之间的冲突与间隙。

在非诉行政强制执行的具体实施中，法院对于3个月的期限规定是否可以变更也产生了明显的分歧，呈现可变更与不可变更两种截然相反的适用态度。以“行政强制”“申请强制执行”“期限”等为关键词，对裁判文书网中“非诉行政强制执行”案例进行观察可发现，不仅不同的法院针对该问题表现出不同的观点，而且同一法院在争议焦点相同的不同案件中也观点不一，导致同案不同判。代表性案例统计见表2－17：

表2－17　非诉行政强制执行纠纷中申请期限的变更争议问题类案统计

期限是否可以变更	裁判理由	代表性案例
否定	基于行政效能和公共利益等原因，该期间为法定不变期间	济源市盐业管理局、济源市六和金裕饲料有限公司非诉执行审查案；南通市通州区市场监督管理局与通州区兴仁镇正候超市行政非诉执行案
	该期间为除斥期间，不因任何事由中止、中断或者延长	长春市规划局与长春市禾和休闲农业有限公司行政处罚案；隆尧县城市管理综合执法局与隆尧韵舟房地产开发有限公司非诉执行案

续表

期限是否可以变更	裁判理由	代表性案例
折中	该期间为除斥期间，基于正当理由变更	徐州市泉山区市场监督管理局与庄华行政处罚案；日照市市场监督管理局与东港生彬牙科诊所非诉执行案
	该期间为法定申请期限，可基于正当理由等特殊事由变更	通州生态环境局与许彬非诉执行案；庄河市自然资源局非诉执行案；通州区市场监督管理局与通州区兴仁镇正候超市行政非诉案
肯定	类推民事执行时效，可以中断、中止	盐山县市场监督管理局与马智学非诉执行案；河北易县人民防空办公室与华宇房地产开发有限公司执行案

根据表2－17的统计分析，在非诉行政强制执行纠纷中申请期限是否可以变更的争议类案中，共有三种观点五种理由。其一，基于除斥期间和法定不变期间这两种理由，否定非诉行政强制执行期限的变更；其二，基于正当理由调控下的除斥期间和法定申请期限两种理由，一定程度上支持非诉行政强制执行期限的变更；其三，基于类推适用民事执行时效，支持非诉行政强制执行期限的变更。如在“南通市通州区市场监督管理局与通州区兴仁镇正候超市非诉执行案”中，①通州区人民法院拒绝了行政机关提出的变更申请执行期限的诉求，因为“在法律对于暂缓和分期缴纳的期限未作出明确规定的情形下，行政机关批准延期或者分期缴纳罚款的期限，不应超出其向法院申请强制执行的期限，否则可能拖延行政执法的效率”。南通市中级人民法院认为行政机关未能在3个月内提交强制执行申请的，应该具有正当理由，只是该正当理由不包括《行政处罚法》第52条规定的延期或分期缴纳罚款事由。那么同一个案件在前后两个法院中，得出了两种裁判观点，分别是否定该期限的变更、支持该期限基于正当理由的情况下可以变更。然而在通州区人民法院裁定的“通州生态环境局与许彬非诉执行案”中，②行政

① 参见江苏省南通市通州区人民法院(2019)苏0612行审206号行政裁定书；江苏省南通市中级人民法院(2019)苏06行审复1号行政裁定书。

② 参见江苏省南通市通州区人民法院(2019)苏0612行审118号行政裁定书。

机关同样是逾期申请非诉执行,法院基于当事人确有经济困难,并且行政机关批准了当事人的延期或者分期缴纳罚款申请,支持了该期限的变更。也就是说,同一个法院在前后两个类似案件中作出了相反的判决结果。

在“济源市盐业管理局、济源市六和金裕饲料有限公司非诉执行审查案”中,①法院认为法律规定的该 3 个月期间系不变期间,不存在中止、中断、延长的情形。即使当事人确有经济困难,需要延期或者分期缴纳罚款的,也不能影响或者改变向人民法院申请强制执行的法定期限。而在“长春市规划局与长春市禾和休闲农业有限公司行政处罚案”中,②法院认为 3 个月期限属于除斥期间,批准被处罚人延期或分期缴纳罚款的履行期限也不得超过该期限的范围。在“隆尧县城市管理综合执法局与隆尧韵舟房地产开发有限公司非诉执行案”中,③法院认为 3 个月为除斥期间,没有中止、中断事由,非诉行政强制执行是为了提高行政效率,维护公共利益,行政机关应当在一个不变的期间内向法院申请强制执行。这两个案件法院均认为申请强制执行的期限不可变更,但是解释理由却不同。

在“徐州市泉山区市场监督管理局与庄华行政处罚案”中,④法院认为该期间为除斥期间,逾期申请的“正当理由”是指不可抗力、涉及国家秘密等不宜公开或者履行进一步调查程序等情形,由于申请延期履行导致逾期不属于法定正当理由,不产生中止、中断的法律效果。在“日照市市场监督管理局与东港生彬牙科诊所非诉执行案”中,⑤法院认为申请强制执行的期限是除斥期间,行政机关应在一个不变的期间内申请强制执行。申请人未能提供作出分期付款决定的证据,导致无正当理由逾期申请强制执行,不符合受理条件。这两个案件中,法院一方面肯定了除斥期间之不可变更性质,另一方面又承认了由于不可抗

① 参见河南省济源市人民法院(2017)豫 9001 行审 150 号行政裁定书。
② 参见吉林省长春市中级人民法院(2018)吉 01 行审复 2 号行政裁定书。
③ 参见河北省邢台市隆尧县人民法院(2019)冀 0525 行审 23 号行政裁定书。
④ 参见江苏省徐州市中级人民法院(2019)苏 03 行审复 10 号行政裁定书。
⑤ 参见山东省日照市东港区人民法院(2019)鲁 1102 行审 10 号行政裁定书。

力、申请延(分)期缴纳罚款等正当理由变更申请强制执行期限的正当性,导致自相矛盾的结论。

在"盐山县市场监督管理局与马智学非诉执行案"中,[①]法院认为行政行为规定了分期履行期限的,行政机关申请法院强制执行的期限如何计算,行政强制法、行政诉讼法及相关司法解释未有明确规定,遂参照《民事诉讼法》第239条的规定,认为分期缴纳罚款的决定可以变更非诉行政执行期限,行政机关申请法院执行的期限应从被执行人第一次不能履行义务开始计算。在"河北易县人民防空办公室与华宇房地产开发有限公司执行案"中,[②]法院认为申请执行人没有合理中止、中断执行时效理由,应当及时立案执行;现申请执行人立案执行,超出民事诉讼法规定2年的申请期间,被执行人提出时效异议符合法律规定。以上法院的观点实际上认可了非诉行政执行期限是否可以变更存在法律漏洞,并且按照"类推适用"的填补方式,参照《民事诉讼法》的规定加以解决。

司法实践中表现出来的同案不同判,需要回到规范文本中来寻找答案。在非诉行政执行期限规则的设计上,《行政强制法》第53条对期限的要求是行政机关"可以"自期限届满之日起"3个月内"申请强制执行,而不是"应当"自期限届满之日起"3个月内"申请强制执行,说明"3个月内"并不是强制性的期限义务而是选择性的规范授权。[③] "可以"作为一种选择性行为模式,赋予了行政机关充分的裁量权,其裁量空间可能导致3个月的时间规则陷入不确定性之中,影响持续期间的范围认定。并且该条未规定逾期申请时行政机关需要承担的法律责任,亦即缺乏后果要件,不能有效约束行政机关的恣意裁量。"所有的自由裁量权都有可能被滥用",[④]第53条在规范上的缺陷极有可能导致行政机关在非诉行政执行过程中滥用裁量权的风险。《行政强制法》第1条规

---

① 参见河北省沧州市中级人民法院(2019)冀09行审复1号行政决定书。

② 参见河北省保定市易县人民法院(2018)冀0633执异26号执行裁定书。

③ 参见周维栋:《论非诉行政执行的期限变更及其正当理由》,载《政治与法律》2022年第11期。

④ [英]威廉·韦德:《行政法》,徐炳等译,中国大百科全书出版社1997年版,第70页。

定的立法目的是"规范行政强制的设定和实施,保障和监督行政机关依法履行职责维护公共利益和社会秩序,保护公民、法人和其他组织的合法权益……"那么为了规范行政强制执行权力的行使、保障行政目标的达成和监督行政机关合法履职,第 53 条并不利于立法目的的实现。"规范漏洞是法律规整脉络范围内的漏洞,欲判断是否确有此类漏洞的存在,须以法律本身的观点、法律的根本规整意向、借此追求的目的以及立法者的'计划'为准。"[①]该条显然违背了立法计划的圆满性,存在法律漏洞。法官在适用该条审查非诉行政强制执行期限时,并非严格机械地依据 3 个月的规则设计来认定争议问题,而是站在整体法秩序的视野中,充分发挥法官造法的能动性。然而,在宽泛的裁量权限下,法官对漏洞的填补缺乏实证法边界的约束。从而导致法院在处理非诉行政执行期限争议的案件中,有的通过目的性限缩适用 3 个月的法定不变期限,有的依据司法解释进行填补,有的直接类推适用《民事诉讼法》的执行时效规定。这种分散型的释法路径,进一步导致司法裁量中的同案不同判问题。

第二节　同案不同判的理论困境

通过对部门法律适用过程中类案的抽样分析,发现同案不同判的原因既包括案件事实的多样性与价值判断的多元性,也受到法律制定过程中的漏洞、冲突与模糊等因素的影响,更可能是法律适用过程中的解释和选择分歧。一方面,由于个案事实的差异性与社会背景事实的变迁,不同的个案之间总是存在同一性与个殊性的分离问题。而面对纷繁复杂的社会生活事实,形式主义规则观很难得出正确的答案。于是法官就需要进行价值判断来权衡利弊与协调矛盾冲突,但是价值判断的主观性始终面临客观化难题,进一步加剧了同案不同判的趋向。另一方面,由于法律本身存在问题,导致法律适用规则缺失或不完备,

---

① 参见[德]拉伦茨:《法学方法论》,陈爱娥译,商务印书馆 2018 年版,第 251 页。

无法有效指引法官统一裁判。即使立法是明确的,法官在涵摄或演绎过程中也存在不确定性,导致法律适用的标准不统一。为了促进同案同判,实现法律统一适用,最高人民法院推动实行了案例指导制度改革。但是在制度的生成与运行过程中,存在类案认定标准不明确、适用规则不统一与监督机制不健全等理论困境。

一、类案认定标准不明确

案例指导制度的有效运转建立在案件之间的相似性基础上,只有明确待决案件的类案,才能发挥案例的指导和参照功能。何为类案是同案同判需要解决的首要理论问题,究竟是事实相似还是法律问题相似?是争议焦点相同还是实质理由相同?是规范文本相同还是价值判断一致?目前对于类案的判断标准是什么的问题,在理论上并没有达成一致的共识。

如何认定案件的相似性?学界提供了多种观点。在事实层面,有观点主张案件的"基本事实"相似,[①]也有观点主张案件的"关键事实"更具有可操作性,而后者是与案件争议点直接相关的案件事实。[②] 但是何为基本事实以及如何判断关键事实?这些不确定性概念是交由法官在个案中具体裁量还是能够抽象出特定的构成元素?在判例法国家中,案件事实可以分为必要事实、非必要事实与假设事实。必要事实是对判决结论有必要的基础性事实,类似案件的比较往往是基于必要事实展开,非必要事实与假设事实对案件的裁判没有约束力。[③] 然而,判例法国家的学者在理论上也未能为区分必要事实、非必要事实与假设事实,提供明确的标准。在规范层面,有观点主张案件的相似性评价,依赖于法律上的构成要件相似,即与法律对特定问题的评价有关的重要观点相似。[④] 也有观点认为案件的实质相似性取决于规范目的,规范

---

① 参见王利明:《成文法传统中的创新——怎么看案例指导制度》,载《人民法院报》2012年2月20日,第2版。

② 参见张骐:《再论类似案件的判断与指导性案例的使用——以法官对指导性案例的使用经验为契口》,载《法制与社会发展》2015年第5期。

③ 参见潘维大、刘文琪编:《英美法导论》,法律出版社2000年版,第61页。

④ 参见[德]拉伦茨:《法学方法论》,陈爱娥译,商务印书馆2018年版,第258页。

目的对类案的认定发挥决定性作用。[①] 也有观点认为案件之间的相似性比较要围绕相关法条展开,因为比较的目的就是寻找对待决案件的大前提之空缺结构的填充物。[②] 该类观点站在功能主义的角度,对待决案件的裁判依据提供充分的线索帮助,但是待决案件的适用法条及其目的都是不明确的,可供参考的仅仅是案件事实和争议的法律问题,那么比较的是谁的规范目的以及比较什么法条,这些对象只能是预设的。在价值层面,有观点认为类似案件的判断,建立在价值判断的基础上才是正当的,法官根据自己的价值前见来选择生效案件作为相似性案件。[③] 也有观点认为类案判断的最终标准是实质理由的权衡,只有获得实质理由的支持,才能作出类案的判断结论。[④] 法律价值判断与逻辑推理并行,贯穿于审判过程始终,这种作为审判依据的价值判断往往与审判的逻辑说明同时进行,或者先于逻辑说明进行,二者相互交错、相互影响。[⑤] 价值判断在相似性比较过程中发挥着重要作用,但是价值导控下的类比使得法官的主观裁量难免恣意,也无法提供具体的比较元素。

当然,上述观点并非单一的,大部分学者的观点认为类案的判断是多个标准混合组成的体系。如基本事实相似与法律争议问题相似,基本事实相似与法律问题相似,以及关键事实相似、规范目的与价值判断相似等。任何一个法律问题都是在事实、规范与价值之间的诠释循环,抛开任何一个层面都无法得到问题的正解。但是无论如何,这些标准也仅仅是相似性比较的不同维度,并非具体的比较要素。虽然"同样案件同样对待"是公正理念的一个中心部分,但它本身是不完全的,在决定什么相似点和不同点具有相关性前,"同样案件同样对待"必定还是

---

① 参见孙海波:《重新发现"同案":构建案件相似性的判断标准》,载《中国法学》2020年第6期。

② 参见雷柄硕:《指导性案例适用的阿基米德支点——事实要点相似性判断研究》,载《法制与社会发展》2018年第2期。

③ 参见张骐:《中国司法先例与案例指导制度研究》,北京大学出版社2016年版,第204页以下。

④ 参见黄泽敏、张继成:《案例指导制度下的法律推理及其规则》,载《法学研究》2013年第2期。

⑤ 参见[日]川岛武宜:《现代化与法》,申政武等译,中国政法大学出版社2007年版,第127页。

一种空洞的形式，它无法为行为提供任何确定的指引。[①] 比较点的选择需要考量的因素很多，比较的过程中蕴含价值权衡，比较点的选择也是司法权力因素影响下的理性评判。类似案件的判断并非仅仅是一个从案件事实要素到案件事实要素的形式逻辑推理过程，也不是从规范到规范的比较过程，而是在价值决断的指导下通过事实与规范的相互勾连过程。在这个勾连过程中，究竟何种元素可以充当案件之间相互比较的要点？亟待理论资源的供给。理论上的争论与制度现状和实践发展有一定的关系，现行制度上未能提供充分的可操作性的判断标准，实践中法官的判断也是具有主观性和不统一性。司法裁判与法律判例之间的关系不够密切，关于类似的争议问题，拥有同样的证据支持，常常得不到相同的处理。[②] 理论上缺乏共识的关键在于，理论的普遍性不强与实践性较弱。碎片化的类案标准缺乏理论厚度与实践动力，如何建构体系化类案判断标准？如何将理论上的类案标准转化为实践中的行动指引？这是需要进一步解决的问题。

二、类案适用规则不统一

法律适用标准不统一的成因十分复杂。经济社会快速发展，而法律与生俱来具有滞后性。对于新现象新问题新行为，如何适用法律，是世界各国在司法实践中需要面对解决的问题。我国是成文法国家，对文字本身就会产生不同理解，结合新生事物以及立法稳定性的内在要求，法律适用统一的难度进一步叠加。在一些新型案件的审理中，不可避免地存在适用法律上的争议，甚至还存在一些法律空白。在案例指导制度运行过程中，对于类案的适用与证成，存在许多阻碍因素。

类案在司法裁判中该如何适用，在理论上还存在适用规则不统一的问题，具体表现在适用效力、适用对象、适用方式、适用内容与适用程序等方面。在适用效力上，案例指导制度的“指导”效力何在？是法律拘束力还是事实拘束力？是强制效力还是说服效力？是法律效力还是

---

① 参见[英]哈特：《法律的概念》，许家馨、李冠宜译，法律出版社2018年版，第124页。

② 参见[美]唐·布莱克：《社会学视野中的司法》，郭星华译，法律出版社2002年版，第3页以下。

道德效力？理论上也未形成统一定论。除了指导性案例，其他的类案具有何种效力？类案的效力影响因素取决于指导性案例或者是类案的制发程序与内容构造，还有宪制框架下的立法体制和司法原则。正义要求同等的情形或类似的情形平等对待，因为制度的功能不仅在于维护正义，而且要实现秩序的统一。[①] 目前类似案件之间的裁判规则相互抵触的情况大量存在，并且海量的裁判文书中会出现多个类似案件供待决案件参考，维护类案秩序的统一就显得尤为重要。结合法律效力的规范层级理论，是否可以将该理论嵌入案例法治秩序中，来构设类案的效力层级？是否可以将司法科层制理论运用到类案的效力划分中，来构建以司法机关的级别高低为排列顺序的类案效力等级体系理论？这是建立案例法治体系的重点理论问题。

在适用对象上，是否所有的案件均需要寻找类似案件来裁判？是否有必要区分普通的简单案件与新型疑难案件？学界的主流观点倾向于后者，通过同案同判来填补法律的漏洞和空缺。其实我国的法律体系性相对完备，法律漏洞和空缺的地方相对较少，当下同案同判的目的主要在于统一法律适用。那么类案的适用场域就可以分为两个层次：一是法律有明确规定，但是法律规定存在模糊或冲突，导致法院对具体适用的标准存有不确定的理解。为了应对不确定性的生活事实，法律必须维持抽象性和概括性，所以存在许多不确定法律概念或者是概括性术语，如刑法中的入户抢劫中的“户”，民法中的“公序良俗”，这时就需要发挥类似案件的参照机能。而且个案事实所适用的多个既定法律规范之间相抵触和不一致，如前文关于“户”的司法解释就是彼此矛盾，参照类案裁判就能维护法秩序的安定。二是法律没有明确规定的情形，也就是存在法律漏洞。基于立法者思虑不周，法律上有意义之情况变更或者立法者自觉对拟予规范的案件类型的了解还不够而暂不予以规范等原因，法律规定可能产生“漏洞”。如在个人信用权、祭奠权、基因权等新型人格权纠纷中，往往就需要通过类推适用类似案件来填补法律的漏洞。

---

① 参见[美]E. 博登海默：《法理学：法律哲学与法律方法》，邓正来译，中国政法大学出版社 2004 年版，第 330 页。

在适用内容上，类似案件的何种内容对待决案件具有“同判”的适用效力？是裁判结果还是说理程序？是法律条文还是法律解释方法？这些都有待运用平等的理论资源进一步阐释。当然在适用方式上也有争论，已有研究结合制度现状讨论了“参照”与“参考”的适用区分，也分析了“应当”适用与“可以”适用的效力差异，论证了裁判依据与裁判理由的援引规则。在适用程序上，同案同判的程序构造与适用法律的运行程序有何异同？类案适用的启动程序、论辩程序与说理程序在理论上该如何建立体系性的程序框架？在论证规则上？类案在我国制定法体系中的运用是采取演绎推理进路还是类比推理方式？演绎推理是大陆法系国家的主要论证方式，从制定法的大前提到案件事实的小前提中合乎逻辑的推导出判决结论。但是适用判例或案例具有天然的类比属性，类比推理在同案同判过程中发挥着核心推理功能。无论是大陆法系还是英美法系国家的判例制度，在司法适用过程中的主要推理方式都是类推推理，这也是所有判例运作的基本形式。[①] 如何实现从案例到案例，从案例到规则等多个推理过程的有机融洽，需要综合运用类比推理与演绎推理的推理形式。

三、类案监督机制不健全

案例指导制度有利于推动同案同判，但是如何监督类案在司法裁判中的适用，是制定法国家需要面对的理论和实践难题。在司法裁判中，既要促进法官对类案资源的有效运用，又要防止法官错用和误用同案裁判。如果缺乏有效的监督制约机制，同案同判制度的发展将会出现危机，并且还可能影响立法和司法权力的功能配置。

在普通法系国家，“遵循先例”原则是判例法的根基，只有后案法官能够证明存在区别的情况下，才可以适用区别技术进行创造性裁判。“遵循先例”原则是指，普通法系国家的司法制度要求援引一个案例的判决理由去支撑另一个案件的判决，主要是基于先例中有拘束力的法

---

① 参见于同志：《案例指导研究：理论与应用》，法律出版社2018年版，第204页。

律原则进行类推。[①] 先例具有“公认的规范性力量”,一般应当被遵从,除非有充足理由证明不遵从先例是正当的。[②] 为了防止机械地遵循先例,导致个案裁判的不公正,采用区分先例的技术,来回避不合适的先例以及发展先例。[③] 区别技术通过指出实质性的区别,证明被援引的案例是否可以被接受。也就是将引作判例的案件和正在审理的案件之间在案件事实和法律争点上的区别予以指明,以及寻找重要性的差异,从而排除对该项判例的适用。遵循先例原则保证了判例的可预测性和确定性,而区别技术的存在可以有效调适判例法的灵活性,避免机械地适用判例法,实现判例法在拘束与裁量之间保持动态平衡。

在大陆法系国家,由于判例仅具有事实上的约束力,为了保障司法适用的统一性,德国建立了偏离判例报告制度。偏离判例报告制度,是指下级法院在裁判当前案件时,如果认为上级或同级法院先前的类似判决的法律见解有错误,想要偏离该类似判决,则负有将该案的法律问题向上级法院提交和报告的义务。[④] 偏离判例报告制度是德国判例制度的核心内容,法官虽然名义上受制于成文法,实际上却具有参考和遵循判例的义务,保障了同案同判的实现。根据德国《法院组织法》第121 条的规定,州高等法院在某些情况下如果要偏离其他州高等法院或联邦最高法院的判例,必须将案件材料先提交给联邦最高法院,州高等法院在这些案件中只决定法律问题而不决定事实问题。所以判例偏离报告主要是针对法律解释和适用过程中的问题,其制度目的在于平衡不同法院对同一法律问题的观点,是统一司法裁量的制度保障。强制性的偏离判例报告义务,一方面,能够约束法官在不涉及法律争议问题的前提下,遵循先例裁判,限制自由裁量,保障司法统一;另一方面,当法官需要偏离先例的情况出现时,上级法院可以监督和纠正错误的先例。

比较而言,中国特色的同案同判的监督保障机制该如何设计呢?

---

① 参见雷鸿:《民事指导性案例研究:一个方法论的视角》,法律出版社 2013 年版,第 80 页。

② See Neil Mac Cormick & Robert S. Summers eds. ,*Interpreting Precedents:A Comparative Study*,Dartmouth Publishing Company Limited,1997,p. 134.

③ 参见[美]克罗斯、哈里斯:《英国法中的先例》(第 4 版),苗文龙译,北京大学出版社 2011 年版,第 44 页以下。

④ 参见高尚:《德国判例使用方法研究》,法律出版社 2019 年版,第 202 页以下。

当指导性案例或者是拟参照的其他类案本身出现诸如违法裁判或程序瑕疵等问题时，待决案件的法官是否还有义务去复制不正义？当待决案件的指导性案例或其他类案有多个且相互之间矛盾时，如何协调类案裁判规则之间的冲突，从而选择一个最佳类案适用于待决案件？如何协调类案自发生成机制与通过司法行政手段遴选程序形成的类案？对于这些问题，理论上还存在监督原理不成熟、监督主体不明确、监督方式不健全等困难。在严格依法审判的宪制机制下，我国法院对类案的监督与推翻权限受到法定权力的限制，无法直接援用大陆法系国家的判例偏离报告制度。结合我国的司法审级制度与个案批复指导经验，是否可以考虑将区别技术与偏离判例报告制度批判性地融入审级制度的构造中，以此将同案同判问题纳入司法权力的监督范围？另外，在类似案件的法律适用出现分歧时，该选择何种理论方案来构建协调法律适用分歧的原理和程序？

第三节　同案不同判的宪法问题

在现行案例法治实践过程中缺乏合宪性思维，既有微观层面权力运行的合宪性问题，也有宏观层面权力配置的合宪性问题。同案不同判涉及哪些宪法问题，需要回到宪法规范中来考察。宪法作为整体实在法秩序中的最高规范，是其他一切部门法秩序的基础和依据，一切部门法律都不得违反宪法。宪法规范在宪法解释或裁判过程中是既定的，具有预设性、准据性和可转化性，在一定意义上决定了形成个案规范的边界。宪法规范是一个复杂的规范体系，主要是由宪法规则、宪法原则、宪法概念等内容构成。其中，宪法原则体现的是对公平、正义等价值的追求，作为宪治的基本原理和基础构成要素，能够对司法权力发挥指引作用。宪法原则是指具有宪法本质精神的抽象规范，宪法所确立的原则对于宪法某一领域来说是基本原则，但是对于部门法领域来说却可能是根本原则。宪法规范和部门法规范并不是两个绝然分离的法律归属，两种规范在宪法原则的导引下可以有机融合在一起，这有助于打破部门法律适用壁垒，实现刑事类案、民事类案与行政类案不同判问题的合宪性控制。那么选取宪法原则为视角对同案不同判问题进行分析和审查,就可以实现合宪性视野与同案同判两个命题的有机勾连,最终实现同案不同判的合宪性控制。在合宪性视野下,强调部门法律的适用与司法权力的运行要与宪法的原则保持一致。而平等保护原则、司法公正原则与法治统一原则是同案同判所要追求的宪法原则,在这些宪法原则的审视下,同案不同判的直接后果是危害平等保护原则,其内在原因在于司法不公正,其外观表现就是法律适用不统一,其根本矛盾在于法律规范冲突或裁判价值分歧。

一、同案不同判导致平等保护不足

权利的平等保护乃是宪治主义的实质价值诉求,平等基本权是一种以平等原则为内涵的基本人权,具有直接规范国家权力的宪法效力。以平等权审查同案不同判的合宪性问题,应该将平等原则作为审查基准,并回到基本人权保障的最终目标。经此原则审查发现,同案不同判不仅违反平等保护原则,导致法律适用不平等与权利保护不到位,而且存在如何实现类似案件平等保护的可普遍化难题。

(一)同案不同判与疑似类案同判都违反平等保护原则

基本权利的首要功能在于防御公权力的侵害,平等原则审查的第一要务,主要是排除来自公权力的不平等对待。平等保护原则要求相同的情形相同对待,不同的情形区别对待。该原则应用到司法裁判中,就是指类似的案件类似处理,不同的案件不同处理。然而,同案不同判与疑似类案同判都是司法权力对公民平等权的不当侵害,不符合宪法框架下的权力运行机制。

同案不同判是指类似的案件没有得到类似裁判,从而违反平等保护原则。按照“等者等之”的要求,类似或相同的情形应该保证类似或相同处理。然而,在上文的实证案例分析中,大量的部门法案例实践反映出类似案件并没有得到相同裁判,导致当事人的权利保护不平等与权利保护不到位。比如,在刑法类案中,同样是实施“混合入户型”抢劫行为,根据表 2－2 的统计,在 25 个“混合入户型”抢劫案件中,有 9 个案件被认定为构成入户抢劫罪,有 16 个案件被认定为不构成入户抢劫罪。这意味着有 9 个案件的当事人被判处 10 年以上有期徒刑,而另外

16个案件的当事人被判处3年以上10年以下有期徒刑,从基点刑上看相差7年,必然导致部分当事人的刑罚过重或过轻,不利于公民权利的平等保护。在民事类案中,关于“知假买假”行为的消费者身份争议问题,有的法院采取“客观行为”标准,认定消费者身份以购买商品行为为准;有的法院采取“购买动机”标准,认定消费者身份以购买者的主观目的为准。这样一来,对于同样是实施了购买行为但并非用于生活消费的购买者而言,就可能出现是否构成消费者身份的二元分立问题,导致相同情形却区别对待,违反平等保护原则。在行政类案中,关于“非诉行政强制执行纠纷中申请期限可否变更”争议问题,对基于同样原因延误非诉行政强制执行期限的案件,有的法院基于行政效能和公共利益等原因,认为该期间为法定不变期间而否定变更;有的法院基于当事人确有经济困难等正当理由,认为该期间可以变更。那么在不同的价值取向下,类似案件就出现了不同的裁判标准,导致公权力对公民权利就可能产生不当影响,即对公民权利保护不足或限制过度。

疑似类案同判是指不相类似的案件却得到同等裁判,这也是不平等对待的表现。按照“不等者不等之”的原则,不类似或不相同的情形应该得到不类似或不相同处理。平等原则就像硬币一样具有两面,正面是相同情形相同处理,反面则是不同情形不同处理,后者又称为差别原则。在自然进化历程中,每个人都是独一无二的,每个案件基于特定的人物、时间、地点、时代等元素差异也会存在区别。那么看起来相似的案件,实际上可能并不相同,出现类案之间形似神不似,这就是疑似类案。如果不能有效实现疑似类案的排除,那么可能导致疑似类案同判,从而扭曲正义。比如,在刑法类案中关于“出租屋入户型”抢劫罪,有的出租屋是用于个人生活,有的出租屋是用于家庭共同生活,出租屋在本质上承担的功能并不尽相同,法院却同时认定为“户”,相应的“入户”行为构成入户抢劫罪,这导致实质上的非类案却同判了。另外,疑似类案的出现往往与社会背景事实发生变化相关。“判例也不是永久性的,情况在不断变化,法律变化,政策变化,新的判例产生,原有的判例就会失效。”①随着社会的变迁和人们价值观念的流变,作为社会生活

① ［美］本杰明·N. 卡多佐:《司法过程的性质》,苏力译,商务印书馆1998年版,第46页。

基本单位的“户”的内涵和外延势必也会有所调整。比如,“房车”算不算户?短租“共享”房是否可以认定为户?独居老人房间能否作为户?这些问题都需要做到排除疑似案例的说理义务,才能保证平等对待与区别对待的合宪性平衡。

(二)类案判断标准与同判认定规则难以可普遍化问题

平等保护是正义的基本要求,指的是人们在特定标准下的一致性。在“等者等之,不等者不等之”这个空洞的公式中,何为“等者”?如何“等之”?亦即何为平等以及如何实现平等,平等的标准如何设定,是个宪法难题。同案不同判与疑似类案同判的原因,在于类案标准不统一与同判规则不确定。正义就是相同的事物相同处理,同案同判必须先判断什么是类似案件的前提问题,然后再回答如何实现相同判决的结果问题。然而,在部门法的视野中,类案判断标准与同判认定规则都难以得到普遍化实现。在相同与差异之间的区分,以及普遍与特殊之间的争论,将会破坏宪法上的平等秩序。

平等原则包括形式平等与实质平等,形式平等强调形式地位的平等,把相同事物相同处理,“等者等之”公式既是平等思维的起点,也是平等审查的终点,但是缺乏实质的价值内涵,导致平等公式显得十分空洞。实质平等是具备实质的价值指引或内涵的平等原则,强调实质的合理事由,但是实质平等容易导致价值恣意,因为平等原则本身不预设特定的价值内涵,但是司法适用过程中可能引入主观价值决断。同案同判究竟是形式地位平等还是实质内容平等?部门法的类案经验并未能提供实质的整全性的证成理据。

尽管平等是任何人皆可举张的宪法权利,在刑法、民法与行政法等各个部门法领域都确立了公民作为权利主体的抽象平等地位。但是各个部门法的类案标准能否共用?从上文的实证分析可以看出,刑事类案、民事类案与行政类案在具体的价值诉求和运作机理上有差别。刑法强调罪刑法定与法益保护,民法的核心在于意思自治,行政法要求职权法定。从部门法分立的视角,目前的案例实践和指导制度并没有提供一套共用的同案同判标准,也难以实现可普遍化。那么如何实现类案判断标准的可普遍化?原则具有“分量”,在适用过程中可以得到最大化的实现。[①] 通常来说,宪法原则体现了整个法律体系的出发点和落脚点,决定着一个国家法律体系的统一性和稳定性。在宪法的框架秩序下,部门法原则是宪法原则的具体化,从而赋予部门法原则宪法地位。因此,通过将部门法原则予以宪法转化就能为部门法类案标准架构起一个沟通统合的桥梁,实现同案同判的普遍化。但是何种宪法原则能够勾连起各个部门法的差异化原则秩序？这是平等权保护在同案同判中的宪法问题。

正义是可普遍实现的,类案是建立在个案的基础上。平等原则的实质命题不在于形式平等与实质平等的区分,而在于如何构建一套形式严谨、实质合理的审查步骤与思维体系。类案的判断与同判的实现之核心问题,同样不在于寻找绝对的、机械的形式相同的案例,而在于依赖司法者基于宪法上的价值体系以及立法目的,得以自行斟酌规范事物性质的差异,而为合理的差别对待。从宪法审查与宪法解释的角度,需要进一步研究的是,宪法平等原则能为司法裁判中的公民提供什么样的宪法保障？司法平等原则是否蕴含特定的价值内涵？如何建立起形式相似与实质相似相互勾连的类案审查框架？

二、同案不同判导致司法公信力受损

司法机关的功能在于通过裁判行为,来解决社会矛盾、促进社会公正、保护公民权利。司法机关是保障社会公平正义的最后一道防线,司法公正是社会公正的基石。司法过程中的同案不同判,容易造成司法不公正,引发公众的不信任,损害司法公信力。同案不同判使得司法行为丧失了形式理性的约束,超越了公众对于法律和司法行为的信赖,无法保障当事人在相对宽泛的自由制度内活动,更难以预料到自己行为的法律后果。

(一)同案不同判的实体公信力问题

提升司法裁判的公信力,保证公正司法,是司法改革的主要目标。司法裁判要坚持以人民为中心的审判理念,践行司法为民宗旨,依法维护人

---

① [美]迈克尔·D.贝勒斯:《法律的原则》,张文显等译,中国大百科全书出版社1996年版,第13页。

民权益、化解矛盾纠纷、促进社会和谐稳定。同案不同判不仅不利于促进司法行为的社会认同和维护社会正义,而且导致司法公信力受损。

不同的法官或不同的法院对类似的案件作出不同的认定与判决,就会违反公众关于形式正义的普遍性认知,伤害司法的社会公信力。一套合理的法律体系的首要标准,是必须与社会的真实感受与需求相符合。① 当类似的案件在同一个法院或不同法院得到不同的裁判结果时,就不符合公众的社会预期,将产生不良社会影响。如果不同法院之间的裁判观点互不关照、各行其是,不尊重或参照之前的判决先例,法院之间的裁判分歧就会长期存在并成为损害司法公信力的普遍原因。例如,在上文实证分析的表2－14中,针对同一当事人王海“知假买假”行为,在天津市和平区人民法院、河北区人民法院与第一中级人民法院三个法院的判决结果却完全不同;针对不同当事人的“知假买假”行为,在不同时期由同一个法院(天津市第一中级人民法院)也作出了完全相反的判决。这种判决之间的彼此矛盾,不利于维持社会的稳定和谐,也丧失了取信于民的司法根基。法院不应该轻易在司法裁判中违反之前的裁判观点,应该尽可能地维持法院观点的一致性,避免伤害司法的公信力。

司法公信力建立在人民对司法的信赖基础上,而信赖的来源在于司法能够及时回应人民群众在每一个案件中的公平正义需求。普遍性正义与个案性正义之间也会发生矛盾,为了维护法的安定性与保证判决的一致性,可能会不当牺牲个案的公平正义。个案是鲜活的,是看得见和摸得着的。人民群众面对的也是每一个个案,要让人民群众在每一个案件中感受公平正义,通过个案正义来感知一般正义。如果判决不能真正符合且实现当事人的公平正义诉求,那么裁判结果也就不可能得到当事人的心悦诚服。当众多裁判的当事人都觉得不能得到公平正义而感到难以服从时,也就不会认同法治的价值与司法的信用。基于依法独立审判的要求,将同样的裁判规则适用于不同的案件时,每个特定的案件可能出现影响法院适用规则时的不同考量因素,在此基础

① 参见[美]菲利普·K.霍华:《无法生活——将美国人民从法律丛林中解放出来》,林彦译,法律出版社2011年版,第115页。

上,实现个人的权利与个案的公平正义。如果法院只注重维持形式秩序一致性而疏忽个案公平性,将会损害司法实现正义的社会形象与公信力。举例来说,对于入户抢劫罪而言,如果缺乏对"户"内特定情形的考量,极可能导致机械适用类案标准与个案不公正。户内居住的是几个共同生活的单身汉,与户内居住的是包括祖孙三代的一大家人,并不能一概而论。后者由于涉及老人、夫妻、妇女、小孩等特殊权益保护,这些情形是影响社会公正与个案正义的重要因素,需要特别保护。另外,案例指导制度的行政化也存在过度限制自由裁量权问题,影响司法公正价值的实现。那么为了防止实现普遍化的正义而过度侵蚀个案正义,该如何处理好统一法律适用与自由裁量权的关系?

(二)同案不同判的程序公信力问题

司法权力程序过程的缺失,将会不利于实体公正价值的实现。实体公正与程序公正相互依存,实体公正是价值目标,程序公正是方法手段。如果欠缺程序保障,公民的实体权利将无法实现。宪法将是否剥夺公民人身自由的决定权保留给法官,根源在于司法程序的客观性、公开性、严谨性与直接性,能够有效地保护当事人的权利。如果司法裁判丧失正当性程序,将无法获得公众的接受和信赖。同案不同判的运行程序问题,就在于法院缺乏与人民的沟通,公民参与司法的程度不够,导致司法裁判的恣意与程序不公正。

司法公正必须以看得见的方式实现,保持中立、程序公开、前后一致、同等对待等都是公正价值的表现。① 在依法治国原则下,无论是受到独立公正审判的约束,还是基于实质正义的追求,国家均应保障当事人的程序性权利。依据宪法上的诉讼权、自由权、财产权等基本权利保障的精神,诉讼当事人与利害关系人应被赋予程序主体地位,享有程序主体权。建立保障人性尊严的诉讼程序,不应将当事人视为国家司法权力支配的客体,而应充分尊重当事人的程序主体地位,并保障当事人对诉讼程序与结果形成的参与权。程序公正平等的价值,应以司法的正当程序予以实现。案例指导制度运行过程中,当事人的程序参与权利保障不足,对于当事人而言,什么时候可以提交同案检索报告,类案检索报告有什

① 参见孔祥俊:《司法哲学》,中国法制出版社 2017 年版,第 435 页。

么功能,目前的制度文件都未明确。

正当程序强调公权力机关在作出行为或决定的过程中,应该保障受公权力影响的当事人参与程序、表达意见,并对其行为或决定说明理由,使得公权力机关能够作出正确的行为或决定,从而获得公信力。“法官既不掌握利剑,也不掌握金钱,他所拥有的只是公众的信任。”①法治的精神在于客观理性,作为法治维护者的法官,必须通过严谨的逻辑分析与合乎经验法则的事实认定,在裁判中提出客观可验证的说理,才能避免受到情绪感觉、舆论压力与教育背景等方面的影响,从而实现程序正义。然而,司法类案的运行程序可能基于权力恣意而出现瑕疵,法院在类案裁判过程中,通常并未论证说理为何构成类案以及何以可以同判,由此就会出现同判程序运行的合宪性问题,从而违反程序利益保护原则。相反,类案的结论通常是直接参照适用,而不是通过理性的论辩与沟通程序,来说服当事人接受。这样的裁判结论并非基于共识而形成,而是司法单方面的强制介入,一旦出现错误,就会造成同案不同判或疑似类案同判的不公正问题。

三、同案不同判导致法律适用不统一

根据《宪法》第5条的要求,中华人民共和国实行依法治国,建设社会主义法治国家,国家维护社会主义法制的统一和尊严。法治作为任何权力合法运行的宪制原则,当制定法之间出现相互矛盾或者是法律适用分歧的情形,就需要进行协调,来维持法秩序的统一与和谐。法治统一包括形式法治统一与实质法治统一两个方面,前者强调法律秩序外在的形式一致性,后者强调法律价值内在的整全性。在上文的类案实证分析数据中,存在类案之间彼此冲突、类案法律适用分歧的问题,以及由于实质宪法价值导控不足出现案例之间形似神不似、权利保障不对等的问题。同案不同判既可能由于法律适用不统一而损害形式法治统一,也可能由于价值融贯不全面而破坏实质法治统一。

---

① [以]巴拉克:《民主国家的法官》,毕洪海译,法律出版社2011年版,第105页。

(一)同案不同判导致形式法律适用不统一

按照规范等级体系理论,法律是一种强制性的规范秩序,并且这一秩序在法律的创制和适用过程中呈现一种动态体系。[①] 其中,一个较低规范的创造由另一个较高规范所决定,较高规范就是较低规范的效力的理由。宪法作为一国法制体系中的基础规范,是实在法秩序中其他规范据以创制的依据,在法律体系中具有最终效力,决定着其他制定法等一般规范的创制,由此形成一个动态的规范等级体系。法秩序统一性是指在由宪法、刑法、行政法、民法等多个法域所构成的整体法秩序中不存在矛盾,法域之间也不应做出相互矛盾、冲突的解释。[②] 法秩序统一性不仅要求立法者创制的法律规范在内部体系上的融洽一致,而且要求司法者解释和适用法律规范时在外部体系上的整齐划一,排除法律规范之间的矛盾,协调法律适用过程中的分歧。秩序一致性在于化解规范矛盾或达成共识,以得出法治意义上的“唯一正解”。[③] 目前的类案运行机制缺乏形式法治统一理念,类案之间彼此冲突、不成体系导致类案形式秩序不统一,类案法律适用分歧协调机制不健全导致个案规范之间的冲突。

如何在不同地域、不同层级、不同时期的案例中找到理想的类案,是所有法官履行裁判职能和类案检索的共识性难题。目前法院系统的类案检索仅限于各省内部,这实际上会强化司法地域主义的倾向,加剧不同省份之间裁判的差异,不利于全国范围内统一法律适用标准。在民事类案中,关于“人身损害赔偿中死亡赔偿金认定问题”,司法实践中的案例反映出死亡赔偿金认定标准在各地都不一致,这就导致城乡差异与同命不同价的适用法律不统一问题。在一个大国宪制的背景下,我国地域辽阔,各地区的经济发展水平相差较大,教育文化程度不均衡,司法政策不一致,导致各地的诉讼和量刑标

① [奥]凯尔森:《法与国家的一般理论》,沈宗灵译,中国大百科全书出版社1996年版,第142页。

② 参见王绍武:《法秩序统一性视野下违法判断的相对性》,载《中外法学》2015年第1期。

③ 参见姜涛:《法秩序一致性与合宪性解释的实体性论证》,载《环球法律评论》2015年第2期。

准不统一,从而影响类案的判断。按照吉尔兹的观点,法律是社会的产物,是一种地方性知识。[①] 在单一制的国家体制中,我国的地方制度性构造多元并立。既要实现裁判的统一,又要防止个案不公正,那么哪些是实质合理性的地方差异因素,从而在统一裁判标准中可以得到公正排除?司法实践中的案例库存在矛盾和抵触,不同层级之间的类案裁判彼此存在冲突。不同层级之间的案例冲突违反法院的审级制度,不利于裁判标准的统一,那么该如何协调层级之间的类案关系?另外,由于受到司法政策与社会背景事实的影响,不同时期的裁判观念也会存在一定差异,类案的效力关系又该如何适应社会的变迁?

法院在解释和适用法律的过程中,应该维持法律秩序的统一,力求法律见解的一致性。审判的整体性原则要求负责确定法律内容的人,在理解和实施法律时必须作出前后一致的表达。[②] 类案法律适用之间经常出现分歧,尤其是类案不同判导致法律适用不统一。虽然《法律适用分歧解决办法》就法律适用分歧申请的主体、程序及解决机制等作出了规定。但是该办法主要针对的是最高人民法院的法律适用分歧问题,对于地方法院在个案法律适用过程中的具体分歧缺乏明确的指引目前,而且关于法律适用分歧的协调原理、协调规则与协调程序仍然不健全。如在刑事类案中,关于抢劫案件的两个司法解释,《抢劫解释》与《两抢意见》按照功能标准将“户”分别解释为“供他人居住的与外界相对隔离的场所”与“供他人家庭居住的与外界相对隔离的场所”,这是相互矛盾的。法院该选择适用何种解释方案,才能更有利于保护当事人的合法权益?这些都取决于个案法律适用中法官对法律冲突、合宪性问题及其适用分歧解决的态度和技艺。法律适用分歧的协调规则是统一法律适用的基本准则。“法律之间有互相矛盾或抵触之处,尤其需要借助解释方式,阐释其正确的含义使之臻于统一。”[③]制定法需要通过解

① 法律与民族志,如同驾船、园艺、政治及作诗一般,都是跟所在地方性知识相关联的工作。参见[美]克利福德·吉尔兹:《地方性知识:阐释人类学论文集》,王海龙、家瑄译,中央编译出版社 2000 年版,第 222 页。

② 参见[美]德沃金:《法律帝国》,李常青译,中国大百科全书出版社 1996 年版,第 150 页。

③ 参见杨仁寿:《法学方法论》,中国政法大学出版社 1999 年版,第 125 页。

释技术才能适用，而法律解释若没有基准，容易导致“类案”异判。为了维持法律秩序的安定与法律概念的一致，法律解释技术也需要统一。那么是否存在统一的法律解释方法？如何构建不同的解释方法之间的位阶顺序？法律适用分歧的协调程序是解决法律适用争议问题的关键，程序不健全必然影响实体结果的公正。现行法律适用分歧协调机制并没有完整地规定法律适用分歧问题的启动主体、启动条件、移送程序与审查标准，也没有专门规定涉及合宪性问题的审查主体、审查程序和审查方式。为此，需要优化法律适用分歧的申请、移送与审查程序。

（二）同案不同判导致实质价值观念不统一

社会的价值判断多元化对法官统一适用法律带来巨大挑战，同案不同判导致司法裁判的价值观念不统一，影响实质法治统一。形式意义的法治统一强调的是法治的工具属性，但是法治的价值更重要的在于发挥实质性的功能，在目的正当性的导控下，就出现了实质意义的法治统一。法治国原则以“形式意义法治国”为基础，再加以价值判断，即构成“实质意义法治国”的概念。[①] 实质法治国家追求更多的实质性内容，强调实质价值保障，其中最主要的是对基本人权的保障。国家实施整套法治主义的目的，就在于维护目的导向的实质法治统一，保障公民个人的自由和权利。宪法是公民权利的保障书，宪法规范国家权力的组织架构也是为了保障人权。人权保障原则也是法治国家的当然要求，我国《宪法》第 33 条第 3 款规定“国家尊重和保障人权”。司法机关要对人权保障承担积极的义务，人权保障是司法裁判的终极价值追求。在法律实践过程中，立法行为是一个经由论辩而达成的共识规范，司法过程中法官又会对法律规范作出重构性评价，对包括宪法价值在内的立法价值进行具体化，进而实现价值的融贯与整合。同案同判有利于将宪法中人权保障的价值更有效地落实在司法裁判中，不仅可以促进人权保障的普遍化，而且可以容纳个案权利保护的差异化。

然而，在司法裁判实践中，普遍缺乏将法秩序中的共识性价值融入裁判说理，更没有通过依宪说理的方式来协调法律适用分歧。结合前

---

① 参见陈新民：《德国十九世纪“法治国”概念的起源》，载《政大法学评论》第 55 期（1996 年）。

文同案不同判案件的抽样分析可以发现,法官对个案裁判规范的不同理解以及调整同一事实的法律规范不一致,是造成类似案件裁判结果不同的重要因素。法院个案适用并不仅仅是案件事实的比较,也不仅是规范的分析,更主要的是在价值冲突之间进行合理权衡。由于价值判断的主观性与法律适用的部门法壁垒,导致同案不同判,危害法秩序统一。以入户抢劫罪为例,前文的抽样分析数据显示,在“混合入户型”抢劫罪类案中,同样是作为经营性场所的商店、代销店、烟酒店、加油站等,当被害人的生活与经营混为一体时,在类似的案例中,法官基于不同的价值观念和司法解释,将相同的犯罪行为认定为不同的构罪构成,判处不同的刑罚;在“出租屋入户型”抢劫罪的类案中,无论是用于个人生活还是共同生活的出租屋,法院的观点都可能出现矛盾,对“户”的理解完全依赖于法官的主观裁量;在“宿舍入户型”抢劫罪的类案裁判中同样如此。当司法者能够自由地将他们的个人观念,诸如财产保护、住宅安宁、婚姻家庭生活权益特殊保护等强加到法律之上时,就不可能存在稳定的刑法秩序。而“户”的概念在法秩序中有明确的价值导向,那么当多个刑事司法解释对“户”的概念认定存在冲突时该如何选择个案适用的法律?“户”究竟是住宅还是经营场所?“户”保护的价值究竟是住宅安宁还是包括个人、家庭生活秩序中的权利体系?尤其是随着社会的变迁和人们价值观念的流变,作为社会生活基本单位的“户”的内涵和外延势必也会有所调整。社会的多元化并不意味着在价值判断上的彻底决裂,法官个人也并不是价值判断的暴君。那么该如何在正义价值的导控下,保证法律判断的价值统一性呢?

当待适用的法律规范相互矛盾或者存在多种解释方案时,该如何选择适用法律技术和解释方法,就取决于裁判者的价值立场。如果裁判者依靠个人偏好来解释和适用法律的话,就可能导致同案不同判;如果裁判者依据一种统一的价值秩序来解释和适用法律的话,就可以实现同案同判。而该种统一的价值秩序只有回到宪法中才能获得正当性,因为宪法确认人类的价值共识。宪法规定的基本原则和权利,需要通过部门法的细化得到完善,宪法的价值基础和权利保护理念通过个案的部门法律适用得到融贯。但是在具体化宪法的过程中,由于认知的有限性、社会的变化性与事实的复杂性,法律的含义可能不明确或者相互抵触。按照整全性理论，“接受整体性阐释理想的法官，力图在关于公民权利和义务的某种前后一致的原则中，找到对其社会的政治结构和法律学说的最合理的建设性阐释，以此去判决疑难案件”。[①] 那么法院在疑难案件的法律适用过程，该如何解决法律适用的合宪性问题？宪法如何发挥价值指导与规范调控机能？

在部门法律适用过程中，可以通过依宪说理来协调价值判断差异，选择符合宪法的解释和适用方案，实现宪法价值向部门法的融贯，从而协调法律适用分歧，维护法秩序的实质统一。最高人民法院于2016年颁布的《人民法院民事裁判文书制作规范》（法〔2016〕221号，以下简称《民事裁判文书制作规范》）明确指出：“在裁判文书中，宪法的原则和精神可以在说理部分予以阐述。”最高人民法院于2021年出台的《关于深入推进社会主义核心价值观融入裁判文书释法说理的指导意见》（法〔2021〕21号）进一步规定了社会主义核心价值观的宪法规范[②]融入个案释法说理的原则、范围、路径和方法等。“依宪说理”是指法院在个案裁判中，依据宪法的原则和精神，解释和选择适用法律规范的过程。在“同案不同判”问题的合宪性解决上，其重点在于对类案所适用的个案规范不同理解和解释及相互冲突之个案规范的选择适用上，确保在个案规范的多重含义解释中锁定符合宪法的解释结果或选择适用更为合宪的个案规范，达到统一法律适用的目的。那么更重要的问题就在于，如何打通“个案—类案—法律—宪法”的勾连通道，真正实现统一法律适用的宪制目标。

---

① ［美］罗纳德·德沃金：《法律帝国》，许杨勇译，上海三联书店2016年版，第227页。

② 2018年修宪后，社会主义核心价值观入宪，意味着社会主义核心价值观从政策规定到宪法规范的转变。

第三章　类案标准的体系建构

相同性难题是法律思维的核心难题，类似案件的判断事关司法正义的实现，需要放在宪法整合的规范和价值体系中进行通盘考量。在合宪性思维导控下，一个逻辑上融贯自洽的规范和价值体系，有助于满足正义的要求，使得体系中的多元角色能够在各个要素的勾连下，处于遵循明确的为或不为某个行动指令的有序状态。确保宪法法律至上是司法裁判的首要准则，如果司法类案没有按照一定的层级标准，形成秩序井然的统一体系，则无法实现统一法律适用的宪法功能。在海量的案例库中，类案之间的冲突现象普遍存在。只有区分类案之间的效力位阶，才能明确案例的筛选机制，为待决案件找到一个合法合理的类案。通过将案例制度的建构与国家的法院体系和审级制度勾连起来，在类比法律秩序思维的基础上，建立类案的内部规范等级体系，为法律统一适用筑牢规范屏障。形式意义上的法治有利于保证法的明确性和安定性，是司法裁判的基本义务，也是保证案例法治合宪性的初阶要求。在类似案件的判断中，形式逻辑推理必须与实质目的相关联，实质正义才是司法裁判的终极关怀。宪法视域下的法律统一适用，应以基本权利为实质条件。基本权利作为客观价值秩序，勾连起宪法与部门法的具体适用。将基本权利的具体构成要素与类似案件的判断标准相互勾连，有利于实现类案判断与适用的体系融贯与合宪控制。

第一节　类案标准体系化的宪法之维

法律面前人人平等要求相同的情况相同处理，同案同判是平等原则的司法面向。同案同判制度的有效运行，可以促进法律统一适用与司法公正的内在价值目标。我国案例指导制度实行以来，[①]人民法院参照适用指导性案例进行裁判，对于保障同案同判与统一法律适用，发挥了一定的制度功效。然而，指导性案例的数量较少，[②]覆盖面较窄，有限的"规则供给"不足以全方位地指导司法裁判，无法为司法实践提供充足的类案资源。随着司法改革进入深水区，类案审判制度的全面实施，有效补强了案例指导制度的短板，丰富了类案的规则供给渠道。最高人民法院颁布的《类案检索意见》则详细规定了类案的范围构成，涵盖了从指导性案例到各级人民法院的所有生效判决。由此，我国的司法类案由最高人民法院发布指导性案例指导类案判断的一元模式，转向由各级人民法院的案例组成的多级化类案群。但是如果庞杂的类案群未能按照一定的体系标准，形成秩序井然的类案法治体系，就无法保障类案统一适用，更无法实现统一法律适用的宪法功能。

明确类案的判断标准是实现同案同判的预设前提，那么该如何科学合理地设定类案的判断标准就是需要研究的重要问题。所有法律思维的核心难题在于"相同性之难题"，因为现实世界中根本没有任何事物是二者完全一样的，所以必须以一个被证明为重要观点作为标注，才能将不同事物做相同处理。[③] 何为案件的相似性以及对案件相似性判断具有重要意义的比较点如何选择，理论上存在较大分歧，争论的核心无非聚焦在事实、规范与价值之间。总体而言，现有观点较为单一，比较分散，未能从同案同判的价值体系中审视类案标准的判断层次。但

---

① 根据最高人民法院《关于案例指导工作的规定》（法发〔2010〕51 号）第 1 条的规定，对全国法院审判、执行工作具有指导作用的指导性案例，由最高人民法院确定并统一发布。

② 截至 2023 年 5 月 16 日，最高人民法院共发布 37 批 211 个指导性案例。

③ ［德］亚图·考夫曼：《类推与"事物本质"——兼论类型理论》，吴从周译，台北，学林文化事业公司 1999 年版，中文序。

实际上,同案同判的价值体系可以统摄在宪法之下,保障同案同判的合宪性。具体而言,需要在宪法导控的司法正义价值基础上,来建构类案标准体系。这既可以维护形式意义上的法治,保证法的明确性和安定性;又可以实现实质意义上的法治统一,保护"法治"之下的权利。故在宪法价值基础的导控下,通过构建体系性的类案判断标准,为司法裁判提供规则指引,助力类案检索机制的良性运转以及有效推进。

一、类案判断标准的理论之争

类案判断标准是复杂的,并不是单一的事实标准或者规范标准,而是始终在案件事实与规则之间来回穿梭。目前关于类案的判断标准为何,在理论上存在巨大的争论,争论的范围可以从宏观层面和微观层面展开,争论的核心在于事实相似、法律相似还是价值相似。造成此种分歧的主要原因一方面在于事物的本质本就是不确定的,另一方面在于缺乏类型思维的指导。

(一)类案标准的宏观层面争论及批判

在宏观层面,类案判断标准的代表性观点有:"案件事实 + 争议焦点 + 法律问题"说,"案件事实 + 争议焦点"说,"案件事实 + 价值判断"说,"案件事实说""法律规范说""裁判要点说""实质理由说"与"价值判断说"。

"案件事实 + 争议焦点 + 法律问题"说主张类似性应当具有四个特点,即案件的关键事实相似、法律关系相似、案件的争议点相类似、案件所争议的法律问题具有相似性。[①] 多个判断标准增加了法官的论证负担,不具有可操作性。而且这些标准之间有重合与交叉之处,如将关键事实、法律关系及争议法律问题均作为基本识别要素,三者之间就是存在交叉的。"案件事实 + 争议焦点"说认为,基本案情相似与争议焦点相似,是认定两个案件相似的基本环节。[②] 争议点是判断关键事实是否

---

① 参见王利明:《成文法传统中的创新——怎么看案例指导制度》,载《人民法院报》2012 年 2 月 20 日,第 2 版。

② 参见胡云腾:《最高人民法院指导性案例参照与适用》,人民法院出版社 2012 年版,第 293 页。

相似的出发点,关键事实是判断类案的核心维度。关键事实的判断方法,一是依靠经验判断,二是围绕争议点借助裁判规则定位,三是运用"否定判断法"予以检验。[①] 然而,争议焦点本身不能作为对比的要点,而是通过对比其他要点形成对待决案件争议焦点的解决。案件争点作为待决案件最终裁判的关键问题,通常是指当事人之间以及当事人与法官间在诉讼标的、法律适用、事实、证据以及一些程序事项等方面具有实质意义的争议焦点。争议焦点是法院根据当事人的诉讼请求归纳出来的,同一个案件中可能有多个争议焦点,同类案件的争议焦点也可能不同。争议焦点是建立在事实认定基础上,对将适用的法律规范的考量,所以脱离了事实与规范的争议焦点无异于空中楼阁。

"案件事实+价值判断"说主张,不仅要对案件事实进行形式意义的相似性判断,而且要进行深层相似性的实质价值判断。[②] 相似性判断的二维结构有其合理性,但是如何限制价值判断的恣意对于约束法官裁量权更为重要。"案件事实说"主张,立足于案件事实与具体法律条文的联系,即以案件事实的法律特性为线索,来确定两个案件的事实在整体上是不是涉及相同的法律问题,是不是属于同样法律性质的案件。[③] 至于究竟是何种事实,则过于笼统模糊,未能提炼案件事实的核心要素,不具有可操作性。主要事实或关键事实不等于一个事实要点,事实必须包含事实构成要素。

"法律规范说"提出,将待决案件与指导性案例一定是围绕相关法条进行对比,否则个案之间的比较则没有价值。[④] 以法条为比较中项,来构建类案的判断维度,明显是一种结果导向的思维,容易导致先入为主的恣意裁量,而且法条本身可能是模糊的或有缺漏。同案同判的逻辑顺序是,首先类比的是案件事实,先例是否对待决案件具有拘束力,必须进行先后案件事实的比较,确定了案件事实相似之后,再将类似案

---

① 参见高尚:《司法类案的判断标准及其运用》,载《法律科学》2020 年第 1 期。

② 参见孙海波:《重新发现"同案":构建案件相似性的判断标准》,载《中国法学》2020 年第 6 期。

③ 参见张志铭:《中国法院案例指导制度价值功能之认知》,载《学习与探索》2012 年第 3 期。

④ 参见雷槟硕:《指导性案例适用的阿基米德支点——事实要点相似性判断研究》,载《法制与社会发展》2018 年第 2 期。

件的裁判规则作为参考。并且每一个个案规范都是待证的、不确定的,在没有确定案件事实的前提下,无法选取待证的法律规范。

"裁判要点说"认为,相似性的判断应以裁判要点为基准,检验待决案件的事实和法律问题是否与裁判要点所包括的必要事实和拟解决的法律问题具有相似性。① 与此类似的观点是"实质理由说",是指判断待决案件与指导性案例是否是相似案件,需要了解事实特征、法律特征、判决结果和制约因素四类要素,但最终标准是实质理由论证。裁判理由为裁判要点提供正当性基础,只有获得裁判理由的有效支持,才能将待决案例按照裁判要点做出与指导性案例相同的处理,最终做出是否同案的判断。② 无论是指导性案例还是其他类案的裁判要点或是裁判理由,往往是一种可普遍化的裁判规则,是在割裂个案基本情景的基础上,对法律文本抽象提炼出来的具体规则,缺乏个案可比性。

"价值判断说"认为,指导性案例与待决案件的相似性标准论证过程,实际上是案例背后的价值权衡过程,判断何者"更相似"并非一个案件之间相关相似性的程度问题,而涉及价值评价问题。③ 其中,事实比对只是"相关相似性"的逻辑论证,法律原则的权衡才是"决定相似性"的实质论证。所谓法律原则的权衡,说到底,就是价值判断的较量。毋庸置疑,价值判断作为实质理由在法律漏洞填补的案件中具有决定性意义。在缺乏明确法律规则可依的情况下,待决案件与前例的事实要素相似性,只是表层的相似性,如果类比裁判,可能得出价值偏失的结论。

(二)类案标准的微观层面争论及批判

在微观层面,类案判断标准的代表性观点有:"法律属性说""法律关系说""事实构成说""事实要点说""构成要件说"等。

---

① 参见四川省高级人民法院、四川大学联合课题组:《中国特色案例指导制度的发展与完善》,载《中国法学》2013 年第 3 期。

② 参见黄泽敏、张继成:《案例指导制度下的法律推理及其规则》,载《法学研究》2013 年第 2 期。

③ 参见王彬:《案例指导制度下的法律论证——以同案判断的证成为中心》,载《法制与社会发展》2017 年第 3 期。

“法律属性说”,即以案件事实的法律性质为线索,确定两案事实的相似性;并从案件情节上定量分析,比较两案的具体情节,找出相同点与不同点。[①] 定性分析和定量分析提供了类案判断的双重思路,但是性质上相同的事物也有不同类型上的差异,程度上相似的事物更有可能性质各异,并不一定任何事物均可得出明确的定性和定量的结论。“事实构成说”,指导性案例与待决案件的相似性对比,主要从案件事实构成和法律关系入手。[②] 其中,事实构成是两案之间相似性的形式载体,法律关系是案件事实的实质。在两案事实构成要素的比较过程中,法官不能机械地将案件事实分为若干要素,而需要对案件事实进行抽象化分析。但是对事实的抽象化提炼是建立在与法律要件勾连的基础上,所以事实构成无法脱离法律规范。

“事实要点说”,认为待决案件与指导性案例的相似性在于事实要点的相似性,法官在选择事实要点时,一是要有法律依据,二是要有价值支撑,三是要在法律关系的框架之中分析。[③] 该说又可细分为“法律构成要素说”和“法律关系说”,前者是指将法律条文分拆为几个部分,以各部分为构成要素,在此基础上进行的比较仍是将法律规范涵摄到案件事实的过程;后者是指将待决案件与指导性案例之间的对比要点宜以案件法律关系为框架体系,形成以具体行为、法律关系主体、客体以及相关权利与义务为要点的相似性对比标准。“法律关系说”无法提出普遍适用的标准,法律关系作为类案判断的一个维度,在民事案件或者行政案件的相似性比较中是可取的,但作为刑事案件相似性的比较维度,需要进一步研究。因为,刑法涉及犯罪与刑罚两个方面,犯罪是罪犯对抗国家、社会或个人的不法行为,刑罚则是国家对犯罪行为的刑事处罚。也就是说刑法涉及罪犯与国家、社会或者他人之间的关系,但是否为刑事法律关系,在刑法理论上尚未达成共识。除此之外,案件事实和法律关系相同,当事人之间的争议焦点不同,前后两案的比较点也

---

① 参见张志铭:《司法判例制度构建的法理基础》,载《清华法学》2013 年第 6 期。

② 参见孟祥磊、徐平:《论类比推理在案例指导制度中的适用》,载《法律适用》2015 年第 8 期。

③ 参见雷槟硕:《指导性案例适用的阿基米德支点——事实要点相似性判断研究》,载《法制与社会发展》2018 年第 2 期。

是有区别的。

“构成要件说”主要是将类案的判断标准细化为多个层级的微观构成元素，[①]在“类案”的基础上分为“构成要件”，在“构成要件”的基础上，进一步分为“事实要件”和“法律要件”，在此基础上还可分为“诉讼标的”“损害结果及其过错情节”“当事人的意思表示”和“法律目的及当事人行为的目的”等更低层级的分节点。分节点法提供了类型化的思维方式，有助于精确地比较案件之间的相似性。但是构成要件的分级缺乏明确的方向指引，导致无法确定分级的标准和限度，陷入了无止境的混乱分层中，不利于得出清晰的类案标准。

（三）类案判断标准的理论总结

通过梳理类案判断标准在理论上的争议，可以发现类案判断标准在宏观层面与微观层面的差异，并且在各个层面内部的观点分歧较大。类案判断标准的划分方法和视角不一样，类案认定结果也会产生差异。宏观标准的概括性和抽象程度较高，对于个案法官而言缺乏可操作性；微观标准比较分散，缺乏体系性的骨架勾连。上述分歧产生的原因在于，现有的诸多标准并不是在同一个层面展开讨论。而且类案标准的认定建立在一个形式上合法有效的案例基础上，所以类案的效力问题是类案标准的前提。类案相似性的确定包含了权力运用和理性认知的因素共同起作用，那么对两个案件是否类似的比较过程就蕴含着“选择”的成分。[②] 司法并非专断的机器，公平正义和人权保障是司法的重要理念，客观公正的类案权衡标准事关实质正义的实现。

由于并没有两个绝对相同的案件，“区别”总是在某种或者另一个意义上是可能的。[③] 类案的判断需要建立一套符合法律逻辑和司法规律的标准，才能确定一个合法正确的类案。类案的判断是一项综合性

---

① 参见张琪：《指导性案例中具有指导性部分的确定与适用》，载《法学》2008 年第 10 期。

② 参见[德]亚图·考夫曼：《类推与“事物本质”——兼论类型理论》，吴从周译，台北，学林文化事业出版公司 1982 年版，第 36 页。

③ See Neil Duxbury, *The Nature and Authority of Precedent*, Cambridge University Press, 2008, p. 96.

工程，既有形式上的效力问题，也有实质上的内容问题，更有程序上的操作问题。只有综合考量事实问题与法律问题、实体问题与程序问题，才能弥合事实与法律之间的张力，架起勾连事实、规范与价值的桥梁，实现类案判断标准的一体化。

二、类案判断标准的宪法根基

类案判断标准在理论上的分歧，归根结底源于类案判断的价值立场问题。如何确立类案的判断标准，主要取决于类案制度的宪法价值追求。现代宪法是以为了确保个人的自由权利而限制国家权力为目的，主要是通过法治原理得以实现。[①] 法治原理包括形式意义上的法治统一与实质意义上的内容正确，前者强调法秩序的一致性，后者强调法治的本质要保障权利，也就是形式意义上的法治国与实质意义上的法治国。我国实施的指导性案例制度与类案检索制度的目的，从形式上看都是为了统一法律适用与约束司法裁量权，但是从实质上看却是为了促进法律正确适用与维护司法公正。换言之，类案的判断标准受到形式理性与实质理性的双重约束。前者是形式法治的要求，解决裁判依据问题，为了实现裁判标准统一，最终维护法治统一的宪法原则；后者是实质法治的表现，解决裁判目的问题，发挥权利保障功能，最终实现保障人权的宪法功能。

（一）形式法治价值

按照宪制原理，法律适用必须符合法治国原则，维持法律秩序的安定性。类案的判断标准在形式上必须相互融洽、不得彼此矛盾和冲突，以维护法律适用的统一和法秩序的安定。针对某一法律问题或事实问题的争论提供相同的法律适用方案，才有助于统一法律适用，实现法治统一。法律应该具有持续性和稳定性，不致朝令夕改而让人民无所适从，因为法律规定及其适用方式不一致可能造成司法不公而违反正义。

---

① 参见［日］芦部信喜：《宪法》（第6版），林来梵等译，清华大学出版社2018年版，第9页。

只有当法律以可预测的方式实施时,法律和平才可能实现。[①] 如果类案标准朝令夕改,则人民对于国家司法行为将丧失善意信赖,危害法律秩序的安定与社会的和谐。案例指导制度和类案检索制度的价值定位,在于实现法律统一适用的目标,保证类似案件类似裁判,推动法律适用的前后一致性。

为了促进法律统一适用,就必须明确类似案件的判断标准,防止司法裁判恣意裁量,导致同案不同判,从而危害司法统一。统一的类案判断标准有利于消除法院内部观点的分歧,促进法律适用标准的统一。形式正义作为价值层面的正当性基础,能够支撑"类案"的统一判断,保证"类案"意义上的无偏私裁判。类似案件的识别过程就是相似性判断在司法场域中的具体应用,秉持统一法律适用的司法理念,能够为类似案件的判断提供价值引导,避免类案标准的分歧。

(二)实质法治价值

促进法律统一适用只是类案判断标准确立的低阶根据,保障法律正确适用才是类案判断标准确立的高阶根据。实质法治关注法律的内容和价值,强调公民的权利保障和自由,反对"恶法亦法"。根据立宪主义理论,规范国家权力的运行,防止其对个人权利产生危害是宪法最初的理念设想。[②] 实质法治价值导控下的类案标准,追求的是法律的正确适用,从而通过正确的裁判结果,保障公民权利,维护司法公正。在裁判过程中,不同的法官对相同的法律规则也可能作出不同的解释,而且法官对法律规则的理解有可能正确或错误。当法律规则在任何一个案件中被错误地适用时,裁判行为将会失去其效力。当一个案件出现多个相似的案件时,正确的类案必然具有优先地位。"如果法官被看到是在作正确的判决,而不是搞砸一桩案子,司法一般而言是可以更加有效的。"[③]法院应该正确适用立法机关制定的法律,依法履行审判职责,保

---

① 参见[德]阿图尔·考夫曼:《法律哲学》,刘幸义译,法律出版社2011年版,第208页以下。

② 参见[德]哈贝马斯:《在事实与规范之间》,童世骏译,三联书店2003年版,第304页。

③ [印度]阿马蒂亚·森:《正义的理念》,王磊、李航译,中国人民大学出版社2012年版,第366页。

证裁判的正确性。通过"类案"的正确判断,可以防止法院错误适用法律,维护司法公正,保证实质理性。那么如何保障法律的正确适用,就成了类案判断的终极目标。

同案同判是类案检索制度的现实目标,正确裁判才是类案检索制度的最高诉求。在成文法国家解决同案同判问题,首先要正确地理解和适用法律,这是保证同案同判的关键因素。根据案例指导制度和类案检索制度的相关规定,指导性案例应当参照适用,其中"应当"意味着推定指导性案例的正确性,"参照"蕴含着法官有更强理由否定其正确性;其他类案可以作为参考,而不是强制参照,这就说明需要考虑判决的正确性。司法行为作为实践性活动,其本质在于提出一种"正确性标准",即主张特定法律行为在形式、内容与程序上是正确的,以此规范和指引人们的行为。如果适用有问题或有错误的先例,会与判例或案例指导制度所欲实现的社会正义、秩序与安全等价值目标背道而驰。[①] 如何寻找正确的"类案",防止出现错案错判,需要实质价值的引导。法治国原则首重人民权利的保障,司法的本质价值在于公正,平等地保障公民的权利和自由就是类案判断的终极关怀。两个案件是否具有实质相似性,就取决于以价值判断为依归的实质权衡。类似案件具有类似的价值取向才是类案判断标准的根本依据,相似性判断的具体规则应当是一种原则性指引,有必要保持一定的抽象性或一般性,才具有适用的普遍性。所以类案判断标准的确立,尤其是实质判断阶段,需要价值论证,需要我们将所追求的各种价值运用于具体情境中进行权衡。

三、类案判断标准的体系展开

同案同判追求的价值不仅包括法治、效率、平等,而且强调人权、公正与民主。那么"类案"判断标准何以可以构成体系?类案判断标准的体系之间如何实现有机关联?下文从宪法正义价值出发,阐释类案判断的形式正义与实质正义之维,进而构建起类案判断标准的体系。

---

① 参见李桂林:《美国法中的遵循先例与推翻先例》,载陈金钊、谢晖主编:《法律方法》(第14卷),山东大学出版社2013年版,第241页。

(一)正义价值导控下类案判断标准的体系化

在法的各种价值中,正义是一个综合、包容和指导、调整其他价值目标的最高的价值目标。[①] 尽管同案同判追求的价值是多面的,不仅追求形式上的法律统一适用,而且强调实质上的法律正确适用,实现司法正义却是能够涵盖上述所有价值的根本宪法价值。按照正义论的原理,正义的原则包括形式正义、实质正义与程序正义,形式正义是对规则的遵守和体系的服从,实质正义是对原则的权衡和价值的保护,程序正义是过错的参与和结果的公开。在形式正义指引下,司法类案的判断可以促进类案秩序的稳定和统一,保证形式主义法治的实现;在实质正义的指引下,司法类案的判断通过关照案件事实和法律规则中的权利要素,保证实质主义法治的实现。形式正义或遵守体制要求的力量,有赖于制度的实质正义和改造他们的可能性,实质性正义和形式性正义是可以结为一体的。[②] 由于"类案"的标准倾向于静态的证成,而民主参与程序是一个动态的过程,其所体现的程序价值宜放在"同判"的裁判阶段,所以程序正义理念不在类案标准的判断中阐释。由此,司法类案的证成原则和价值均可统合在正义价值的范畴之内,经由正义价值的整合,有机串联成一个融洽的体系结构。所以在正义价值的导控下,可以实现上述价值之间的关联,以此构建体系性的类案判断标准。

类案的判断是一个实现正义的过程,类案判断标准是一个从形式到实质的体系标准。具体而言,"社会正义原则的主要对象或首要主题是社会的基本结构,即把主要的社会制度安排成为一种合作体系"。[③] 类案裁判制度就是司法系统的合作产物,不同层级、不同地域司法机关的裁判规范得到一致的遵守和服从,形成一个普遍的类案体系。由此,类似案件获得类似裁判,法律规则得到平等的适用,就可以保证形式正义的实现。但是法律规则在平等地适用于社会主体的同时,仍然可能

---

① 参见严存生:《论法与正义》,陕西人民出版社 1997 年版,第 12 页。

② 参见[美]罗尔斯:《正义论》(修订版),何怀宏、何包钢、廖申白译,中国社会科学出版社 2009 年版,第 46 页。

③ [美]罗尔斯:《正义论》(修订版),何怀宏、何包钢、廖申白译,中国社会科学出版社 2009 年版,第 44 页。

是不正义的,不足以保障实质正义的实现。实质正义受到案件的特定事实与社会背景的影响,并与权利和自由的保障等原则相关。只有通过对案件的价值内核进行权衡比较,才能确定案件的实质相似性要素。在正义价值的导控下,形式正义是同案同判的基本义务,实质正义是同案同判的更高要求,以此实现类案标准的体系关联。

(二)形式正义导控下的类案判断标准

形式正义追求的是规则之治,要求严格依法办事。形式意义的法治原则,是指所有国家活动都必须符合法律特别是制定法,只要国家机关的行为符合法律的规定,即认为达到了法治原则的要求。① 根据形式正义价值的导控,类案的形式标准注重形式上的合规范性,并不在意内容的正确与否。按照正义的形式谱系,类案可以理解为一种司法领域的公共规范体系。在由诸多类案组成的效力规范体系中,首先是作为一种抽象的理想目标,指引司法行为的裁判方向;其次是这些类案规范在特定的个案中成为司法机关的可能裁判方式。

司法类案的判断标准,首先是要确立一个形式上合法有效的生效裁判,作为待决案件的比较对象。如果一个适用法律错误、与其他类案相抵触的案例,作为类案参照裁判,那么将是对整个案例法治体系的摧毁。在国家法律秩序范围内,制定法律是立法者专属事项,司法机关只能适用法律进行裁判,不得违反法律设定的框架秩序。形式法治国原则要求国家的一切活动都应当以宪法规定的各种法律为依据,②司法裁判也应该受到法律的控制。在司法裁判中坚持形式正义,类似情况得到类似处理,有助于支持和保障实现合法期望的法治。在形式标准上,理想的类案应该符合法治秩序的统一性要求,包括服从法律规范的安排和遵守类案效力体系的位阶。

(三)实质正义导控下的类案判断标准

随着社会的变迁,法治国原则开始向实质意义法治原则转型。严格规则主义的法治论使得执法者像一个"自动售货机",依据法律简单

---

① 参见周佑勇:《行政法的基本原则》(第2版),法律出版社2019年版,第38页。

② 参见[印]M. P. 赛夫:《德国行政法——普通法的分析》,周伟译,山东人民出版社2006年版,第11页。

地“对号入座”。尽管保证了形式正义的价值诉求，但是这种法治观念将法治视为与社会完全分离的不包含任何价值目标的控权技术，丧失了实质正义的价值支撑。现代实质意义的法治国原则，不仅要求国家权力的运行符合防控的明确规定，而且必须符合公平正义的价值理念。实质正义原则要求，将法治国的重心朝向人民内在权利的保障及正义的实现。[①] 将社会主义核心价值观融入司法裁判的治理过程，正是实质法治主义的体现。只有在释法说理过程中强化司法者的价值认同，把法治思维引向正义思维、公平思维，引向对社会矛盾的调整，才能真正实现司法正义目标。按照德沃金的整体性概念，尽可能把社会公认的道德原则和政治理想联结为一个表达正义和公正的融贯的体系，[②]恰当地调整复杂多变的社会关系，使得法治不仅在形式上而且在实质上就是一个贯彻伦理至善的核心价值。

实质正义导控下的类案判断是一个权利协调和价值权衡的过程，权利要素和价值权衡是类案相似性的实质标准。回应型法治的本质特征是在于探求规则和政策内含的价值，保证法治目的理性的支配地位。[③] 这种法治观念要求司法者并不拘束于严格机械地适用成文法律，而是对社会价值秉承开放的态度。面对复杂的社会利益关系，执法者需要综合衡量各种利益因素，充分协调各种利益关系，在尽可能的范围内保护各种合法利益，使之处于均衡状态。[④] 司法裁判同样要保证裁判实体内容上的“均衡合理”，符合公平正义的价值观念，维护社会治理所要求的实质正当性。在类案的判断过程中，应该通过实体性的事实、法律与价值勾连，为法律适用正确性提供客观基础，实现权利有效保障与价值合理权衡。

---

① 参见陈新民：《德国学公法基础理论》（上册），山东人民出版社 2001 年版，第 4 页。

② 参见［美］罗纳德·德沃金：《法律帝国》，许杨勇译，上海三联书店 2016 年版，第 173 页。

③ 参见［美］P. 诺内特、［美］P. 塞尔兹尼克：《转变中的法律与社会　迈向回应型法》，季卫东、张志铭译，中国政法大学出版社 2004 年版，第 87 页。

④ 参见周佑勇：《行政裁量的均衡原则》，载《法学研究》2004 年第 4 期。

第二节 类案的效力等级体系:形式标准

在司法实践中,面对纷繁复杂的案例集群,如何在不同层级、不同地域、不同时期的案例中找到有效的类案,是所有法官履行裁判职能的共识性难题。而且由于法官的自由裁量因素影响,即使是类似案件,不同法院在相同法律问题的理解和适用上也会产生矛盾。如毒品犯罪案件中,类似案件的裁判在同一区域不同法院的观点迥异,影响地方司法统一。上海市第一中级人民法院对陈某贩卖甲基丙苯胺 0.9 千克判处无期徒刑,[①]而上海市第二中级人民法院对类似情节的胥某判处死缓。[②] 再如,同样是关于非诉行政执行期限是否可以变更的法律争议问题,在案件事实等各个方面相似的情况下,不同地区法院的裁判观点彼此矛盾,导致同案不同判,危害区域法治统一。如呼和浩特市中级人民法院认为延期缴纳罚款属于逾期申请强制执行的正当理由,[③]而南通市中级人民法院认为延期缴纳罚款的期限不应超出其向法院申请强制执行的期限,否则可能拖延行政执法的效率。[④] 当这些相互冲突的案例进入类案的体系结构中时,法官该如何协调类案之间的效力分歧问题?又该如何选择合法合理的类案作为裁判规则?

以上规范和实践中的案例法治问题,亟待理论的澄清。寻找类案的活动,要遵循形式逻辑规则的引导,在纷繁复杂的司法案例群中,按照一定的效力规则,选择符合法治秩序统一的裁判规则。形式正义视野下的司法类案,侧重的是司法裁判本身的合法性,保证司法类案符合法律秩序和类案体系,为司法权限定一个外在框架。司法类案的形式标准,要解决的是在法院体系和审级制度的勾连下,类案的判断究竟以哪一级法院的生效裁判为标准。在此基础上,按照形式正义的原则构造"类案"的效力等级体系。

---

① 参见上海市第一中级人民法院(2017)沪 01 刑初 5 号刑事判决书。

② 参见上海市第二中级人民法院(2010)沪二中刑初字第 69 号刑事判决书。

③ 参见内蒙古自治区呼和浩特市中级人民法院(2017)内 01 行审复 1 号行政裁定书。

④ 参见江苏省南通市中级人民法院(2019)苏 06 行审复 1 号行政裁定书。

一、司法类案的效力影响因素

司法类案之所以具有效力，是因为类案中确立的裁判规则为人们的行动提供有效指引，尤其是能指引法官的裁判行为，符合实践理性标准。由于立法的局限和经验的复杂，法律始终具有“开放结构”，法律的标准是什么，很多情况下也非由制定法的文本明白无误地规定，而需要通过解释等活动来确定。“法官是法律帝国的王侯”。[①] 法官在个案裁判场景中，结合特定的案件事实和制定法规则，形成个案的裁判规范。这种裁判规范所创造的规则和价值能够组成一个相对独立的规范体系，成为法律规范与司法解释的必要补充，实现与法律规范和司法解释相辅相成。[②] 所以司法类案为司法实践提供规范资源，丰富法律体系的内涵。然而，不同法律体系的国家，植根于本国的历史文化传统和特定的基本国情，实行的判例制度模式有所差异，导致各法域下司法案例或判例的效力也不尽相同。探讨影响司法案例效力的因素是什么，有助于准确界定我国司法类案的效力。

（一）两大法系中司法判例的效力差异

判例法在历史上与普通法传统联系紧密，但是在两大法系日益融合的趋势下，判例制度是具备完善法制体系的现代法治国家的重要构成元素。只是英美法系实行的判例法与大陆法系实行的判例制度，在制度构造及效力地位上，有诸多差异。

在英美法系国家，判例是主要的法律渊源。裁判者是法律的创造者，法官在个案中形成的裁判规范对未来的裁判具有普遍的拘束力，实际上就是法律。在不成文法国家，因不成文法的发展背景与特性，形成了遵循先例原则，即法院裁判类似案件时，必须援引先例作为裁判依据。“没有遵循先例原则就没有法律”，[③]先例原则具有强制约束力。遵循先例原则中的“约束力”包括形式意义上的约束力与实质意义上的

---

① ［美］德沃金：《法律帝国》，李常青译，中国大百科全书出版社1996年版，第361页。

② 参见胡云腾：《从规范法治到案例法治——论法治建设的路径选择》，载《法治现代化研究》2020年第5期。

③ ［美］彼得·德恩里科：《法的门前》，邓子滨译，北京大学出版社2012年版，第1页。

约束力。[①] 前者是指类似的案件要求按照同样的方式裁判，保持与先例的结果一致，这主要源于"下级法院必须遵守等级体系中高于它的法院所做的判决"[②]；后者则依靠制度性原则，特别是符合社会一致性和规则稳定性原则，能够适应社会发展现实和正义要求。一个已决判例对后案法官的效力，有可能是"拘束力"，也可能是"说服力"。先例因其权威性而成为有拘束力的法律，但是如果后案法官遵循先例，是被其判决的实质推理所折服，则拘束法官的是先例的实质说服力。关于先例的效力来源，并不是法律的明确规定，而是蕴含在审级制度之中。在英国统一的司法体系下，法院制度的等级结构严格限制法官的自由裁量权，维持下级法院的判决与上级法院的一致性，间接性地承认了上级法院的法律效力。[③] 在美国复合型司法体制下，虽然判例的效力也是受审级制度的影响，但是联邦与州法院两个系统之间并非严格的等级格局，所以遵循先例原则不是那么机械，相反表现了美国判例法的灵活性。

在注重法律体系的大陆法系国家，尽管法官必须严格遵守成文法，不得司法造法，但是判例制度在大陆法系的司法实践中日益发挥重要作用。在理论上，司法判例并不是大陆法系的法律渊源，因为一旦判例对后案判决法官有拘束力，将违反禁止法官立法原则。[④] 在大陆法系国家的判例往往又称为"法官法"，主要指最高法院或终审法院的裁决中所适用的、在成文法律秩序中不存在的法律规则，[⑤]对下级法院的裁判具有特定的影响力。在实践中，下级法院基本上都遵守上级法院的判例，否则下级法院作出的判决在上级审时有被撤销的风险。[⑥] 在德国，由于联邦宪法法院和其他法院系统的宪法地位差异和功能区别，法院的判例也就分为具有法律约束力和事实约束力两类。根据《德国联邦宪法法院法》第 31 条的规定，联邦宪法法院的判决对联邦和州的所有

---

① 参见[美]迈尔文·艾隆·艾森伯格：《普通法的本质》，张曙光等译，法律出版社 2004 年版，第 84 页以下。

② [英]鲁伯特·克罗斯：《英国法中的先例》，苗文龙译，北京大学出版社 2011 年版，第 8 页。

③ 参见[美]伯尔曼：《法律与宗教》，梁治平译，商务印书馆 2017 年版，第 142 页以下。

④ 参见[美]梅利曼：《大陆法系》，顾培东等译，法律出版社 2004 年版，第 47 页。

⑤ 参见[德]魏德士：《法理学》，丁晓春、吴越译，法律出版社 2013 年版，第 104 页。

⑥ 参见[日]大木雅夫：《比较法》，范愉译，法律出版社 2006 年版，第 122 页。

联邦宪法机构、法院及其他权力机关具有正式的约束力。但是其他法院的判例的效力如何并未获得法律的承认,也就是说宪法法院的判例是正式的法律渊源,而其他法院的判例没有法律约束力。通说认为其他法院的判例被推定为拥有事实上的拘束力,有学者认为这种拘束力源自判例中"被正确理解或具体化的规范",①也有学者认为主要是由于科层制及上诉审的存在,下级法院的法官总是会遵循上级法院的判例。② 所以判例仍然发挥着实质拘束效力。在日本,通说认为判例并不是正式的法律渊源,判例的效力居于形式的拘束力和实质的拘束力之间。日本的遵循判例并没有制度化,但是在诉讼制度中间接肯定了最高法院的判例效力。根据《日本民事诉讼法》和《日本刑事诉讼法》的规定,下级法院的判决存在与最高法院的判决相抵触的情形,构成上告的理由。③ 所以通过诉讼程序的设计,实际上赋予了最高法院的判例的效力。尽管下级法院的先例没有制度上的保障,但是大量的类似案件类似裁判时,基于形式正义的理念,其他法院也会遵循先例。

(二)形式权威对司法类案效力的影响

通过以上对两大法系司法判例的效力差异考察,可以窥见权威因素对判例的效力发挥着重要作用。权威的本质要求服从,即使这种服从与某些行为理由相冲突。④ 两大法系都会基于先例的权威,在一定程度上遵循之前的判例裁判。在现行有效的法秩序框架内,什么是正确的,在本质上取决于什么被权威性与制度性地固定下来。⑤ 权威性构成了司法论证的制度性面向和现实性面向,造成判例效力的权威因素主要是制度性权威和政治性权威。

制度性权威主要是指法律规范的权威效力,通过法律的命令模式控制行为主体的行为。"准确意义上的法,是一种命令。所有法或规则

---

① [德]卡尔·拉伦茨:《法学方法论》,陈爱娥译,商务印书馆2003年版,第301页。

② Neil Mac Cormick & Robert S. Summers Edited, *Interpreting Precedents: A Comparative Study*, Dartmouth Publishing Company Limited, 1997, p. 17.

③ 参见[日]后藤武秀:《判例在日本法律近代化中的作用》,载《比较法研究》1997年第1期。

④ 参见[英]约瑟夫·拉兹:《法律的权威 法律与道德论文集》,朱峰译,法律出版社2005年版,第3页。

⑤ 参见雷磊:《法律体系、法律方法与法治》,中国政法大学出版社2016年版,第215页。

都是命令。”[①]法律是一种强制命令或权威的产物,应该得到强制服从。权威的本质性功能在于发布一个约束各种意志的决断,[②]这种决断模式具有强制性,能够维持社会在其共同行动中的统一性。判例的制度性权威效力来自法律的明确授权,基于法律制度的规定获得合法性地位。大陆法系国家受到制度权威的影响程度较大,如上文所述,德国联邦宪法法院的判例和日本最高法院的判例,都是通过法律的明确承认,获得的法定效力。在普通法系国家,基于遵循先例的法律传统,在不成文的制度性权威的约束下,判例法具有正式的法律渊源效力。所以判例往往在规范权威的导控下,基于制度理性,获得强制服从的规范效力。

政治性权威是指在科层式权力组织结构中,自上而下产生的主导性权威。在司法科层制机构之下,依赖自上而下的权力运转机制,下级法院受到上级法院的权力和权威的影响。在这种权威的科层结构中,各级官员被组织在严格的等级秩序内,权力来自最上方,沿着权力的等级序列缓缓向下流动。[③] 无论是大陆法系还是英美法系,普通法院的判例之所以具有拘束力,在一定程度上是基于司法权力的威慑而获得服从效力。只要一个共同体的福祉需要一种共同行动,那么此种行动的统一性就必须通过该共同体的一些更高级别的机构来加以保障。[④] 为了统一法律适用,实现类案同判,下级法院必须遵循上级法院的判决。“就最高法院的判决而言,上诉法院并不是在遵循先例,而是在服从更高的权威。”[⑤]借助司法科层制中上级机关的政治权威,可以避免发生不停息的争论。所以在司法审判的宏大场景中,每一个下级司法组织都成为权威的担负者或接受者。

---

① ［英］约翰·奥斯丁:《法理学的范围》,刘星译,中国法制出版社2002年版,第17页。

② 参见［法］耶夫·西蒙:《权威的性质与功能》,吴彦译,商务印书馆2020年版,第50页。

③ 参见［美］米尔伊安·R.达玛什卡:《司法和国家权力的多重面孔》,郑戈译,中国政法大学出版社2015年版,第25页。

④ 参见［法］耶夫·西蒙:《权威的性质与功能》,吴彦译,商务印书馆2020年版,第34页。

⑤ ［美］理查德·A.波斯纳:《联邦法院:挑战与改革》,邓海平译,中国政法大学出版社2002年版,第401页。

在上述两种形式权威中,只有制度性权威具有强制力,能够产生规范拘束效果,法院负有遵循相应先例的法律义务。而政治性权威由于具备功能性的外部效应,能够产生事实性拘束力,下级法院被迫遵守上级法院的判例。

(三)实质理由对司法类案效力的影响

判例得到遵守,除了受到形式权威的强制力影响,更重要的原因在于判决本身的实质理由之说服力。实质理由是通过裁判的内容来支持一个法律命题,其支持力完全取决于内容而非其他条件。[①] 英美法系的判例效力受到权威的影响因素较少,判例的形成往往是一个自发生成的过程,其效力来源于司法裁判本身的正确性。大陆法系的判例效力虽然受到制度权威和政治权威的影响,但这种影响主要是针对联邦宪法法院的判例,普通法院的案例则主要是基于说服力产生的司法理性因素增加了判例的可接受度。所以司法裁判的实质理由对判例的形成发挥了重要作用,实质理由也影响着后案的裁判行为。

理由的概念是理解规范与行动之间关系的一个关键要素。[②] 司法案例中的裁判规则得到其他法院的遵守,很大程度上取决于内容的有效性和正确性。实质理由建立在实践理性的基础上,其内容范围广泛,包括司法推理的合逻辑性、司法实践的统一性、法律解释的正确性等方面。"先例的唯一权力,或曰说服后来的法院予以遵循的可能性,只是存在于其实质推理的正确性和说服力。"[③]上级法院并不能要求下级法院按照其对某个规则的理解进行裁判,上级法院的司法观点的约束力,取决于支持其观点的论证,只有能够被司法理性所证明的部分才具有效力。相反,如果某个法院认为自己的下级法院或其他同级法院的判决是正确的,该判决的裁判规则或实质理由对这个法院就会产生影响力。裁判内容的正确性、法律适用与解释的正确性产生的效力,是一种实质理性,能够得到法院的自觉遵守。大陆法系国家中遵循先例并不

---

① Aleksander Peczenik, *On Law and Reason*, Springer, 1989, p. 313.

② See Cristina Redondo, *Reasons for Action and the Law*, Kluwer Academic Publishers, 1999, p. 1.

③ [美]阿蒂亚、萨默斯:《英美法中的形式与实质:法律推理、法律理论和法律制度的比较研究》,金敏、陈林林、王笑红译,中国政法大学出版社2005年版,第99页。

是法律义务，判例中确立的规则裁判得到遵守的原因在于裁判理由的正确性。

二、一元多层级类案等级体系

按照凯尔森的规范等级体系理论，法律秩序是一般规范与个别规范根据法律调整自身的创造这一原则相互联结的一个体系。① 立法者根据法律秩序的基础规范亦即宪法规范，创制其他的一般规范，由此形成立法的等级框架秩序。然而，立法行为只是为法律秩序提供了一个一般性框架，这个框架的内容和规则还需要司法者进行填补和细化。司法行为通过对制定法的解释与适用，建立一套依附于实在法的判例和教义学体系。② 司法机关的职能在于维护法律的统一适用，实现法律对社会生活的控制。科层式的司法机关创制的多样化的个别规范秩序，也要形成内部融洽的等级体系，才符合宪法保障的形式正义价值的要求。我国各级人民法院的案例进入类案体系以后，扩大了个别规范的来源范围，各地各级的司法裁判规则之间可能发生冲突。只有构建我国司法类案的效力等级体系，才能有助于促进司法统一和维持法律体系的融贯性，减少司法规则之间的冲突与分歧，确保形式主义法治的实现。

（一）一元多层级类案体系的效力定位

建立我国司法类案的效力等级体系，需要明确司法类案在法源谱系中的效力定位。司法案例的效力在我国的案例指导制度中，并未得到明确的规定。在规范层面，《案例指导规定》第7条规定，最高人民法院发布的指导性案例，各级人民法院审判类似案例时应当参照。“应当参照”究竟是何种效力含混不清，未能参照是否要承担法律后果也不确定。《类案检索意见》第9条进一步规定，检索到的类案为指导性案例的，人民法院应当参照作出裁判；检索到其他类案的，人民法院可以作为作出裁判的参考。“可以参考”是否具有效力尚存疑问，指导性案例

---

① 参见［奥］凯尔森：《法与国家的一般理论》，沈宗灵译，中国大百科全书出版社1996年版，第150页。

② 参见雷磊：《法律体系、法律方法与法治》，中国政法大学出版社2016年版，第93页。

与其他类案的效力有何差异并不清晰。正是由于规范上未正面确认指导性案例与其他类案的效力定位,引发了理论上关于司法类案效力问题的争论不休。

1. 我国司法类案的效力之争

在理论上,由于指导性案例进入司法制度的文本较早,而其他法院的案例并不在案例指导制度的范围之内,其他类案于2020年7月才获得司法文件的承认,所以学界主要是围绕指导性案例的效力展开论争。从法律渊源的角度,"非正式法律渊源说"主张指导性案例具有制度支撑的说服力,①可以作为说理依据的非正式法源,指导性案例在援引地位上低于作为裁判依据的司法解释,其"参照"的效力也低于法律效力。② "准法律渊源说"认为指导性案例是我国法院的司法裁判中基于附属的制度性权威,具有弱规范拘束力的裁判依据。③ 从效力层面,"事实拘束力说"认为指导性案例的约束力是一种"软指导",有别于国外判例制度中的"硬指导",④先例式参照的效力来源于逻辑、伦理、智识、利益和诉讼制度运作等系列"事实因素"的综合效应。⑤ "强制拘束力说"认为指导性案例的强制约束力可以保证法官在审判实践中能够自觉遵循,从而发挥指导性案例的作用,⑥只有赋予指导性案例规范拘束力,才具有外在强制性。⑦ "司法解释说"认为指导性案例是对法律条文所作的主动、直观的解释,是司法实践中非常有效的一种司法解释方式,⑧并

---

① 参见张骐:《再论指导性案例效力的性质与保证》,载《法制与社会发展》2013年第1期。

② 参见黄泽敏、张继成:《案例指导制度下的法律推理及其规则》,载《法学研究》2013年第2期。

③ 参见雷磊:《指导性案例法源地位再反思》,载《中国法学》2015年第1期。

④ 参见胡云腾、于同志:《案例指导制度若干重大疑难争议问题研究》,载《法学研究》2008年第6期。

⑤ 参见冯文生:《审判案例指导中的"参照"问题研究》,载《清华法学》2011年第3期。

⑥ 参见郎贵梅:《中国案例指导制度的若干基本理论问题研究》,载《上海交通大学学报》2009年第2期。

⑦ 参见李仕春:《案例指导制度的另一条思路——司法能动主义在中国的有限适用》,载《法学》2009年第6期。

⑧ 参见于朝端:《建立以判例为主要形式的司法解释体制》,载《法学评论》2003年第3期。

且是以判例形式行使司法解释权,具有法律拘束力。[①] 以上理论之诸争论的核心议题在于指导性案例的法律效力与事实效力、法律渊源与非法律渊源两个大的方面,尽管推动了案例指导制度的发展,但是效力之争未能站在影响判例效力的整体视野进行诠释,总有隔靴搔痒之弊。"'立法者'这三个更正字就可以使所有的文献成为废纸。"[②]《人民法院组织法》的修改,正式承认了指导性案例的法律效力。那么在新的社会背景下,指导性案例与其他类案的效力差异,也需要理论上的及时更新。

2. 指导性案例的法律效力

根据上文分析的影响司法类案效力的双重因素,指导性案例经由《人民法院组织法》确认和最高人民法院权威制定,已经具备了形式权威效力;而且在司法实践中指导性案例被各级人民法院援引发挥着重要实效,体现了实质内容的正确性。所以指导性案例获得了应然层面的法律支撑和实然层面的效力承认,具备正式法律效力,是一种法律渊源。具体而言,根据《人民法院组织法》第 18 条的规定,最高人民法院可以对属于审判工作中具体应用法律的问题进行解释;最高人民法院可以发布指导性案例。由此,指导性案例得到了明确的规范授权,经立法的承认获得法源地位。尽管该条未明确规定指导性案例的性质,但是可以通过法教义学诠释出指导性案例与司法解释的法律效力相同但法律性质不同。

从文义解释上看,指导性案例与最高人民法院对法律问题的解释并列规定在同一条文,说明指导性案例获得了与司法解释同等的法律地位和法律效力。该条中的"解释"可以进行广义解释,既包括通过制定司法规范性文件(司法解释)的方式进行抽象性解释,也包括通过颁布指导性案例的方式进行具体性解释,因为指导性案例的本质就是依附于个案的法律解释和适用。有学者从制度实践的角度,通过类型化梳理指导性案例的功能,归纳出指导性案例主要是明确制定法规范含

---

① 参见周佑勇:《作为过渡措施的案例指导制度——以"行政[2005]004 号案例"为观察对象》,载《法学评论》2006 年第 3 期。

② [德]尤利乌斯·冯·基尔希曼:《作为科学的法学的无价值性》,赵阳译,商务印书馆 2016 年版,第 32 页。

义的解释型案例,关键在于正确解释法律规范的含义;[①]而且指导性案例的“指导性”并不局限于个案诉讼,而具有超出个案判决的普遍类型化效力。这种效力依托于严格的程序保障,《人民法院组织法》第37条第2款将指导性案例的制定程序制度化,立法亲历者的解释是“无论是司法解释,还是指导性案例,都是由最高人民法院审判委员会讨论通过”。[②] 指导性案例的审议和发布程序与司法解释相同,在效力上也应保持一致性。

从目的解释的角度看,指导性案例与司法解释都是通过对具体应用法律问题的解释,达到统一法律适用的目的,但是实现目的的方式有差别。《立法法》第119条规定最高人民法院作出的属于审判工作中具体应用法律的解释,应当针对具体的法律条文。该条视为司法机关制定司法解释的权威依据,其中,“具体应用法律的解释”和“针对具体的法律条文”两个要件,就将指导性案例排除在该条的范围之外。尽管指导性案例是遴选出各级人民法院优秀的个案判决,并对裁判要点进行提炼,以权威形式发布,具有统一各级人民法院裁判观点的功能。但是指导性案例的对象是“个案”,而不是“针对具体的法律条文”,是由案件事实、证据、争议焦点、裁判依据、说理内容与裁判结果等要素组成,实质上是从个案角度为类似的案件提供裁判规则参考,达到统一法律适用的目的。而司法解释是“针对具体的法律条文”,是由假定条件、行为模式与法律后果等要素组成,从规则供给的角度为不特定的个案提供详细的裁判依据,达到统一法律适用的目的。所以指导性案例与司法解释的性质并不一致,前者是有法律效力的个案规范,后者是有法律效力的法律解释规则。

从历史解释的角度看,我国司法改革的一系列纲领性文件,都是将司法解释与案例指导并列作为完善法律统一适用的机制,可见两者同位但不同质。党的十八届四中全会通过的《中共中央关于全面推进依法治国若干重大问题的决定》,提出“加强和规范司法解释和案例指导,统一法律适用标准”。最高人民法院印发的《关于全面深化人民法院改

---

① 参见雷磊:《指导性案例法源地位再反思》,载《中国法学》2015年第1期。

② 姜启波、郭锋、袁春湘:《人民法院组织法修改的解读》,载《人民司法》2019年第1期。

革的意见——人民法院第四个五年改革纲要(2014—2018)》第23条规定,加强司法解释等审判指导方式的规范性,改革指导性案例的运行机制,完善法律统一适用机制。《最高人民法院统一法律适用工作实施办法》(法〔2021〕289号)第1条规定,统一法律适用工作包括起草制定司法解释或其他规范性文件、发布案例、落实类案检索制度、召开专业法官会议讨论案件等推进法律统一正确实施的各项工作。经过统一法律适用机制的历史变迁,虽然指导性案例同司法解释一样,主要目的在于统一裁判尺度与实现司法公正,但是两者的法律性质有差别。司法解释在性质上属于规范性文件,通过"点对面"的方式发挥对个案法律适用的规范作用。指导性案例在性质上属于生效的个案裁判,通过"点对点"的方式发挥对类似案件法律适用的指导作用。

指导性案例更新了司法机关有权解释的方式,作为与司法解释并列的统一法律适用规则供给方式,由此形成针对个案的具体型指导性案例与针对法律条文的抽象型司法解释"双轨型"解释体制。并且,指导性案例以个案形式解释法律具备特定的功能优势,不仅能够弥合抽象司法解释僭越立法权的风险,而且可以经常性地提供个案司法资源,弥补司法解释滞后的缺陷。

3. 其他司法类案的效力定位

除了指导性案例,我国各级人民法院的生效判决均可能构成司法类案。这种司法类案的效力并不是事实拘束力,而是价值拘束力,是一种非正式法律渊源。

其他司法类案包括最高人民法院的生效案例和其他各级人民法院的案例。首先,最高人民法院的其他案例并未像指导性案例一样获得规范基础依据,所以不具有法律效力,但由于其在司法系统内部具有最高的地位,所以各级人民法院必须遵守。当然,最高人民法院的司法类案由于其本身的实质性内容,也能够成为具有普遍意义的裁判规范或者适用法律的标准。其次,其他各级人民法院的类案也不具备规范的外观形式,其效力来源并不依赖于制定法。一方面,这种效力来源于法院系统内部上级人民法院的权威,基于审级制度的约束而遵从上级人民法院的判决。另一方面,地方人民法院的类案效力更重要的来源在于裁判中法律论证产生的合理性和说服力,并且这种说服力并不是事实性效力，而是价值拘束力。立法者的任务是构建普遍性的法律规范，而法官关注的是如何在共性的法律与个性的事实间实现互动关系，形成个案的裁判规范。[①] 个案裁判规范可以实现制定法规则在个案裁判场景中的具体化，承载着的是司法理性与智识权威。因为司法裁判要在事实与规范、价值之间作出理性的诠释，就必然要对社会情势作出正确的分析，对法律规范进行适当的变通或补充，对社会多元与个体之间的价值作出恰当的权衡。那么如果个案裁判中的观点因符合客观或被共同接受的价值观念，对后案法官裁判类似活动就具有拘束力。[②] 这种拘束力的支撑机制是价值的共识性与理由的正当性，而非事实上的说服性。尽管个案裁判规范对后案裁判的影响力是自发生成的，但是自主性共识的达成也是建立在裁判的价值理性基础上。

司法类案的这种价值拘束力，有利于促进形成判例适用的普遍规则。于是，司法类案及其裁判规则将会成为未来所有个案裁判的具体典范，而这些个案蕴含着活的、真实的法秩序。在同案同判的司法正义价值导控下，这些类案在司法裁判中就承担着构成性的功能，而此种构成性的功能必然要求司法类案具有某种实质性的法源地位。[③] 但是这种司法类案未能获得现行法秩序的正式承认，所以只是一种非正式法律渊源。

（二）一元多层级类案体系的基本架构

在区分了我国各层次司法类案的效力定位之后，就可以按照一定的规则建构我国司法类案的效力等级体系。随着类案审判制度的推进，我国司法类案的构成范围由最高人民法院的一元主导模式，发展至全国四级法院的一元多级并存模式。类案范围的扩张，有利于填补最高人民法院的局限性，充分发挥地方各级人民法院的能动性。

1. 一元多层级类案体系的架构依据

我国各地各级庞杂的司法类案群之所以能够建构起体系化的类案

---

① 参见［英］齐格蒙·鲍曼：《立法者与阐释者：论现代性、后现代性与知识分子》，洪涛译，上海人民出版社2000年版，第7页以下。

② 参见雷磊：《法律体系、法律方法与法治》，中国政法大学出版社2016年版，第165页。

③ 参见泮伟江：《论指导性案例的效力》，载《清华法学》2016年第1期。

法治秩序，主要在于严格的司法审级制度和实质的司法理性因素相互结合，实现制度权威、司法理性与司法组织结构的统一。[①] 从形式主义的角度看，在我国统一的司法框架内，由所有层级的法院组成的司法审级结构呈现为金字塔式的等级体系，司法类案的效力层级正是按照法院的这种结构体系来建构的。法律体系所包含的行为标准，都是以某种方式与相关审判制度的运行联系在一起的。[②] 在审级制度的约束下，上级法院监督下级法院，上级法院的类案往往比下级法院的类案具有更高的效力，进而形成各级人民法院的类案效力等级体系。作为这种体系最顶端的最高人民法院则是承担司法统一最有权威性的机构，[③]在指导性案例的统合下，可以维持法律适用的普遍一致性。从实质主义的角度看，一元多层级类案体系的勾连元素还包括基于实质内容的正确产生的司法理性。而充分的实质理由有助于普遍性共识的达成，于是，司法判例的约束力就自然地产生于司法过程中。法律的运作并非仅依靠人为理性的构建，而是具有自律性及由此产生的规范性，亦即是一种自发秩序。[④] 司法类案正是基于实质内容产生的价值拘束力，获得法院的普遍性遵从，契合了“判例的自发性运用对法律适用恰当性的总体贡献更大”。[⑤] 所以司法类案基于实质理性达成的共识，构筑起自觉遵守的效力等级体系。

司法类案的效力层级并不是孤立地依靠形式主义权威或实质主义理性就能建立起来，而是基于司法层级形成的政治权威与基于共识达成的智识理性相互作用，才构成了一元多层级类案体系的内在根据。一个可接受性较高的裁判理由，应当同时建立在权威与共识的基础之上。[⑥] 司

---

① 参见周维栋：《论司法类案的效力层级及其冲突协调规则》，载《中国法律评论》2022年第5期。

② 参见［英］约瑟夫·拉兹：《法律的权威》，朱峰译，法律出版社2005年版，第45页。

③ 参见杨知文：《指导性案例编纂中的司法统一与职能分层》，载《河北法学》2015年第7期。

④ 参见［英］弗里德里希·哈耶克：《自由秩序原理》，邓正来译，生活·读书·新知三联书店1997年版，第295页以下。

⑤ 顾培东：《判例自发性运用现象的生成与效应》，载《法学研究》2018年第2期。

⑥ 参见孙跃：《案例指导制度的改革目标及路径——基于权威与共识的分析》，载《法制与社会发展》2020年第6期。

法类案的层级效力形成过程，正是自主性原则和权威原则的有机结合，进而产生一种等级秩序。在这样一种秩序中，低级社会单元的自主性将补充和平衡高级社会单元的权威。[①] 在一元多层级类案等级体系中，指导性案例主要是依赖法院系统内部科层制的遴选程序，发挥司法组织的政治权威，而且这种司法性政治权威不具有规则自发生成的司法理性基因。而其他类案更大程度上体现的是实质理性和司法自觉，可以补足指导性案例的智识理性之不足。

2. 一元多层级类案体系的基本框架

我国的司法类案框架秩序是"一元多层级"的类案等级体系，"一元"是指最高人民法院的指导性案例，"多层级"指的则是最高人民法院的其他案例、各高级人民法院的案例、中级人民法院的案例、基层人民法院的案例以及专门人民法院的案例。在司法类案的效力等级体系中，"一元"是主导地位，"多层级"是基础和补充地位。只有建立"一元多层级"的类案配置模式，才能满足我国司法实践的现实需要。

从"一元"来看，最高人民法院的指导性案例作为我国法律唯一明确规定的法定案例，因此在我国的司法类案体系中处于最核心、最重要的位置，应该将其置于类案效力层级的金字塔顶端。而且基于最高人民法院作为最高审判机关的宪法地位，[②]指导性案例在类案体系中理应发挥关键性的最终控制作用。在类案效力上，最高人民法院具有最终话语权。从司法实践来看，无论是最高人民法院的《类案检索意见》，还是地方各高级人民法院的"关于规范法官裁量权行使、保障裁判尺度统一的实施意见"，都是将最高人民法院发布的指导性案例作为第一顺位检索目标。虽然我国有多级法院，甚至是各级人民法院的案例都可以作为类案，但所有的类案都应受到最高人民法院的监督，确保类案效力的最终控制权掌握在最高人民法院手中。这样做的好处在于，一方面可以保证类案效力在国家层面上的统一性，进而维护法律适用的一致性；另一方面可以有效对抗类案效力上普遍存在的区域割裂和地方保

① 参见[法]耶夫·西蒙：《权威的性质与功能》，吴彦译，商务印书馆 2020 年版，第 34 页。

② 我国《宪法》第 132 条规定：最高人民法院是最高审判机关。最高人民法院监督地方各级人民法院和专门人民法院的审判工作，上级人民法院监督下级人民法院的审判工作。

护主义。

“案例指导制度最直接的目的是规范自由裁量权，实现司法统一。”[①]案例指导制度的确立能够为同类案件的审判提供统一的法律解释规则，有效地减少法院适用法律的错误，维护法律适用的统一。各级人民法院的类案必须统一在最高人民法院的指导性案例之下，确保类案等级体系的形式融贯和秩序安定。

从“多层级”来看，最高人民法院的公报案例、典型案例及裁判生效的案件，高级人民法院的参考性案例、典型案例及裁判生效的案件，中级人民法院以及基层人民法院等四级体系中的案例，还包括各级专门人民法院的案例，都是我国司法类案等级体系中的构成元素。传统上由最高人民法院主导的“一元”体制案例供给模式，运行的效果并不理想，反映了“多层级”的司法类案权力配置存在的必要性。但是究竟哪些案例资源能够进入类案等级体系的框架秩序中，司法实践中存在分歧。

对于第一层级的类案范围而言，《类案检索意见》规定的是最高人民法院发布的典型案例及裁判生效的案件；在地方层面，江苏省高级人民法院《关于建立类案强制检索报告制度的规定（试行）》（以下简称《江苏类案检索规定》）规定的是，《最高人民法院公报》刊登的案例、裁判文书与最高人民法院及其相关业务部门发布的典型案例、作出的生效裁判具有优先顺序；湖南省高级人民法院《关于规范法官裁量权行使保障裁判尺度统一的实施意见（试行）》（以下简称《湖南规范法官裁量权意见》）规定的是，《最高人民法院公报》刊登的案例、裁判文书与最高人民法院各业务庭公开发布的案例、裁判文书具有优先顺序；北京市高级人民法院《关于规范民事案件自由裁量权行使保障裁判尺度统一的工作意见（试行）》（以下简称《北京规范法官裁量权意见》）并没有将最高人民法院的其他案例纳入检索范围。鉴于实践中的层级划分混乱，有必要统一类案的效力等级标准。有学者认为高级人民法院的参

① 秦宗文：《案例指导制度的特色、难题与前景》，载《法制与社会发展》2012年第1期。

考性案例是第一层级，而最高人民法院的公报案例是第二层级。[①] 这种观点显然是不严谨的，最高人民法院的公报案例具有统一全国司法裁判标准的功能，其效力理所当然优于各省高级人民法院的参考性案例。如果各地司法实践均将各自高级人民法院的参考性案例作为第一顺位检索目标，而忽视最高人民法院的裁判标准，必将危害司法统一，导致地方保护主义盛行。接下来的关键在于最高人民法院的案例之间是否具有效力差异，最高人民法院的公报案例、典型案例及裁判生效的案件的本质差异仅限于发布程序，前两者较后者多了一个发布程序，前两者之间也就是发布主体的差异。按照类案的效力影响因素来判断，最高人民法院的案例之间并无效力差异，所以第一层级的类案范围是最高人民法院的公报案例、典型案例及裁判生效的案件。

对于第二层级的类案范围而言，《类案检索意见》规定的是本省（自治区、直辖市）高级人民法院发布的参考性案例及裁判生效的案件；《类案检索规定》规定的是《江苏省高级人民法院公报》刊登的参阅案例、长三角四地高级人民法院联合发布的典型案例；《湖南规范法官裁量权意见》规定的是各高级人民法院公布的参考案例；《北京规范法官裁量权意见》规定的是市高院发布的参阅案例。由此可见，第二层级的类案范围从本省高级人民法院的案例、区域性高级人民法院的案例到全国各高级人民法院的案例不等。为了解决以上标准存在的分歧，需要回到类案审判制度的本源。类案检索制度的根本目的是约束司法裁量权，实现类案同判，保障法律统一适用。如果各高级人民法院的案例标准不统一，允许地方司法机关各自为政的话，那么难以实现全国性的司法统一。司法正义首要的是保障形式正义的实现，在此基础上，考量地方性因素，进行灵活性调适，兼顾实质性的个案正义。所以第二层级的类案范围应该是全国各高级人民法院的案例、区域性高级人民法院联合发布的案例。

对于第三层级和第四层级的类案范围而言，《类案检索意见》和地方各高级人民法院出台的司法文件的规定比较统一，基本上都是上一

① 参见马燕：《论我国一元多层级案例指导制度的建构——基于指导性案例司法应用困境的反思》，载《法学》2019 年第 1 期。

级人民法院及本院裁判生效的案件。唯独《北京规范法官裁量权意见》规定的是本院院级法官会议或审判委员会讨论的案例，并且还规定了如在等级范围内无法查找到类案，可对所在辖区的中、高级法院、全国法院其他生效案件进一步检索。为了建立严格的类案效力等级体系，有必要区分中级人民法院的案例与基层人民法院的案例。第三层级的类案范围是全国各中级人民法院的案例，包括本地各中级人民法院的案例和其他地方各中级人民法院的案例。本地各中级人民法院的案例效力在同一层级，原因在于这些中级人民法院受到同一高级人民法院的监督，其制度环境相同，所以其裁判的效力相同。而其他地方各中级人民法院的类案能进入该层级，主要是由于这些类案本身的正确性能够对后续的法律适用和案件裁判产生约束力，也是各高级人民法院的类案效力相同的必然要求。第四层级的类案范围是全国各基层人民法院的案例，理由同上。另外，由于专门人民法院的专业优势，不宜放在普通法院的效力等级体系中，各级专门人民法院之间的类案形成相应的效力等级体系，当然这些专门人民法院的类案统合在指导性案例之下。

由此，在最高人民法院主导与各级人民法院的参与下，形成一元四级类案等级体系，各层级的类案之间构成纵向上的效力位阶关系。并且这个效力等级秩序是动态的：指导性案例与其他类案的效力是流动的，随着实践资源的积累和最高人民法院的遴选程序，其他类案可以转化为指导性案例，由价值拘束力上升为制度性权威。

（三）一元多层级类案体系的运行机制

在类案检索过程中，需要遵循一元多层级类案体系，该体系运用到司法裁判中，能够发挥约束法官自由裁量权与保障法律统一适用的功能。在司法类案体系中，法官能否选择合适的类案适用到司法裁判中，关系到同案同判的目标能否实现。司法类案的检索顺序取决于类案的效力构造，应该按照一元多层级类案体系的效力位阶依次检索适用。

一元多层级类案体系的检索顺序，遵循“效力优先，适用优先”的原则。在司法类案的一元多层级体系内，指导性案例是最优位适用顺序，其他类案按照效力层级依次适用。按照学者对法律渊源的分类，一个完整的法源理论框架包括法源性质论与法源分量论。[①] 在性质上,指导性案例是正式的法律渊源,其他类案是非正式法律渊源,前者由于具有制度性权威,所以其效力更高而得到优先适用,排在类案检索的第一顺位。在分量上,由于权威的大小与拘束力的差异,同一类型的渊源之间也具有分量的重要性高低。在司法结构体系中,法院的层级越高,其类案的分量越大,适用顺序越优先。"同案同判"的司法目标具有明显的科层属性和地域属性,与司法权力配置的纵向结构和横向结构密切相关。[②] 在类案体系的纵向结构中,上级法院的类案效力高于下级法院的,优先适用。对于存在多个上级法院的类案的,优先适用存在直接监督关系的上级法院的类案,而不存在直接监督关系的上级法院的类案对其他下级法院的类案并没有直接效力优位。在类案体系的横向结构中,存在多个同级别的法院类案的,优先适用同一区域内存在共同上一级法院管辖的同级别法院类案。同一个法院存在多个类案的,优先适用本院之前同一审判组织的类案。当然,以上类案的适用顺位是相对的,因为类案的适用在遵循效力等级秩序的同时,还要维护司法裁判的实质理性。对地方法院而言,有些本院与上级法院的生效裁判可能不如其他地方法院的合理,[③]在没有最高人民法院的类案指引的情况下,就需要吸收其他地方法院的类案进行更合理的裁判,而不是固守与本地类案保持形式上的一致性。综上,司法类案的适用位阶,原则上按照审级构造,遵循从上到下的顺序依次适用;在例外情况下,可以突破管辖权限因素,跨区域适用类案。

三、类案效力位阶的冲突协调

由于案件发生的时空条件与裁判者的价值取向均存在差异,不同法院在类似案件的法律适用问题上可能不一致,对同一法律条文的理解也可能发生矛盾,甚至是同一法院也可能遇到上述分歧。形式的正

---

① 参见雷磊:《法律体系、法律方法与法治》,中国政法大学出版社 2016 年版,第 159 页。

② 参见周维栋:《论司法类案的效力层级及其冲突协调规则》,载《中国法律评论》2022 年第 5 期。

③ 参见陈杭平:《论"同案不同判"的产生与识别》,载《当代法学》2012 年第 5 期。

义是对原则的坚守,是对体系的服从。[①] 为了保证类案同判原则的实现,维护类案效力等级体系的和谐,需要建立明确的类案冲突协调规则。如何协调司法类案之间的冲突,现行法律适用分歧解决机制并不健全,笔者认为应该从司法类案的层级冲突、地域冲突与时效冲突三个层次完善类案适用分歧解决规则。

(一)司法类案的层级冲突协调规则

在司法实践中,有的类案确立的裁判规则可能与法律、司法解释或其他类案之间存在冲突。《2020 年加强类案指导意见》第 9 条规定,指导性案例与新的法律、行政法规、司法解释相冲突或者为新的指导性案例所取代的,不得参照裁判。该条并未明确法官在类案检索过程中,发现指导性案例与旧的法律、行政法规、司法解释相冲突或者是与旧的指导性案例矛盾时,该如何处理。依照最高人民法院《关于建立法律适用分歧解决机制的实施办法》(以下简称《实施办法》)的规定,最高人民法院生效裁判之间存在法律适用分歧的,或者各高级人民法院和专门人民法院拟作出的裁判结果可能与最高人民法院生效裁判确定的法律适用原则或者标准发生分歧的,应当启动法律适用分歧解决机制。该规定也仅限于最高人民法院的裁判分歧问题,下级法院之间的类案不一致如何处理仍待完善。那么是否可以根据《立法法》确立的“上位法优于下位法”原则,处理司法类案的层级冲突?

1. 司法类案与法律规范、司法解释的冲突协调规则

由于社会生活的变动不居,个案事实的鲜活多样,灵活具体的类案可以有效弥补成文法的滞后性和司法解释的局限性。但是鉴于个案裁判的主观性,司法类案极易与法律规范、司法解释发生冲突。不仅司法类案本身可能由于裁判错误与法律规范、司法解释产生冲突,而且随着社会的发展,过去的司法类案有可能与新制定的法律规范、司法解释不相适应。

对于司法类案与法律规范的冲突而言,依法审判是法院的宪法和法律义务,法院不得越法裁判,司法类案必须服从制定法。如果法院在

---

① 参见[美]约翰·罗尔斯:《正义论》(修订版),何怀宏、何包钢、廖申白译,中国社会科学出版社 2009 年版,第 45 页。

类案检索过程中发现司法类案与法律规范相冲突，法院在放弃对该类案援引的同时，还应启动相应程序来纠正错误的类案。[①] 司法类案与法律规范冲突的本质是法律适用错误，即裁判该类案的法院对法律的选择适用型错误或解释型错误，此时应该发挥审判监督程序的纠错功能。具体而言，如果该类案是本院之前裁判生效的案件，由本院依职权启动审判监督程序；如果该类案是下级法院之前裁判生效的案件，可以由本院指令下级法院再审或者提审；如果该类案是其他法院之前裁判生效的案件，应将该类案转送原审法院依职权启动审判监督程序。在解决了类案与法律规范的冲突之后，法院就必须用新的案例来替代原来的类案，为今后类似案件的裁判提供合法的类案。

对于司法类案与司法解释的冲突而言，由于两者都是对法律的解释，宜遵循具体性解释服从于抽象性解释原则。司法类案与司法解释都是中国司法裁判规则的供给模式，前者是从微观具体角度对制定法加以阐释，后者是从宏观抽象角度明确立法的含义。[②] 司法解释是司法类案资源的积累，是在对大量司法类案的裁判要点进行体系性归纳总结基础上，提炼出法律规则的概念范围。司法解释的效力超脱于具体个案，具有适用的普遍性和强制性。而司法类案附属于个案，只针对特定的类案具有约束力。即使普通的司法类案被遴选为指导性案例，而具备了与司法解释同等的法律地位，但其适用效力仍然不具有普遍性。所以为了维持法治的普遍性正义，特殊性效力的司法类案不得违反普遍性效力的司法解释。

2. 上下级司法类案之间的冲突协调规则

传统的案例指导制度有意疏离我国的司法审级构造，但是类案强制检索制度则与整个司法体制中的审级制度相勾连，拓宽了案例参照适用的体系范围。然而，在这个一元多层级的类案体系中，由于监督机制运转疏失，地方法院可能脱离体系的约束，引发类案之间的间隙。

对于其他类案与指导性案例的冲突，由于最高人民法院无法实现

---

① 参见[美]迈克尔·J. 格哈特：《先例的力量》，杨飞等译，中国法制出版社 2013 年版，第 17 页。

② 参见姜远亮：《指导性案例与司法解释的关系定位及互动路径——以刑事审判为视角》，载《法律适用》2019 年第 8 期。

对省级以下人民法院的直接监督,导致地方司法实践中出现忽视指导性案例作用的情况,甚至与指导性案例相冲突。下级法院的类案与指导性案例相冲突的客观现实,不仅侵犯了指导性案例的"一元"地位和权威,也为全国性的司法统一埋下了隐患。对于其他上下级法院类案的冲突,由于这些类案并不具备强制性效力,所以地方法院很可能并不严格遵守类案的等级秩序,从而引发上下级法院类案之间的冲突,危害地方司法统一。

为此,有必要完善《实施办法》,建立统一的类案适用分歧解决机制,明确各级人民法院类案冲突的协调规则。该规则的建构原理应以法院审级制度为基础,依托于类案的效力等级体系。具体规则如下:各基层、中级人民法院发现类案适用标准不统一问题时,属于本院及下级法院类案的,直接审查作出决定,由于上下级法院之间的审级监督关系,本院的类案冲突审查决定还需报上级法院备案;属于同级其他法院类案的,层报共同上一级法院作出审查决定;属于上级法院类案的,层报该上级法院作出审查决定。高级人民法院发现类案适用标准不统一问题时,属于本院及辖区下级法院类案的,直接审查作出决定,本院的类案冲突审查决定还需报最高人民法院备案;属于指导性案例的,层报最高人民法院作出审查决定。最高人民法院发现类案适用标准不统一问题时,直接审查作出决定。

(二)司法类案的地域冲突协调规则

我国各地方的政治经济文化发展水平相差较大,导致不同地方的类案裁判标准不统一。司法实践中法官在很多时候也不太在意全国其他地区的类案,[①]因为不同地区的类案并不具有强制约束力,也不构成审级监督关系。司法类案的地域冲突会产生司法地方主义,进而割裂司法统一,但是实质合理性的地方性因素,符合地方司法公正的价值取向,这就导致全国司法统一的形式正义与地区司法差异的个案正义的矛盾。为了保障正义的天平两端之衡平,需要建立司法类案的地域冲突协调规则。

对于地方各基层、中级人民法院的类案冲突,由各省高级人民法院

① 参见孙海波:《"同案同判":并非虚构的法治神话》,载《法学家》2019年第5期。

协同建立跨域司法类案协商机制。该机制建立在协商性司法理念的基础上，通过构建一个以正义为价值内核的各级司法主体参与的类案商谈平台，有助于实现地方司法的公正与统一。具体运行规则是：当法院发现不同地方的司法类案适用标准不统一时，层报给本省高级人民法院，由本省高级人民法院与其他类案所在地方高级人民法院协商提出类案分歧的适用方案，彼此冲突的类案所属法院也应参与协商过程。将地方各基层、中级人民法院的类案冲突协调权限控制在省高级人民法院，是因为高级人民法院负有维护地方司法统一的职责。在协商过程中，主要是通过沟通达成共识，充分吸取各地司法的智识性经验的同时，考虑地区发展不平衡与民族自治事务等特殊因素，在兼顾个案正义的基础上，实现地方司法统一。对于同一经济体或同一文化圈的类案冲突，可以建立相应的区域一体化司法类案协商机制。如浙江法院在办理不同地区法院间的类案适用分歧问题时，联合江浙沪三省法官召开联席“云间合议”，建立高效协同的司法协作机制，推动跨域“类案同判”。[①] 浙江的司法实践，有效助推了长三角区域一体化类案分歧解决，有利于保证区域司法统一。对于地方各高级人民法院的类案冲突，层报至最高人民法院审查决定。为了强化最高人民法院对地方各级人民法院的监督功能，下级法院的司法类案不得逸脱指导性案例的控制。根据最高人民法院《关于完善统一法律适用标准工作机制的意见》的规定，各高级人民法院应当建立办案指导文件、参考性案例长效工作机制，定期组织清理，及时报送最高人民法院备案，切实解决不同地区法律适用、办案标准的不合理差异问题。将地方各高级人民法院的类案冲突问题提交至最高人民法院审查，有利于消解省级之间裁判的差异，实现国家司法统一。

（三）司法类案的时效冲突协调规则

随着社会背景事实的变化和法律规范的变迁，法官应当基于新的环境和视角来解释规则，类似案件的裁判标准也会出现前后不一致。因此需要设定合适的协调规则，来解决司法类案的时效冲突。根据《立

---

① 参见余建华：《探索信息时代司法运行新模式——浙江嘉兴法院创新跨域一体化司法机制纪实》，载《人民法院报》2020年11月7日，第1版。

法法》第103条的规定,同一机关制定的法律、法规、条例、规章,新的规定与旧的规定不一致的,适用新的规定。那么能否类推适用该条的规定,同一法院就类似案件的裁判标准前后不一致时,适用新的类案?

在社会发展过程中,人们的价值观念与行为模式都将发生一定程度的变化。"法律服务于社会塑造",[①]司法裁判正是在特定的社会情境中,解决法律将要塑造的社会现实中的纠纷。社会背景事实的变化,势必要影响到类案的判断。比如人类从工业社会进入智能时代,线上交易与数字货币推动了传统支付方式的变革,关于财产类犯罪的认定方式就要及时更新,前后类似案件的判断标准可能就不一样。法律会随着社会价值取向的变化而不断变化,类似事实在不同时期的法律评价也有所差异,过去的类案确立的裁判规则难以适应当下的社会需求,适用新类案符合时代背景下人们的价值共识。所以在社会进化过程中,旧的司法类案被自动淘汰,新的司法类案由于顺应司法规律得到自觉选择适用。

随着新的法律规范和司法解释的出台,新旧法律不一致时,遵循新法优于旧法的冲突协调规则。新法优先原则的价值诉求在于:遵循法律的适时变化规律,促进立法者适时矫正过去的立法错误,及时填补法律漏洞。而司法类案是对法律规范的解释,当法律规范发生调整时,对其的解释效力相应要发生改变,才能满足依法裁判的要求。如在《民法典》颁布施行后,过去依据分散的民事法律裁判的案件,可能与适用新法的案例相冲突。为了与《民法典》的原则和精神保持一致,最高人民法院及时出台了《关于部分指导性案例不再参照的通知》(法〔2020〕343号),宣布第9号、第20号指导性案例不再参照。也就是说,旧的类案在新法面前丧失了生命力。

法官在解释和适用类案时,应该注意历史维度的融贯统一。为了保证法秩序的一致性,司法类案的时效冲突协调应该遵循从新原则,即新旧类案对同一事项的裁判标准出现了冲突,新类案排斥旧类案的适用。但是从新原则也要受到一定的限制,新法优先原则旨在维护法律适时变化的能力,但是如果一味强调新类案优先,势必导致公民和社会

---

① [德]伯恩·魏德士:《法理学》,丁晓春、吴越译,法律出版社2013年版,第133页。

组织的信赖利益受损。为此,有必要引入权利保护最大化原则,当旧类案更有利于保障公民权利时,适用旧类案就具备实质正当性。比如在刑事案件中,原则上禁止溯及既往,但是当行为实行前的类案对被追诉人更有利时,就可以适用从旧原则,援引旧类案裁判。综上,司法类案的时效冲突协调规则是原则上从新,但旧类案更有利于权利保护时从旧。

第三节 类案的要件阶层体系:实质标准

司法类案的判断标准,从实体内容上,要求每一个类案符合宪法保障的实质正义价值取向,即尊重和保障公民权利。统一法律适用是同案同判的初阶目标,法律正确适用是同案同判的最终目标。正义不仅要求确立一般规则,而且要求公平适用规则。[①] 也就是说,正义要保证形式规则的统一和实质公正的实现。形式主义进路下的类案判断标准虽然有利于保证同案同判和实现法律统一适用,但是不足以保障法律正确适用和实现实质正义。基于法院依法独立行使审判权,裁判者有权力和义务正确理解和适用法律。然而,裁判者对法律规则的解释有可能错误,不同的裁判者对法律规则的解释有可能不同。当前一个裁判对法律规则的解释出现错误时,而后一个案件将其作为类案,必将导致不正义的裁判。如果判例制度只满足于同案同判的形式构建,却无助于实现个案的实质正义,就远非完满。[②] 司法类案的判断标准在满足形式正义的基础上,还需符合实质正义的要求,即保障类案裁判的正确性。对基本权利和自由及其优先性的令人信服的解释,是实现实质正义的首要目标。[③] 尊重和保障人权是宪法的核心价值理念,法院作为司法机关赋予保障公民权利的宪法义务。实质上的法治要求实现公正的法律秩序,这一原则要求国家的权力应当服从各种确定的、不可变更的

---

① 参见[美]卢埃林:《荆棘丛》,明辉译,北京大学出版社 2017 年版,第 52 页。

② 参见宋晓:《判例生成与中国案例指导制度》,载《法学研究》2011 年第 4 期。

③ 参见[美]罗尔斯:《正义论》(修订版),何怀宏、何包钢、廖申白译,中国社会科学出版社 2009 年版,第 2 页。

宪法原则，服从实质性的基本价值。① 司法类案的实质标准，侧重的是司法裁判内容的正当性，要符合权利保障的实质正义价值诉求。

司法类案的实质判断标准并非单一的要素相似性比较，而是一个要件阶层式的体系构造，包括宏观层面的比较维度、微观层面的比较要点和价值层面的比较内核。三者之关系有点类似一个等腰梯形，比较维度是梯形的底，相当于类案判断的基点；比较要点是梯形的腰，相当于类案判断的顶梁柱；比较内核是梯形的顶，相当于类案判断的控制阀。在比较维度上，主要是围绕事实问题与法律问题相似性比较，建立"基本案件事实—争议焦点—法律适用问题"的比较结构模型。在比较要点上，基于类推与事物的本质理论，依据法律规范和类案裁判的目的，以权利要素为核心，建立案件事实与法律规范之间的勾连关系。在比较内核上，通过运用法秩序中的价值判断比较案件的相似性，以价值权衡为基础，控制类案判断的恣意。

一、确定比较维度：从事实到规范

在确定了类案判断的比较对象之后，就要明确类案的比较维度，也就是确定从哪些方面比较案件的相似性。比较维度划定了类案判断的方向，是实质性类案判断标准的首要步骤，构成类案判断的要件阶层构造的基座。类案比较的方向是什么？究竟是事实相似还是法律相似？是事实标准还是法律标准？拉伦茨认为类比推理是通过案件事实的类型化分析，达到填补法律漏洞的目的。考夫曼则认为类推不应被贬拟为只是填补法律漏洞，演绎推理的"涵摄"是法律构成要件与案件事实要素的相似性论证，也是一种类推。关于演绎推理与类比推理的功能和作用，两位学者的观点不一致，但都涉及事实构成。二者的区别在于：作为"涵摄"大前提的法律规则也包含着法律拟制事实，而类比推理涉及的是前后两案的事实构成。

理论上关于类案的比较维度，尽管各自的考量因素和侧重点不完全相同，但相同的维度都涉及前后两案的基本事实与法律问题，也就是

---

① 参见[印]M. P. 赛夫：《德国行政法——普通法的分析》，周伟译，山东人民出版社2006年版，第11页。

事实与规范的勾连过程。有的强调基本事实的法律属性,有的强调关键事实,有的强调法律构成等,只是侧重点不同而已。最高人民法院的司法规范文件也承认了案件事实和法律问题作为类案的重要比较方面。《案例指导细则》第9条对类似案件的界定维度是,基本案情和法律适用方面,与最高人民法院发布的指导性案例相类似。而《类案检索意见》第1条对类案的界定是,与待决案件在基本事实、争议焦点、法律适用问题等方面具有相似性。换言之,经过规范的变迁,现行司法文件上确立的类案比较维度是,从事实到规范的一个整全性过程,即"基本案件事实+争议焦点+法律适用问题"。这说明实践要求与理论学说在案件相似性比较内容层面上,已经实现了内在契合。

案件相似性的比较不能局限于事实或法律的某一个方面,而是应该对类案进行整体性比较,包括案件事实、争议焦点和法律适用等方面。类案的判断不能脱离类案(指导性案例)的整体内容,单纯地截取案件事实、法律适用、裁判理由等方面,可能引发断章取义之嫌,从而削弱了类案的指导价值和作用。[①] 类案的比较维度要融合这三个层次(这三个层次的内容本身往往都是互相交融的体系),在此基础上,抽象提炼出比较点,展开对比较点的相似性判断。案件事实的相似性是类案判断的逻辑前提,争议焦点是贯穿类案判断的始终,解决法律适用分歧是类案判断的最终目的。这三者之间并不是线性的平行结构,而是螺旋式的循环结构。类案的认定和法律的适用要将目光在规范与事实之间往返流转,[②]在事实与规范的交融中获得类案判断的方向和标准。

(一)基本事实是类案判断的逻辑前提

案件基本事实是与法律评价相关联的事实,确立基本事实是类案判断的逻辑前提。在英美判例法国家,判断待决案件事实与先例事实的相似性,是法官遵循先例的重要前提。适用先例的步骤大体包括:寻找一个作为类比基点的先例—识别先例与待决案件之间在事实层面的

---

① 参见胡云腾、于同志:《案例指导制度若干重大疑难争议问题研究》,载《法学研究》2008年第6期。

② 参见[德]卡尔·拉伦茨:《法学方法论》,陈爱娥译,商务印书馆2018年版,第162页。

相同点和不同点—判断事实上的相同点或不同点何者更为重要—根据前述判断决定是遵循先例还是区分先例。[①] 在遵循先例制度的实践中，与争议问题相关联的实质事实是适用先例中的裁判理由和法律策略的前提，也是判例法规则构成的逻辑前提和重要组成部分。只有查明实质事实，才可能确保待决案件的裁判法院以与其他先例法院相同的方式来裁决新案件。[②] 我们的司法规则确立的是基本事实的相似性判断标准，这与案件事实、实质事实或关键事实有什么差别？

基本事实是介于案件事实与关键事实之间的事实类型，作为相似性判断的首要对象，案件基本事实并非包括所有的案件细节内容，而应当是与法律适用问题相关的重要事实。"同类案件"或"相似案件"只需要以案件的基本事实作为判断标准，而不需要比较案件的全部事实因素。[③] 因为个案复杂多样，任意两个案件不可能所有事实要素完全类似，何况需要进行类案检索的往往是新型疑难案件，相似的类案较少或者相似程度不高，所以不需要对全部案件事实进行比较。有观点认为关键事实是判断待决案件与先前案件是否属于类似案件的核心比较维度，而关键事实是与案件争议点直接相关的案件事实。[④] 其实，脱离了案件基本事实，无法准确理解案件关键事实，从而判断争议焦点。关于事实的问题必然与相关法律规范的事实构成相联系，[⑤]而只有可普遍化的案件基本事实才是可重复性地与法律规范勾连。案件的基本事实是经过加工处理的具有客观效力的事实，能够保证司法程序的可重复性，从而得出类似的法律结论。

最高人民法院《关于适用〈中华人民共和国民事诉讼法〉的解释》第335条规定，《民事诉讼法》第170条第1款第3项规定的基本事实，是指用以确定当事人主体资格、案件性质、民事权利义务等对原判决、裁定的结果有实质性影响的事实。所以基本事实是与法律评价相关的

---

① 参见兰磊：《英文判例阅读详解》，中国商务出版社2006年版，第686页以下。

② 参见［英］鲁伯特·克罗斯：《英国法中的先例》，苗文龙译，北京大学出版社2011年版，第49页。

③ 参见周少华：《刑事案件"同案同判"的理性审视》，载《法商研究》2020年第3期。

④ 参见高尚：《司法类案的判断标准及其运用》，载《法律科学》2019年第1期。

⑤ 参见［德］伯恩·魏德士：《法理学》，丁晓春、吴越译，法律出版社2013年版，第297页。

事实。案件基本事实相似并不仅限于客观案件事实的比较,脱离了法律规范层面的类案比较是漫无目的的,只有与法律规范紧密联系的比较,才能获得有价值的类案判断。案件基本事实的相似性是指与法律评价相关的若干重要案件事实的相似,而绝非案件事实的完全相同。基本案件事实的认定并不是一个形式逻辑的推演过程,而是一个评价性的类推适用过程。为正当化类推适用,而判断相互比较的案件事实彼此相似,实质上是一种评价的结果。然而,此等评价本身又必须以被规整的法定评价为基准,而绝非任由判断者恣意为之。[①] 所以类案的判定无法脱离规范进行个案层面的比较,必然要连接应然的法律规范事实与实然的案件基本事实。

那么就需要进一步辨析个案特定事实、法律拟制事实与社会背景事实等三种事实之间的关系。个案特定事实是由当事人陈述和举证,并得到法院认可的客观案件事实。这种事实从过去的行为中建构,以证据为导向,具有客观的证明效力。个案特定事实并不是未经加工的诉讼当事人对案件的陈述事实,因为“当事人所主张的事实情况并非就是案件事实的真实状况,并且双方当事人所提出的事实往往处于互相对立的状态。”[②]法律拟制事实是由法官判断的,主要是根据法律规范的构成要件进行规范性解释。具体而言,法律拟制事实是指案件拟适用的法律规定的假定条件、行为模式和法律后果等预设事实。有学者将这种事实称为法律构成要件所指称的事实特征。[③] 总之,法律拟制事实是从法律规范中抽象出来的具体构成要件事实。社会背景事实是指特定的时空背景下的社会生活事实,包括立法当时的社会背景事实与案发当下的社会背景事实。随着社会的发展和生产资料的改善,社会共识性的价值观念也会受到影响,立法者也会对特定的法律概念和社会秩序作出重新调整。由于立法之时、过去案发之时与当下案发之时的

---

① 参见[德]卡尔·拉伦兹:《法学方法论》,陈爱娥译,商务印书馆2003年版,第309页。

② 杨知文:《指导性案例中的案件事实陈述及其编撰》,载《环球法律评论》2020年第5期。

③ 参见张继成:《从案件事实之“是”到当事人之“应当”》,载《法学研究》2003年第1期。

社会背景事实可能存在差异,“法官作为社会中的法律和秩序之含义的解释者”,[①]就必须适应社会现实。那么当下的案件在多大程度上仍然适合过去的类案所试图服务的社会,需要得到重新检验。所以类案的认定也会受到社会背景事实的影响。

法律适用的过程就是将个案中的特定行为或事实认定为法律规定所拟制的行为、事实或情节的过程,其中个案特定事实是法律推理的“小前提”,法律拟制事实是“大前提”中的范畴。为了“将案件事实转述为法律术语”,[②]需要将个案特定事实与法律拟制事实不断调适,形成具有法律评价属性的案件基本事实。案件基本事实与社会背景事实之间也要形成耦合性关联,实现历史与现实的视域融合,才能关照个案事实中蕴含的特定社会性因素的变动情况,保证待决案件与类案在基本事实与社会背景事实层面上的双重一致性。

(二)争议焦点是类案判断的核心支点

争议焦点是类案判断的核心支点,确定当事人的争议焦点,能够为法律适用分歧的解决提供方向和目标。案件的争议焦点是待解决纠纷的关键问题,通常是指“当事人之间以及当事人与法官之间在诉讼标的、法律适用、事实、证据以及一些程序事项等方面具有实质意义的争议问题”。[③] 争议焦点缘起于一方当事人的诉讼请求,确立于庭审法官的归纳整理。争议焦点涉及法律问题与事实问题、实体问题与程序问题等等,尽管可以将争议焦点分为事实争点、法律争点和程序争点,但是个案中的争议焦点并非单一的。在司法过程中,案件事实及其法律属性基本相同,但诉讼请求不一样,争议焦点也有区别。同一个案件中可能有多个争议焦点,同类案件的争议焦点也可能不同。按照不告不理的诉讼原则,法官只能依据当事人的诉讼请求认定事实、适用法律、作出裁判。在一个案件中只有被列为争议焦点的事项,才会被法庭在裁判文书中系统论证,而只有经过系统论证后得出的观点才能称之为

---

① [美]本杰明·卡多佐:《司法过程的性质》,苏力译,商务印书馆2019年版,第16页。

② [荷]伊芙琳·T.菲特丽丝:《法律论证原理》,张其山等译,商务印书馆2005年版,第81页。

③ 参见黄湧:《民事审判争点归纳:技术分析与综合运用》,法律出版社2016年版,第29页。

裁判要点,对其他案件具有参考价值。因此,争议焦点是判断前后两案相似性的核心支点,或者类案证成的核心原点。

有观点认为案件的争议问题是案件相似性判断的比较点,因为争议问题与案件的重要事实直接相连,这些重要事实是判断类似案件所需要的"关键事实"。[①] 尽管争议焦点与案件基本事实和拟解决的法律问题紧密相关,但是争议焦点并不是具体的比较要点,而是承担着连接两个案件的事实问题和法律问题的桥梁作用,确定着类案比较的核心范围。司法裁判是解决纠纷的活动,各方当事人争议的问题并不能为问题本身提供答案。争议焦点本身并不是案件相似性比较的对象,而是通过对比争点下面的其他要点,形成对待决案件法律争点的解决。[②] 争议焦点是建立在事实认定的基础上,对将适用的法律规范的考量,所以脱离了事实与规范的争议焦点无异于空中楼阁。争议焦点并非描述性的,而是与法律后果相关的,既包含事实问题,也包含法律问题,明确的争议焦点有助于判断何种类型的事实是重要的。只有争议焦点相似的案子,其法律适用问题才具有可比较性,在此基础上,才能按照同案同判的原则推导出统一适用的裁判标准。

（三）法律适用问题是类案判断的最终目的

类案判断终极目的是解决待决案件的法律适用问题,统一法律适用标准。如果案件的法律适用问题不一致,那么自然不能采用相同的法律适用标准。只有存在法律适用问题的案件才存在寻找类案的可能,如果直接按照法律适用规则即可得出裁判结论,则无需参照类案裁判。根据《案例指导规定》和《类案检索意见》的规定,应当进行类案检索的情形是法律规定比较原则、缺乏明确裁判规则或者尚未形成统一裁判规则的案件以及其他新型疑难案件,也就是说,需要运用类案判断的前提和基础是制定法没有规定或者是规定的内容存在缺陷或漏洞。上述类案检索的情形也是法律适用存在问题的原因,类案判断的终极目的是考量两个案件的法律适用问题是否相似,在两个案件的法律适

① 参见张骐:《论类似案件的判断》,载《中外法学》2014 年第 2 期。

② 参见雷槟硕:《指导性案例适用的阿基米德支点——事实要点相似性判断研究》,载《法制与社会发展》2018 年第 2 期。

用问题相似的基础上,法律适用标准才可能保持一致,进而实现法律适用的统一。

"法律适用"与"法律适用问题"是两个不同的范畴,前者是司法机关适用法律的行为,后者是司法机关在法律适用过程中如何具体应用法律的问题。法律适用司法审判的核心,具体是指司法机关按照法定的程序,将一般性的法律规范应用于个别的涉法事实的判断。[①] 在个案法律适用中,法官需要将法律规范适用到案件基本事实中,形成对事实的法律评价。然而,法律适用过程中,由于法律规范的模糊、冲突、漏洞等原因以及法官的自由裁量因素影响,会出现选择何种规范适用于个案以及如何解释法律规范等难题,此时就出现了法律适用问题。法律适用问题分为法律适用内容问题和法律适用技术问题,只有两个层面的法律适用问题均相似,才能决定类似案件是否具有参考价值。

法律适用内容问题是指根据案件事实寻找相应的法律规范及其规范目的过程中的问题,诸如在多个部门法律之间选择何种法律适用?同一部法律的多个条款之间如何协调?法律条文背后的规范意旨该如何评价?法院是以法律为准绳来裁判案件的,当拟适用的法律规范之间冲突或竞合时,法院可能存在适用规范疑难。在类似案件事实的投影下,参照类似案件的规范选择方案适用,有助于化解"同案不同判",实现法的安定性。法律适用并不仅是形式逻辑的推演过程,而且还是一种规范性的评价过程。对于要件事实中的何种内容更为重要,必须回到法律规范的目的中来。"目的是全部法律的创造者,每条法律规则的产生都源于一种目的,即一种实际的动机。"[②]法律规范适用问题是类案法律适用问题的前置性相似要件,规范目的适用问题是类案法律适用问题的后置性判断环节。规范目的是法律规范的灵魂,法律适用的实质相似性要从规范目的角度得到确证,[③]规范目的的判断有助于检验规范适用的正确性与合法性。

---

① 参见胡建淼:《法律适用学》,浙江大学出版社 2010 年版,第 6 页。

② [美]E. 博登海默:《法理学:法律哲学与法律方法》,邓正来译,中国政法大学出版社 2017 年版,第 115 页以下。

③ 参见孙海波:《重新发现"同案":构建案件相似性的判断标准》,载《中国法学》2020 年第 6 期。

法律适用技术问题是对法律规范的解释问题,诸如采用什么解释规则与方法?法律适用不仅仅是一项理性建构的工程,只依靠理性的逻辑推理并不能解决所有的问题,何况由于法律本身的缺漏,并非所有的案件均能找到明确的推理前提。[①] 法律规范及其目的需要在实践中通过各种解释技术,才能实现法律适用所追求的价值。法律解释是一个含糊的、总体的甚至没有边界的概念,解释是一条“变色龙”。[②] 不同法官对同一法律条文的解释策略与技术不同,可能产生不同的法律适用结果,导致法律适用不统一。而且没有任何法律是尽善尽美的,无法对一切事物作出精确的限定。如果法官无法从现行法中寻求答案,就意味着其不得不从现行法之外,如法律规范所隐含的原则或法律政策中解释出法官裁判案件的根据。[③] 法律适用技术是连接类案判断与统一法律适用的纽带和媒介,所以形成共识性的适用法律技艺是类案判断的关键。

二、识别比较要点:基本权利要素

在明确了类案的比较维度基础上,就要识别具体的比较要点,才能得出初步的比较结论。类比的有效性取决于比较要点的选择,比较要点源于案件事实,经由与法律的勾连,重塑为具有法律意义的评价基准。“法官将自己手上的案件的色彩与摊在他们桌上的许多样品案件的色彩加以对比。色彩最接近的样品案件提供了可以适用的规则。”[④] 任何一个物体的色彩接近的本质,在于七色光谱仪中构成元素的相似性,案件的实质相似性也是其构成要件的相似。两个案件的构成要件彼此相类,才能对该类案件作出相同的评价,而且这种构成要件是指与

---

① 参见曾令健、朱福勇:《法律适用学讲义》,法律出版社 2020 年版,第 145 页。

② 参见[美]波斯纳:《法理学问题》,苏力译,中国政法大学出版社 2002 年版,第 341 页。

③ 参见[美]罗纳德·德沃金:《认真对待权利》,信春鹰、吴玉章译,中国大百科全书出版社 1998 年版,第 40 页。

④ [美]本杰明·卡多佐:《司法过程的性质》,苏力译,商务印书馆 2019 年版,第 8 页以下。

法律评价有关的重要观点。[1] 那么该如何确定类案中的构成要件,才能实现同案同判的可普遍化呢?案件之间重要的相同点是什么?何为法律上的相关性?待决案件与类案之间拥有某些共同的特征,它们在比较点之下可能彼此一致,在比较意义上肯定具有某些"本质特征"。从宪法上的基本权利出发,可以获取确立比较要点的正确答案。

(一)案件事实与法律规范的勾连元素

类案的相似性判断过程,其实是一个二阶类推适用的过程。在法律适用过程中,通过等置行为,依据比较点的标准来判断案件与规范之间的可比较性,进而作出相似与否的结论。在案件类比过程中,如果待决案件缺乏明确的裁判规则或者是新型疑难案件,就要类推适用已决的类似案件的裁判规则,其中类似的判断关键在于前后案件的基本事实在法律评价上相互一致。其实也就是融合了考夫曼的类推理论与拉伦茨关于填补法律漏洞的类推适用方法,本质上就是要实现案件事实与法律规范的勾连。通过案件事实与法律规范的相互关联,个案的相关特征在向着制定法规范靠拢的过程中被塑造成"案件事实",制定法规范在向案件开放的过程中塑造成"构成要件"。[2] 也就是说,在事实与规范的诠释循环过程中,对抽象的制定法规范解释出具体的法律构成要件,对具体的个案事实建构起案件事实要素。这其实就是可普遍化原则在法律领域的适用,经由规范的普遍具体化与案件的普遍抽象化,规范得以反复适用,案件成为了先例。按照牛津英语词典的解释,普遍性(universal)是指为人们共同遵守、共同承认,适用于所有的案例之中或者具有规范所有案例的效力。"普遍化及规范化对于所有的科学而言都是必要的,因为离开它们人们无法将质料组织起来,尤其是人们无法获得某个程序的可重复性。"[3]但是实现普遍化的类比过程不能太过抽象,否则比较要点的选择就缺乏可操作性。那么案件事实与法

① 参见[德]卡尔·拉伦兹:《法学方法论》,陈爱娥译,商务印书馆2003年版,第258页。

② 参见[德]阿图尔·考夫曼:《法律获取的程序——一种理性分析》,雷磊译,中国政法大学出版社2015年版,第157页。

③ [德]阿图尔·考夫曼:《法律获取的程序——一种理性分析》,雷磊译,中国政法大学出版社2015年版,第53页。

律规范的勾连元素究竟是什么？比较要点的具体内容如何确定？

拉伦茨认为具体构成要素的确定要回到法律规整的目的，也就是法律的理由上来。[①] 考夫曼认为类似案件的判断，既有事实问题，又有法律问题；既不是单纯的事实比较，也不是单纯从定义、概念出发进行类比的逻辑作业，而更多的是从案件和法律的意义，从法律拟规范的生活事实的本质中得出。[②] 事物的本质建立在事理之正确性及符合人性之正义的基础上，可以作为评价一切实定法的超实定法的标准。上文关于类案的效力来源问题，实质理由之所以赋予类案自觉遵守的效力，是因为类案的裁判符合事理的正确性，是正义的基本要求。拉伦茨的目的论与考夫曼的事物本质论其实是相通的。事物的本质要求法官在类案判断过程中，针对不同的事物作出合符事理结构的判断。事物的本质有不同的形成空间，其内容取决于不同的事理结构。事物的本质包含对法律的解释和法的续造程序会造成影响的秩序与形成要件，并且这些要件需要在考虑其他形成因素的情况下，作进一步的法律性规整。[③] 事物的本质是指事物客体的内在本性与实质意义。所谓的"事物"是指法律上的一切可能的标的，亦即被纳入法律规范的一切客体标的。[④] 一切法律上规范对象素材的任何客体，均属于"事物"的范围。所谓的"本质"应从精神上把握事物的内在属性，亦即可以理解为构成其事物客体之本性及其重要意义内涵的特定基础。事物的本质在司法裁判过程中，可以引导裁判者的裁判方向。事物的本质是事实与规范、案件与法规之间的桥梁，[⑤]在同案同判的正义价值导控，事物的本质并不是纯粹意义上的事实问题，而是要进入规范领域和勾连价值判断的法秩序性问题。但是何为事物的本质？事物的本质反映的是一种类型

---

① 参见[德]卡尔·拉伦兹：《法学方法论》，陈爱娥译，商务印书馆2003年版，第258页。

② [德]亚图·考夫曼：《类推与"事物本质"——兼论类型理论》，吴从周译，台北，学林文化事业公司1999年版，第91页以下。

③ 参见[德]卡尔·拉伦兹：《法学方法论》，陈爱娥译，商务印书馆2003年版，第290页。

④ 参见陈清秀：《法理学》，台北，元照出版公司2017年版，第450页。

⑤ 参见[德]阿图尔·考夫曼：《法律哲学》，刘幸义译，法律出版社2011年版，第39页。

思维,类型构成普遍与特殊的中点,具有相对具体的、普遍的性质。[①] 在规范的形成上,事物本质的考量属于事实面向的观点,关注的是法规范所拟规范的事项,属于法规范之前的既存状况。那么是否可以在类案判断的具体场域下提出案件与规范勾连的本质或具体类型?

类案与事物的本质融合是指与案件事实的对象和法律规范的对象事物之本质相融,融合的主要元素是基本权利的主体、行为和法益等构成要素。"事物本质"处于事物正义与规范正义之间,可以作为特殊事实与一般规范之间的媒介。[②] 回到类案判断的本源,司法裁判中遵循同案同判的目的在于维护形式上的法律统一适用,保障实质上的基本人权。"宪法权利范畴中的核心权利是原则,并且原则是必须基于比例分析进行适用的最大化实现的要求。"[③]一般规范是抽象原则的化身,具体案件事实的规范化是解释理念的转化,运用具有原则地位的基本权利规则进行衡量,可以实现事物正义与规范正义的有机融合。原则具有分量性大小,相互冲突的原则可以在"分量"的权重之间实现平衡,[④]总是可以得到部分实现。宪法所确立的原则对于宪法某一领域来说是基本原则,但是对于部门法领域来说却可能是根本原则。基本权利可以作为统领整个部门法秩序的根本原则,在各部门同案同判中始终要贯彻基本权利保护的精神。"解释是个别化的司法决策,而一般性法律原则的使用意味着司法裁决一般化。"[⑤]作为原则的基本权利能够凝聚更广泛的共识,这种共识可以为同案同判提供充分的制度性支持。而且平等原则必须填充实质的内涵,基本权利保护为这种价值指引提供实质上的正当理由。以基本权利作为可普遍化的准则,符合正义之理的要求,与类型思维下事物的本质判断相一致。

---

① 参见[德]亚图·考夫曼:《类推与"事物本质"——兼论类型理论》,吴从周译,台北,学林文化事业公司1999年版,第107页。

② 参见陈爱娥:《事物本质在行政法上之适用》,载《中国法律评论》2019年第3期。

③ 钱福臣:《解读阿列克西的宪法权利规范水平效力理论》,载《北方法学》2012年第3期。

④ [美]迈克尔·D.贝勒斯:《法律的原则》,张文显等译,中国大百科全书出版社1996年版,第13页。

⑤ [比]马科·范·胡克:《法律的沟通之维》,孙国东译,法律出版社2008年版,第231页。

实质的正义观在于权利的充分保护,为此可以以基本权利为实质基点,构建案件事实与规范勾连的具体类型。“类型无法被‘定义’,只能被‘描述’。”[①]案件诉争的权利救济问题与规范目的保护的权利是确定的,“权利的类型不同,其对权利主体的功能和作用也不一样。”[②]每一个个案保护的权利有类型之分,但权利的本质要素无差别之距。权利的构成要素无外乎就是权利的享有主体、行为方式和保护法益,这些要素反映在每一个活生生的个案之中,在事实与规范的勾连中得到详细阐释。法律规范的构成上看,假定条件、行为模式与法律后果是基本的构成要素;从案件事实构成上看,时间、地点、人物、行为、结果等方面的事实丰富多样,但是能够获得法律评价的基本事实主要是当事人主体资格、案件性质、权利义务等方面。类型思维视野下的权利要素可以推动规范与事实的技术耦合,实现类案比较要点的体系性建构。权利导控下比较要点的类型构造,有助于形成类案判断的体系标准。案件与规范勾连的权利主体、行为、法益等类型都是不变的,这些类型系列下面的具体要素却是可变动的。类型是开放的,类型之间是有联系的,普遍的事物在其自身中直观地、整体地被掌握。[③] 权利主体、行为、法益构成的类型系列,通过内在权利的逻辑性关联,形成一个体系性结构框架。在这个开放性的框架中,主体类型下属要素、行为类型下属要素与法益类型下属要素都是动态调整的,可以随着具体的个案,变动各个类型下属的部分要素,但不影响该类型的整体属性。

(二)基本权利要素对法院类案判断的客观约束

宪法上的权利并非空洞的政治宣言,而是有效力的法规范。按照基本权利的双重性质理论,基本权利具有双重属性。一方面,基本权利具有主观权利属性,不仅可以防御国家权力的侵害,而且可以向国家获得分享请求权;另一方面,基本权利具有客观规范属性,构成民主法治

---

① [德]亚图·考夫曼:《类推与“事物本质”——兼论类型理论》,吴从周译,台北,学林文化事业公司1999年版,第115页。

② 汪进元:《基本权利的保护范围——构成、限制及其合宪性》,法律出版社2016年版,第60页。

③ 参见[德]亚图·考夫曼:《类推与“事物本质”——兼论类型理论》,吴从周译,台北,学林文化事业公司1999年版,第109页。

国家客观秩序的基本要素,国家负有积极的保障义务。① 作为客观法效力的基本权利,具有拘束一切国家机关的效力,国家不仅要遵守基本权利的规定,还要保障基本权利的实现。国家要尽可能地创造和维持有利于基本权利实现的条件,立法机关负有制度性保障义务,司法机关负有程序性保障义务。② 就基本权利对司法机关的客观约束而言,法院的主要职责是适用法律,为当事人的权利提供诉讼保障。其具体内容分为三个层面:一是基本权利作为一项价值体系,司法机关的裁判应以之作为最高的准则;二是司法机关适用基本权利的规定时,当遇到多重意义的解释或者在解释过程中发生疑义时,应尽可能使基本权利的内容发挥最大的效力;三是在法律适用过程中出现规范竞合或冲突问题时,应当适用最有利于当事人的规定,如刑法中的有利于被告人原则。在法院的诉讼程序过程中,将权利要素融贯到事实判断与规范适用之中,有利于实现类案标准的统一。

法院有保护受侵害的权利的义务,涉及权利的要素也是案件的关键所在。而发现哪些类型的事实在法庭上发挥类似作用,或者哪些类型的事实在法庭上发挥根本作用,正是案件相似性判断的核心。③ 以权利要素为类案的判断标准,有利于作出正确的决定。在类案判断的司法实践中,为了实现宪法视域下的法律统一适用,应以基本权利为实质标准。按照斯门德的宪法整合理论,宪法视域下的国家整合应是以基本人权为实质条件的程序整合。④ 司法判决的普遍化与标准的统一是同案同判的正当性基础,而这个正当性过程建立在看得见的公正的基础上。司法机关只有充分发挥开放型基本权利体系中的主体、行为和法益要素的解释机能,将其作为各个部门法中规范与事实勾连的共识性判断标准,才得以实现类案判断的普遍化。

类案判断标准是复杂的,并不是单一的事实标准或者规范标准能

---

① 参见[德]康拉德·黑塞:《联邦德国宪法纲要》,李辉译,商务印书馆2007年版,第226页以下。

② 参见张翔:《基本权利的规范建构》,法律出版社2017年版,第229页以下。

③ 参见[美]卢埃林:《荆棘丛》,明辉译,北京大学出版社2017年版,第62页。

④ 参见[德]鲁道夫·斯门德:《宪法与实在宪法》,曾韬译,商务印书馆2019年版,第196页以下。

够解决的,相似性判断始终是在案件事实与法律规则之间的来回穿梭。主体、行为、法益是每一个权利构成的基本要素,也是连接权利规范的构成要件与案件事实的桥梁和纽带。任何法律规范,无论是授权性规范,还是禁止性规范抑或命令性规范,无不涉及社会关系主体为或者不为某种行为的立法预期,也无不涉及法益诉求以及公共利益与私人利益之间的协调与平衡问题。在法律适用中,司法者将案件事实涵摄于法律规范的构成要件之下的过程中,通过考量在法律规范中的主体、行为和法益与案件事实中的主体、行为和法益之间进行“诠释学意义上的循环”。在寻找类案过程中,首先结合待决案件的事实和法律问题,提炼出主体、行为与法益要素;然后比较已决案件事实与裁判中的主体、行为与法益要素,基于权利主体的属性、特点、权利能力、行为能力和责任能力,行为的性质、目的、手段、方式、场域和后果,法益的位阶秩序和功能面向等方面相似性的程度比较,作出类案的认定。

(三)基本权利要素的相似性判断规则

案件事实与法律规范之间通过行为、主体、法益要素进行勾连,类案的判断标准也取决于权利构成的行为、主体、法益要素。具体而言,不同案件的行为主体适用法律的差异较大,承担的责任也不尽相同。相同主体的行为要件对类案的选择有着最直接的影响,违法行为的性质和情节决定了适用法律的后果。法益是权利独立存在和相互区别的核心要素,同一法益因主体不同而功能面向也不一样,受到法律保护的程度和方式也有区别。

基于平等原则,相同的案件相同对待,但是社会生活事实复杂多样、千差万别,任何一个案件事实因主体、行为、法益等方面的些许差别,法院就有可能作出不同甚至对立的裁判。相同的权利因主体类型不同受到的限制不一样,相同的权利因行为方式不同受到的保护也不一样,相同的权利因侵害的法益不同受到的保护也不一样。由于案件争议权利的主体、行为和法益要素的复杂性和多样性,单一的判断标准无法有效的获取正确的类案。所以有必要通过主体、行为、法益要素构建的开放性权利体系中,分类讨论不同类型的权利要素在类案判断中的功能和作用。

1. 主体要素相似性判断规则

权利的享有者称为权利的固有主体,案件中法律关系的主体要素是否相似,是类案判断的前提和基础。尽管平等原则要求权利的平等保护,不因主体的差异而有所差别,但是每个个案中当事人的权利因主体的属性不完全一样,面对不同的情况就应该区别对待,所以受到法律限制的范围、程度和方式是有差异的。那么根据案件中当事人的权利能力、行为能力和责任能力等主体要素的差异,就可以构建起主体要素相似性判断规则。

权利能力是享有权利的法律主体资格,无权利能力即非权利主体。权利能力的相似性判断是主体要素相似性判断的基础和核心,关系到类似案件认定中的主体是否适格。“权利能力,亦即人格之别称,享受权利,负担义务之能力也。”[①]权利能力体现了人的目的主体性地位,是人性尊严的基本要求。在不同的部门法中,主体要素的权利能力有不同的面向。在民事法律关系中,自然人的权利能力始于出生,终于死亡;法人的权利能力自其注册登记之时获得。在特定的民事法律关系中,不同的主体身份影响到类案的判断。如是否具有“消费者”身份直接决定了关于“食品安全惩罚性赔偿”类案判断过程中的主体相似性问题。在指导性案例 23 号“孙银山诉南京市欧尚超市有限公司江宁店买卖合同纠纷案”中,[②]法院认为,消费者是相对于销售者和生产者的概念。只要在市场交易中购买、使用商品或者接受服务是为了个人、家庭生活需要,而不是为了生产经营活动或者职业活动需要的,就应当认定为“为生活消费需要”的消费者,属于消费者权益保护法调整的范围。而在“包启高与兴化市德润超市买卖合同纠纷案”中,[③]法院认为该案中的当事人多次购买超过保质期的商品,并提出惩罚性赔偿的诉讼请求,是为了谋取利益,并非为了消费,与指导性案例 23 号并不类似,所以否定了当事人的消费者主体资格,驳回了当事人的诉讼请求。在行政法律关系中,利害关系人资格的判断关系到诉讼主体地位,也是类似

① 梅仲协:《民法要义》,中国政法大学出版社 1998 年版,第 53 页。

② 参见江苏省南京市江宁区人民法院(2012)江宁开民初字第 646 号民事判决书。

③ 参见江苏省高级人民法院(2017)苏民申 4874 号民事裁定书。

案件判断的关键。在指导性案例 77 号“罗镕荣诉吉安市物价局物价行政处理案”中,[①]法院认为举报人就其自身合法权益受侵害向行政机关进行举报的,与行政机关的举报处理行为具有法律上的利害关系,具备行政诉讼原告主体资格。在“蔡继光、钟建华诉暨市人民政府不依法履行政府信息公开案”中,[②]法院认为当事人的投诉举报行为属于行政机关内部的监督行为,与举报人的自身合法权益并没有直接利害关系,也未对举报人的权利义务产生实际影响,不符合指导性案例 77 号中的举报人原告主体资格认定标准。在刑事法律关系中,不同的身份资格对应特定的犯罪主体构成。如“国家工作人员”身份直接区分受贿罪与非国家工作人员受贿罪、贪污罪与职务侵占罪,“国有机构从事公务的人员”直接区分挪用公款罪与挪用资金罪,未成年人的身份和年龄直接决定了其构成犯罪的范围。

行为能力是指通过法律行为才能享受权利与负担义务的资格,有行为能力才具备有效行使权利和承担义务的资格。民法中的行为能力以行为人的意思能力(识别能力)为基础,依其是否达到一定的年龄和智力水平为判断标准。[③] 行为能力与权利主体的年龄、智力、精神健康状况相关,权利主体的行为受到行为能力的限制,只能从事与其行为能力相适应的行为。民法中权利主体的行为能力分为完全行为能力人、限制行为能力人与无行为能力人,前者可以独立实施民事法律行为,后两者需要通过代理实施相应的民事法律行为。法人的行为能力受到经营范围的限制,超过经营范围的行为就是违法经营行为。权利主体的行为能力相似性判断,是类案认定中主体相似性的关键,考量影响行为能力的各种要素,直接关系到违法行为的认定。责任能力是指违反法律的规定,承担责任的能力,权利主体的责任能力也与权利主体的年龄、智力、精神健康状况相关。民事法律关系遵循填平原则,任何人都要为自己的不法行为负责,部分不具备承担责任能力的权利主体,需要由相应的监护主体代为承担民事责任。刑事法律关系按照罪刑法定原

---

① 参见江西省吉安市吉州区人民法院(2012)吉行初字第 13 号民事判决书。

② 参见浙江省高级人民法院(2017)浙行终 1527 号行政裁判书。

③ 参见王泽鉴:《民法总则》,北京大学出版社 2009 年版,第 122 页。

则,已满16周岁的人犯罪,应当负刑事责任。已满12周岁不满14周岁的人、已满14周岁不满16周岁的人,部分犯罪应当负刑事责任。精神病人实施的犯罪行为,符合法定条件和程序,不负刑事责任。死刑责任的适用对象受到特定条件的限制,未成年人、已满75周岁的人和怀孕的妇女符合法定条件不承担死刑责任。在行政法律关系中,不满14周岁的未成年人有违法行为的,不予行政处罚;精神病人、智力残疾人在不能辨认或者不能控制自己行为时有违法行为的,不予行政处罚。责任能力往往是行为违法的阻却事由,责任能力的相似性判断是主体要素相似的最后检验标准,发挥着排斥主体相似性的功能。不具备责任能力的当事人与具备责任能力的当事人所在的案件,不可能认定为类案。

2. 行为要素相似性判断规则

法律规范的对象是行为,不同的行为模式对个案规范的选择与类案的判断有着最直接的影响。"权利总是意味着约束他人为权利人做什么或不做什么,即作为或不作为。"①法律上的请求权从未能对某事作为或不作为,它始终是指一项某人对某事物作为或不作为的主张,如A的请求权一直是针对B的作为或不作为的,而从未针对A的作为或不作为。② 也就是说权利的内容是要求他人为或不为某种行为,法律行为是引发权利主体的权利变动的主要方式。在个案判断中,行为要素五光十色,行为要素的差异性影响到类似案件的认定。同样针对财产法益,若是通过秘密窃取的方式非法占有他人的财物,构成盗窃罪;若是通过用虚构事实或者隐瞒真相的方式骗取他人的财物,构成诈骗罪。而且侵犯财产法益数额的差异,更是直接影响对不同量刑档级的选择。同样是无权占有行为,当行为人在接受他人财物时主观上是善意的,则构成善意取得,受到法律的保护;当行为人明知他人无权处分财物时,仍然占有的行为,是恶意占有,不受法律保护。也就是说,行为的过错、目的、方式、场域、对象、结果等要素,均对类案的确定产生重要影响。

---

① 王涌:《私权的分析与建构:民法的分析法学基础》,北京大学出版社2019年版,第123页。

② 参见[英]菲尼斯:《法哲学》,尹超译,中国政法大学出版社2017年版,第403页。

这些行为要素可以分为主观方面和客观方面,行为的主观方面和客观方面的相似性判断共同构成行为要素相似性判断内容。

在主观方面,主要是判断当事人的主观行为动机是否相似,考量个人的主观性对类案的影响。耶林认为"对于一切侵害权利的行为,都不考虑对方是否有过错或过错程度,不考虑主观不法的观点,无论是否有过错,都同样要求赔偿,容易引起古罗马法法感的暴怒。"①行为人在主观方面是否具有过错,是判断行为要素的重要标准。民事案件中的主观要素,往往影响到侵权责任的认定。在指导性案例23号"孙银山诉南京市欧尚超市有限公司江宁店买卖合同纠纷案"中,②法院认为消费者购买食品时,不论是否明知食品不符合安全标准,都应当支持当事人提出的惩罚性赔偿诉求。也就是说,"知假买假"的消费者有权主张"十倍价款的惩罚性赔偿"权利。然而在"孙长福与吉林电视台侵权责任纠纷案中",③当事人孙长福明知电视台对涉案药品进行虚假宣传,仍然购买而主张惩罚性赔偿,法院认为孙长福系知假买假,其购买的意思表示并未因广告宣传的欺诈行为而陷入错误,否定了其惩罚性赔偿诉求。该案明显违背了指导性案例23号关于主观要件的判定规则,即关于食品药品的"惩罚性赔偿"权利并不以当事人的认知过错为条件,所以该案与指导性案例23号是类案。在指导性案例24号"荣宝英诉王阳、永诚财产保险股份有限公司江阴支公司机动车交通事故责任纠纷案"中,④法院认为交通事故的受害人没有过错,其体质状况对损害后果的影响不属于可以减轻侵权人责任的法定情形。在"梅敏与张德修、中国人民财产保险股份有限公司夏邑支公司机动车交通事故责任纠纷案"中,⑤在事实认定上存在特殊体质的梅敏对造成伤残事故的发生并无过错,法院参照指导性案例24号,判定梅敏对特殊体质在伤残中存有参与度的情形不负相应责任。刑事案件中的主观罪过形式,关系到犯罪

---

① [德]鲁道夫·冯·耶林:《为权利而斗争》,刘权译,法律出版社2019年版,第54页。
② 参见江苏省南京市江宁区人民法院(2012)江宁开民初字第646号民事判决书。
③ 参见吉林省高级人民法院(2016)吉民申2190号民事裁定书。
④ 参见江苏省无锡市中级人民法院(2013)锡民终字第497号民事判决书。
⑤ 参见江苏省泰州市姜堰区人民法院(2014)泰姜民初字第0943号民事判决书。

的构成以及犯罪类型的认定。在“平顶山9·8矿难案”中，[①]由于当事人李新军、韩二军等在主观上明知新华四矿存在瓦斯超标等重大安全隐患及矿难发生的可能性，继续强令工人超员下井作业，对矿难发生的危险持放任态度，造成不特定多数人死亡，构成以危险方法危害公共安全罪。尽管该案与其他矿难事故型过失犯罪案件存在客观要件上的相似性，但是由于行为人在行为时的主观罪过形式不同，因此它们实际上不属于“类案”。[②] 如在“张改婉重大责任事故案”中，[③]张改婉在生产作业中违反有关安全管理的规定，擅自离开工作岗位，疏于监督管理，导致发生重大伤亡事故，构成重大责任事故罪。该案中行为人在主观上表现为过失，并没有故意制造危险或放任危险的发生，所以与上述案例在主观要素上并不相似，最终定罪也不同。

在客观方面，在主观不法的框架下，还要考虑不法侵害行为的内容、方式、对象和侵害程度等因素。“在权利理论的中心的个人是从他人的服从行为中受益的个人，而不是通过自己的服从而过道德生活的个人。”[④]行为要素的差异，行为主体承担责任的范围和程度也不一样。在权利义务组成的法律关系结构中，权利主体可通过义务人的客观行为获得权利对象，进而满足自身的利益需求。[⑤] 行为的客观方面是行为要素相似性判断的核心，行为内容的全面性、行为方式的相似性、行为对象的同类性与行为结果的等值性共同组成行为客观要素的相似性判断规则。在行为内容上，如果两个案例的行为内容相差较大，则不构成类案。最高人民法院发布的指导性案例77号“罗镕荣诉吉安市物价局物价行政处理案”，[⑥]其裁判要点指出行政机关对与举报人有利害关系的举报仅作出告知性答复，未按法律规定对举报进行处理，才属于人民法院行政诉讼的受案范围。也就是说，投诉举报类行政行为的可诉性要满足两个要件：作出告知性答复，未对举报进行处理。而在“魏强与

---

① 参见河南省高级人民法院（2010）豫法刑四终字第236号刑事裁定书。

② 参见周少华：《刑事案件“同案同判”的理性审视》，载《法商研究》2020年第3期。

③ 参见河南省南阳市中级人民法院（2017）豫13刑终221号刑事判决书。

④ ［美］罗纳德·德沃金：《认真对待权利》，信春鹰、吴玉章译，中国大百科全书出版社1998年版，第229页。

⑤ 参见曹相见：《权利客体的概念构造与理论统一》，载《法学论坛》2017年第5期。

⑥ 参见江西省吉安市吉州区人民法院（2012）吉行初字第13号民事判决书。

西安市碑林区食品药品监督管理局不予行政处罚决定案”中,[①]行政机关不仅对当事人的举报行为作出了答复,而且还就举报事项给予了处理意见。所以该案与指导性案例77号中的行为客观方面并不类似,不构成类案,法院也否定了当事人的类案参照诉求。在行为方式上,不同的行为方式影响到违法行为的性质认定,进而为类似案件的认定提供标准。在四川省高级人民法院的《案例指导》第20号案例中,[②]行为人孔某等人以欺诈手段骗取被害人的信任,假装进行交易,但最终通过秘密窃取方式非法占有被害人财物的,所以构成盗窃罪。在另一个案件中,行为人采取假冒老乡身份的欺骗手段,趁被害人不备窃取其储蓄卡,法院参考了上述《案例指导》第20号案例,认定行为人构成盗窃罪。[③] 这两个案子中的行为人均实施了两个行为,分别是诈骗行为和窃取行为,前者是手段性行为,后者是目的性行为,两者在两个案件中均相似,所以构成类案。在行为对象上,行为对象的同类性程度影响到危害结果的判断。如同为禁止牙医广告纠纷的案件中,由于广告的发布平台不同,一个是将广告张贴在商店门口,另一个是将广告发布在杂志上,两者针对的行为对象范围有差异(后者较前者涉及的范围更广),产生的危害后果不一样,所以并不构成类案。[④] 在行为后果上,行为后果的等值性是判断类案的重要因素。相似的行为是否产生法律后果,以及造成危害后果的严重性程度,在类案的判断上都会有不同的评价。在食品药品惩罚性赔偿纠纷中,指导性案例24号确立的裁判规则是“十倍惩罚性赔偿”不以行为造成实质性损害为要件。在“中国妇女活动中心好苑建国酒店与余晓买卖合同纠纷案”中,[⑤]法院参照上述指导性案例,认为食品经营者销售明知是不符合食品安全标准的食品,是否给消费者造成了实际损害,不影响消费者的“十倍惩罚性赔偿”诉求。在诽谤行为纠纷中,是否构成“情节严重”是区分诽谤罪与诽谤违法行

---

① 参见陕西省西安铁路运输中级法院(2017)陕71行终718号行政裁定书。

② 参见四川省高级人民法院(2009)川刑终字第35号刑事裁定书。

③ 参见张骐:《论类似案件的判断》,载《中外法学》2014年第2期。

④ 参见曹志勋:《论指导性案例的“参照”效力及其裁判技术——基于对已公布的42个民事指导性案例的实质分析》,载《比较法研究》2016年第6期。

⑤ 参见北京市第二中级人民法院(2018)京02民终8994号民事判决书。

为的关键。诽谤罪作为一种情节犯,以一定的严重或恶劣之情节作为犯罪构成必备要件。[①] 根据司法解释的规定,[②]网络点击量或转发次数是网络诽谤情节严重的认定因素之一。如在“钟宇球诽谤案”中,[③]行为人在微博上发布了“检举村委会主任贪污”的帖子被浏览1522次,转发2次,法院认为未达到情节严重标准,不构成诽谤罪。在“徐某玲诽谤案”中,行为人在天涯社区网站上发表的“控告村霸”的帖文被点击6701次,法院认定该诽谤行为情节严重,构成诽谤罪。[④] 可见,行为后果的危害程度影响到罪责的认定,是类案判断中行为要素相似性的重要标准。

3. 法益要素相似性判断规则

法益是权利构成的核心要素,法益要素的相似性判断是权利要素相似性判断的最重要环节。权利的本质内容是法律所保护的利益,利益是主观意义上权利的实际内核。[⑤] 利益的概念是广义的,包括物质性利益和人格性利益,前者是权利主体的物质生存条件,后者是权利主体的道德生存条件。而这种利益就是法益,部门法律保护的法益都是经由宪法基本权利导控出来的。法益的实质概念源于宪法,立法者的界限以及法益保护的是什么,只能从宪法中推导出来。[⑥] 人性尊严的尊重和保护是国家建构的正当性基础,公民在由宪法所保障的基本权利获得维护的前提下,自由而和平地共同生活在一起。法益是以个人的自由发展与基本权利之实现为目标,以及有益于基于此目标所建立的国家整体制度之运作不可或缺的一种现实或者目的设定。[⑦] 由此,法益可

① 参见陈兴良主编:《刑法各论的一般理论》,中国人民大学出版社2007年版,第259页。

② 最高人民法院《关于办理利用信息网络实施诽谤等刑事案件适用法律若干问题的解释》(法释〔2013〕21号)第2条规定,同一诽谤信息实际被点击、浏览次数达到五千次以上的,或者被转发次数达到五百次以上的,属于“情节严重”。

③ 参见广东省江门市中级人民法院(2016)粤07刑终169号刑事裁定书。

④ 参见黑龙江省佳木斯市中级人民法院(2018)黑08刑终128号刑事裁定书。

⑤ [德]鲁道夫·冯·耶林:《为权利而斗争》,刘权译,法律出版社2019年版,第27页。

⑥ 参见[德]阿敏·英格兰德:《通过宪法振兴实质的法益理论》,马寅翔译,载赵秉志主编:《当代德国刑事法研究》(第1卷),法律出版社2016年版,第81页。

⑦ 参见[德]克劳斯·罗克辛:《德国刑法总论》(第1卷),王世洲译,法律出版社2005年版,第15页。

以分为个人法益与超个人法益(集体法益),前者与个人的基本权利高度相关,是基本权利的实质内容;后者主要是基于宪法中关于国家组织和民主政治运作的规定。但是法益的主体落脚点是公民个人,因为在实质自由主义思想的指导下,当代实质法治国家追求的社会正义是基于人的价值尊重和权利保障。国家与社会的建构也是为了人的生存和发展,那么超个人法益就可以诠释为个人法益的集合,超个人法益在何种意义上有助于个人法益的实现,才是有意义的。另外,基本权利的客观价值秩序为一切国家活动的抽象框架划定了边界,不同的侵害法益行为受到不同部门法律的约束,由此形成宪法秩序下部门法律的法益保护体系。

任何一个权利的保护法益都不是单一的,同一法益因主体不同也会有不同的功能面向,在受法律保护的程度和方式上有所区别。法益要素的相似性判断主要从法益的存在形态、类别和功能三个层面展开。在法益的存在形态上,对法益侵害的性质及其程度的识别,有助于类案的判断。刑法的目的在于保护法益,犯罪的本质是法益侵害性,并且这种法益是涉及宪法上公民基本权利的重要利益。法益保护主义是刑事立法的基本指导原理,法益是作为个人、社会和国家的具体利益而成为保护对象的。[①] 但是刑法并非禁止一切法益侵害行为,只是禁止重大的法益侵害行为。对超个人法益的侵害程度达到危害个人具体法益时,才具有刑事可罚性。如在“王杰生产、销售假药案”中,[②]被告人王杰违反国家医药管理制度,将自己配制的中药粉剂销售给癫痫病人,危害到被害人的生命健康,该案中的中药粉剂经司法鉴定为不准确剂量的多种中西药混合成分,容易引起免疫性溶血性贫血,因此被认定为《药品管理法》中的假药,王杰构成生产、销售假药罪。而在“陆勇假药案”[③]中,当事人销售的“假药”虽然符合药品管理规定中认定的假药标准,但是却具有真药的疗效,并不会危害个人健康,所以没有达到刑事法益侵害标准,不构成销售假药罪。上述两个案例不构成类案,是因为侵犯的

---

① 参见张明楷:《法益保护与比例原则》,载《中国社会科学》2017 年第 7 期。

② 参见陕西省安康市中级人民法院(2014)安中刑二终字第 00027 号刑事裁定书。

③ 参见湖南省沅江市人民检察院沅检公刑不诉(2015)1 号不起诉决定书。

法益形态不一样,根源在于是否危害到法益的本质内核即公民的个人权益。"打算以维护一般市民的健康为目的,以某种药物对健康产生恶的影响为根据禁止、处罚对该药物的贩卖等行为时,设置刑罚法规的前提是确认该药物真实有害具有一定的盖然性。"①对于侵犯抽象经济管理秩序(超个人法益型)的犯罪,主要是为了适应风险社会的治理需求,通过行政管制性规范的媒介发挥刑法的预防功能。然而,口袋化之后的管制性规范容易导致刑法犯罪构成要件的开放程度扩张,跨越法定犯的刑事可罚性边界,动摇刑法的人权保障之根基。② 所以法益要素的存在形态相似性,本质上是个人法益的相似性。

在法益的侵犯类别上,在权利秩序的导控下,法益的类型可能在纵向与横向两个维度上呈现次序性的排列状态。在纵向上,法益的类别依次可能分为人身权益系统、民主权益系统和财产权益系统等;在横向上,每一个纵向法益系统又可以分为各个子法益,如人身权益分为生命法益、健康法益与身体法益等。通过具体类型间的比较及其内在特征的把握,就能够较为清楚地理解法益之间的价值牵连,进行合乎逻辑的推论与分析。③ 在法益纵向相似性比较上,只有类似行为侵犯的法益类型属于同一法益系统或多个相同的法益系统才可能构成法益要素相似。如涉及人身法益和财产法益的入户抢劫罪,只有两个案件侵犯了这两种法益,并且各法益系统受到侵犯的具体子法益也相同时,才能认定为类案。在最高人民法院公布的刑事指导性案例466号"韩维等抢劫案"中,④被告人强行进入何亚东等几个单身汉共同租住的房屋内实施抢劫,法院依据《抢劫解释》,认为各租客的卧室是相对独立的,在各自独立生活的空间内,租房人员享有隐私权和自由权,其他人不得干扰其生活和自由,应当认定为入户抢劫罪。而在"林立柱等抢劫案"中,⑤被害人张某等6人合租一间房屋,被告林立柱等人入室抢劫,一审法院

---

① [日]井田良:《讲义刑法学·总论》,有斐阁2008年版,第25页。

② 参见刘艳红:《法益性的欠缺与法定犯的出罪——以行政要素的双重限缩解释为路径》,载《比较法研究》2019年第1期。

③ 参见贾宇:《基于类型思维的刑法解释的实践功能》,载《中外法学》2016年第5期。

④ 参见最高人民法院刑事审判一、二、三、四、五庭主编:《刑事审判参考》2007年第6集(总第59集),法律出版社2008年版,第87页。

⑤ 参见江苏省苏州市中级人民法院(2006)苏中刑二终字第26号刑事判决书。

依据《抢劫解释》，认定林立柱等人构成入户抢劫罪；二审法院依据《两抢意见》，认为本案租用房的居住成员之间无亲属关系，不具备家庭生活的基本特征，不属于“户”，改判为抢劫罪。上述两个案件均是抢劫罪的加重情形，其侵害的法益超出了普通抢劫“基本结果”涵盖的范围，导致危害结果扩张至公民的财产法益与人身法益（人身安全、自由与隐私权益）组成的法益群。所以这两个案件符合法益纵向相似性规则，构成类案。在法益横向相似性比较上，两个案件侵犯的具体子法益相同时，才能判定为类案。在指导性案例29号“天津中国青年旅行社诉天津国青国际旅行社擅自使用他人企业名称纠纷案”中，[①]法院认为企业名称受法律保护，当事人享有企业名称的专用权。天津国青国际旅行社擅自使用天津中国青年旅行社的企业名称，利用了后者的企业信誉，损害了其合法权益。在指导性案例113号“迈克尔·杰弗里·乔丹与国家工商行政管理总局商标评审委员会、乔丹体育股份有限公司“乔丹”商标争议行政纠纷案”中，[②]由于“乔丹”的姓名在我国具有知名度，乔丹体育股份有限公司使用他人的姓名注册商标，损害了“乔丹”基于姓名享有的在先权利，包括个人信誉及其基于知名度产生了经济收益。上述两个案例涉及的具体法益都是基于姓名享有的声誉和经济利益，虽然在对象上表现为企业姓名权和公民姓名权，但是法益的本质内容是相似的，所以构成类案。

在法益的功能面向上，面对纷繁复杂的社会生活，每个人的主体属性、社会关系和生存条件并不完全一样，因此各自对相同法益的需求和满足程度也不完全相同。尽管从平等保护的视角上看，每一个人在相同的权利受到侵害后应该享有同等的保护，但是存在不同的情形时需要给予合理差别的对待。所以法益的功能性相似性判断，需要兼顾权利主体的特殊性及其法益的需求特殊性。例如，在房屋征地拆迁中，针对同一地段、面积和户型相似的房屋，原则上应该给予相同的补偿；但是对于一个没有其他居住条件甚至仅仅依靠被拆迁房屋居住生活的公

---

① 参见人民法院出版社编：《最高人民法院　最高人民检察院指导性案例》（第4版），人民法院出版社2020年版，第74页以下。

② 参见最高人民法院（2016）最高法行再27号行政判决书。

民来说,除了应该受到同等的补偿待遇和重建,政府还应该充分考虑这类人的其他生活和生存需求问题。在"吴焕顺与抚顺市东洲区人民政府未履行房屋拆迁补偿安置法定职责案"中,[①]政府在房屋拆迁安置过程中,未对作为唯一住房人的原告进行回迁安置。法院认为政府应在征收补偿的基础上,优先给予公民住房保障,对当事人的房屋进行回迁安置。而在"胡小玲诉成都市郫都区红光镇人民政府行政赔偿纠纷案"与"刘凤杰诉抚顺市东洲区人民政府强制拆除并赔偿案"中,[②]由于当事人的房屋不符合唯一住房的认定条件,法院并未判决给予适当补偿或者安置。房屋拆迁过程中的政策性补偿,是政府给予拆迁困难群体的物质帮助。相较只有"一亩三分地"维持生计的农民而言,一个相邻的企业主可能有豪华别墅和其他上亿的资产,如果在征收拆迁过程中按照统一的财产权标准予以补偿,不利于农民的生存权益保护。[③] 权利主体基于房屋的特殊生存法益,影响房屋拆迁案件的类似性判断,上述案例中权利主体对房屋法益依赖性不同,显然不构成类案。基本权利的保护范围并非只涉及单个权利的内涵,[④]而是由多个子权利构成的权利束。每一个具体的权利都有不同的权能面向,满足权利主体不同的功能需求。自由权可以分为精神性自由权、经济性自由权与身体性自由权,精神性自由权可以分为内在性的精神活动自由与外在性的精神活动自由。[⑤] 劳动权可以分为经营性劳动权与生存性劳动权,前者主要是为了谋取利益,后者则更多的是谋生的手段。受教育权可以分为义务性受教育权、发展性受教育权与生存性受教育权等,前者是基于国家给付的免费义务教育,受到的保护程度较高,后者是基于自主选择的促进性教育,受到的限制较多。权利要素的解释基准关键在于法益的功能衡量,区别同一法益相对不同主体的作用和功能,既有利于相同的情况相同对待,也有利于不同的情况不同对待。

---

① 参见辽宁省高级人民法院(2020)辽行终 714 号行政判决书。

② 参见四川省都江堰市人民法院(2017)川 0181 行赔初 3 号行政判决书;辽宁省高级人民法院(2016)辽行终 586 号行政判决书。

③ 参见汪进元:《论生存权的保护领域和实现途径》,载《法学评论》2010 年第 5 期。

④ 参见王锴:《基本权利保护范围的界定》,载《法学研究》2020 年第 5 期。

⑤ 参见[日]芦部信喜:《宪法学》(第 6 版),林来梵、凌维慈、龙绚丽译,清华大学出版社 2018 年版,第 61 页。

三、明确比较内核：案件价值权衡

类案的判断必须立基于某些实质的道德考量，两个案件究竟是类案还是异案，往往取决于法官的价值判断。案件事实要素的相似性判断主要是形式意义上的推理论证，案件深层相似性的把握则必然是实质意义上的价值判断。[①] 实质判断将成为相似性与否的终局性判断，对同案的认定起着根本性的决定作用。法律方法从来都受到特定价值的导控，类比推理的过程中始终蕴含着对平等、民主、人权等价值的追求。[②] 如果类案的判断缺乏价值基础的支撑，司法裁判可能落入形式法治的陷阱。法律规则保护的价值或目的的同一性是类比推理正确性的重要保障，[③]以价值权衡为内核的类案评判体系，有助于维持类案判断标准的开放性，使类案标准能够适应社会生活的变化进行调整。

(一)价值权衡是类案比较的内核

在具体个案解释适用的过程中，并不仅仅是案件事实之间的比较，也不仅仅是规范的分析，更主要的是会存在不同的价值冲突，在这种情况下，仅靠规范和事实的分析就难以实现"同案同判"。对此，需要将解释纳入价值判断的视野。在法理学的发展历程中，法与正义、自由等价值的关系始终是争论的核心问题。权利保护与实现正义等价值主义立场，在法概念体系中占据重要地位。按照自然法的理论，一个客观而有拘束力的规范内容，都是与正义理念关联的，是正义理念在各个情况下的具体化。[④] 而宪法作为规范化的自然法，是具体化的正义理念的客观评价标准，承载着人类对正义和理性的追求的价值体系。"依照自由的法则组建的国家联合体，国家的福祉，作为国家最高的善业，它标志着

---

① 参见孙海波：《重新发现"同案"：构建案件相似性的判断标准》，载《中国法学》2020年第6期。

② 参见［德］阿列克西：《法　理性　商谈》，朱光、雷磊译，中国法制出版社2011年版，第121页以下。

③ 参见［英］约瑟夫·拉兹：《法律的权威：法律与道德论文集》，朱峰译，法律出版社2005年版，第177页。

④ 参见吴从周：《概念法学、利益法学与价值法学：探索一部民法方法论的演变史》，中国法制出版社2011年版，第401页。

这样一种状态：该国的宪法和权利的原则这两者之间获得最高的和谐。"[①]国家的目的在于保护权利，宪法通过社会共识的方式确认权利和自由等共同体普遍认同的核心价值。于是，各种权利和价值的内涵经由宪法的确认获得规范效力，进而保障其强制性和适用性。从社会系统功能分化的角度，宪法为法律系统提供价值基础，并将社会中的多元价值转化到法律体系中。所以在宪法价值的导控下，通过立法技术和司法释义路径，构建起普通法律规范的价值秩序，实现宪法与法律体系的融贯。

作为目的导向的价值判断具有广泛性和主观性，因此，这样一种价值判断除了会受到具体规范的限制，在法秩序的层面上，更会受到宪法价值秩序的控制。一方面，宪法价值较之一般的价值更具有规范性和正当性；另一方面，宪法的价值秩序具有较之其他规范价值秩序更为广泛的包容性。司法释义过程需要贯彻宪法价值判断，在价值的引领下矫正不正义的"恶法"，维护社会公平与个案正义。法官是"对正义富有义务感、对制定法持批判态度的法官人格，取代无感情的涵摄机器"。[②]也就是说，法官在法律适用中需要对客观价值标准进行探求，而判决之价值基础来源于凝聚社会共识的宪法。《关于深入推进社会主义核心价值观融入裁判文书释法说理的指导意见》，明确要求发挥社会主义核心价值观对裁判规则的引领功能。将社会主义核心价值观融入司法裁判中，有助于法官在个案的多元价值评判与复杂利益平衡裁量中找到释法说理的方向。法官在法律解释中的价值判断就是对法的整体性的追求，这一整体性体现了公平正义价值观念的统一。虽然价值的取舍可能因为主观的偏好而难以判定，但是解释者的价值判断标准立基于宪法规范确立的客观价值体系，所以法官的解释受到合宪秩序的约束。例如，可以以宪法价值作为评判法律适用尺度的依据，其重点在于对类案所适用的个案规范的不同理解以及个案规范的选择适用，以确保个案规范在多重含义解释中锁定符合宪法的解释结果或选择适用更为合宪的个案规范，进而打通宪法向法律融贯的通道。宪法是理性法律世

---

① ［德］康德：《法的形而上学原理》，沈叔平译，商务印书馆 2017 年版，第 145 页。

② ［德］耶林：《法学是一门科学吗？》，李君韬译，法律出版社 2019 年版，第 87 页。

界中的感性窗口，宪法解释是价值、规范与事实的勾连与融通。传统法释义学注重规范的逻辑论证，是一个封闭的自足体系，似乎与事实和价值无涉，但形式推理对法外价值的天然排斥，有可能产生罔顾“个案正义”的结果。这时宪法的价值秩序就成为法内外价值相互衡平的稳定器，可以指引某些蕴含道德因素的法外价值经由宪法价值的导控获得正式规范的内涵，并得以进入法治实践中。之前的个案在之后的类案裁判过程中，可以作为一种符合宪法价值的因素产生指引性的作用，类案的价值以及其他价值均通过宪法价值予以整合，进而在每一个当下的个案裁判中实现公平正义。而且价值导控下的法律解释并不是一场空洞的演绎，所有对价值的讨论总是伴随着一定的道德情境，这时抽象的价值就会与具体的权利相结合，价值就成了阿列克西所说的“最佳化命令”，①指引着个案裁判中的权利的实现。

法律适用问题的本质是价值权衡，前者是类案判断的关键维度，价值权衡自然是类案判断的比较内核，控制着类案判断的方向和结果。法律的形式属性，只有在一种道德实践的意义上是“合理的”，才能够在特定社会条件下使得合法性具备正当性成为可能。② 价值权衡是类案证成的实质性理由，对类案判断发挥着决定性作用。在类比推理的抉择中，案件相似性的判断不仅与形式逻辑推理相关，而且还必须与价值论相连。③ 案件相关性的判断和价值权衡是不能分开的，只有待决案件事实与参照案件的价值取向是相关的，案件的相关性才是重要的，并且能够发挥实质作用。在待决案件事实与类似案件的裁判规则规范的勾连过程中，需要价值判断的支撑。只有对待决案件事实的价值评价与类似案件的裁判规则所蕴含的价值取向一致，才能够将待决事实归属于该裁判规则的构成要件之下。④ 案件的类比过程依赖于法官对制定

---

① 参见[德]罗伯特·阿列克西：《法概念与法效力》，王鹏翔译，商务印书馆 2015 年版，第 76 页。

② 参见[德]哈贝马斯：《在事实与规范之间：关于法律和民主法治国的商谈理论》，童世骏译，三联书店 2003 年版，第 566 页。

③ 参见[德]卡尔·恩吉施：《法律思维导论》，郑永流译，法律出版社 2014 年版，第 182 页。

④ 参见黄泽敏、张继成：《案例指导制度下的法律推理及其规则》，载《法学研究》2013 年第 2 期。

法的价值判断,将制定法的本意和社会共识性价值运用于具体情境中进行论证,为案件相似性的判断提供实质正当性。社会共识的达成建立在价值共识的基础上,这些价值为法律的有效运行和司法裁判提供稳定的支撑。

当案件的裁判存在法律规范依据时,同案同判是为了保证前后两案适用法律的统一,尽管价值判断应该退居次要地位,但是案件事实要素的相似性并不能借由直观的方式获取,在很大程度上还要依靠于法官自身的决断。当案件的裁判不存在法律规范依据时,也就是类似案件仅是原则性裁判时,通过价值权衡可以作出决定性判断。各项法律原则可以作为与法理念有关的一般性价值标准,指引类案裁判的规范性选择,并可以发挥排除价值判断矛盾以及规范冲突的功能。

(二)价值权衡在规范漏洞型类案比较中的填补功能

当个案事实有明确的法律规范依据时,司法裁判应该遵循"禁止向一般条款逃逸"的原则,此时无须过度依赖价值判断,法官的个人价值取向应该从法律规范中解放出来。成文法的传统在于限制价值论推理在司法过程中的适用范围,因为以主观的司法价值偏爱为基础的判决,往往比以正式的规范文本为基础的判决表现出更大程度的不确定性和不可预见性。① 当新型疑难案件缺乏明确的适用规则或者是既定的法律规范相互矛盾时,类似案件的判断规则在事实层面的相似性只是初阶步骤,尚需价值层面的内核支撑起相似性判断的二阶步骤。根据《关于在人民法院工作中培育和践行社会主义核心价值观的若干意见》的规定,当争议的案件无规范性法律文件作为裁判直接依据的,法官还应当以社会主义核心价值观为指引,以最相类似的法律规定作为裁判依据。因此,法院就需要根据正义的一般原则进行价值判断,权衡前后两案的价值取向是否一致,来确定待决案件的适用规范和解释方案。

司法裁判过程中不可避免地会遇到法律漏洞,需要法官通过运用各种推理和解释方式进行填补,实现规范的明确和完整。规范漏洞的本质乃是对值得保护之法益的保护欠缺,因此只要个案中存在值得保

---

① 参见[美]E. 博登海默:《法理学:法律哲学与法律方法》,邓正来译,中国政法大学出版社 2017 年版,第 526 页。

护的法益,法官就需要对此利益进行权衡。传统的演绎推理无法有效解决法律漏洞问题,有学者将其称为疑难案件。[①] 当现行的法律制度未能为案件裁判提供明确的规范依据时,亦即出现“违反计划的不圆满”时,就需要从实质的价值判断层面进行漏洞填补。如果法官无法从现行法中寻求到答案,就意味着其不得不从现行法之外寻求,如法律规范所隐含的原则或法律政策都可能成为法官裁判案件的根据。[②] 在此基础上,对当事人值得保护的价值进行衡量,作出实质正义的判决。

我国行政法律体系比较分散,尚未有统一的行政法典,有些行政法律问题缺乏明确的法律依据,导致司法裁量中的同案不同判问题。通过借助法律原则,既可以作为法官进行法律解释与权衡的基准,也是实现填补法律漏洞的工具。[③] 在行政强制执行领域,非诉行政执行期限是否可以变更就存在明显的法律漏洞。我国《行政强制法》第 53 条规定:当事人在法定期限内不申请行政复议或者提起行政诉讼,又不履行行政决定的,没有行政强制执行权的行政机关可以自期限届满之日起 3 个月内,依照本章规定申请人民法院强制执行。该条确立了非诉行政执行的期限为 3 个月,但并未明确该期限是否可变更,属于立法者的疏漏,为司法机关的审查留下了裁量空间。[④] 生效的基础性行政行为确定的内容能否得到及时执行,不仅关系到行政目的的实现和公共利益的维护,而且影响到行政相对人权利的保障和法律秩序的安定。在司法实践中,法院基于不同的价值取向,对于 3 个月的期限规定是否可以变更产生了明显的分歧。案例一:“内蒙古自治区食品药品监督管理局与内蒙古众志商贸有限责任公司其他非诉执行案”,[⑤]法院支持了 3 个月的申请期限可以变更,原因是当事人确有经济困难的,经过批准程序可

---

① 参见孙海波:《裁判对法律的背离与回归:疑难案件的裁判方法新论》,中国法制出版社 2019 年版,第 4 页。

② 参见[美]罗纳德·德沃金:《认真对待权利》,信春鹰、吴玉章译,中国大百科全书出版社 1998 年版,第 40 页。

③ 参见周佑勇:《行政法总则中基本原则体系的立法构建》,载《行政法学研究》2021 年第 1 期。

④ 参见周维栋:《论非诉行政执行的期限变更及其正当理由》,载《政治与法律》2022 年第 11 期。

⑤ 参见内蒙古自治区呼和浩特市中级人民法院(2017)内 01 行审复 1 号行政裁定书。

以延期缴纳罚款,这属于变更期限的正当理由。案例二:“庄河市自然资源局非诉执行案”,[①]法院认为3个月的申请期限可以变更,因为存在达成执行和解协议和被执行人申请缓缴等事由,这些事由属于不应当归责为申请执行人责任的正当理由。案例三:“南通市通州区市场监督管理局与通州区兴仁镇正候超市非诉执行案”,[②]一审法院拒绝了行政机关提出的变更申请执行期限的诉求,因为行政机关申请强制执行的期限不可变更,否则可能拖延行政执法的效率。二审法院进一步认为行政机关申请法院强制执行是出于公共利益,与民事案件当事人申请法院执行是处分自己私利不同,故应在一个不变的期间内向法院申请强制执行。案例四:“隆尧县城市管理综合执法局、隆尧韵舟房地产开发有限公司非诉执行案”,[③]法院认为非诉行政执行是出于公共利益,为了提高行政效率,维护公共利益,行政机关应在一个不变的期间内向法院申请强制执行,因此该期限为除斥期间,不可中止和中断。根据价值判断的异同,上述四个案例可分为两组,前两个案例与后两个案例均是基于相同的价值取向分别构成同一组类案,这两组案例之间基于不同的价值取向构成不同案。这几个案例中法院填补漏洞的关键在于,对公共利益与个人权利的价值权衡、执法效率与执法公正价值权衡。法院在两个案例中主要是立基于《行政强制法》的立法目的,[④]优先考虑行政相对人的权利保障,所以承认非诉行政执行期限可以延长;而在后两个案例中,法院优先选择了行政执行的效率和公共利益价值,所以否定非诉行政执行期限的变更。为了防止此类行政行为在司法审查过程中出现同案不同判,有必要进一步明确非诉行政执行期限变更的价值基准。公民的权利保障是行政权力合法运行的内在价值追求,非诉行政执行应该充分体现优先保护相对人合法权益的价值取向,所以在正当理由的裁量范围内可以对非诉行政执行期限依法予以变更。

---

① 参见辽宁省高级人民法院(2019)辽行审复47号行政裁定书。

② 参见江苏省南通市通州区人民法院(2019)苏0612行审206号行政裁定书。

③ 参见河北省邢台市隆尧县人民法院(2019)冀0525行审23号行政裁定书。

④ 根据《行政强制法》第1条的规定,该法的立法目的是规范行政强制的设定和实施,保障和监督行政机关依法履行职责维护公共利益和社会秩序,保护公民、法人和其他组织的合法权益。

通过上面的案例分析，充分说明价值权衡在规范漏洞型类案比较中的填补功能，当出现法律规范漏洞时，只有基于相同的价值判断，才能认定案情相似的案例之间构成类案。

（三）价值权衡在规范完整型类案比较中的控制功能

即使是在常规的疑难案件中也无法剥离法官的理性价值判断，法官的价值判断在寻找这类案件的类案过程中发挥着调节器的功能。法官的价值判断会指引寻找与其相适切的公众意见和法律原则，并指示二者进行"相互加工"从而形成新的裁判依据。[①] 价值权衡往往作为类案判断的论证依据，法官的价值判断不仅使类案的认定过程与法秩序的价值诉求更为融贯，而且有助于检视类案的裁判标准是否符合当下社会通行的正义观念或价值共识。

在案件中存在价值冲突的情形，为了实现类案判断的实质合理性，法官需要根据情势权衡原则，正确运用价值权衡技术。通过综合考量案件所涉各种利益关系，对相互冲突的权利或利益进行权衡，合理平衡公共利益与个人权利、人身权利与财产权利、生存权利与商业利益的关系。在这个过程中，法官尤其要关注法律的基本精神、立法目的和预设价值，有时选择某个案例作为类案或否定案件的相似性，往往是特定的价值观念主导的结果。[②] 由于法律价值的多元性，在个案法律适用中会出现难以相容的多种价值需要保护，此时如果待决案件与其他生效案件在价值选择上面对相似的判断时，就可以认定二者在法律规范价值取向问题上具有相似性。

当案件涉及的价值存在变迁时，在社会共识性价值发生变化的情形，关注社会变迁进程中的价值变化，有助于深刻发掘案件背后的实质差异。法律适用是一个动态的过程，法律规范与个案事实之间不可能机械地"对号入座"，因为法律并不是形似代码一样的形式规则，否则机械司法的法官必然会被机器替代。法律是社会共识性的价值载体，法

---

① 参见姜永伟：《论价值判断作为裁判依据的二阶性》，载《浙江社会科学》2021 年第 2 期。

② 参见于同志：《刑事实务十堂课：刑事审判思路与方法》，法律出版社 2020 年版，第 24 页以下。

官作为价值判断的主体,其价值立场需要与社会意识逐渐同步,法官的角色甚至堪称为社会工程师。

宪法规范的抽象性与开放性导致宪法解释的不确定性,而且不同阶段的社会共识潜移默化地影响着宪法文本含义的变迁。由于社会的变迁,社会主流价值观也会发生改变,如果法官因循传统的裁判规则可能导致个案不公乃至社会不正义。例如,在美国宪法“平等保护原则”的变迁过程中,“隔离但平等”是“普莱西案”发生时社会现实的价值需求,“隔离但不平等”是“布朗案”发生时社会正义的写照。由于以前的判决是符合当时的社会价值观念的,但是随着社会现实的发展,如果仍按照以前的判决则不一定符合当前的社会正义,所以法官必须将以前判决中的原则因循当下的价值观念加以调适,实现当下的个案正义。

在类案认定的价值权衡过程中,为了防止法官将个人价值偏好渗透到公共裁判中,需要限定“价值”的形式和范围。“法官不应基于自己的价值偏好或哲学观来判断重要程度,相反应以促进法律的目的、实现它的原则和政策的方式来判断重要程度。”①也就是说,制定法的规范目的、基本原则以及政策考量都可以作为法官的价值供给渠道。法官在个案相似性判断中的价值衡量容易造成价值解释的主观专断性,有必要将价值从传统的法释义学中解放出来,为此就需要敞开规范与事实勾连的大门,全面认识案发当下的价值意义,融入社会变迁背景下的价值观念或时代共识。由此观之,《关于深入推进社会主义核心价值观融入裁判文书释法说理的指导意见》通过将社会主义核心价值观融入司法裁判,有助于约束法官的价值裁量空间,回应社会价值诉求,保证类似案件价值权衡的统一性。

---

① [美]史蒂文·J.伯顿书:《法律和法律推理导论》,张志铭、解兴权译,中国政法大学出版社1998年版,第126页。

第四章　同判论证的运行程序

同案不同判往往是由于类案裁判过程中的程序缺陷导致的，需要接受程序正义的宪法控制。同案同判的实现，不仅涉及实体层面的正义分配问题，还关系到程序层面的论证规则和商谈机制。在平等原则的导控下，同案"同判"的效力射程包括形式上同判的结果维度和实质上从同案到同判的程序维度，而且实质程序的相同有利于促进形式结果的统一。在论证方法上，通过类比推理与演绎推理两种论证模式的结合，有利于建立同案同判的技术规则体系。在运行程序上，为了保证类案裁判的法律效果与社会效果的统一，应该在同案同判过程中融入当事人参与的民主商谈程序，最终实现同案同判的实体公正与程序公正。

第一节　程序正义导控下同判的效力定位

"法律面前人人平等"是现代法治国家公认的基本原则，而法律适用上的平等则是该原则在司法领域中的具体表现。平等适用法律既是对前后类似案件当事人的平等保护，也是对当下案件中当事人的平等保护，有利于实现法律效果与社会效果的统一。同案同判要求类似不法行为同等惩罚，这既是对加害人的同等保护，也是对被害人的同等保护，更是对加害人与被害人的同等保护。根据佩雷尔曼的正义理论，对于基本属性相同者，必须给予相同对待。① 而同案异判或异案同判都是不正义的，这种不正义尤其体现在案件适用程序上的差异。因为上文已经建构起类案的判断标准，那么在找到了可以参考的类案之后，关键问题就是如何参照类案来实现同判的程序性问题。下文的讨论就主要是为了消除同案异判的不平等现象，在程序正义的导控下，建构同案同判的运行程序规则体系。

一、同判效力认定规则的理论之争

"类似情况类似处理"尽管是正义观念的核心，但它本身却是不完整的，除非补充一些有关"相似性"的标准，否则此原则仍然是空洞的，以至于难以为司法行为提供确定性的指引。② 如何消解"同判"的空洞化，学界尝试构建"同判"的认定规则。在普通法系，先例判决是正式的法律渊源，法官只从先例案件中提取出一般性原则或规则适用到待决案件中，就可以推导出与先例判决相一致的结论。但是在成文法国家中，类似案件的判决并不具备正式的法效力，不能直接作为裁判依据，所以如何实现"同判"以及怎样认定"同判"的效力问题，在理论上有诸多争议。

（一）判决结果相同说

从字面上看，"同判"意味着"同样的判决"，朴素的正义观认为"同样的判决"就是指"同样的判决结果"。而且判决结果相同还存在形式上的定量与实质上的定性之分。"判决结果相同说"的代表性观点是，"同判"不仅要求平等对待，而且要求实质内容的平等判决，追求的是相同情况下的结果平等。③ 也就是说，"同判"要求裁判的结果完全相同，包括案件的定性与责任方式的承担。但观点方又承认这种在实质结果上的平等观念，体现了一种高度形式化的思维方式，不符合实质的司法公正理念，难以成为司法实践中有效的裁判准则。④ 当然，作者只是推

---

① 参见［德］科殷：《法哲学》，林荣远译，华夏出版社 2002 年版，第 155 页。

② See Kenneth Winston, *On Treating Like Cases Alike*, California Law Review, Vol. 62, 1974, p. 5.

③ 参见周少华：《刑事案件的差异化判决及其合理性》，载《中国法学》2019 年第 4 期。

④ 参见周少华：《刑事案件"同案同判"的理性审视》，载《法商研究》2020 年第 3 期。

翻了“同判”的可能性,并不否定“同判”的概念本身。以刑事案件为例,“判决结果相同说”又可分为“量刑结果相同说”与“量刑基准相同说”。

“量刑结果相同说”的支持者白建军教授通过实证研究,主张对同一罪名下的案件信息进行量化处理,将案件的各种属性换算为可比的量值,实现等量之罪等量配刑。也就是说,将“同等情况”转换为“同等罪量”,进而将“同等情况同等对待”转换为“同等罪量同等刑量”。但是正像树叶千奇百怪一样,案件信息也是丰富多样,无法事前穷尽个案中对量刑产生影响的具体事实因素。即使可以列举同一个罪名的所有罪量因素,影响处罚幅度的变量也是多元的,如该说倡导的作者所举例的抢劫罪中,由 22 个变量[①]组成的量化评价系统,如何在类型化这些变量的基础上,进行案件之间的可视化比较,操作起来绝非易事。何况量化换算导致的结果是剥夺了法官的裁量空间,机械性的“同判”丧失了事实的针对性和法律调整空间的动态性。

量刑规范化是刑事领域中实现同案同判的重要手段,其中量刑基准的确定更是如此。“量刑基准相同说”认为刑事案件的“同判”只是对量刑基准的要求,而不是对量刑结果的要求。原因在于量刑结果公正并不意味着“同案同判”,而是意味着量刑结果与具体案件事实的罪责刑相适应。[②] 量刑结果相同只是量刑规范化体现出来的表面上的形式公正,由于忽略量刑个别化可能导致实质上的量刑不公。“同案同判”的目标是统一量刑标准,解决法律规范层面上的“同罪不同罚”问题,而无法实现量刑结果上的基本一致。“量刑基准说”为刑事案件中的个案正义预留了空间,在基准范围内可以合理调控具体的量刑幅度,有利于保证差异化判决的实质公正。

也有学者提出了“法律处置相同说”,认为相同判决意指相同的法律处置,包括相同的法律认定以及相应的肯定或否定的法律后果,但不要求法律后果在数量上的完全一致。[③] 该说并不赞同“同判”意味着判

---

① 这些变量包括抢劫主体、次数、数量、对象、方式、结果等各个方面。

② 参见石经海:《“量刑规范化”解读》,载《现代法学》2009 年第 3 期。

③ 参见张志铭:《中国法院案例指导制度价值功能之认知》,载《学习与探索》2012 年第 3 期。

决结果的完全相同，而是要求判决结果在性质上大体类似。也就是说，“法律处置相同说”倾向于从法律行为的性质角度，主张“同判”是法律后果上的类型化裁判。

以上关于判决结果相同的观点存在合理性的一面，但也有许多值得质疑的地方。对于合理性而言，结果的相似性是形式正义的体现，有利于约束法官的裁量权。而且“不患寡而患不均”，结果的相似性有利于维护社会秩序的安定，实现良好的社会效果。但是平等原则的司法面向，强调的是公民在法律适用面前受到无差别的对待。平等对待的方式在司法过程中，究竟是程序意义上的法律适用方式平等还是实体意义上的法律适用结果平等？

（二）判决过程相同说

“判决过程相同说”主张“同判”的实现要区分同样的审判过程与同样的审判结果，强调“同判”是一个动态的过程。同样的审判过程是指针对相类似的案件，适用相同的法律条款，采取相同的法律解释方案，而且运用同样的管辖环节。[①] 裁判过程的相似性反对静态的结果相似观，相同的裁判结果，可能源于适用了不同的法律条文或者是采用了不同的解释方法，这不利于全程式地控制裁判结果。但是在司法实践中，由于个案的特殊性和法官的裁量空间，即使适用不同的法律条款，也可能得出相同的法律结果。如在“陈庆宝等人信用卡诈骗案”中，[②] 一审法院认为被告人陈庆宝的行为违反了《刑法》第 196 条第 1 款第 1 项“以虚假身份骗领信用卡并使用”，构成诈骗罪，由于系从犯，且有自首情节，依法从轻处罚，判处有期徒刑 3 年，并处罚金人民币 3 万元。二审法院认为当事人不仅构成前项犯罪，还触犯《刑法》第 196 条第 1 款第 4 项“恶意透支”犯罪，鉴于犯罪人的情节对其减轻处罚，判处有期徒刑 3 年，并处罚金人民币 3 万元。上述同一个案件在不同的法院适用了不同的法律依据，却得到了相同的法律结果。所以“同判”要求法律适用过程中的全流程相似性，可能过于机械地理解了司法正义的真

---

① 参见刘树德：《刑事司法语境下的“同案同判”》，载《中国法学》2011 年第 1 期。

② 参见上海市宝山区人民法院（2009）宝刑初字第 1256 号刑事判决书；上海市第二中级人民法院（2010）沪二中刑终字第 132 号刑事裁决书。

实表现。同案同判是司法理论的范畴与司法正义的追求,法官在裁判过程中不可能像自动售货机一样,完全按照既定案件的裁判程式(包括法律适用方案、审判流程与管辖环节)一模一样的裁判。

(三)相同裁判理由说

"相同裁判理由说"主张同案同判并非结果导向的原则,而是施加理由的原则,如果两个案件在法律上相同或相似,那么就有理由处以相同的法律后果。作者将实现"同判"的过程中分为两步:一是"同案同判"原则对待决案件的审判具有初步的结果相似性约束力;二是考量案件的特殊性要素以决定上述初显性要求是否具有转化成终局性义务的可能。① 也就是说,如果两个案件是类案,那么应当"有理由"将适用于前案的法律规则也同样适用于后案,而不是"有义务"完全遵照前案的裁判结果裁判,而尚需对其他影响个案正义的因素进行合理权衡。先例案件中所蕴含的实质性说理内容以及具有规范形式的内容表达,可以通过一种间接的方式发挥着影响后案的作用。② 对待决案件产生影响的实质性说理,并不是待决案件就要按照先例进行裁判的理由。平等不需要理由,而不平等需要理由。③ 平等原则要求以相同的方式对待任何一个人,如果遵守了平等原则的要求,就没有任何理由主张遭受到不公正对待。比如将一块蛋糕分给 10 个人,如果给每个人分这块蛋糕的 1/10,那么不需要任何理由说服大家接受;相反,如果偏离了平均分配的原则,给部分人分了 1/5,部分人分了不足 1/10,这种区别对待可能导致歧视,则需要提供强有力的理由。即使承认"理由"的存在,但是该说法中的"理由"究竟是什么?获得相似裁判结论的理由包括哪些方面并不明确,无法为司法裁判提供直接的指引。在裁判结论一致的初显性理由与保障个案正义的逸脱性理由之间,如何取舍二者的权重也是需要进一步研究的问题。

在"同判"的认定上,结果导向的功利主义并不可取,方法导向的工

---

① 参见雷磊:《如何理解"同案同判"?——误解及其澄清》,载《政法论丛》2020 年第 5 期。

② 参见孙海波:《"同案同判":并非虚构的法治神话》,载《法学家》2019 年第 5 期。

③ See Isaiah Berlin, *Equality*, in Equality and Justice, Volume 2, edited by Peter Vilen tyne, Routledge, 2003, p. 45.

具价值才是法律平等适用的逻辑。同案同判并非司法裁判的终局性价值追求,还需兼顾个案的特殊性价值。“同判”的实质命题在于,如何既尊重前案的裁判思路和结论,又实现后案的个案正义。

二、同判效力认定规则的程序属性

法律意志内容的正义意味着与社会理想的一致,这是法律系统齐整性或统一性理念的要求。[①] 通过对法律系统这种统一体的维护,司法纠纷中的裁决才是符合正义的。同案同判是对过去的裁判秩序的维护,是司法正义的体现。未来的司法行为要想实现“同判”的目的,必然要从以往的司法经验中吸取裁判规则。那么在平等原则的约束下,法律适用过程中“同判”的内涵该如何界定?为了保证同案同判的过程性正义,同判效力认定规则需要受到程序属性的控制。

(一)同判效力认定规则的内在根据

平等原则可以分为法律制定平等与法律适用平等,法律适用平等是“同案同判”的内在根据。在法律适用过程中,按照平等原则的要求,司法机关应该公正地执行法律的要求,相同的情况应该相同对待,不同的情况应该区别对待。那么在司法裁判中,究竟该如何平等“对待”类似案件?

在平等理论的发展过程中,最初的“福利平等观”主张,利益分配对人们产生的影响应该是平等的,并不是利益的平等分配。这种平等主义是偏向后果主义的,是效用上的价值相同,而不是形式上的数量平等。由于福利本质上是资源在人们身上产生的结果,而人们的性质和需求各不相同,[②]所以“福利平等观”过于主观化,也未能充分考量其他自由和权利等价值。“基本善的平等观”倡导一种复杂的平等主义,主张收入和财富等物质利益的平等与自由和权利等高阶利益的平等。关于如何分配基本善的“利益”,罗尔斯提出了正义原则。正义原则包括

---

① 参见[德]施塔姆勒:《正义法的理论》,夏彦才译,商务印书馆2016年版,第174页。

② 参见姚大志:《平等》,中国社会科学出版社2017年版,第31页。

两个方面:[①]第一个原则的内容是“平等的自由原则”,在社会结构中,每个人的自由和权利应该得到平等的保障。第二个原则的内容包括“差别原则”和“机会的公平平等原则”:前者是指不平等的社会分配应该最大限度地保证“最不利者”的期望,也就是要通过制度性调整来改善“最不利者”的状况,实现社会正义;后者是指公平的机会应该向所有人开放,而不能受到个人的家庭出身、自然禀赋和运气等因素的影响。罗尔斯在这里着重强调纯粹程序意义的正义理念,他认为公平机会原则的作用是要保证合作体系作为一种纯粹的程序正义,分配的正确性取决于产生分配的合作体系的正义性。[②] 只有实际贯彻一种公平的程序,分配的结果才是正义的或公平的。在上述原则序列中,当原则之间发生冲突时,优先性的原则是以词典次序方式得到优先实现。具体而言,第一个原则优于第二个原则,第二个原则中的第一种情形优于第二种情形。尽管“基本善的平等观”基于机会平等而容许某些不平等分配的存在,但实质上体现的是一种结果平等观。“资源平等观”是指个人私有的任何资源方面的平等,针对的是经济领域的分配正义问题。这种平等观追求的是机会平等,包括两个方面的内容:一是“重要性平等原则”,人生取得成功而不被虚度对每个人都是同等重要的;二是“具体责任原则”,人生的成功有着客观上平等的重要性,但是每个人对这种成功负有责任。[③] 上述两个原则分别对应平等和自由价值,二者可以实现兼容。第一个原则强调客观上的资源应该平等分配,被称为“至上的美德”;第二个原则强调个人主观上的自由道德价值应该为人生的选择和行为负责。德沃金的机会平等观承袭了罗尔斯的自由主义平等观,只是德沃金区分了影响分配的个人选择与运气因素,重视责任与不平等的关系。在福利主义与资源主义之间,发展出了第三条道路,即“能力平等”。“能力平等观”主张的是人们利用资源的能力,通过“福利成

---

① [美]约翰·罗尔斯:《正义论》(修订版),何怀宏、何包钢、廖申白译,中国社会科学出版社2009年版,第47页。

② 参见[美]约翰·罗尔斯:《正义论》(修订版),何怀宏、何包钢、廖申白译,中国社会科学出版社2009年版,第68页。

③ 参见[美]罗纳德·德沃金:《至上的美德:平等的理论与实践》,冯克利译,江苏人民出版社2008年版,第6页。

就”“主体性成就”“福利自由”“主体性自由”四个指标来衡量能力平等。[①]“能力平等观”反对“福利平等观”的主观性与“资源平等观”的客观性,强调资源利用上人们的实际能力。

平等理论的谱系主要关注分配什么与如何分配的问题,将平等理论投影到司法实践中,侧重点则在于如何分配才能实现公正,也就是如何实现“同判”。对此,平等理论提供了两种立场,分别是通过分配直接实现结果的平等与提供平等的机会,为“同判”的实现提供了内在根据。结果平等是所有平等主义者梦寐以求的政治理想,司法判决的结果相同也是朴素正义观的愿景。类似的案件获得相同的裁判结果,符合结果平等原则。但是结果平等忽略了个人主观因素对结果造成的影响,如果个人对自身的不利地位负有责任,就应该承受不平等的结果。何况自由权利是至高无上的,每个人凭着自由转移而产生的任何分配都是正义的,即使分配结果不平等,政府也无权通过强制分配迫使社会强者去帮助社会弱者,因为这是对财产自由权的侵犯。[②]所以类似案件的裁判结果相同是“同判”的理想追求,但是由于个人自由的行动导致法律地位的差异,通过司法裁判拉平结果的方式是不合理的。机会平等是大部分平等主义者支持的平等观念,司法判决中的机会平等是指获得相同裁判结果的机会的平等。机会平等是实质面向的,因为司法案件并无原初状态的差异,不受社会身份和个人禀赋因素的影响。相较于结果平等而言,机会平等融入了个人责任因素,对于类似案件中的特殊情形,需要承担特定的加重责任或减轻责任,有利于调整形式结果的平等。

(二)同判效力认定规则的形式层面

根据平等原则的内涵,司法平等可能具有形式平等与实质平等、结果平等与机会平等、实体平等与程序平等多个维度。“原则具有规则所

---

① See Amartya Sen, *The Idea of Justice*, The Belknap Press of Harvard University Press, 2000, p. 302.

② 参见[美]罗伯特·诺齐克:《无政府、国家与乌托邦》,何怀宏等译,中国社会科学出版社1991年版,第35页。

没有的深度——分量和重要性的深度”,[①]规则才具有明确的操作性和确定性。在平等原则的指引下,“同判”的认定规则取决于形式平等与实质平等两个面向,并融入了实体结果与审判程序等因素的考量。形式结果的相同为实质程序的相同指明了方向和提供基础,实质程序的相同有利于促进形式结果的相同的实现,两种正义面向共同保证“同判”的实现。

在形式层面,裁判结果的相同是“同判”的最高理想和初阶预判,因为“同判”的直接目的就是追求相同的裁判结果,但这个相同的结果又只能是预设的和有局限的。在通常情形下,“同案同判”是司法裁判结果的完全平等。根据罗尔斯的第一正义原则,所有人的自由都应当遵循平等原则,司法案件中的平等对待就是最终裁判结果的相同,包括案件的定性和结果的定量。按照平等原则的价值追求,如果是类似案件,司法者就具有应当同判的义务。如在抢劫案件中,是否构成入户抢劫罪,遵循类似案件的裁判标准就能得到大体相同的裁判结果。在上海市嘉定区人民检察院诉魏培明等人抢劫案中,[②]魏培明、岳向海和岳雷3人持仿真玩具手枪和三棱刮刀等凶器,假借购物为由进入正在营业中的芳芳商店中,使用暴力威胁,强行关闭商店门窗,并用透明封箱带捆住被害人陈云飞,封住其嘴巴和眼睛,抢取财物,还进入了该商店的内侧卧室,对睡在床上的被害人妻子黄益芳进行威胁,逼其交出钱款。法院认为被告人实施的抢劫行为是针对被害人经营的店铺,该商铺处于面向不特定顾客的开放状态,而且该店铺中用于生活的区域处于非封闭状态,被害人的生活设施都是临时性的,生活区域与经营区域缺乏明显的隔离,不属于刑法上的“户”,不构成入户抢劫,最终认定为普通抢劫罪。依据《刑法》第263条和最高人民法院《抢劫解释》第1条,[③]判处3个被告人有期徒刑8年,剥夺政治权利2年,并处罚金人民币2000

① [美]罗纳德·德沃金:《认真对待权利》,信春鹰等译,中国大百科全书出版社1998年版,第47页。

② 参见《最高人民法院公报》2005年第4期;上海市嘉定区人民法院(2002)嘉刑初字第180号刑事判决书;上海市第二中级人民法院(2002)沪二中刑终字第511号刑事裁定书。

③ 《抢劫解释》第1条规定,《刑法》第263条第1项规定的“入户抢劫”,是指为实施抢劫行为而进入他人生活的与外界相对隔离的住所,包括封闭的院落、牧民的帐篷、渔民作为家庭生活场所的渔船、为生活租用的房屋等进行抢劫的行为。

元。类似的案例,如在“杨廷俊等抢劫案”中,[①]杨廷俊等人假借住宿为由进入正在营业的家庭式旅馆,使用暴力威胁,将被害人顾红卫及其妻儿等人捆绑,并用胶带纸封嘴,劫取现金若干。法院认为家庭住所经过改造成为家庭旅馆之后,尽管具备家庭成员的日常起居特征,但“户”的标准更重要的是需具有与外界相对隔离的场所特征,进入个体家庭开办的旅馆实施抢劫的行为,不构成入户抢劫而应认定为普通抢劫罪。依据《刑法》第 263 条和最高人民法院《抢劫解释》第 1 条,判处杨廷俊有期徒刑 8 年,并处罚金人民币 5000 元。从上述两个类似案件来看,按照形式平等原则,定罪结果和量刑基准就大体相同。

同案同判是形式正义原则的体现,这是一种最低限度的道德限制。但是从“类案”到“同判”的过程,仅仅是一种逻辑上的初阶性义务。如果说两个案件是类案,就一定要按照类似的裁判结果进行判决,可能会陷入“决定论形式主义”的误区。[②] 其实罗尔斯和德沃金都意识到了这个问题,前者是通过差别原则来调解普遍性正义与个案正义之间的矛盾,后者是通过引入责任主义来修正机械的填平法则。在司法案件中,要实行差别原则,如何评估“最不利者”以及“最不利者”的标准是什么?“功利主义不是没有考虑到我们的平等性,而是没有考虑到我们的非相对地位的某个决定因素。”[③]因为从表面上看,所有的类案都获得了相同的裁判结果,但实质上并没有平等对待这些类案,没有把任何一个特殊性类案特别对待。机会均等的分配是不可能的,不仅在道德上平等的分配不可取,而且在内在动机上也是不可行的。[④] 权利受到更为严重侵犯的可以称为罗尔斯的“最不利者”,所以需要区别对待,以得到利益的填补。也就是说,为了这个个案的正义,需要为权利受害人提供更充足的保障。实施更为严重的侵害行为就可以称为德沃金的“影响分配的个人选择与运气因素”,因为个人在较为轻微的侵害行为与严重的

---

① 参见《刑事审判参考》2004 年第 4 集指导案例第 309 号。

② See Thomas Gray, *Langdell's Orthodoxy*, University of Pittsburgh Law Review, 1983, p. 45.

③ 参见[新西兰]杰弗雷·库珀特:《作为恰当性的正义》,马新晶译,江西人民出版社 2020 年版,第 34 页。

④ 参见姚大志:《分配正义:从弱势群体的观点看》,载《哲学研究》2011 年第 3 期。

侵害行为之间选择了后者,必然要为自己的选择行为负责任。为了社会整体的正义,防止同样的惩罚措施分别适用于轻微违法行为与严重违法行为,所以需要对严重违法行为者给予更严厉的惩罚。换言之,结果导向的形式正义原则,允许有理由的不平等结果存在,承认部分特定情形下的类似案件受到“不平等”对待具有正当性。

司法平等往往是在作比较的情况下,建立案件之间的相似性关联。秩序只是基于存在的类推,此存在的类推是介于一致性与差异性之间,介于绝对平等与绝对不同之间。[①] 所以同案同判是建立在关系的基础上,通过类推达到类似案件裁判结果的合秩序性。如果排斥对虽为“类案”但仍然相互独立的两个个案的具体审查,从而可能忽略案件中的特殊性,不利于个案公正的实现。那么“同判”的认定规则主要解决的是,结果平等与个案正义在正义体系中的位置关系,即何种价值在何种情形居于优先位置。我们既不能限制个案正义来追求形式平等目标,也不能放弃普遍性的平等来追求个案正义。重要的自由是不容许以维护平等的理由受到侵犯的,而维护平等的目的也不能以牺牲重要的自由为代价。也就是说,当自由与平等发生冲突时,即便其中一种价值更为重要,也并不意味着相对而言更为不重要的一种价值在正义体系中没有任何地位。[②] 司法裁判的正当性在于尊重法律提供的理由,而不是赞同案件最后的结论。规则只是以一种类似于日常生活经验的方式提供了司法判决的一个理由,[③]司法裁判的结果取决于各种理由的权重。于是,形式结果层面的相同就是由二阶理由构成。其一,处以相同的法律后果,维护形式法治秩序,有助于实现法制统一,这是同案同判的初阶理由;其二,偏离相同的法律后果,发挥个案裁量功能,有助于实质正义的保障,这是同案同判的高阶理由。

以抢劫罪为例,关于在合租房内的独立分租房间中实施抢劫的行

---

① 参见[德]阿图尔·考夫曼:《法律哲学》,刘幸义等译,法律出版社2011年版,第232页。

② 参见[英]哈里·布里豪斯:《正义》,林毅、李浩译,江西人民出版社2019年版,第5页。

③ 参见[美]斯蒂文·伯顿:《诚信裁判》,宋晨翔译,中国人民大学出版社2015年版,第25页。

为,法院一般认定为入户抢劫。在“付瑞抢劫案”中,[①]被告人付瑞伙同他人进入被害人马某所租住的一个合租房中的单间内实施抢劫,法院该房间系与别人合租的一套房间中的一个与外界相对隔离的单独隔间,被告人构成入户抢劫,判处有期徒刑 10 年。在“张某某抢劫案”中,[②]被告人同样是非法进入被害人独立分租的房门进行抢劫,法院也认定为入户抢劫罪,判处被告人有期徒刑 10 年。但是即使同样是普通的入户抢劫行为,如果发生在不同的社会背景下,受到的惩罚幅度就有所差异。在“甘发恒抢劫案”中,[③]被告人甘发恒冒充快递人员身份强行闯入杨某家中,持刀进行抢劫,法院认为当事人构成入户抢劫罪,但由于意志以外的原因未能获取财物,最终判处甘发恒有期徒刑 5 年 6 个月,并处罚金人民币 4000 元。而在“业建勤抢劫案”中,[④]被告人业建勤在疫情期间冒充工作人员登记疫情骗取被害人赵某某开门,后进入赵某某家持刀威胁,劫取当事人财物,法院认为当事人在疫情防控期间持刀抢劫,应酌情从重处罚,判处有期徒刑 11 年,罚金人民币 4 万元,剥夺政治权利 2 年。上述两个案例本质上是类案,量刑结果出现较大差异的原因,除了犯罪的完成状态存在差异,更主要是因为后案发生在疫情期间,冒充防疫工作人员进行抢劫的行为,还严重危害到疫情防控秩序。故在同判的结果面向,当出现特殊的个案正义考量因素等高阶理由时,就超越了形式上的结果一致的低阶理由。

(三)同判效力认定规则的实质层面

在实质层面,平等原则意味着司法审判程序的相同,程序平等有利于为实体公正辩护。只有确立平等适用法律的条件和标准,才不至于损害裁判的实质性公平。如果法律适用的程序标准一样的话,结果的一致性才有保障,也有助于形式公正的实现。按照罗尔斯的第二正义原则,司法类案应该“机会相同”地得到“平等适用”,强调的是正义的程序之维。程序价值不仅是实现实体内容公正的技术性工具,而且能

---

① 参见天津市滨海新区人民法院(2015)滨刑初字第 44 号刑事判决书。

② 参见上海市徐汇区人民法院(2011)徐刑初字第 26 号刑事判决书。

③ 参见广西壮族自治区桂平市人民法院(2017)桂 0881 刑初 471 号刑事判决书。

④ 参见江苏省江宁经济技术开发区人民法院(2020)苏 0191 刑初 8 号刑事判决书。

够决定实体结果的正当性基础。贝勒斯关于“平等”与“公平”价值等原则的阐述，针对刑法领域而言，无论是罪责刑相称原则、刑罚个别化原则，还是合理机会原则及确定性原则，均旨在防止不公平地分配负担。[①] 也就是说，这种“平等”显然是一种机会平等，而不是结果的平等。我国有学者认为“同案同判”是获取司法裁判结果相同的理由或机会，有理由对类似的案件处以相同的法律后果。[②] 但是获得相同裁判理由需要通过考量内部审判程序才得以实现，换言之，要将裁判理由转化为过程性程序，“同判”的客观公正才能得到实现。

但是程序过程的相同该如何理解呢？在裁判程序上保证法律的相同适用，既有利于维护形式上的统一裁判，也有利于实现个案正义。评价法律程序的价值标准，应当立足于程序本身是否具有独立于结果的某些“内在品质”，也就是过程价值的有效性。[③] 程序导向的相似性判断关注的是法律适用的过程，强调类似案件裁判的技艺，包括法律适用方法和法律解释方法。如果法官遵守同一套裁判规则的约束，那么相同规则及其释义技术导向下的裁判结果也必然是相似的。裁判技术就是尽可能透过其积极的实用性替代素材广泛的丰富性，用一个概念或者原则达成法律适用、法学建构的目的。[④] 技术规则论及的是用什么方法确定规范内容的先决问题，德国学者克莱默认为技术规则在确定法律制度内容方面发挥重要作用，甚至直言有多少种技术规则就有多少法律制度。[⑤] 统一的技术规则，才能保证相同的制度性实践。尽管法官并不像机械的自动售货机一样，对法律规则可以有不同的解释方案，但是法律解释方案的选择不是随意的，而是要受到统一裁判规则的限制。尤其是在制定法国家，法官对类似法律问题的解释更应该保持一致性，

---

① 参见[美]迈克尔·贝勒斯：《法律的原则——一个规范的分析》，张文显等译，中国大百科全书出版社1996年版，第424页。

② 参见雷磊：《如何理解“同案同判”？——误解及其澄清》，载《政法论丛》2020年第5期。

③ 参见周佑勇：《行政法的正当程序原则》，载《中国社会科学》2004年第4期。

④ 参见吴从周：《概念法学、利益法学与价值法学：探索一部民法方法论的演变史》，中国法制出版社2011年版，第85页。

⑤ 参见[奥]恩斯特·A. 克莱默：《法律方法论》，周万里译，法律出版社2019年版，第7页。

这种统一的解释技术应该通过审判类似案件得到实现。

在裁判程序的相似性导控下，类似案件的法律适用规则应该保持一致。针对类似的案件，适用不同的法律条款，可能得出迥然不同的法律结果，导致严重的同案不同判。如在两起超市经营者因销售农药残留超标的生鲜蔬菜提起诉讼的案件中，案情基本相似，适用法律却不同，罚款结果也差别较大。在"临沂市河东区思达果蔬超市与临沂市河东区市场监督管理局行政监察案"中，①该果蔬超市因销售含超标农药残留的芹菜，被市场监督管理局依据《食品安全法》第 124 条罚款 5 万元。法院认为涉案芹菜属于来源于农业的初级产品，即在农业活动中获得的植物、动物、微生物及其产品，符合《农产品质量安全法》第 2 条第 1 款之规定，而含有农药残留的芹菜违反该法第 33 条规定的农产品质量安全标准，应该依据该法第 50 条处 2000 元以上 2 万元以下罚款，因此被诉行政行为适用法律错误，撤销行政处罚决定。在"焦作市山阳区福瑞多超市与焦作市山阳区市场监督管理局焦作市山阳区人民政府行政处罚及行政复议案"中，②该超市出售的韭菜经市场监督管理局抽样检查发现农药残留超标，后者依据《食品安全法》第 124 条对当事人的违法行为罚款 52,000 元。一审法院认为，韭菜属百合科多年生草本植物，是来源于农业的初级产品，为可食用的农产品。尽管《食品安全法》是保证食品安全的一般性法律，但是供食用的源于农业的初级产品的质量安全管理，遵守《农产品质量安全法》的规定。《农产品质量安全法》相对《食品安全法》而言，前者为特别法，后者为普通法。在适用两者发生冲突时，应优先适用作为《农产品质量安全法》的特别法。法院最终认定行政处罚行为适用法律错误，故撤销行政处罚决定。二审法院认为韭菜应属于食用农产品，《农产品质量安全法》和《食品安全法》的立法目的都是保证农产品和食品的安全质量，维护公众健康和生命安全。《食品安全法》规定的质量安全标准更为具体详细，更有利于维护公众健康和生命安全，应为特别法；而《农产品质量安全法》规定的标

---

① 参见山东省临沂市河东区人民法院(2019)鲁 1312 行初 31 号行政判决书。

② 参见河南省焦作市山阳区人民法院(2020)豫 0811 行初 30 号行政判决书；河南省焦作市中级人民法院(2020)豫 08 行终 255 号行政判决书。

准较为原则和宽泛,应为一般法。二审法院最终认定该案应适用《食品安全法》,原审法院适用法律错误,但是行政处罚决定本身事实不清,也应予撤销,所以原审法院的判决结果是正确的,予以维持。上述两个类似案件的判决结果完全不同,根本原因在于法院在裁判过程中对法律分歧的适用规则理解不一致,导致适用法律出现偏差。亦即第一个案件中法院适用《农产品质量安全法》来裁判当事人的违法行为属于适用法律错误,而第二个案件适用了《食品安全法》,进一步导致法律适用不统一,影响同案同判结果的实现。

在裁判程序的相似性导控下,类似案件的裁判解释方法也要尽量保持一致,才能实现同判的结果。即便适用相同的法律条款,但在采用不同解释方案的情况下,也可能得出不同的裁判结果。而各种解释方法在适用位阶上的争论,或法院解释立场的不同,都会影响解释方案的选择。以民事案件为例,在"上海领先餐饮管理有限公司与上海丽兴房地产有限公司房屋租赁合同纠纷案"中,①争议焦点是领先公司承租期间增设美式主题蛋糕甜品"A&M Bakery"品牌,是否违反合同约定的经营活动须保证"日式餐饮""日式美食广场"的限制。由于二级法院对"经营活动必须保证'纯日式'"解释方法的差异,导致前后裁判结论不同。一审法院仅仅运用了文义解释:领先公司经营的"A&M Bakery"品牌下的商品服务并不是租赁合同特别约定之"纯日式",该经营活动违反了合同对于经营活动所作出的限制性约定,该公司拟将原"日式餐饮"风格之"甘味屋"调整为非"日式餐饮"风格之"上海情怀弄堂菜",也是违反合同约定的行为,法院支持了丽兴公司解除合同的请求。二审法院综合运用了文义解释、体系解释与目的解释。在文义解释上,法院认为合同中虽有"日式美食广场""日式餐饮"等约定,但其合同中对违约条款中亦有"或在该房屋内经营的主要产品或提供的主要服务或其类型不符合本合同附件三的规定"的约定,从其"主要产品""主要服务"的合同表述中,无法得出经营活动必须保证"纯日式"的结论。在体系解释上,法院认为在"东京食尚"的餐牌中除日系餐饮外还出现中式、

---

① 参见上海市黄浦区人民法院(2017)沪0101民初31431号民事判决书;上海市第二中级人民法院(2019)沪02民终6546号民事判决书。

韩式菜系,与上述“主要产品”“主要服务”的约定相印证。在目的解释上,法院认为系争房屋地处综合性商业广场的地下一层,在整个商业综合体中的餐饮档次的定位特征,且经营面积1800余平方米,无论从其经营场所所处的位置还是经营面积,要求“纯日式”经营显然不符合商业逻辑。于是,二审法院撤销了一审法院的判决。

以刑事案件为例,在两起同样是进入几个单身汉租住的房屋中抢劫的案件中,由于对《刑法》第263条规定的入户抢劫罪中的“户”的理解存在差异,导致前后两个案件分别认定为入户抢劫罪与抢劫罪,进而导致被告人的刑期相差5年以上不等。在“韩维等抢劫案”中,[①]韩维等人进入几位单身被害人的合租房抢劫,法院认为“户”是指“供他人居住的”与外界相对隔离的场所,被害人的合租房符合“户”的特征,认定韩维等人构成入户抢劫,判处10年以上有期徒刑。在“林立柱等抢劫案”中,[②]被害人张某等6人合租一间房屋,被告林立柱等人入室抢劫。一审法院认定林立柱等人构成入户抢劫,二审法院认为本案租用房的居住成员之间无亲属关系,不具备“户”的“家庭生活属性”,[③]不属于“户”,遂将入户抢劫改为普通抢劫,两被告人的刑期也由10年改判至5年。刑事法律的安定性使得司法解释常常成为正义的注脚,然而解释者的不周延往往导致法律概念的动荡不安。根据我国现行《刑法》第263条的规定,普通抢劫的刑罚为3年以上10年以下有期徒刑,入户抢劫的刑罚为10年以上有期、无期徒刑甚至死刑。而关于“户”的认定标准的两个司法解释至今仍然同时有效,导致司法实践中,分别按照这两个司法解释作出的判决各自有一大批案例,严重危害到刑事法治统一和公民人权保障。当司法者能够自由地将他们的个人观念,诸如住宅安宁、婚姻家庭生活特殊保护等强加到法律之上时,就不可能存在可靠的法律框架。所以必须遵循统一的法律解释标准,才能控制同案不同判的发生,维持普遍性的正义价值。再如在行政非诉执行案件中,由于法院对执行期限的理解存在偏差,导致类似的案件适用相同的法律条

---

① 参见最高人民法院指导性案例第466号。

② 参见江苏省苏州市中级人民法院(2006)苏中刑二终字第26号刑事判决书。

③ 根据《两抢意见》的规定,“户”的特征表现为,供他人家庭生活和与外界相对隔离两个方面。

文,却得出截然相反的结果。

以行政案件为例,在“南通市通州区市场监督管理局与通州区兴仁镇正候超市非诉执行案”中,[①]南通市通州区人民法院认为《行政强制法》第53条对于暂缓和分期缴纳的期限未作出明确规定的情形下,当事人基于经济困难申请延期或分期缴纳罚款的,行政机关批准延期或者分期缴纳罚款的期限不应超出其向法院申请强制执行的期限,否则可能拖延行政执法的效率。而在“南通市通州生态环境局与许彬行政处罚非诉执行案”中,[②]南通市通州区人民法院的观点是,当事人确有经济困难,需要延期或者分期缴纳罚款的,经当事人申请和行政机关批准,可以暂缓或者分期缴纳,承认《行政强制法》第53条的非诉行政执行期限可以变更。之所以出现同一个法院针对前后类似的案件,适用相同的法律条款,出现了不同的裁判结果,是因为针对同一法律条款作出了不同的法律解释。法律的解释和适用依赖于“技术构成”,这种“技术构成”遵循一定的规则,可以将法律规范变成具体的、稳定的实践。

总之,对类似案件进行“同判”过程中,维持形式上裁判结果的相同是初显性义务。在此基础上,应该合理把握差别原则,协调不同类型案件背后的个案正义与责任因素,通过理由的权衡实现普遍性正义与个殊性正义的统一。对于实质面向的裁判程序而言,同案同判与法律解释方法密切相连,类案的适用很大程度上取决于法官在裁判中的解释技艺。法律解释方法的制度化有助于法律适用的一致性,要统一法律适用规则与法律解释方法,避免类似案件的规则冲突导致同案不同判。

三、同判效力认定规则的规范阐释

同案同判作为一种司法裁判理论,具有指导司法实践的功能。案例指导制度是基于中国司法体系创设的一种司法裁判制度,将同案同判理论运用到案例指导制度的司法实践中,可以实现同判的规范效应。

---

① 参见江苏省南通市通州区人民法院(2019)苏0612行审206号行政裁定书。

② 参见江苏省南通市通州区人民法院(2019)苏0612行审118号行政裁定书。

但是作为成文法国家，我国的司法类案原则上并不具有法律渊源的性质，在类似案件的裁判中不具有“强规范”属性的“同判”效力，而只具有“弱规范”属性的“参照”或“参考”裁判效力。

(一)案例指导制度下同判效力的规范变迁

在我国法院的司法实践中，历来重视通过典型案例指导审判工作，充分发挥案例统一裁判标准的效果。在国家层面的制度设计上，我国案例指导的制度资源经历了早期的“运用案例指导审判工作”的探索阶段，中期的“公报案例指导审判工作”的发展阶段，到后期的“中国特色案例指导制度”的完善阶段。

在探索阶段，主要是指新中国成立不久，我国的法制体系尚未建立，法院的审判工作主要是依靠国家政策和司法经验。1962 年 12 月，最高人民法院印发的《人民法院工作若干问题的规定》明确规定了“在总结审判工作经验的基础上，运用案例的形式，指导审判工作”。具体而言，最高人民法院应当选定在全国范围内有典型意义的案例，报中央政法小组批准后，以最高人民法院审判委员会决议的形式，发给各级人民法院比照援用。高级人民法院在选用案例时，必须反复研究，经审判委员会讨论选定后，发给下级人民法院参考，同时上报最高人民法院备案。① 由此可见，此阶段的“同判”效力主要表现为“比照援用”和“参考适用”。由于当时的法制条件限制，各个部门法律规范并未建立，最高人民法院和高级人民法院颁布的案例是主要的审判依据，所以“比照援用”和“参考适用”导致的“同判”效力比较强。

在发展阶段，随着我国法制日益健全，法律的抽象性和不完整性也在适用中暴露出许多问题，司法工作越来越重视典型案例的指导价值。1985 年 5 月，最高人民法院确定以《最高人民法院公报》的形式，定期发布典型案例，供各级人民法院参考借鉴。《最高人民法院公报》发布的案例，是经最高法院审判委员会的严格审查程序挑选出来的，每个案例都有详细的事实、判决理由和结果，蕴含了深刻的法律意义，具有典型性、真实性、公正性和权威性特点，是最高人民法院指导地方各级人

① 参见刘树德：《析判例在两大法系中的地位和作用》，载《人民法院报》2003 年 8 月 11 日。

民法院审判工作的重要工具。① 公报案例的具体指导方式就是供各级人民法院借鉴，如在《最高人民法院公报》1985 年发布的 15 个案例中，最高人民法院在案例结尾均加了一个按语，即供“各级人民法院借鉴”。有学者认为公报案例必须获得遵循，才具有明确的效力，因为“指导”较为弹性，易导致被指导的法院主观性过强。② 随着公报案例数量的逐渐增加，公报案例对各级法院的审判工作发挥着统一裁判标准的作用日益重要。在这个阶段，最高人民法院也通过文件的形式来规范各级法院的类似案件的“同判”效果。1985 年 7 月，最高人民法院发布了《关于破坏军人婚姻罪的四个案例》，明确规定各级人民法院“参照办理”。在案例指导工作不断发展过程中，最高人民法院开始推动案例指导制度建设。根据最高人民法院于 1999 年制定的《人民法院五年改革纲要（1999—2003）》第 14 条的规定，经最高人民法院审判委员会讨论决定后予以公布的适用法律问题的典型案件，供下级法院审判类似案件时参考。这是案例指导制度的雏形，明确了类似案件的“参考”效力。

在完善阶段，案例指导制度的各项机制逐渐健全，“案例”的类型和“指导”的内涵日益丰富。最高人民法院于 2005 年制定的《人民法院第二个五年改革纲要（2004—2008）》，明确提出“建立和完善案例指导制度，重视指导性案例在统一法律适用标准、指导下级法院审判工作、丰富和发展法学理论等方面的作用”。这说明，案例的法律地位已由最高人民法院定位为“指导”。“指导”效力当然不局限于“参考”效力，但也不等同于判例法中的“遵循先例”。随着案例指导工作的不断推进，最高人民法院《案例指导规定》明确规定，最高人民法院发布的指导性案例，各级人民法院审判类似案例时应当参照。自此，正式确立了指导性案例的“应当参照”地位。最高人民法院《类案检索意见》规定，检索到的类案为指导性案例的，人民法院应当参照作出裁判；检索到其他类案的，人民法院可以作为作出裁判的参考。也就是说，案例指导制度下“同判”效力格局是二元分立模式，即指导性案例的地位是“应当参

---

① 参见周佑勇：《作为过渡措施的案例指导制度——以“行政［2005］004 号案例”为观察对象》，载《法学评论》2006 年第 3 期。

② 参见董皞：《超越案例　走向判例——〈最高人民法院公报〉发布案例之研究》，载《人民司法》2002 年第 6 期。

照”,其他类案的地位是“可以参考”。

(二)指导性案例“应当参照”裁判的规范解释

司法类案“参照裁判”是实现“同案同判”的制度要求,由于不同效力层级的司法类案的规范效力有位阶高低之分,所以不同的司法类案的“同判”效力规范强度也不同。指导性案例处于我国司法类案体系的效力金字塔顶端,具有最强的“同判”效力约束,在案例指导制度的效力构造中具有“应当参照”地位。如何解释“应当参照”的含义?学界存在两种代表性观点。一是“应当”与“参照”之间的对立矛盾,[①]“应当”展示了规范上的强制性,而“参照”体现了适用中的裁量性,究竟是“应当适用”指导性案例还是“参照适用”指导性案例,往往使法官陷入两难境地。“应当”与“参照”在规范属性上的差异导致二者无法并存,进而引发适用指导性案例的恣意,“同判”的效果不佳。二是“应当”与“参照”的融贯共生,“应当”指向的是指导性案例的法源属性,而“参照”指明的是指导性案例的法源分量,二者分属不同的层次,体现了指导性案例的强制性适用性与适用效力,可同时融入司法裁判程序中。[②] 也有观点认为“应当”是主观层面的刚性管制,“参照”是客观层面的柔性约束,主客观统一在法官的裁判权之中。[③] 此时,“应当参照”就像一种道德命令一样,既控制着法官的裁判底线,又释放出法官的裁量空间。胡云腾大法官在接受采访时,指出“应当”是指法官在审理类似案件时,应当参照指导性案例而未参照的,必须有能够令人信服的理由;否则,既不参照指导性案例又不说明理由,导致裁判与指导性案例大相径庭,显失司法公正的,就可能是一个不公正的判决,当事人有权利提出上诉、申诉。“参照”就是参考、遵照的意思,法官处理与指导性案例相类似案件时,要遵照、遵循指导性案例的裁判尺度和裁判标准。[④] 这也解释了

---

① 代表性观点参见孙光宁:《指导性案例如何参照:历史经验与现实应用》,知识产权出版社 2020 年版,第 93 页。

② 参见雷磊:《法律体系、法律方法与法治》,中国政法大学出版社 2016 年版,第 207 页。

③ 参见吴革、林琪琪:《中国案例指导制度的完善——基于日本判例制度的比较分析》,载胡云腾主编:《新时代案例研究与案例法学研究》,法律出版社 2020 年版,第 20 页。

④ 参见胡云腾:《人民法院实行案例指导制度的意义》,载《法制日报》2011 年 1 月 5 日,第 11 版。

“应当”与“参照”之间的相容性,本书赞同后者的观点。

“应当”在字面上是指应当如此,揭示的是一种客观义务,体现了指导性案例的强制性拘束力,有利于发挥对法官的刚性约束。指导性案例在形式上是经法定程序颁布的,并且获得了《人民法院组织法》的正式法律效力,在实质上具备裁判内容的正确性,在原则上应当得到各级法院的遵循与适用。“参照”表面上看是一种照章行事的要求,实际上表明的是一种选择适用权力,反映了指导性案例的柔性指导力,有利于保障对法官自由裁量权的尊重。指导性案例确立的裁判规则并不是定于一尊或放之四海而皆准的金科玉律,面对纷繁复杂的个案总有涵摄不到的方面,也有可能存在与时代发展相脱节的内容,法官在裁判过程中需要常怀正义,对指导性案例进行参照性鉴别适用。“应当”与“参照”有机结合在一起,既完成了最高人民法院统一裁判尺度的法律义务,又保证了各级法院在裁判中实现个案正义的价值追求。指导性案例是一种附条件的权威规范,“应当”体现的是指导性案例在形式上的“强”规范拘束力,“参照”体现的是指导性案例在实质上的“弱”内容正确性。在类似案件的裁判中,必须参照指导性案例,只是不得违反其他效力更强的制定法规范或司法解释,而且可以基于实质理由偏离指导性案例裁判。“参照指导性案例”与“依照法律”审判不同,根据2009年法工委《立法技术规范(试行)(一)》18.1的规定,以法律法规作为依据的,一般用“依照”;根据18.3的规定,“参照”一般用于没有直接纳入法律调整范围,但是又属于该范围逻辑内涵自然延伸的事项。《人民法院组织法》中规定的“人民法院依照法律规定独立行使审判权”,指的是以法律为依据行使审判权,遵循“以法律为准绳”的规则主义进路,根据法律规则裁判权利义务纠纷。“参照指导性案例”主要是为新型疑难案件提供裁判规则指引,既约束法官的恣意裁量,又填补法律的漏洞。“参照指导性案例”与“参照规章”也不同,《行政诉讼法》中规定的“人民法院审理行政案件,参照规章”,是指法院可以审查规章的合法性,并将其作为裁判依据和理由。

(三)其他类案“可以参考”裁判的规范解释

最高人民法院《类案检索意见》第4条明确将案例指导制度中的类案,划分为指导性案例与其他类案两个系列。其他类案包括最高人民法院发布的典型案例及裁判生效的案件、省(自治区、直辖市)高级人民法院发布的参考性案例及裁判生效的案件、上一级人民法院及本院裁判生效的案件,也就是除指导性案例之外的案例。其他类案在我国司法类案体系中处于指导性案例效力之下,具有较弱的"同判"效力约束力,在案例指导制度的效力构造中具有"可以参考"地位。"可以参考"的含义如何理解?学界尚未涉及。

指导性案例之外的其他案例在现行法规范体系中未获得明确的立法授权,只是基于司法实践自发形成的案例资源,基于司法系统内部的承认获得遵守效力。在法院内部形成的低层级的类案秩序,是基于进化理性主义形成的自发秩序,是一种自我生成的或源于内部的秩序。[①]其他类案没有法律强制力,并不具备外在形式的拘束性和程序的保障性,其效力来源于司法机关上下级之间的监督约束关系与裁判本身体现的正确性,这体现了其他类案的柔性监督力量和参考价值。作为参考性案例,其他类案只具有理性教导和思维引导的意义,发挥法律教义上的认知型指导功能。[②] 司法制度对其他类案的定位是"可以参考",这不同于指导性案例的"应当参照"。这种适用差异的原因是为了保证案例指导制度的规范化和权威性,防止实践中司法人员及诉讼参与人把普通案例当作指导性案例来参照。[③] 其他类案"可以参考"裁判的制度设计,反映的是一种双重宽松标准。"可以"作为任意性规范,体现了裁判的许可性,这说明其他类案是"可以"参考,也"可以不"参考。"参考"具有建议属性,体现了裁判上的灵活性,这说明其他类案的参考价值,参不参考以及如何参考取决于法官的自由裁量。

"可以参考"并不具有强制性的执行力,为权力裁量留下了充分的制度空间。"所有的自由裁量权都有可能被滥用",[④]其他类案是否可以参考的规范缺陷极有可能导致司法机关在实现"同判"过程中滥用裁

---

① 参见[英]弗里德利希·冯·哈耶克:《法律、立法与自由》(第1卷),邓正来等译,中国大百科全书出版社2000年版,第55页。

② 参见冯文生:《审判案例指导中的"参照"问题研究》,载《清华法学》2011年第3期。

③ 参见胡云腾:《打造指导性案例的参照系》,载《法律适用(司法案例)》2018年第14期。

④ [英]威廉·韦德:《行政法》,徐炳等译,中国大百科全书出版社1997年版,第70页。

量权的风险。文义通常是模糊的,可能包含多种意思,“可以参考”就为司法机关“不参考”提供了借口。仅仅依靠文义并不能说明某个规范应当进行广义解释还是狭义解释,这个问题由规整意图来决定,因此,必须用其他解释方法来检验文义解释。[①] 目的解释对规范含义的认定起到决定性作用,规范目的是任何解释的目标。“目的是全部法律的创造者。每条法律规则的产生都源于一种目的,即一种实际的动机。”[②]在案例指导制度的改革进程中,推进案例指导制度的目的在于发挥指导性案例规范自由裁量权与维护法制统一的功能。司法改革的亲历者表示,强调法官对指导性案例的参照和对其他类案的参考,旨在实现法律的统一适用。[③] 由此可见,强化对其他类案的参考,主要目的也是协调法制的统一与各地裁判的差异,减少裁量过程中的随意性。为此,必须要对“可以参考”进行适用层面的目的性限缩,控制法院选择参考其他类案适用的裁量空间。将“可以参考”理解为义务性授权规范,原则上必须履行参考职责。如果法院认为可以不参考的,必须提供正当理由,以此约束“可以参考”的边界。为了强化其他类案参考裁判的制度保障,可以利用上下级法院之间的监督关系,建立背离类案裁判的监督机制,达到统一裁判标准的目的。

第二节　司法类案参照裁判的论证技术

指导性案例的参照裁判与其他类案的参考裁判,是我国实现同案同判的制度要求。但是现行案例指导制度并未明确类似案件参照或参考裁判的具体运行规则,为了保证同案同判的效力,需要运用司法裁判的论证与推理理论,构建司法类案参照裁判的论证规则、援引内容与适用方式。

---

① 参见[德]魏德士:《法理学》,丁小春、吴越译,法律出版社2013年版,第319页。

② [美]E. 博登海默:《法理学:法哲学与法律方法》,邓正来译,中国政法大学出版社2017年版,第122页。

③ 参见刘婧:《加强类案检索　统一法律适用　全面落实司法责任制》,载《人民法院报》2020年7月27日,第1版。

一、司法类案参照裁判的论证规则

司法裁判是一种释法说理的活动,法官在运用案例资源和规范资源处理类似的案件时,必须要为裁判的结果承担论证负担。所谓论证,简单地说,就是举出理由(证立或证成)支持某种主张或判断的正当性。[①] 法律论证是一种规范论证行为,旨在为规范人类行为之妥当与否提供证明依据。关于司法类案参照裁判的分析进路问题,说到底是先找"法"还是先找"案"的问题。在英美法系国家,遵循先例是法律适用的基本原则,法官办案首先是找"案",然后运用类比推理规则,依据先例中的裁判规则判决。在大陆法系国家,法官基于成文法的传统,处理手头的案件首先是找"法",然后运用演绎推理规则,依据制定法判决。但是面对疑难案件,由于法律规范本身的疏漏、模糊甚至冲突,不同的法官可能适用不同的法律规则或解释方法,导致最终裁判结果的不统一。此时,即使是成文法国家,也需要融合案例和法律,综合运用类比推理和演绎推理两种论证规则,为裁判提供正当性理由。

(一)类比推理是逻辑起点

司法类案参照裁判的证成路径是在演绎推理的框架下,融合类比推理的过程。同案同判的论证采用何种进路,取决于类比推理的前提条件,制约着法官释法的逻辑起点,也影响同案同判的具体落实。按照阿列克西的观点,"涵摄"的大前提是要件齐备的法律规则,法律原则主要是通过规则或者权衡得以实现。现代成文法国家之所以强调判例的作用,主要不是因为个案裁判没有法律规则可依,而是因为同样的规则在类似的案件中得不到统一的适用。在同案同判中,如果选择演绎推理的论证进路,那么法官解释法律的着力点是先找"法";如果法官凭借自己的理解对法律问题形成固化思维,那么类案检索和同案同判就可能形同虚设。同时,在法律漏洞填补的案件中,通过法律原则"涵摄"案件事实,法律原则的"空洞性"增加了法官论证的负担,也增加了法律适用错误的风险。

---

① 参见颜厥安:《法、理性与论证——Robert A Lexy 的法论证理论》,载《政大法学评论》第 25 卷,第 2 页。

在司法类案参照裁判的证成中，类比推理是逻辑起点。司法类案"参照"与"参考"裁判，表述虽然不同，但是性质相同，均是在方法论上的准用。"准用意指：借指示参照而被规整的构成要件，以及法效果被引用之法规范的构成要件，两者的部分要素，依各该要素的作用及其于构成要件意义脉络中的地位而言，应等同视之，如是，则应赋予其相同的法效果。"[1]也就是说，性质相同者才有准用的可能。准用是指将被引用之法条类推适用到引用性法条所规定的案件之中，类案的参考性准用是指将类案的裁判规则类推适用到待决案件的裁判之中。类比推理是在演绎推理的框架之下的一种补充，并且是司法类案参照裁判的逻辑起点。类比推理是基于两个不同案件在事实构成评价上的相同性，推导出法律后果上的相同性。类比推理是从案件裁决出发的推理，因而在判例法制度中是重要的一种推理方式。在类比推理的运用上，传统进路认为运用类比推理应当以实在法的漏洞为前提，因而将类比的功能定位为漏洞填补。诠释学进路认为，法律适用本身就是类比推理的过程，类比推理构成法律发现的核心思维模式，并不限于特定的前提。[2] 分析进路并不区分法律解释抑或漏洞，"类型化的案例比较不仅服务于漏洞填补，而且也服务于法律解释活动"。[3] 在同一法律规范的语词范围内的类比，有助于对法律规范解释的精确化；用于扩张规则适用范围的类比，是填补法律漏洞的方式。换言之，类比既可能发生在法律直接适用过程中，也可能发生于法律漏洞的情形下。

法律论辩所涉及的是规范性命题之特殊情形即法律判断的证成，可以分为内部证成与外部证成两个环节。[4] 内部证成解决的是从既定的大前提推导出作为其结论的法律判断的有效性，外部证成解决的是大前提本身的正确性。在内部证成中，法律概念需要依托判例的"类型化"分析得以实现精确化。内部证成主要是判断能否从既定的法律规

---

① ［德］拉伦茨：《法学方法论》，陈爱娥译，法律出版社2003年版，第141页。

② ［德］亚图·考夫曼：《类推与"事物本质"——兼论类型理论》，吴从周译，台北，学林文化事业公司1999年版，第85页以下。

③ ［德］齐佩利乌斯：《法学方法论》，金振豹译，法律出版社2018年版，第104页。

④ 参见［德］罗伯特·阿列克西：《法律论证理论——作为法律证立理论的理性论辩理论》，舒国滢译，中国法制出版社2020年版，第277页。

范和案件事实中,运用有效的技术规则,得出一个适用特定案件的个案规范。既涉及既定法律规范的正确解释,又关涉案件事实的正确认定,整个过程由司法者说了算。法官解释法律和认定事实的能动性不可避免,不仅由于法律语言本身的不确定性,缺乏统一的法律解释规则,而且法官的司法能力差异明显,各地方经济发展水平和司法政策也有出入,导致法官在解释法律和认定事实的过程中会形成不同的结果。为了实现法的一致性和稳定性,法官在判断案件中有必要参照上级法院在先前案件中对法律概念的界定。① 而且基于类似案件类似处理的形式正义观念,可以约束法官的恣意裁量,实现法律解释的统一与法律适用的统一。在外部证成中,法律规则的使用需要依赖判例的"类型化"分析得以补强,法律原则的适用也应依托判例的"类型化"分析得以具体化。"制定法经常支离破碎、考虑不周并且不公正。"②随着社会生活的变化,作为演绎推理的大前提不可能事无巨细地规定所有内容,必然存在漏洞。而演绎推理在论证结构上的封闭性,在大前提的确定过程中,类比推理可以发挥填补制定法漏洞的功能。类案之所以可以补强演绎推理的大前提,是因为被赋予了一定的法律拘束力和实质说服力。通过类比推理,在满足案件相似性要求的基础上,类似案件的裁判规则才能输入演绎推理的大前提,作为大前提的辅助理由强化演绎推理的说理。在填补法律漏洞的案件中,将填补性规则与类似案件的裁判规则回归到共同的法律原则之下,通过价值权衡作出决定性判断。

(二)演绎推理是结果检验

在大陆法系国家,建立在成文法基础上的司法判决,赋予判决理由的规范性论证根本上是演绎推理。演绎推理是从一般法律规范出发,通过涵摄的方式,将待处理的案例(小前提)归入某一法律规范(大前提),从而得出个案结论的三段论式推理模式。演绎推理一般是在作为解决问题理由的法律规定比较明确的情况下所采用的推理方式,所以演绎推理可被看成制定法的标识性的推理方式。我国是成文法国家,司法裁判主要是基于三段论的演绎推理展开,遵循"大前提—小前提—

---

① 参见高尚:《德国判例使用方法研究》,法律出版社2019年版,第83页。

② [美]本杰明·卡多佐:《司法过程的性质》,苏力译,商务印书馆2019年版,第5页。

结论”的论证路径。采用演绎推理的涵摄模式，要求大前提必须是法的正式渊源。我国《宪法》和《人民法院组织法》均规定，人民法院依照法律规定独立行使审判权。法官必须受现有法律约束，不能依据法的非正式渊源径直裁判。所有的类比推理都必须回归到具体的制定法规则，[①]指导性案例或者其他类案作为法的非正式渊源的性质定位，决定了类似案件不能作为演绎推理的大前提。类案裁判需要在依法裁判的视域内展开，通过演绎推理来验证类比推理的结论。

既然类比推理被定位在演绎推理的框架之中，那么同案同判的论证进路最终需要回归到演绎推理中。为了保证法的统一适用，实现类似案件的“同判”，首先应该是通过类比推理寻找到可适用于待决案件的类案裁判规则，然后回归到演绎推理的框架中，寻找对应于类案裁判规则的制定法，以此作为大前提作出裁判。日本的判例参照方法就融合了两大法系的方法论，采用“先归纳后演绎”的论证规则，也就是从判例中归纳出抽象于具体事实的先例性规范，再将此先例性规范对应于制定法的具体法条的解释论中。[②] 我国的类案参照判断过程，同样是这两个阶段的结合。类比推理是一种或然性的推理，而不必然是颠扑不破的真理，其正确性取决于许多因素。[③] 为了保证类比推理得出的裁判规则的可靠性，需要运用演绎推理来检验类案中的裁判规则与制定法解释的关系。这是两个方面的：一是要验证类案裁判规则对制定法的解释是否正确，保证类案的解释方案在制定法的效力射程之内，避免错误的解释结论；二是要防止类比推理架空现有的法律规则体系，一旦脱离了制定法的约束，类案中的裁判规则可能就成为事实上的法律规则，导致走向判例法的边缘。所以演绎推理在某种程度上是为了确认已获得的法律结果，发挥着事后的正确性控制机能。

二、司法类案参照裁判的援引内容

司法类案该如何参照裁判？明确司法类案参照裁判的援引内容是

① 参见孙光宁：《指导性案例如何参照：历史经验与现实回应》，知识产权出版社 2020 年版，第 194 页。

② 参见章程：《论指导性案例的法源地位与参照方式》，载《交大法学》2018 年第 3 期。

③ 参见张骐：《论类似案件的判断》，载《中外法学》2014 年第 2 期。

处理参照裁判规则的关键。尽管司法类案并不像法律规则一样，有明确的构成要件可供参考，但司法类案在形式上可以提炼出个案规则，其本质上仍是由案件事实、法律规范与解释规则等各种要素组成的案例。所以挖掘司法类案的核心构成要素及其对待决案件的指导效力，才是求解参照裁判内容的良策。

（一）司法类案参照裁判的效力来源

司法类案的效力来源是参照何种内容裁判的根基。关于司法类案中哪些部分具有参考价值，学界的代表性观点可以分为三类。一是裁判要点说（或裁判规则说），[①]该说认为指导性案例的"指导性"来源于对案例提炼的规则或要旨，而其他诸如案件事实和裁判理由的分析并不具有指导性。二是非裁判要点说，该说主要批判的是裁判要点本身的概括性缺陷导致适用上的问题，以及裁判要点内容的局限性，无法代表整全性的案例。三是多元混合说，该说主张指导性案例中具有参考价值的内容是多元的，包括裁判要点、裁判理由、裁判结果、裁判方法、事实认定等各个方面。

本书支持多元混合说，司法类案的效力来源于案例本身及其衍生的规则等诸要素组合，其中，司法类案的直接效力来源于裁判要点，间接效力来源于基本案情、裁判理由、裁判方法与裁判结果等内容。大陆法系法官在运用判例过程中，往往从判例中寻找的是具有更高权威的类似于规则的表述，而将案件的事实弃置一旁。[②] 也就是说，判例中具有拘束力的裁判规则对后案具有更为重要的指导价值，而基本事实或裁判过程中的其他要素则显得不那么重要。我国的司法实践历来也重视案例中的裁判规则，从《中国案例指导》丛书的编纂、《最高人民法院公报》《人民法院案例选》等刊载的典型案例中，都体现了对裁判要点的归纳。这些都说明裁判要点确实很重要，因为裁判要点中对法律规范的解释和具体化，对待决案件的裁判具有直接导向作用。但是仅仅依

---

① 裁判要点是司法规则的重要载体，指导性案例所确定的裁判要点，是从指导性案例中抽象出来并指导类似案件审判的裁判规则，全国法院在审判类似案件时都应当参照。参见邹海林：《指导性案例的规范性研究》，载《清华法学》2017 年第 6 期。

② 参见［美］米尔伊安·R. 达玛仕卡：《司法和国家权力的多种面孔》，郑戈译，中国政法大学出版社 2004 年版，第 51 页。

靠裁判要点还不足以充分发挥司法类案的效力,而需追本溯源到案例的裁判过程本身。制作司法先例的法官首先考虑的是他所裁判的事件,裁判要旨不过是裁判理由中蒸馏出来的结晶,与案件事实密切相关,在很大程度上裁判要旨本身也需要解释。① 一方面,裁判要点是经过加工转化而来的抽象规则,只具有形式上的指导效力,究竟该如何适用取决于待决案件的客观情况;另一方面,实质上发挥裁判要点的效力,还有待进一步审查司法类案本身的事实认定、说理过程和论证方法等全局性内容。所以基本案情、裁判理由、裁判方法与裁判结果等内容是支撑裁判要点效力的基础,这些内容在司法类案参照裁判过程中发挥着具体的规则指引作用,是司法类案的间接效力来源。只有综合利用司法类案效力来源的直接方面与间接方面,才能保证参照裁判的合法性和合理性。

(二)司法类案参照裁判的内容构造

在制度设计上,案例指导制度出台之初,最高人民法院研究室负责人给出的解释是,“参照”主要指参照指导性案例明确的裁判规则、阐释的法理、说明的事理,不是比葫芦画瓢参照具体的裁判结果。② 也就是说,官方的态度是参照裁判规则和裁判理由,而不是裁判结果。后来,最高人民法院出台的《案例指导细则》明确规定,类似案件的审判,应当参照相关指导性案例的裁判要点作出裁判。此时,正式的参照内容是裁判要点。最高人民法院《类案检索意见》规定,指导性案例参照裁判,其他类案参考裁判,却未明确参考裁判的内容。总之,现行司法制度并没有给出明确的参照内容范围,导致司法实践中对于类似案件的参照裁判内容不统一。有学者统计过 1545 份援引了指导性案例的裁判文书,经分析发现有 49.27% 的文书参照了裁判要点、基本案情、裁判理由、裁判结果等内容中的一个,有 12.83% 的文书参照了上述内容中的

---

① 参见[德]卡尔·拉伦茨:《法学方法论》,陈爱娥译,法律出版社 2003 年版,第 233 页。

② 参见张先明:《用好用活指导性案例 努力实现司法公正》,载《人民法院报》2011 年 12 月 21 日,第 3 版。

两个以上部分，剩余的是无法辨识参照内容。[①] 这反映出参照内容并不局限于单一的裁判要点，而是呈现多元面向。

那么司法类案参照裁判的内容该如何构造？这依赖于前文讨论的司法类案的效力来源。在参照司法类案进行法律论证说理过程中，不仅要直接参照裁判要点，还要间接参照基本案情、裁判理由、裁判方法与裁判结果等其他内容，溯源到案例本身的运作规律之中，才能为待决案件的裁判提供可靠性指导。由于指导性案例和其他类案的构成内容存在差异，有必要区分其参照裁判的内容构造。在构成内容上，指导性案例和其他类案的相同之处在于，两者均包括基本案情、裁判理由与裁判结果；差异之处在于，指导性案例的裁判要旨提炼为裁判要点，而其他类案的裁判要旨并未单独归纳。所以参照其他类案的直接内容主要是裁判理由中的裁判要旨。裁判要点或裁判要旨为待决案件提供实体规则上的方向指引，首先必须查明类案的裁判要点或裁判要旨。类案裁判的目的就是解决法律适用问题，裁判要点或裁判要旨中的实体规则是对法律适用问题的具体解释，参照该内容可以为类似的法律适用问题建立明确的路标，有助于寻找待决案件的大前提及其概念内涵。但是案例并不是法律，裁判规则并不是法律规则，司法类案本质上也是事实与规范的融合，具有个案性和具体性特征。无论裁判规则的抽象程度如何，理解规则都必须结合案例的案件事实，否则就将僭越司法权的边界。[②] 在基本事实相似的基础上，如何运用释法技术来勾连事实与规范，就是参照裁判的桥梁和纽带。指导性案例若仅有裁判要点的规范外观，而无参照技术、程序、表达等形式保障，其“指导”价值便无从实现，其意义亦近乎荡然无存。[③] 如果仅仅参考抽象性的裁判要点，就违背了案例作为一种裁判技术的工具属性和内生规律，最终丧失案例指导的可靠性。那么在论证说理过程中的法律解释方法、司法裁判理念、

---

① 参见孙光宁：《指导性案例如何参照：历史经验与现实回应》，知识产权出版社 2020 年版，第 97 页。

② 参见曹志勋：《论指导性案例的“参照”效力及其裁判技术——基于对已公布的 42 个民事指导性案例的实质分析》，载《比较法研究》2020 年第 6 期。

③ 参见李有根：《指导性案例为何没有约束力——以无名氏因交通肇事致死案件中的原告资格为研究对象》，载《法制与社会发展》2010 年第 4 期。

价值判断及其形成的裁判理由,都是需要参照的内容。上述形成于裁判过程中的内容,不仅可以为类案裁判的程序运作提供基本遵循,而且可以为类案裁判的说理技术提供裁判思路。裁判结果在一定程度上可以发挥形式上的导向功能,为类似案件的裁判结果划定参考领域,有利于限制法官的裁量范围和满足当事人的规范预期。

三、司法类案参照裁判的适用方式

司法类案参照裁判的适用方式按照性质差异,可以分为三个不同的层面。在表现载体方面,可以分为裁判依据与裁判理由;在公开程度方面,可以分为显性适用与隐性适用;在裁判义务方面,可以分为主动援引与被动援引。

(一)裁判依据与裁判理由

法官在审判具体案件时如何参照司法类案进行裁判?《案例指导规定》没有作出明确规定,主要考虑到指导性案例的指导方式是示范性、规范性和引导性的,不宜强行规定适用方式。《案例指导细则》第10条规定,各级人民法院审理类似案件参照指导性案例的,应当将指导性案例作为裁判理由引述,但不作为裁判依据引用。该实施细则明确了指导性案例作为裁判理由的援引方式,否定了作为裁判依据的援引方式。《类案检索意见》增加了其他司法类案的参考适用规定,但是对于其他司法类案的参考方式缺乏制度安排,是否依旧按照指导性案例的援引方式作为裁判理由?在地方的司法实践中,重庆市高级人民法院《关于加强参考性案例工作的意见(试行)》规定,全市法院在具体适用参考性案例及其裁判规则时,对相关案例及其裁判规则均不能作为裁判依据直接引用,但对参考性案例确定的裁判规则可以在裁判说理部门引述。天津市高级人民法院《关于在民商事审判中实行判例指导的若干规定》,民商事判例需经高级人民法院审判委员会讨论通过并分布,公布后的判例具有指导性,不具有规定性,仅供三级法院在审理民商事案件时参考,不得作为判决依据在判决书中引用。也就是说,其他司法类案是作为裁判理由援引的。

在学理上,大多数观点倾向于指导性案例只能作为裁判说理依据,而不能作为裁判依据。通常的论证方式是,在成文法国家,我国法院的判决根据只能是制定法和司法解释，指导性案例不具有法律规范效力，不能作为裁判依据，只能在裁判说理部分引用。[①] 也有进一步的探讨，主张指导性案例作为判决理由加以援引是对待决案件的司法裁判产生实质影响力的唯一援引形式，将裁判要点援引为判决理由，并且具有排他性和决定性功能。[②] 当然，也不乏异见。反对者主张裁判要点中裁判规则的拘束力比较强，提供了判断某些法律关系的具体标准，法官在相似的后案中作为判案依据直接加以适用，可以保障指导性案例在统一法律适用方面的作用。[③] 也有学者主张指导性案例中的裁判要点在实体内容上具备与制定法或司法解释相同的规则属性，可以承担裁判依据的任务。[④] 尽管在形式上，我们必须保证人大制度之下立法权和司法权配置的宪法地位，不得直接依据"案例"裁判，而必须依法裁判。但是如果案例在实质上具备了规则属性，尤其是获得立法者的规范授权效力，将其作为裁判依据并不会与现行体制相抵触。为此，在类型化基础上，建立裁判依据与裁判理由联合援引的参照方式。

在运行方式，最高人民法院发布的指导性案例由于具备制度性权威和规范拘束力，属于正式法律渊源，所以可以作为裁判依据在个案中被援引适用。而其他类案只具备实质内容的正确性和价值拘束力，属于非正式法律渊源，只能作为裁判理由在个案中被援引适用。具体而言，指导性案例的援引方式是与制定法和司法解释并列作为裁判依据，适用于各级人民法院的裁判中。尽管指导性案例从形式上经由《人民法院组织法》的授权获得了法律效力，但是从实质上其效力依附于制定法。在人民代表大会制度之下，司法机关并没有立法权，法官不得造法，只能按照宪法授予的审判权限适用法律。指导性案例的效力主要体现在其裁判规则上，而裁判规则是对制定法的正确理解和解释，附属于个案中被解释的制定法。故而指导性案例并不能单独作为裁判依

---

① 参见陈兴良主编：《中国案例指导制度研究》，北京大学出版社 2014 年版，第 528 页。

② 参见黄泽敏、张继成：《指导性案例援引方式之规范研究——以将裁判要点作为排他性判决理由为核心》，载《法学研究》2014 年第 4 期。

③ 参见江南：《指导性案例的适用机制——以法官的思维路径为中心》，载《人民司法》2013 年第 15 期。

④ 参见孙光宁：《指导性案例如何参照：历史经验与现实回应》，知识产权出版社 2020 年版，第 19 页。

据,必须和制定法一起并列作为裁判依据,更进一步说是指导性案例中的裁判要点与裁判要点解释的法律规范合并作为裁判依据。《类案检索意见》第9条第1款规定了指导性案例的适用方式,要求人民法院应当参照作出裁判。"应当参照"适用揭示了指导性案例在适用中的双重含义,"应当"强调的是指导性案例在形式上的规范拘束力,"参照"体现的是指导性案例在实质上的内容正确性。指导性案例位阶以下的其他类案的援引方式,是在裁判说理过程中作为证成裁判依据的理由。作为非正式法律渊源的其他类案,并不能直接作为裁判依据,但基于裁判内容的正确性形成的价值性共识,可以通过说服力的方式在裁判说理中得到间接适用。《类案检索意见》第9条第2款规定了其他类案的适用方式,人民法院可以作为作出裁判的参考。"可以参考"适用也反映了其他类案在适用中的双重含义,一方面,"可以"蕴含着价值的取舍,只有基于实质内容上的价值判断一致性才可适用;另一方面,"参考"表明了在裁判说理中的参考价值。

(二)显性适用与隐性适用

司法类案作为一种司法智识资源,是否以公开的方式在裁判文书中体现出来,关系到案例指导制度的有效运行及其功能发挥,也影响着法官参照裁判的合法性与有效性监督。

显性适用是指以公开的能被公众看得见的方式援引司法类案,在裁判文书中能够体现司法类案的具体形态。隐形适用是指以非公开的不能被公众看得见的方式援引司法类案,尽管从形式上无法直观地看出是否参照了司法类案,但是实质上法官却是参照了类案裁判。隐性适用之所以有迹可循,是因为在裁判过程中有当事人提出了参照适用司法类案的请求,而最终的裁判思路或裁判结果与相应的司法类案相似。① 隐性适用是间接参照了司法类案的某些实质性内容,却逃脱了公开论证说理的义务。根据《最高人民法院指导性案例司法应用年度比较分析报告》的数据显示,在2017～2019年的三年时间内,指导性案例得到法官显性援引的案例为1523例,隐性援引2236例。也就是说,目

---

① 参见孙光宁:《指导性案例如何参照:历史经验与现实回应》,知识产权出版社2020年版,第119页。

前法院的实践倾向是隐性参照适用司法类案。隐性适用的裁判逻辑在主观层面表现为以实用为导向的功利主义动机，在客观层面表现为“借用案例”的行动策略。[①] 然而，隐性适用是一种逃避司法论证责任的行为，陷入了过度工具化的陷阱，违反了司法裁判保证看得见的正义与说得出的正义的本质。

隐性适用存在明显的弊端，对于公众而言，无法感知法官是否适用了司法类案裁判，也无法看见适用了何种司法类案，不可避免会削弱司法的信服力；对于法官而言，不公开的适用方式存在巨大的权力“黑幕”，容易导致司法裁量的恣意与类案参照裁判的错误；对于案例指导制度而言，隐性适用损害了指导性案例的权威和指导性，消解制度的良性运转。显性适用相较于隐性适用而言则有明显的优势，不仅可以增强当事人的接受性和感知力，发挥良好的社会效果，而且有利于约束法官的裁量权，防止法官该参照类案而不参照，以及监督法官参照错误，达到良好的法律效果。另外，在明示援引司法类案的基础上，还要公开类案检索说明或者报告，对是否参照或者参考类案等结果运用情况，向当事人予以释明。为了保证同案同判的有效运行，应该减少隐性参照司法类案，控制援引司法类案的恣意，监督司法裁判行为，保证类案的效果以看得见的方式实现司法公正。

（三）主动参照与被动参照

《案例指导细则》第 11 条第 1 款规定，在办理案件过程中，案件承办人员应当查询相关指导性案例。法院主动参照司法类案，是指在裁判类似案件时，主动查询相关的司法类案，并积极援引作为裁判依据或说理依据。该条第 2 款规定，公诉机关、案件当事人及其辩护人、诉讼代理人引述指导性案例作为控（诉）辩理由的，案件承办人员应当在裁判理由中回应是否参照了该指导性案例并说明理由。法院被动参照司法类案是指，当事人在类案裁判过程中提出援引司法类案的诉求，法官被动地回应相应类案是否参照的情形。

尽管主动参照司法类案并不是法院的法律义务，但是随着案例指导制度改革的推进，该种参照方式逐渐成为法院的司法义务。《类案检

① 参见孙海波：《指导性案例的隐性适用及矫正》，载《环球法律评论》2018 年第 2 期。

索意见》明确规定了类案强制检索的四种情形,要求法官对四种类型的案件进行类案检索,并应当在裁判中参照指导性案例或可以参考其他类案。制度的功效需要在实践中得到检验,以指导性案例 24 号为例,通过裁判文书网检索 2014～2019 年度法院的援引情况,分析法院主动参照与被动参照的具体样态。分别以“指导性案例 24 号”“荣宝英”“王阳、永诚财产保险股份有限公司”“荣宝英诉王阳、永诚财产保险股份有限公司江阴支公司机动车交通事故责任纠纷”等为关键词,经检索发现,共有 1033 个案例援引了该指导性案例,其中法院主动援引的有 352 例,被动援引的有 564 例,当事人提出援引而未收到法院回应的有 117 例。举例分析如下,在“中国人寿财产保险股份有限公司合肥市中心支公司、方云霞机动车交通事故责任纠纷案”中,①法院主动参照指导性案例 24 号的裁判要旨,认为交通事故的受害人没有过错,其体质状况对损害后果的影响不属于可以减轻侵权人责任的法定情形,从而否定了中国人寿财产保险股份有限公司合肥市中心支公司主张按照参与度承担侵权责任的诉请。在“马国强、中国人寿财产保险股份有限公司郏县支公司机动车交通事故责任纠纷案”中,②当事人援引指导性案例 24 号,提出其体质状况不属于减轻侵权人责任的法定情形,对于是否参照“荣宝英诉王阳、永诚财产保险股份有限公司江阴支公司机动车交通事故责任纠纷案”,法院回应本案中当事人的死亡是由多种原因造成的,与指导性案例 24 号并不相同。在“邱明龙、南昌大学第一附属医院医疗损害责任纠纷案”中,③上诉人和被上诉人均援引了指导性案例 24 号中关于“人身损害责任纠纷案个人体质状况不宜评参与度”的裁判规则,但是法院并未针对该指导性案例进行回应。

由此可见,实践中法院主要是主动参照适用与被动参照适用相结合,共同发挥类案的裁判指引功能。但是被动参照适用的过程涉及两个互动环节,如果当事人提出援引诉求,未能收到法院的回应,则阻止了类案的功能实现。而且实证数据反映出法官拒绝回应当事人的援引

---

① 参见安徽省合肥市中级人民法院(2016)皖 01 民终 5298 号民事判决书。

② 参见河南省平顶山市中级人民法院(2019)豫 04 民终 4027 号民事判决书。

③ 参见江西省南昌市中级人民法院(2018)赣 01 民终 2351 号民事判决书。

诉求较为普遍，所以一方面应该强化主动参照适用，发挥法官在司法类案参照裁判过程中的主导功能；另一方面应该加强对法官回应当事人援引类案的回应机制建设。

第三节　司法类案参照裁判的论证程序

同案同判的运行程序该如何设计才符合司法权力运行的合宪性标准？最高人民法院并未提供明确的制度指引，而地方法院则进行了有益的尝试。2020 年 10 月 21 日，广东省广州市南沙区人民法院发布了《关于类似案例辩论程序的诉讼指引》（以下简称《指引》），是我国首个关于类案适用的程序性规定。《指引》详细规定了当事人提交类案适用申请、类案适用的当庭论辩、法院阐明类案适用理由等方面的程序性事项，为类案运用程序提供了具体化和规范化的操作规则。程序价值不仅是实现司法裁判内容公正的技术性工具，而且能够决定司法裁判结果的正当性，因为在当事人参与的程序性论辩过程中，法官对当事人提出的关于公平正义观点的回应，影响裁判的实体结果。同案同判作为一种价值标准，不可避免会出现司法类案认定与参照裁判过程中价值判断的主观性和随意性。司法裁判不是法官主观且随意的看法，而必须是客观且正确的。① 为了控制法官对类案裁判的话语垄断权，实现类案裁判的公正性，可以通过构建宽容性的民主商谈程序，将类案裁判过程向案件当事人甚至是整个利益共同体开放，以保证论证理由的说服力和裁判结果的可接受性，实现法律效果与社会效果的统一。

一、司法类案参照裁判的程序主义面向

如何在浩如烟海的案例库中找到一个妥当的类案，并保证该类案参照裁判的正确性，取决于司法过程的程序技术。在类案参照裁判过程中，法官面对的往往是诸如个案特定事实推陈出新、缺乏明确裁判规

---

① 参见［美］本杰明·卡多佐：《司法过程的性质》，苏力译，商务印书馆 2019 年版，第 66 页。

则或者尚未形成统一裁判规则的新型疑难案件。此时传统的演绎推理无法有效解决这类法律问题,有学者将其称为疑难案件。为了保证裁判的正确性,法官必须运用其他法律方法裁判这些疑难纠纷。哈特认为由于语言的模糊性与当时立法条件下属于规则的未明事项,导致法律规则的空缺结构,而法院在这些空缺领域内承担着创造性司法角色,以填补法律的不确定性。① 也就是说,疑难案件的裁判取决于法官的自由裁量权,并没有唯一正确的答案。不同于哈特的观点,按照法律的整全性观点,在没有明确规则可以适用的疑难案件中,德沃金认为法官应该像赫拉克勒斯式的典范法官一样,运用融贯性的阐释技艺,在有关人们权利与义务的某组道德融贯原则中,获得唯一正确答案。② 整全性理论受到多方质疑,尤其是关于法律体系的道德原则化与“唯一正解”的脆弱性。波斯纳就认为法律的整全性并不成立,主张法律适用过程中的高度不确定性。尤其是当广泛的政治原则融入法律体系之后,法治的含义就更加不确定。③ 而且考量到裁判过程中的类似法官价值取向、个人偏好、司法政策等各种复杂因素,疑难案件的判断并不具有“非对即错”的“二价性”,正确答案的寻找可能存在于诉讼双方对立的中间状态。④ 实际上,我们的法官并不像德沃金虚构的赫拉克勒斯式的典范法官,正确答案的寻找不能仅仅依靠法官的整全性解释。在疑难案件中,所有的规范,包括原则、规则、先例本身或它们之间,是可能存在漏洞、发生冲突或者在适用过程中存在不确定性,这时法律体系的整全性就会遭到破坏。即使在技艺超群的赫拉克勒斯法官那里,通过融贯性解释方案获得了一个有效的规范,也无法适用于一个具体的情景。

程序主义者将合法性议题转向形式法治之外,将法律的程序价值作为法治的构成性要素,以此发挥宪法的社会整合功能。在纯粹的程

---

① 参见[英]哈特:《法律的概念》(第3版),许家馨、李冠宜译,法律出版社2018年版,第192页。

② 参见[美]罗纳德·德沃金:《认真对待权利》,信春鹰、吴玉章译,中国大百科全书出版社1998年版,第143页以下。

③ 参见[美]波斯纳:《法理学问题》,苏力译,中国政法大学出版社2002年版,第29页以下。

④ 参见[美]波斯纳:《法理学问题》,苏力译,中国政法大学出版社2002年版,第169页。

序正义者看来,“在纯粹的程序正义中,不存在判定正当结果的独立标准,而是存在一种正确的或公平的程序,这种程序若被人们恰当地遵守,其结果也会是公正的或公平的,而不论他们可能会是一些什么样的结果”。[①] 这种政治道德原则主张,只有具备完善的程序并得到实际执行,法治的公平正义就能实现。将纯粹的程序正义理论投射到疑难案件的裁判中,通过公正的参与程序取代了独立的、专断的价值裁量,程序是理性和权威的唯一来源。在运用性商谈论者看来,需要区分规范论证上的有效性与规范运用中的恰当性。规范的普遍有效性还不能保证规范适用于单个案例的正义,只有当一个有效的规范,被证明是对有待判决的案例来说,是唯一恰当的规范,该规范才可以为正确的判决提供公平的论证。[②] 何种规范或案例可以适用于待决的疑难案件,并不是不证自明的,而是相对的,需要通过充分的理由说服力,来获得一个可接受的正确的裁判。在商谈性的环境下,通过建立一个开放的诠释程序,将规范的有效性与案例的情景相关性结合起来,可以解决类案问题的确定性并得到一个有效的判决。

同案同判不仅要保证看得见的正义,而且要实现说得出的正义。为了防止司法判断陷入程序真空,导致司法的专横和民众的不信任,同案同判的过程应该从司法裁判的自说自话走向民主商谈。从一个复杂的案例体系中挑选出一个诉讼双方能够共同接受的最佳案例作为个案参照的类案,依赖于一个民主商谈程序。商谈程序建立在交往理性基础上,主体间的交往行为是商谈的重要方式。交往行为指的是两个以上具有语言和行为能力的主体之间的互动,通过语言沟通实现相互共同追求的目标。[③] “法律判决的正确性的衡量标准,说到底是判决过程对那些使公平判断成为可能的交往性论辩条件的满足程度。”[④]按照哈

---

① [美]约翰·罗尔斯:《正义论》(修订版),何怀宏、包万钢、廖申白译,中国社会科学出版社 2009 年版,第 67 页。

② 参见[德]哈贝马斯:《在事实与规范之间:关于法律和民主法治国的商谈理论》,童世骏译,三联书店 2003 年版,第 267 页。

③ 参见[德]哈贝马斯:《交往行为理论:行为合理性与社会合理性》,曹卫东译,上海人民出版社 2004 年版,第 94 页以下。

④ [德]哈贝马斯:《在事实与规范之间:关于法律和民主法治国的商谈理论》,童世骏译,三联书店 2003 年版,第 282 页。

贝马斯的商谈理论,这些交往条件包括时间向度、社会向度和实质向度三个层面,分别要求无尽的时间、无限制的参与与充分的无强制性。具体而言,其一,论辩程序不得无故中断;其二,普遍而平等地参与论辩过程;其三,协商过程中无强制的外力推动,亦即充分的说理。① 理想化的商谈条件在具体的制度实践中可能是乌托邦,为了推动实现类案裁判过程的程序正义,只有将商谈理论结合中国的司法改革实践,才能建立行之有效的司法商谈方案。首先,在时间向度上,司法裁判必须在法定时限内作出判断,不存在无限的论辩机会,只是要给予充分的论辩时间,保证程序得以正常运转。其次,在社会向度上,不可能保证广泛的公共参与,为了提升裁判的可接受性和民主程度,要保证必要的主体参与。最后,在实质向度上,由于我国案例指导制度是建基于自上而下的权力输出型运作模式,如果"一刀切"地剔除商谈过程中的司法权力介入,可能导致同案同判制度裹足不前。所以合适的方案是,在充分的说理基础上,加强对司法权力的监督,这样既保证了沟通理性,也弱化了权力的强制力。下文主要从参与程序与说理程序两个维度,构建司法类案参照裁判的程序规则。

二、司法类案参照裁判的平等参与程序

正确的公共行动标准是经由理性程序获得的,需要公民平等地参与到商谈程序中,才能获得共识性结果。在司法裁判中,按照理性的和合法的原则组织起来的程序所作出的决定,将能够得到社会成员的广泛认同。② 司法类案本身就是法律群体在司法实践过程中自发形成的智慧结晶,该种类案规范对于所有案件的参与者来说都是具有正式效力的法律渊源或非正式效力的裁判准则,是司法过程中的一种"公共资源"。一旦某个案例被作为类案适用于特定的个案中,在今后的类似案件中将获得普遍性适用的规范效力。"程序上的公平性要求,那些受到

---

① 参见[德]哈贝马斯:《在事实与规范之间:关于法律和民主法治国的商谈理论》,童世骏译,三联书店2003年版,第282页。

② 参见[德]齐佩利乌斯:《法哲学》,金振豹译,北京大学出版社2013年版,第42页。

决定影响的人有权选择参与作出决定的过程。”[①]类案裁判中的公民参与是程序正义的体现，通过循环往复的对话和商谈，不仅可以稳固类案的合法性基础，而且可以促进该类司法资源不断完善。

（一）当事人参与程序的正当基础

司法程序之公正性的基本条件，要求最终受裁判约束的人应有合理的机会参加诉讼。参与权是指在诉讼程序中，当事人通过观察、进行辩论、提出证据和被告知作出决定的理由的权利。如果没有这些参与权，就不能保证该程序考虑了当事人对相关法律、案例和事实问题的看法。参与程序在诉讼结构中具有重要意义，具体发挥着促进和制约两方面的作用。[②] 一是当事人的参与可以促进民主意见得到充分听取，公民的权利得到有效保障；二是当事人的参与可以制约法官的不当行为，发挥“安全阀门”的控制功能。当事人参与类案参照裁判程序具有正当性基础，司法民主是程序正义的前提性基础，人格尊严是程序正义的保障性基础。

1. 司法民主：程序正义的前提性基础

参与程序是司法民主的体现，开放的程序有利于保障多元的意见流动，司法裁判的合法性来自民众的认可。参与平等原则要求，社会制度的安排应使每个人都能在公共生活空间中作为平等的人来相处。[③] 如果社会交往中的行为规则仅仅依靠制度化权威的解释和控制结果，公民无法平等地参与到影响他们利益的规则建构中，那么这种社会安排就是不正义的。从某种意义上说，司法决定类似于民主立法机构在辩论和公正听证会后作出的决定，并发表了所有相关意见。[④] 因为司法决定在很大程度上不是法官或法官小组的单方面判决，而是案件当事各方之间参与和辩论的过程，这极大地限制了法院可获得的决定办法。

---

① See Lawrence Solum, *Procedural Justice*, Souther California Law Review, Vol. 78, 2004, p. 259.

② 参见[日]谷口安平：《程序的正义与诉讼》，王亚新、刘荣军译，中国政法大学出版社2002年版，第20页。

③ 参见[英]哈里·布里豪斯：《正义》，林毅、李浩译，江西人民出版社2019年版，第190页。

④ See Christopher J. Peters, *Adjudication as Representation*, Columbia Law Review 97, 1997, p. 312.

同案同判的高效与便捷不能牺牲当事人的程序权利,民主参与司法决策过程是一种程序正义的体现。强调民主对话与社会共识形成过程对于法律适用和解释结果的重要价值,实质上是主张法律适用和解释是多元化社会中不同价值观念交往互动的理性生成。

在福柯的知识社会学那里,权力是一种知识主体所导演的“真理的游戏”,是一种通过知识权力对人们的生命和财产进行规训的“惩罚技术”。① 这种“惩罚技术”带有“暴政”色彩。司法权力也是通过专业知识建构起来的惩罚技术,为了防止司法专横,需要民众的参与,让民众也成为司法知识权力贡献的主体,通过民主的力量遏制司法权力滥用。什么样的案例构成类案,并不是法官个人说了算。如果法官个人选取了一个自认为最佳的案例作为类案,而不顾及诉讼双方提出的类案观点,那么案例就成了滥用的工具。

当事人的参与权对最终的、具有约束力的司法裁判的合法性至关重要。一方面,如果当事人没有参与一项声称以终局性约束的裁判程序,他们可能会基于程序缺陷而提出反对的观点,因为影响其权利义务的类案的任何因素甚至没有因为当事人的过错来考虑。例如,他们可能会抱怨说,该类案没有关键性的相似事实,或忽视了相关的权利要素。他们也可以争辩说,法庭没有听取自己的主张,适用的类案基于宪法理由无效,或者法庭没有考量自己的案件是一个例外案件,类案的判断需要进行区分。另一方面,如果当事人有权参与程序,选择通过提供证据与法律论证,挑战法官提出的类案的有效性,或主张一个更公正的例外案例作为类案,那么当事人可能就不会合理地抱怨程序是非法的。通过参与或放弃参与的权利是民主意志的表现,当事人成为一个“诉讼程序的作者”,他们选择代表自己提出的观点并接受这种选择。

2. 人格尊严:程序正义的保障性基础

人格尊严作为公民基本权利的核心领域,是我国宪法明文保障之不可侵犯的根本价值。人作为理性的存在,人之本身就是存在的目的,

---

① 参见[法]米歇尔·福柯:《规训与惩罚》,刘北成、杨远婴译,生活·读书·新知三联书店2007年版,第29页以下。

不能被当作工具,这是人的绝对价值,具有最高实践之原则。[①] 人类作为道德主体,依其个人意志而行动,不受制于他人。人必须为自己而存在,不得被当作国家统治的客体来处理。按照立宪主义精神,个人是一切价值的根源,政治权力是人类社会的产物,其根源出自人民的意愿和选择。人格尊严确立了国家权力产生和运行的人性基础,[②]尊重和保护人格尊严是一切国家机关的义务。

司法裁判中的公民参与行为具有重要价值,表现出对个人尊严和价值的公众承诺。司法机关的目的在于保护公民权利,防止人民沦为国家司法权力的客体。司法裁判应以尊重人的尊严为指导原理,才能有助于促使司法与民众之生活相结合,从而确保维系司法的存在意义。[③] 在司法程序中,人性尊严的价值追求要求司法机关不得将当事人视为司法权力支配的客体,而应充分尊重当事人之程序主体地位,并保障当事人对诉讼程序与结果形成的参与权。当事人参与司法过程并发表意见的权利,是司法机关将人民视为权利主体并尊重人性尊严的表现。

人的尊严在程序公平中发挥了重要支持作用,程序的独立价值与受法律程序影响的人的尊严联系紧密。公民参与程序的表现方式,每个人都有权在法庭上出庭。这种参与的权利植根于以权利为基础或以公平为中心的政治道德概念,即公民有尊严和受到尊重的权利。"正是这种尊重个人完整性和身份的价值构成了固有尊严的核心,忽略或否认其存在,或在程序性正当程序方程式中放弃其重要性,就是邀请一个对个人角色持敌对态度的政权。"[④]参与决策过程的权利是有价值的,因为它尊重那些受到这些决策过程影响的人的尊严和自主权。为此,一

---

① 在康德提出的三条最基本的绝对命令中,"人是目的"是中心。"你的行动,要把你自己人身中的人性,和其他人身中的人性,在任何时候都同样看作是目的,永远不能只看做手段。"参见[德]康德:《道德形而上学原理》,苗力田译,上海人民出版社 1986 年版,第 81 页。

② 参见汪进元:《基本权利的保护范围——构成、限制及其合宪性》,法律出版社 2016 年版,第 93 页。

③ 参见姜世明:《民事程序法之发展与宪法原则》,台北,元照出版公司 2003 年版,第 28 页。

④ Richard B. Saphire, *Specifying Due Process Values: Toward a More Responsive Approach to Procedural Protection*, University of Cincinnati Law Review 127, 1978, p. 1931.

个确保当事各方有机会参与作出影响他们的决定的过程的程序可被视为一个公正的程序，而与该程序所产生的结果的正确性无关。

(二)当事人参与程序的规范建构

程序正义的核心在于过程本身，参与在面向过程的程序正义中至关重要，因为它给予当事人一个做出自己的诉讼选择的机会。“沟通作为一种民主机制，意味着公民有序的政治参与。”①同案同判的过程也是司法裁量权的运行过程，只有利害关系人参与到这个程序中来，并表达对类似案件裁判的意见，才能彰显出类案裁判程序的民主正当性。当事人参与程序的完整规范内容包括参与主体、参与时间与参与方式。

在参与主体上，通过引入利益相关人员（包括诉讼当事人、利益第三人、代理律师和检察官）的参与机制，构建起对话和协商平台，有助于达成共识。根据《指引》的规定，案件任意一方当事人均可提出申请，在庭审辩论环节引用最高人民法院指导性案例，或申请参考省、市法院类似案件。司法是一项法律专业人士与普通民众共同参与的智识性事业，②各方当事人以各自的特殊角色和功能优势参与到类案裁判过程中，可以建立多方寻找类案的沟通机制，达到沟通法内外的利益共同体之目的。判例并不是一个通过制定某个关于司法组织的法律规范就可以建立并正常运作，也不能仅仅依靠法官的单方判决，而是一个需要法律共同体多方共同参与，才可以运作并且避免产生重大弊端的制度。③广泛的公众参与是程序面向的，关注的是利益当事人对程序的公平参加以及由此而获得的程序理性。④ 因而在司法类案参照裁判的过程中，需要让利害相关人员进行更为直接的利益表达，从而实现同案同判的程序理性。诉讼双方当事人必须参与到裁判程序中，因为类案的选取和适用直接关系到他们的利益纠纷。当判决直接对案外第三人的权利义务发生影响时，其也可作为利害关系人参与到类案裁判过程中。当然，在整个诉讼过程中，律师是类案主要的甚至是最重要的提供者。从

---

① 周佑勇：《行政裁量治理研究：一种功能主义的立场》，法律出版社 2008 年版，第 170 页。

② 参见雷磊：《法律体系、法律方法与法治》，中国政法大学出版社 2016 年版，第 92 页。

③ 参见薛军：《意大利的判例制度》，载《华东政法大学学报》2009 年第 1 期。

④ 参见周佑勇：《行政裁量基准研究》，中国人民大学出版社 2015 年版，第 138 页。

功利主义的角度看，律师代理案件一般都会进行类案检索，并向法庭提交有利于己方的“类案文书”，作为己方观点的“规范依据”。正是在多方合作参与的类案裁判过程中，不同的意见才能在法庭上交互沟通，促进形成主体间的共识。在参与时间上，当事人参与类案裁判过程并非毫无时间限制。参与程序必须遵循诉讼过程中的法定期间和时效要求，兼顾程序利益与诉讼经济，不得影响诉讼效力。在适当的时间内完成诉讼程序是权利保护的有效性要求，避免当事人的实体利益因程序上耗费过多时间受到限制。根据《指引》的规定，申请方提出类案适用申请一般应在开庭前三日，最迟至法庭辩论终结前提出，逾期提出的，除有正当理由或提交的类案可能会对判决结果产生实质性影响的，法院不予准许。类案发挥效力的时间应该只是针对当下的待决案件在裁判过程中有效，因为类案是附随于争议的法律问题，并不能单独作为新的案件事实、证据或法律依据，所以不能脱离法庭审判活动来影响审判结果。那么当事人参与类案适用的时间也只能是在开庭前一段时间至庭审结束为止。

在参与方式上，参与不是简单地走过场，要保证实际的参与效果，实现当事人双方及其与法官的互动，对类案的适用发挥实质价值。一个理性的共识纯粹来自更好的论证情景，只有当它对所有人都开放参与交流的平等机会，而参与者仅仅通过合作寻找真理或权利时，交流的环境才没有约束。“理想的参与程序”要满足以下要件：允许每个参与者对任何建议提出质疑；每个参与者都可以在讨论中提出任何建议；每个参与者都可以表达态度、真诚的信念、愿望和需要。① 具体到类案裁判过程中，当事人双方可以对类案的争议内容进行充分展示和辩论。在互动交流过程中，当事人通过提出类案为自己的主张辩护，不至于成为法院类案裁判的被动受体，而是影响自身利益的主导者。当事人也可以就法院或对方当事人提出的类案表达反对意见，避免被专断的司法权力或不对等的参与权操控。公民的参与权具有宪制基础，得到了宪法和法律的充分保障。我国《宪法》第 2 条第 3 款规定：“人民依照法

① See Lawrence Solum, *Procedural Justice*, Souther California Law Review, Vol. 78, 2004, p. 269.

律规定,通过各种途径和形式,管理国家事务,管理经济和文化事业,管理社会事务。"公民参与审判是"管理"国家司法事务的体现,参与的途径和形式就是提出法律依据和类案依据,维护自身合法权益。《人民法院组织法》第 11 条规定:"人民法院应当接受人民群众监督,保障人民群众对人民法院工作依法享有知情权、参与权和监督权。"该条进一步从法律上确认了公民参与审判权。按照《案例指导细则》第 11 条第 2 款和《类案检索意见》第 10 条的规定,公诉机关、案件当事人及其辩护人、诉讼代理人等可以提交指导性案例或其他类案作为控(诉)辩理由。当事人对类案的发言权,消解了法院对类案资源的垄断解释权,打破了司法专断的封闭体系。当事人参与类案同判过程,促使利害双方都具有充分而对等的自由发言的机会,有助于构建一个协商沟通的对话平台,以此寻找一个诉讼双方能够共同接受的最佳类案。

三、司法类案参照裁判的商谈说理程序

说理是达成共识的保障,司法裁判的结果建立在充分说理的基础上才是可接受的。若仅仅只有形式上的参与程序,并不足以建立一个公正或公平的商谈程序。世界上所有的参与都不会避免对不公正指控的虚假审判,至少还需要考虑正确性在我们理解司法程序方面的作用。将参与者满意度作为评估程序过程有效性的标准,通过为参与者提供一个良好和充分的裁判理由,可能让参与者更满意。有意义的参与要求考虑当事人对诉讼程序的投入,即当事人所说的内容在决策者的审议过程中发挥作用。从这个意义上说,参与的价值取决于对结果的可能影响,因此,在某种意义上取决于对正确性的可能影响。因此,有充分的理由相信,一个程序的合法性并非独立于其对结果的影响。换句话说,一个程序的合法性至少在一定程度上取决于它的正确性。判决说理是法治国家中司法权行使的基本要求,既可以保障裁判的正确性与促进当事人接受,也可以防止法官恣意。在需要参照类案进行裁判的案件中,往往是由于既定的法律规范体系存在模糊或疏漏之处,此时权威的规范体系无法提供有效的论证资源,需要借助实质理由为个案裁判提供类案支撑。下文基于为什么要说理、如何说理以及向谁说理这三个层面的问题展开,建构司法类案参照裁判的商谈说理程序。

(一)类案裁判商谈说理的正当性基础

理由是法治的内在价值,提供理由是商谈论辩的核心环节,各参与方都能接受的理由是达成共识的重要保障。法官是行走的裁判文书,通过裁判说理可以让司法更有温度。司法裁判是一种释法说理的活动,法官在处理类似案件时,必须要为类案的主张承担说理义务。论证是一种用理由来说服诉讼参与者的活动,在论证过程中,法官不仅要宣称其主张是正确的,而且必须要提出理由来支持其主张的正确性,促进诉讼参与者接受其主张的正确性。① 在类案裁判过程中商谈说理,有其制度依据和理论根基。

1. 规范依据

说明理由是现代法治国家中司法机关的基本职责,法院在司法裁判过程中应该坦诚地揭示促使他们做出决定的所有考虑因素及其理由,这不仅可以控制法院的内部自由裁量权,还可以促进更好的公共决策。司法裁判者有义务让裁判过程具有可接受性,好的理由才能支持裁判的合理性和可接受性。因此,人民法院裁判案件应当说明理由,其制度依据包括法律和司法解释。

在法律层面,根据《人民法院组织法》第 39 条第 3 款的规定,审判委员会讨论案件的决定及其理由应当在裁判文书中公开,法律规定不公开的除外。该条原则上要求"审判委员会讨论案件的理由应当在裁判文书中公开",也就是说需要将理由告知当事人。而《类案检索意见》要求审判委员会讨论的案件,应当进行类案检索。所以经由审委会参与的类案裁判,说明理由具有正当性依据。

在司法解释层面,最高人民法院于 2018 年印发的《关于加强和规范裁判文书释法说理的指导意见》(以下简称《裁判文书释法说理指导意见》),为进一步加强和规范人民法院裁判文书释法说理工作,提高释法说理水平和裁判文书质量,提供了根本性的制度遵循。该文件对于

---

① 参见[德]罗伯特·阿列克西:《法与正确性》,王晖译,载《比较法研究》2010 年第 4 期。

司法裁判的规范化更具有整体上的指导价值和里程碑式的意义，[①]明确了裁判理由在司法裁判中的重要地位。其中第8条规定，疑难、复杂、新类型案件，以及社会关注度较高、影响较大的案件等应当强化释法说理。这些案件正是需要进行类案检索的案件，强化该类案件的说理，可以有效控制法官的专断，为司法权与公民参与权的沟通提供了法治保障，有助于达成裁判依据的共识。2017年11月13日最高人民法院《关于适用〈中华人民共和国行政诉讼法〉的解释》第101条第3款规定，裁定书应当写明裁定结果和作出该裁定的理由。虽然没有规定行政判决类案件要说明理由，但明确要求行政裁定类案件应说明理由。2020年12月7日最高人民法院《关于适用〈中华人民共和国刑事诉讼法〉的解释》第300条规定："裁判文书应当写明裁判依据，阐释裁判理由，反映控辩双方的意见并说明采纳或者不予采纳的理由。"尽管我国《刑事诉讼法》没有规定刑事案件的判决需要说明理由，但是该司法解释为刑事案件裁判说理提供了规范依据。《类案检索意见》第10条规定，公诉机关、案件当事人及其辩护人、诉讼代理人等提交指导性案例作为控（诉）辩理由的，人民法院应当在裁判文书说理中回应是否参照并说明理由；提交其他类案作为控（诉）辩理由的，人民法院可以通过释明等方式予以回应。该条对类案裁判说明理由提供了具体明确的要求，采取的是"二分法"说理模式，即"指导性案例应当说理+其他普通类案可以说理"。依法审判是司法裁判的法定义务，释法说理也是司法的构成性义务，无论类案是指导性案例还是普通案例，均应该进行说理。如果法院以普通类案为由拒绝说理，在指导性案例供给有限的情况下，法院势必陷入恣意裁量的境地，实质上会架空其他普通类案的适用，导致类案裁判的法律效果和社会效果不彰。为了统一裁判说理的尺度，最高人民法院应该将所有类案纳入"应当说理"的范围。

在目前的制度设计中，没有明确规定法院未释法说理需要承担的责任，导致司法实践中说理的执行力不强。法院在适用类案进行裁判的过程中，未能就案件相似性与否进行实质的论证说理。在"孙长福与

---

① 参见雷磊：《从"看得见的正义"到"说得出的正义"——基于最高人民法院〈关于加强和规范裁判文书释法说理的指导意见〉》，载《法学》2019年第1期。

吉林电视台侵权责任纠纷案”中,[①]孙长福提出按照指导性案例第23号的裁判要旨,即使其行为是知假买假,也应依法获得赔偿。法院认为指导性案例第23号“孙银山诉南京欧尚超市有限公司江宁店买卖合同纠纷案”,与本案情况不完全相同,否定了参照适用。上述案件中,法院并未说明两案之不同之处,更未给出否定参照的实质理由。在“江南春、霍山汉唐清茗茶叶有限公司网络购物合同纠纷案”中,[②]当事人提交了“孙银山诉南京欧尚超市有限公司江宁店买卖合同纠纷案”“皮旻旻诉重庆远东百货有限公司、重庆武陵山珍王食品开发有限公司等产品责任纠纷案”等一系列案件作为类似案件,法院认为“案与案之间案情有所不同,因而法律适用会有所区别”,直接否定了这些案例对该案的指导性或借鉴性意义。该案中法院没有对上述案件之案情不同的具体细节和法律适用的区别何在进行说理。针对任何一个参与者提出的类案,法院不得逾法律规范所赋予的权限恣意驳回程序参与者之类案请求,法院必须对参照类案与否说明理由。司法裁判不给出理由就无法实现法治的目标,只有规则统治而不给出理由的治理会损害法治的实质价值。[③] 如果忽略法律理由和判决结论之间的内在逻辑联系,仅仅以简短的文字宣布判决结论,那么法官的主观恣意等都不动声色地隐藏在被省略了的理由及证明之中。[④] 所以为了防止法院逸脱说理义务,应该建立未完全履行说理义务的责任追究机制。具体而言,通过设立法院释法说理的内部惩戒措施,加强对法官说理的监督和控制。

2. 理论基础

在法院里,“正义”必须显示出它是一个论证说理的结论,这个裁判论证过程要尽可能最好地表明这是法律就此事件而言的意义。[⑤] 因此,法院没有理由仅仅以逻辑推导的“同判”来回避自己对个案的具体妥当性加以说理的义务。道德论证依赖的是正当的理由,这种理由具有公

---

① 参见吉林省高级人民法院(2016)吉民申2190号民事裁定书。

② 参见江西省南昌市中级人民法院(2017)赣01民终305号民事判决书。

③ 参见[美]玛蒂尔德·柯恩:《作为理由之治的法治》,杨贝译,载《中外法学》2010年第3期。

④ 参见张继成:《法律推理模式的理性构建》,载《法商研究》2002年第4期。

⑤ 参见[美]迈克尔·欧克肖特:《政治中的理性主义》,张汝伦译,上海人民出版社2003年版,第179页。

共性。[①] 说明理由是同案同判必不可少的程序要素，理由之治的正当性建立在实践理性基础上。

根据可普遍化原则的要求，法律给每个人施加的义务必须是理性人自愿承受的义务，只有这样的义务才是与每个人的自治相协调的正当义务。"道德科学的最高原则是：依照一个能够像普遍法则那样有效的法则去行动。"[②]而法则是实践理性的产物，实践理性源自人的自由意志活动。"作为自己和全部普遍实践理性相协调的最高条件，每个有理性东西的意志的观念都是普遍立法意志的观念。"[③]于是，当我们按照我们同时认为也能成为普遍法则的准则去行动时，"你意志的准则始终能够同时用作普遍立法的原则"。[④] 即法律所赋予的义务必须是理性人所普遍接受的，其实质上是由理性所赋予，也就是说，每个人为自己立法。此时，对实践规律的服从才是无条件的和可接受的。可普遍化原则应用到司法领域，就是指裁判规范的可普遍化，要求所有诉讼参与者的同意。法律说理的说服作用，并不取决于说理者的行为逻辑性，而是依赖于听者是否接受。佩雷尔曼在康德的道德律令基础上指出，"你必须这样行为，就好像你是一位法官，其判决理由必须提供对所有人都有效的原则"。[⑤] 只有当一个关于权利义务纠纷问题的判断获得每个参加论辩的人的普遍承认，才可以被视为得到了理性证立。在类案裁判过程中，类案的选择关系到待决案件当事人切身利益以及未来类似案件当事人的可能利益，其行为性质就是确立普遍性的裁判准则，那么也应该建立在实践理性基础上，受到可普遍化原则的约束。判决的普遍化使判决建立在可把握、可感受的公正基础上，因而是法律推理内部证成的充分

---

① See T. M. Scanlon, *What We Owe to Each Other*, The Belknap Press of Harvard University Press, 1998, p. 215.

② ［德］康德：《法的形而上学原理——权利的科学》，沈叔平译，商务印书馆2017年版，第33页。

③ ［德］康德：《道德形而上学原理》，苗力田译，上海人民出版社1986年版，第83页。

④ ［德］康德：《实践理性批判》，韩水法译，商务印书馆2005年版，第31页。

⑤ ［德］罗伯特·阿列克西：《法律论证理论——作为法律证立理论的理性论辩理论》，舒国滢译，中国法制出版社2002年版，第203页。

必要条件。[①] 在可普遍化的说理环境中,说服者与接受者之间实现了推理逻辑与概念认知的理解性共识,由此产生了有效的说服力和接受力。在充分论证说理的基础上,当所有的裁判参与者接受相同的类案作为参考依据时,施加给当事人的权利义务就是符合可普遍化原则的,进而具备正当性。

在实践理性基础上形成的公共理性,也为类案裁判说理提供正当基础。“在宪法原则问题或基本正义问题上,所有适当的政府官员的行为都应遵循公共理性,当所有理性的公民理想地认为自己是遵循公共理性的立法者时,表达多数意见的法律法规才是合法的法律。”[②]公共理性的基本要求是政府官员要为他们的行为提供理由,并让其他人合理地接受这些理由,他们的行为才是具有约束力的。“法庭的作用不仅是辩护性的,而且通过发挥其制度范例的作用,还应对公共理性发挥恰当而持续的影响。”[③]法官不得将个人的政治道德理念主宰庭审过程,而是要求助于有关公共观念和公共理性的政治价值,并且这些价值得到理性的诉讼参与者的认可。裁判尺度控制是要使裁判成为一种公共判断,而非取决于法官的个人偏好。[④] 在类案裁判过程中,经过自由平等的协商之后,裁判者如果能够提供一个大家都能接受的具有充分合理性的类案,即使在某些情况下这个类案是以某一方的利益为代价,但类案的选择是不受强制力量操控的,依照该类案裁判就能得到一致的遵守。

(二)类案裁判商谈说理的内容构造

司法权本质上是一种判断权,需要提供理由来支持判决。但是司法裁判该如何说理?说理的内容包括哪些方面?根据《人民法院组织法》第6条的规定,“以事实为根据,以法律为准绳”是公正司法的基本准则。那么法院在司法裁判中,必须说明事理和法理。法律论证同时

---

① 参见[英]尼尔·麦考密克:《修辞与法治:一种法律推理理论》,程朝阳、孙光宁译,北京大学出版社2014年版,第103页。

② John Rawls, *The Idea of Public Reason Revisited*, The University of Chicago Law Review, Vol. 64, 1997, p. 770.

③ [美]约翰·罗尔斯:《政治自由主义》,万俊人译,译林出版社2017年版,第217页。

④ 参见陈景辉:《同案同判:法律义务还是道德要求》,载《中国法学》2013年第3期。

向着道德理由、伦理——政治理由与实用性理由开放,[1]理由具有开放性,事理和法理可能还不足以保证法律论证的充分性。根据《裁判文书释法说理指导意见》第2条的规定,裁判文书释法说理,要阐明事理、释明法理、讲明情理、讲究文理,据此可以从这四个方面来构造类案裁判商谈说理的内容。

其一,阐明事理。事理就是事实性理由,司法裁判要展示案件事实认定的客观性、公正性和准确性,类似案件的裁判要比较案件的基本事实是否相似。按照上文关于类案相似性判断的规则,对同类事物进行同样评价的前提,是事物的基本性质相同。所有对法律问题的理性判断,都必须依据事实来进行,阐明事理是释法说理的基础性要件。阐明事理就要查清案件事实的基本构成要素,包括案件涉及的相关主体、行为的内容和方式、限制或保护的法益。如果没有查清案件的这些基本事实,并对案件之间的事实相似性进行客观公正的评价,便作出案件之间的不相同或不具有借鉴性的判断,就缺乏释法说理的基础性支撑,也就丧失了类案适用的前提性条件。如上文"孙长福与吉林电视台侵权责任纠纷案"与"江南春、霍山汉唐清茗茶叶有限公司网络购物合同纠纷案",法院均未对案件的相似性进行事实性比较和说理,就否定了案件的相似性,是不理性的表现。

其二,释明法理。法理是指判决结论所依据的法律规范及其适用理由,也可称之为规范性理由。遵守法律规则是民主法治国家司法权力运行的根本要求,依法裁判是法官的绝对义务。法律规范是释法说理的基础,释明法理是释法说理的保障。"释法说理"从狭义上看,就是释明法理;从广义上看,包括"释法"和"说理"两个层面,"释法"是"说理"的内涵之一,不"释法"就无法"说理","说理"融于"释法"之中。案件的法律适用问题是司法裁判要解决的根本问题,法律适用问题的相似性也是类案判断的根本性比较维度。司法裁判所适用的法律规范的语言形态可能是不明显的、待梳理的、可争辩的,[2]只有释明法理才能

---

① 参见[德]罗伯特·阿列克西:《特殊情形命题》,载罗伯特·阿列克西:《法:作为理性的制度化》,雷磊译,中国法制出版社2012年版,第82页。

② 参见秦前红、黄明涛:《法院如何通过判决说理塑造法院的权威——以美国最高法院为例》,载《中国刑事法杂志》2012年第3期。

获得一个明确的裁判规则，从而保障司法裁判的合法性。尤其是需要参照类案裁判的案件往往是疑难案件，该类案件的裁判缺乏唯一的明确的法律规则，需要在多种规则中选择适用或者是将模糊的规制精确化适用，这时如何选择和填充规范，就需要充分的说理来保证裁判的正确性。法官可以参照类案的裁判规则进行说理，并借鉴类案中对法律规范的解释技术，运用到待决案件的法律适用争议问题的解决方案中。

在释明法理的过程中，尤其要注意“依宪说理”。“依宪说理”是指法院在个案裁判中，依据宪法的原则和精神，解释和选择适用法律规范的过程。法院在个案法律适用过程中，必然涉及对法律的解释，当法律适用存在合宪性疑问时，法院可以通过“依宪说理”来协调法律适用分歧。《民事裁判文书制作规范》明确指出：“在裁判文书中，宪法的原则和精神可以在说理部分予以阐述。”《关于深入推进社会主义核心价值观融入裁判文书释法说理的指导意见》进一步规定了社会主义核心价值观的宪法规范[①]融入个案释法说理的原则、范围、路径和方法等。“依宪说理”的实质是在个案法律适用中解释和适用宪法，宪法规范作为说理基准导入对法律规范的解释与适用中，其目的在于选择确定适用于个案事实的合宪性法律作为裁判依据。根据图尔敏论证理论，司法过程中对作为推理大前提的法律规范的证成理由称之为“支撑”或“佐证”。[②]“依宪说理”即是在外部证成环节支撑个案法律适用的理由，保证个案适用的法律的正确性与恰当性。但法院在依据宪法的原则和精神融入法律规范的外部证成并解释和适用法律之时，尚需以对宪法的原则和精神作具体化的解释为前提，否则该说理过程就是“无理”之说。解释之中必然要说理，说理的形式外观是解释。故“依宪说理”的过程，就是对宪法规范与法律规范、案件事实的诠释循环。如在“徐云芬、杨元洪等与陈金虎机动车交通事故责任纠纷案”中，[③]死者赔偿金是按照城镇居民还是农村居民标准赔偿成为本案的争议焦点。最高人民法院

① 2018 年修宪后社会主义核心价值观入宪，意味着社会主义核心价值观从政策规定到宪法规范的转变。

② 参见［英］斯蒂芬·图尔敏：《论证的使用》，谢小庆、王丽译，北京语言大学出版社 2016 年版，第 90 页以下。

③ 参见浙江省绍兴市中级人民法院（2007）绍中民一终字第 316 号民事判决书。

2003年《赔偿解释》(已被修正)第29条规定:“死亡赔偿金按照受诉法院所在地上一年度城镇居民人均可支配收入或者农村居民人均纯收入标准,按二十年计算。”当时该规定存在两种解释方案,即以“户籍地标准”或“常居住地标准”来认定城镇居民、农村居民,后者可能导致“同命不同价”的解释结果。一审法院认为昌勋一家均为农业家庭户,径直选择了“户籍地标准”认定死亡赔偿金。二审法院依据《宪法》第33条中的“人权保障”条款和第37条中的“人身自由不受侵犯”条款,认为上述司法解释并非人为地给生命定价,更不是要用户籍来划分生命价值的高低,而是体现出对生命的尊重,最终选择了“常居住地标准”,认定城镇居民、农村居民是指常年在城镇或者农村居住、生活的人。当针对同一法律规定存在多种解释可能时,法院根据宪法的原则选择了符合平等保护的解释,而排除了存在违宪疑义的解释,实现同案不同判的合宪性控制。

其三,讲明情理。情理是指法官在裁判过程中的价值判断,也可以称之为价值性理由。在现代社会中,每个人所追求的生活目标、价值理念与伦理观念都存在差异,难以相容,而且易于产生摩擦和冲突。① 尤其是在当下中国,社会文化多样、主体多元、结构复杂的大融合背景下,法律规范或类案秩序中确立的价值,在司法实践过程中必然会发生冲突。通过法院的价值性说理,可以将事实上存在的相互冲突的价值观念,往理性的合意方向推进。② 讲明情理的关键在于实现价值判断的客观化,防止法官的主观因素影响说理过程中的价值判断。在普遍性价值与个案性裁量之间,如何实现价值判断的“客观化”?大体有两条路径。一是寻找规范目的,因为法律规范保护的目的是价值的客观表达,清晰的立法目的有利于达成法律规范适用中的价值共识。但是疑难案件往往是法律规范结构存在空缺或者是规范目的有多重且可能发生矛盾,此时就转向第二条路径,即二是借助公共的客观价值。公共的客观价值体现的是价值的“公共属性”,反映了一种道德规范价值共识。法

---

① 参见[美]罗尔斯:《政治自由主义》,万俊人译,译林出版社2000年版,第178页以下。

② 参见颜厥安:《法与实践理性》,中国政法大学出版社2003年版,第121页。

官的说理发挥着理性沟通的媒介功能，引导参与者在协商基础上达成共识，消除主体之间的价值分歧，维持价值的一致性。社会价值共识是形成共同价值判断的客观基础，借由道德规范和惯常情理予以表达。[①]社会主义核心价值观是凝聚“社会共识”的最大公约数，是经由宪法确认的具备全体性与决断性的价值导向，对各种价值观具有统摄与导控作用。习近平总书记强调“核心价值观是一个民族赖以维系的精神纽带，是一个国家共同的思想道德基础。如果没有共同的核心价值观，一个民族、一个国家就会魂无定所、行无依归”。[②] 将社会主义核心价值观融入裁判说理中，有助于协调法秩序的稳定性与案件事实之间的张力，凝聚司法裁判中的价值共识。

其四，讲究文理。文理是指司法判决所运用的语言文字的规范性和准确性，也可称为技术性理由。在所有的法学论证中，都是在进行一种语言文字活动，这种语言文字活动要讲究技艺。一个完整的论辩结构，需要考量逻辑的完整、修辞的保证与清晰的解释，才能保障论辩的良性运转。[③] 首先，逻辑推理在说理过程中发挥重要作用，有助于维持前后案件的体系融洽和法秩序的统一。当逻辑的一致性与理由的融贯性结合起来时，整个法律论证就具有了强大的生命力。类案裁判说理的逻辑要连贯，层次要清晰，要做到从此案到彼案、从事实到规范、从前提到结论的形式逻辑与实质逻辑融洽。其次，修辞的运用作为说理的一种方式，能够增强言语行为的说服力。修辞是修饰语言的技术，旨在呈现语言功能的发挥方式。[④] 法律修辞方法在疑难案件的思维决策中发挥着积极作用，[⑤]法官将内心的“理由”通过修辞的方式呈现给诉讼参与者，可以影响他们的态度，从而获得对裁判结论的认可。最后，解释技术是讲清文理的兜底性保障，好的解释方案是获得一个合适的类案和正确的裁判规则的关键要素。在疑难案件的类案判断中，只有综

---

① 参见高一飞：《论司法价值判断的客观性》，载《浙江社会科学》2021 年第 2 期。

② 中共中央文献研究室编：《在文艺工作座谈会上的讲话(2014 年 10 月 15 日)》，载《十八大以来重要文献选编》(中)，中央文献出版社 2016 年版，第 133 页。

③ 参见范凯文：《裁判理由的发现与论证》，中国政法大学出版社 2018 年版，第 227 页。

④ 参见范凯文：《裁判理由的发现与论证》，中国政法大学出版社 2018 年版，第 240 页。

⑤ 参见陈金钊：《“疑难”案件的法律修辞方法——以交通肇事连环案为研究对象的诠释》，载《现代法学》2013 年第 5 期。

合运用多种解释方法，才能得出合理的解释结果。其中，追求法律文本的清晰含义是解释的逻辑起点，文义解释应该是释法说理过程中优先考虑的技术规则。当无明确的规范文本或文义解释无法有效支撑一个类案时，才得以启动体系解释、目的解释等方法来获得更充分的说理资源。

（三）类案裁判商谈说理的对象预设

疑难案件的裁判，往往缺乏清晰的裁判规则。类案的可参考性或法律适用问题并非依靠规范发出者或规范接受者的单方意志能够得到解决，规范适用的共识取决于一个多方沟通说理的过程。规范发出者一般是指规范的制定者，规范接受者一般是指规范旨在调整和引导的行为对象。[①] 按照实证主义的观点，法律命令说认为“法”或“规则”都是命令，或者是政治优势者对政治劣势者制定的具有制裁性的法。[②] 也就是说，规则体现的是主权者的意志，主权者作为规则的发出者，其意志必须得到遵守，否则将面临制裁。按照现实主义的主张，“法律是法院事实上将做什么的预测”。[③] 法律并不是既定的规则体系，司法活动应当积极回应不断变化的社会现实生活，从而赋予法律新的生命。该说强调法官作为规范的唯一接受者，认为法官能够更好地领会法律的精神，排除其他主体进入法律体系。“在语言和沟通中，语词、语句和符号等一般是从发出者到接收者传递信息的一种方式。”[④]规范发出者与规范接受者之间需要建立沟通关系，才能将规范领域内部的信息精确的传递到外部世界。尤其是在类似案件的裁判中，规范发出者可能缺位或者有多个，此时对于裁判规范的重新发现或者理解，并不是由单一的规范发出者或规范接受者能够决定的。法律共同体之间的一种合乎

---

① 参见［比］马克·范·胡克：《法律的沟通之维》，孙国栋译，法律出版社 2007 年版，第 13 页。

② 参见［英］约翰·奥斯丁：《法理学的范围》，刘星译，中国法制出版社 2013 年版，第 13 页。

③ See Oliver Wendell Holmes, *The Path of Law*, Harvard Law Review, Vol. 10, 1897, p. 461.

④ 参见［比］马克·范·胡克：《法律的沟通之维》，孙国栋译，法律出版社 2007 年版，第 13 页。

理性的对话,是正确解释和适用法律的最终保证。[①] 因为沟通说理行为提供了一个"去中心化"的结构性框架,这使得司法裁判并不是法官单向的主观专断性权力,共识性结论的达成建立在交互主体性的承认关系中。商谈说理的沟通对象,需要拓展到横向当事人之间与纵向立法者和司法者之间,在多元沟通场景中实现司法裁判的整体性视域融合。

在横向层面,法官需要向诉讼参与者进行充分说理,尤其是诉讼双方关于类案的争议问题,依赖于法官通过理由的权衡来维持裁判的均衡。我国的案例法治秩序除了指导性案例,基本上是基于法律共同体在自发运用过程中建立起来的。具体表现就是,法官在裁判疑难案件时主动参照类似案例,诉讼当事人及其代理律师积极提供类似案例,形成法律共同体的共同行为模式和价值追求。尽管诉讼各方提出类案的动机不一致,也带来了同一个案件出现多个类案的问题,但是对同案同判具有决定影响的并不是诉讼参与人的动机,而是提出类案之理由的说服力。在论辩过程中,通过各种类案提出方的竞争性说理,"都对一个从法官的视角来看有助于得到公平判断的商谈过程作出了贡献"。[②] 当诉讼参与者提出类案时,法官采纳与否均需要说理,在回应诉讼双方的类案援引诉求基础上,对类案的相似性说明理由。"法官必须借助理由表明他们的确是在维护法律的正义",[③]而不得将类案的考量因素隐藏在裁判结论内部。法官的理由是面向诉讼双方的,孤立的单方参与是碎片化的说理,只有整全性的说理,才能提升法律共同体的交往理性,达成一种共识性的同案同判方案。在"晶华宝岛(北京)眼镜有限公司与广州宝岛眼镜有限公司纠纷案"中,[④]法院在案件审理过程中认真审查了晶华宝岛(北京)眼镜有限公司提交的类案与本案的相似情形,并组织双方当事人到庭进行类案辩论,在充分说理的基础上,肯定了该

---

① 参见[比]马克·范·胡克:《法律的沟通之维》,孙国栋译,法律出版社 2007 年版,第 13 页。

② [德]哈贝马斯:《在事实与规范之间:关于法律和民主法治国的商谈理论》,童世骏译,三联书店 2003 年版,第 283 页。

③ [英]尼尔·麦考密克:《法律推理与法律理论》,姜峰译,法律出版社 2018 年版,第 19 页。

④ 参见《南沙自贸区法院:服务保障区域经济发展 为大湾区贡献法治力量》,载《羊城晚报网络版》2020 年 12 月 29 日,第 2 版。

类案的参考适用。法院组织诉讼双方对类案适用的理由进行说理,有利于双方当事人服判息诉。当法官主动参照类案时亦需要说理,并且对于法院提出的类案,当事人有争议时,还需要进一步说理。理由应该具有相互性,必须考虑他人对理由的可接受程度;理由具有可辩护性,要求理由的提出者和其他人都能接受。① 在说理过程中,通过程序主义的论辩环节,可增强类案证成的理性和接受度,实现同案同判的法律效果和社会效果相统一。

在纵向层面,法官需要与面向过去的裁判者和未来的立法者进行说理,使待决案件与过去的类案以及未来可能发生的类案建立沟通关系,保持同案同判的纵向延续。在时间上,当下的个案时刻与过去的类似案件发生关联,过去类似案件的裁判规则与智识经验是在历史进程中积累下来的,当下的个案裁判思路是对过去类似案件的传承和发展。在比较和选择过去的案件作为类案的过程中,当下待决案件的法官需要考量过去已决案件的法官的裁判理由,通过与前案法官无形的对话,选择一个说服力最强的类似案件。经由理由建立起来的沟通关系,能够解释清楚为何法官选择的是此案例而非彼案例作为类案,在此基础上达成法官共同体的司法共识,实现类案裁判标准的统一。司法裁判中一直延续的观点,若没有充分的理由必须得到遵守。“历经时间和案件,基于法律和正义方面的原因,一致性是非常重要的。在一个可以预期法官们能够作出清晰裁判的系统中,‘有理由预期’他们能够通过现在与以后的案件来检测这些裁定的可接受性。”②但是随着社会的进步和价值观念的改变,过去案件中的裁判规则可能无法适应当下的司法实践。此时就需要在理由的基础上,发展出新的裁判规则。在跨越时空的理由之对话中,后案法官与前案法官的持续互动,推动形成有效的裁判规则,然后经过反复的“锤炼”和不断的“修正”,发展成为具有普遍适用性的案例秩序。

总之,将过去的判决与当下的案例结合起来,有助于协调司法原创

---

① 参见姚大志:《平等》,中国社会科学出版社 2017 年版,第 349 页。

② [英]尼尔·麦考密克:《修辞与法治:一种法律推理理论》,程朝阳、孙光宁译,北京大学出版社 2014 年版,第 211 页。

性与制度历史性之间的紧张关系,将司法正义融贯在社会历史变迁的进程中。另外,在类似案件的裁判中,法官也需要沟通潜在的未来立法者,通过当下个案的开放性说理,向未来不特定的案件提供指引性裁判规则。按照法律现实主义的观点,法官是社会工程师,司法活动应当积极回应不断变化的社会现实生活,从而赋予法律新的生命。[①] 尤其是在疑难案件的裁判中,法官往往面临的是制定法的冲突或漏洞,需要通过类推适用类似案件的裁判规则或者是主动续造新的裁判规则。此时,法院必须从那些具有普遍性的命题出发进行推理,[②]通过说理勾连起过去的、当下的和未来的主流意识形态,因为法院的裁判不仅要考虑适用于当下案件的纠纷,还要考虑适用于将来类似案件的纠纷。在此基础上,法院基于类案的说理就与未来潜在的立法者建立联系,这种联系的中介就是法院供给的裁判规则。而当时机成熟,立法机关就可以通过制定新法或修改旧法、司法机关可以通过制定司法解释等方式矫正和完善制定法的不足,以回应法院提供的先验性理由和规则。

---

① 参见周维栋、汪进元:《法律概念的规范构造:从既定规范到个案规范》,载《江苏行政学院学报》2021 年第 3 期。

② [美]艾森伯格:《普通法的本质》,张曙光等译,法律出版社 2004 年版,第 13 页。

第五章　同案同判的边界控制

宪法作为民主法治国家的根本章程，既要加强公民权利的保障和尊重，又要限定国家权力的范围和边界。为了保证司法权力在类案裁判过程中的合宪性运行，需要遵循宪法秩序下的体制边界和价值边界。在体制层面，宪法上的每个国家机关都有其各自的制度功能，承担一定的目标和任务，所以任何侵害其他机关职权或干涉其义务的行为都是违反宪法本身。人民代表大会制度作为我国的根本政治制度，是我国宪制核心的范畴。原初意义上的宪法核心不可变更，[①]作为一项司法制度的同案同判应遵循人民代表大会的宪法原则，所以司法体制改革不得触及这一根本规范。民主立法者的意志与行为享有合宪性推定，不允许其他机关对于立法者这种优先地位有所争议，[②]法院不得在同案同判过程中侵犯立法权。依法独立行使审判原则权是法治国家的核心理念，法院依法独立行使职权，案例指导制度的推进，也不得侵犯法院的依法独立审判权。在价值层面，宪法不仅是公民权利的保障书，而且是社会正义的"遥控器"，司法权力需要协调好个案正义与社会正义之间的

---

① 在卡尔·施米特看来，禁止违背宪法精神或原则的修宪行为，否则就会触及宪法的核心禁区。参见[德]卡尔·施米特：《宪法学说》，刘锋译，上海人民出版社2016年版，第156页。

② 参见[德]康拉德·黑塞：《联邦德国宪法纲要》，李辉译，商务印书馆2007年版，第57页。

关系。作为社会价值共识的载体,宪法既要维持形式上的平等对待,又要保障实质上的个案公正。尤其是在疑难案件中,需要通过原则性权衡,来协调个案正义与社会正义的矛盾,实现对类案裁判权力的合宪性控制。

第一节　人大立法主导下同案同判的适用限度

由人民代表组成的代议机关,在权力分配的组织框架中,具有一定的不受侵犯的权力区域,能够排除其他国家机关的影响。法院不得介入立法权的行使,不得创造和改变法律,因为法律是人民意愿的体现,是经由民主多数决程序制定的。同案同判可能产生从"个案裁判规则"到"抽象法律规范"的溢出效应,而这种过度的溢出效应可能会突破立法机关的权限范围。类案中形成的个案裁判规则来自不具备民主正当性的法院对于具体个案的法律见解,如果同案同判脱离了案件事实基础而抽象地适用类案裁判规则,那么类案裁判规则将实质性地充当抽象法律规范,这就可能违反宪制原理下司法判决与立法职能的权限分工。为了充分尊重立法机关的宪制地位,防止法院的权限范围扩张至立法机关,我们有必要对同案同判的适用范围进行实质性限缩。

一、类案强制检索制度的合宪性边界控制

案例指导制度和类案强制检索制度作为统一法律适用的司法制度,都是最高人民法院通过制定司法规范性文件来推动实施的,并没有获得宪法和法律的明确授权,所以在规范形式上还需要寻找更充分的正当性基础。在制度运行过程中,指导性案例或其他类案的内容实质上可能表现出抽象性规则的属性,但法院并没有抽象性规则的制定权,因此存在侵犯立法机关核心领域,破坏司法权与立法权权力配置的法治风险。基于以上两个方面,需要划定同案同判的制度合宪性边界和运行范围。

(一)类案强制检索制度的合宪性问题

最高人民法院制定的《案例指导规定》正式确立了案例指导制度,

要求各级人民法院审判类似案例时,应当参照最高人民法院发布的指导性案例。《类案检索意见》规定了类案强制检索制度,要求人民法院审判新型疑难复杂案件,应当进行类案检索。然而,案例指导制度和类案强制检索制度作为指导司法实践、统一法律适用的司法制度,存在制定依据和权力来源两个方面的合宪性问题。

在制定依据上,按照《立法法》第 11 条和第 12 条的规定,司法制度属于绝对法律保留的范围,不得授权。也就是说,关于司法制度的规定,必须有明确的法律依据。《案例指导规定》与《类案检索意见》的属性是司法规范性文件,并没有法律依据,违反法律保留原则,所以在形式上缺乏宪法原则支撑。《案例指导规定》在序言中指出,根据《人民法院组织法》等法律规定,就开展案例指导工作,制定本规定。但是在 2010 年最高人民法院制定《案例指导规定》之时,《人民法院组织法》并没有为其提供任何明确的依据。而是 2018 年 10 月 26 日经由第十三届全国人大常委会修订后的《人民法院组织法》一定程度上缓和了案例指导制度的合宪性风险,因为该法第 18 条新增了"最高人民法院可以发布指导性案例"的规定。由此,《人民法院组织法》承认了指导性案例的合法性,为案例指导制度提供了明确的法律依据。但是类案强制检索制度仍然存在一定的合宪性风险,因为该制度不仅没有法律依据,而且扩张了案例指导制度的适用范围。根据《类案检索意见》,类案的范围包括指导性案例与其他各级人民法院的生效案例,这就扩张了案例指导制度的适用范围,将指导性案例之外的案例也纳入了类案之列,违反了法律保留原则。

在权力来源上,类案强制检索制度可能违反"法无授权即禁止"的宪法要求。根据《宪法》和《人民法院组织法》的规定,最高人民法院的司法权可以归纳为审判权、监督权和司法解释权。[①] 案例指导与类案强制检索显然不是源于审判权,那么是否可以从监督权和司法解释权中导出呢?关于监督权,根据《宪法》第 132 条第 2 款的规定,最高人民法院监督地方各级人民法院和专门人民法院的审判工作,上级人民法院

① 参见赵娟:《案例指导制度的合法性评析——以〈最高人民法院关于案例指导工作的规定〉为对象》,载《江苏社会科学》2011 年第 6 期。

监督下级人民法院的审判工作。本条中的“监督”是指上级人民法院对下级人民法院在审判活动中是否正确适用法律进行监督，[①]也就是说，监督的对象主要是个案中的法律适用问题。尽管《人民法院组织法》第10条复制了上述《宪法》文本中关于监督内容的规定，但在监督方式上作了细化规定，明确上级人民法院可以审理按照法定程序提起的上诉、抗诉案件，以及按照审判监督程序提起再审。所以监督的方式主要是审理案件，也就是个案式监督。

关于解释权，《人民法院组织法》第18条规定，最高人民法院可以对属于审判工作中具体应用法律的问题进行解释，最高人民法院可以发布指导性案例。但是该法并没有明确“解释”的名称和方式。2021年最高人民法院颁布的《关于修改〈最高人民法院关于司法解释工作的规定〉的决定》第6条规定，司法解释的形式分为“解释”、“规定”、“规则”、“批复”和“决定”五种。尽管从形式上看，《人民法院组织法》第18条未明确规定指导性案例的性质，指导性案例或其他类案显然不是司法解释。但是从实质上看，最高人民法院对法律问题的解释与指导性案例并列规定在同一条文，说明指导性案例获得了与司法解释同等的法律地位。从语义逻辑上，“最高人民法院可以对属于审判工作中具体应用法律的问题进行解释”规定在前，“最高人民法院可以发布指导性案例”在后，指导性案例可以作为最高人民法院解释法律的一种方式，并且是对法律进行的具体性解释，因为指导性案例的本质就是依附于个案的法律解释和适用。从体系上看，现行法律并没有对法院解释法律的方式作出限制，所以赋予指导性案例解释法律的效力，符合立法意图。由此，指导性案例可以通过最高人民法院的解释权获得合法性效力。那么其他类案是否同样具有此等效力？尽管指导性案例或其他类案实质上都是对法律的具体解释与适用，但是其他类案并未获得法律的正式授权，而是在最高人民法院的司法文件中自我赋权。对国家机关而言，“法无授权即禁止”是宪法的基本原则。宪法具有规范国家权力的功能，任何权力元素都要根据立法者的明确指示行事，防止逾越权力的界限。最高人民法院通过自我赋权，获得指导性案例以外的其

① 参见蔡定剑：《宪法精解》，法律出版社2006年版，第442页。

他类案的效力，违反了宪法的限权原则，应该接受合宪性调控。在法律保留原则的指引下，未来理想的调适方案是修改《人民法院组织法》，在该法第 18 条中增加关于案例指导制度的规定，保证类案检索制度的合宪性运行。

（二）"同案同判"对法律渊源的影响

"同案同判"是否会对法律渊源产生影响，与法律渊源的概念和类案的效力范围密切相关。法律渊源简称"法源"，法律渊源的概念比较复杂，理论上尚未有定论。"裁判依据来源说"认为法律渊源是法官据以确定判决规则的各种法律资料与非法律资料，包括制定法、司法判例、习惯、道德原则、专家意见等。[①] 在此基础上，根据法律渊源的资料权威性程度分为"正式法源"和"非正式法源"，[②]前者是指制定法规范，后者主要是法院判决、行政裁量、仲裁裁决等，法律渊源同所作出的任何法律裁判都有关系。"裁判依据相关说"认为法律渊源是对裁判有影响力的法律规范或理由，对此，佩岑尼克认为法源是"所有支持法律决定或判断的理由"。[③] 雷磊认为法律渊源是指"司法裁判过程中裁判依据的来源，在法律论证中发挥着权威理由的功能"。[④] "法律表现形式说"认为法律渊源侧重于法律的外部表现形式，中国的法律渊源就是宪法、法律等各种制定法规范，不存在所谓的正式与非正式法律渊源之分。[⑤] 也就是说，法律渊源与法律规范互为表里。这种观点下的法律渊源并没有存在价值，法律的渊源应该有别于法律本身。

本书主要从功能主义的角度，考量法律渊源在司法过程中的具体面向。法律渊源并不是法律规范，法律规范是司法裁判的依据，而法律渊源是司法裁判的来源。法院渊源的功能在于指引法律适用者认识法律的来源，并将其运用到法律纠纷解决中。法律始终处于变动不居的

---

① 参见[美]格雷：《法律的性质与渊源》（第 2 版），马驰译，中国政法大学出版社 2012 年版，第 106 页以下。

② 参见[美]E. 博登海默：《法理学：法律哲学与法律方法》，邓正来译，中国政法大学出版社 2017 年版，第 430 页。

③ Peczenik, On Law and Reason, Kluwer Academic Publishers, 1989, p. 318.

④ 雷磊：《重构"法的渊源"范畴》，载《中国社会科学》2021 年第 6 期。

⑤ 参见张文显主编：《法理学》（第 3 版），法律出版社 2007 年版，第 137 页以下。

情景之中,法律渊源也不是一个静态的概念。立法者的任务是构建普遍性的法律规范,而法官关注的是如何在共性的法律与个性的事实间实现互动关系,形成个案的裁判规范。[①] 个案裁判规范承载着司法者的共识理性与智识权威,不仅可以实现制定法规则在个案裁判场景中的具体化,而且可以弥合社会价值变迁与制定法静止不变的鸿沟。尤其是在同案同判过程中,一系列类似案件,在司法实践中经年累月地获得法律共同体内反复适用并承认,逐渐形成系统性的类案群。于是,类似案件的裁判规则就从类型化走向定型化,累积形成稳定的司法裁判规则,这进一步使得法律共同体对同类案件的裁判规则形成了充分的确信。在反复适用中形成的确信,实际上就是一种裁判依据的来源。此种惯习性的规则供给形式,并非任意的而无拘束力,而是在法律上有拘束力的规范诫命。[②] 司法类案及其裁判规则将会成为未来所有类似个案裁判的具体典范,而这些个案在不断向类案转化过程中又将形成活的、有效的法秩序。这些类案在司法裁判中就承担着构成性的功能,而此种构成性的功能必然要求司法类案具有某种实质性的法源地位。[③] 但是这种司法类案未能获得现行法秩序的正式承认,通说认为应当将制定法之外的规范供给渠道排除在法源体系之外,而指导性案例或其他类案实际上发挥着法源效力,这造成了理论与实践之间的鸿沟。

然而,司法实践中的裁判规范反映出对"个案—类案—群案"形式的规范供给渠道的强烈需求。为此,有必要扩充法源的概念,承认规范多元主义的可行性,这有助于克服制定法一元主义的弊端。在德国,有学者将已经确定的判例称为法律的延伸,并将其纳入位于制定法和习惯法之下的法律渊源。[④] 为了应对法源理论的疏漏,我国有学者提出了"规范体系"的概念,通过对当代中国现存的各种各样的规范类型进行结构性重整,将法律、政策、习惯、司法解释、指导性案例等囊括进规范

---

① 参见[英]齐格蒙·鲍曼:《立法者与阐释者:论现代性、后现代性与知识分子》,洪涛译,上海人民出版社 2000 年版,第 7 页以下。

② 吴从周:《法源理论与诉讼经济》,台北,元照出版公司 2013 年版,第 80 页。

③ 参见泮伟江:《论指导性案例的效力》,载《清华法学》2016 年第 1 期。

④ 参见王允:《判例在联邦德国法律制度中的作用》,载《人民司法》1998 年第 7 期。

体系之中。[①] 也有学者提倡将非制定法形式的规范类型纳入法源范畴之下,从而以法源理论的"升级"与"扩容"来应对法源实践的变革。[②] 规范体系结构的构建与法源理论的扩容丰富了法律体系的内涵,满足了司法裁判的需要。但是规范体系的开放性是否会像法律的不确定性一样漫无边际?聚合性的类案裁判规则是否会对既有的法律体系产生冲击?

(三)既定规范划定类案裁判规则的边界

司法类案创制的裁判规则是立法者制定的法律规则的细化,是抽象性法律概念的具体化。法律既是法官审判的权力来源,也是法官行使权力不得逾越的界限。立法权与司法权的关系是法律制定与法律适用的关系。法官不能罔顾法律的规定,恣意造法。法官的法律创造功能,并不是毫无限制地创造新的法律秩序,而是在既定的法律框架秩序之下,协助立法者进行规则细化和漏洞填补。

人大立法是司法裁判的依据和限制,既定的宪法和法律规范划定类案裁判规则的边界。在司法实践中通过类似案件积累下来的类案裁判规则,都是建立在制定法的基础上的。这种在法律系统内基于相似性判断规则形成的自发裁判秩序,能够得到法官的一致性与普遍性的遵循。然而,"自由社会的自生自发的社会秩序,在没有某种命令结构的情况下,也是无法存续的。"[③]依法审判是指法官在审判时受到法律的约束,这是法治国家的基本原则。既定的宪法和法律规范只是对未来行为的预设,个案裁判基准潜藏于既定规范和案件事实之中,是一个有待于法官通过解释规则发现、选择甚至续造的具体规则。"法律是复数的,制定法是动态变化着的。"[④]从静态上看,法律就是一套现行有效的面向未来预先设定的规范体系,即既定规范。从动态上看,法律是指司

① 参见刘作翔:《"法源"的误用——关于法律渊源的理性思考》,载《法律科学》2019 年第 3 期。

② 参见孙跃:《指导性案例何以作为法律渊源?——兼反思我国法源理论与法源实践之关系》,载《南大法学》2021 年第 1 期。

③ [英]弗里德利希·冯·哈耶克:《法律、立法与自由》(第 1 卷),邓正来译,中国大百科全书出版社 2000 年版,第 28 页。

④ 郑永流:《法律的"交叉"研究和应用的原理》,载《中国法学》2018 年第 4 期。

法者针对过去已经发生的案件事实依据既定规范选择甚至续造的裁判规范,即个案规范。这二者之间的关系表现为:既定规范预设了个案规范的前提和基础,个案规范是既定规范的具体化和特定化。[①] 司法具有被动性、事后性与个案性特征,不可能扮演社会变革的先锋角色,而只能是社会变革成果的卫士。为了维护宪制秩序,司法权在立法领域应该保持克制。"一个法官绝不可以改变法律织物的编织材料,但是他可以,也应该把褶皱熨平。"[②]法官可以对立法形成的织物材料进行装饰和修补,但是不可以改变立法织物材料。案例之治是法律之治的细化和补充,类案裁判规则可以熨平法律的褶皱、修补法律的漏洞,但不得超越既定的宪法和法律规范的范围和边界。

二、职能分工原则下同案同判的边界限定

在宪法的框架秩序下,为了保证国家权力的有效运行与功能适当,各种权力必须按照一定的标准进行有序配置。国家权力配置的职能分工原则要求各机关之间的权力范围依据其功能进行适当分配。权力的核心领域主要是指各个机关都有宪法赋予的特定职权和任务,即使为了权力的合作或抑制,也不容剥夺各个机关的"典型任务"。[③] 为了尊重宪法赋予的其他国家机关的权限,使得各机关能够依照职能分工原则正确地发挥宪法分配的功能,司法机关应该忠诚于宪法规定的职责范围。具体而言,法院在司法审查过程中,不得以解释规范之名,行主动立法之实。任何机关都不得触及立法的基础性决定与内在价值,所以法院在疑难案件的裁判过程中应该保持克制,对立法机关予以尊重,禁止逾越法律的屏障。因此,法院在类案裁判过程中对法律的解释和选择必须以尊重立法为前提,不得违反法律规范的文义预期范围和立法者明显的立法意图,类推适用或者目的性扩张解释需要严格控制其适用范围。由于各个部门法的法律适用特性差异很大,职能分工原则

---

① 参见汪进元:《宪法个案解释基准的证成逻辑及其法律控制》,载《中国法学》2016 年第 6 期。

② [英]丹宁勋爵:《法律的训诫》,杨百揆、刘庸安、丁健译,群众出版社 1985 年版,第 11 页。

③ 参见许宗力:《法与国家权力(二)》,台北,元照出版公司 2007 年版,第 296 页。

下“同案同判”的边界,需根据部门法的属性进行具体分析。

(一)同案同判不得违反罪刑法定原则

罪刑法定原则作为人权保障的基本法治原则而成为宪法原则,其重要性已超越刑法部门法意义。宪法意义上的罪刑法定原则不仅要求对刑法规定解释不得超越刑法的明文规定,更要求对刑法规定的解释内涵必须符合基本权利保障等宪法规定的精神。罪刑法定原则的基本要义包括三个方面的内容:一是符合民主法治原则,即犯罪与刑罚必须由民主代议性的议会制定的法律规定;二是符合法律专属性原则,即犯罪与刑罚必须由“法律”明文规定,没有成文的法就没有刑罚;三是符合国民预测可能性的明确性原则,即刑法条文应明确规定哪些行为构成犯罪。[①] 我国《刑法》第3条规定,法律明文规定为犯罪行为的,依照法律定罪处刑;法律没有明文规定为犯罪行为的,不得定罪处刑。这是罪刑法定原则的明文规定,罪刑法定是现代法治国家的基本原则,是刑事司法裁判必须遵循的金科玉律。刑罚权的依据及其范围,必须由制法机构依据法定程序所制定的法律来规定。[②] 为了保障行为自由,司法机关不得违反罪刑法定原则,禁止通过类推适用类似案件扩大刑法的处罚范围。

保障公民的自由权利是刑法的根基,坚持罪刑法定原则是刑法的信仰。[③] 为了防止滥用刑罚权,侵犯公民权利,在刑事案件的类案裁判中必须充分保障公民的自由权利,在适用法律过程中必须坚守罪刑法定主义。按照“法无明文不为罪”的原则,对于确立刑罚以及加重刑罚的规定禁止类推适用。[④] 具体而言,法官在同案同判过程中,对刑法的解释和适用受到民主法治国家罪刑法定原则的严格限制。类似案件的解释和适用过程必须将目光放在刑法条文的文义范围之内,刑法文本不只是解释的起点,也是解释的边界。对法律条文的解释,可能关系到规范内涵的理性重构。裁判者一旦透过自身的主观演绎来获得刑事法

---

① 参见刘艳红、周佑勇:《行政刑法的一般理论》,北京大学出版社2020年版,第37页。

② 参见林山田、许泽天:《刑法要论》,台北,元照出版公司2006年版,第42页。

③ 参见刘艳红:《刑法的根基与信仰》,载《法制与社会发展》2021年第2期。

④ 参见[德]齐佩利乌斯:《法学方法论》,金振豹译,法律出版社2018年版,第97页。

律文本的概念，而非借由立法者的明确文字表示，尤其是涉及国家刑罚权时，可能对国家权力配置的职能分工原则造成侵犯。在类似案件的参照裁判过程中，当类似案件的裁判结论是不利于行为人的解释结果时，就会违反刑法规范的预测可能性。比如某一刑法条文规定，出现构成要件 X 时适用法律效果 Y；那么按照罪刑法定原则的要求，法律效果 Y 仅仅适用于构成要件 X，即使某一构成要件 x 与构成要件 X 相似，也不得适用于法律效果 Y。如果法官放弃了文义解释的底线标准，将构成要件 X 的适用范围扩张到类似案件 x，势必导致罪名的扩张，从而违反罪刑法定原则，这是必须禁止的类推适用。比如在指导性案例 62 号“王新明合同诈骗案”中，[①]案件的争议焦点是在数额犯（本案为合同诈骗纠纷）中犯罪既遂与未遂并存时如何量刑，法院依据最高人民法院、最高人民检察院《关于办理诈骗刑事案件具体应用法律若干问题的解释》第 6 条的规定，[②]认为数额犯中犯罪行为既遂与未遂并存的情况也适用上述司法解释关于诈骗罪的量刑规则。其实就将诈骗罪中行为既遂与未遂并存的量刑规则，类推适用到了数额犯中行为既遂与未遂并存的情形，这明显扩张了数额犯的处罚范围。一个行为是否被禁止，至少其刑罚的风险要具有预测可能性。法官将非刑法上的构成要件行为，通过类比推理的价值判断，转化为刑法上可罚的构成要件行为，逸脱了立法者对刑事可罚范围的明确安排，违反了罪刑法定原则的要求。

为了防止法院成为代为立法者，基于罪刑法定原则的根本要求和人权保障原则的基本精神，在刑事司法领域，法官不得随意续造法律达到扩张犯罪圈的目的，不得作出不利于当事人的类推解释。为了防止类案裁判不当侵犯公民的权利和自由，刑事指导性案例等类似案件不得出现造法型的案例，[③]这是依法治国在刑事领域的基本要求，也是刑事类案裁判应当坚守的底线。

---

① 参见北京市第一中级人民法院（2013）一中刑终字第 4134 号刑事裁定书。

② 该条规定：诈骗既有既遂，又有未遂，分别达到不同量刑幅度的，依照处罚较重的规定处罚；达到同一量刑幅度的，以诈骗罪既遂处罚。

③ 参见刘银龙：《刑事案例指导制度研究》，吉林大学 2017 年博士学位论文，第 53 页以下。

(二)同案同判不得违反职权法定原则

依法行政是现代法治国家的基本原则,行政行为的合法性不仅关系行政权力的正当运行,而且影响公民权利的有效保护。行政权必须依附在法律之下,行政只有获得法律的授权,方能干涉人民的自由与财产。[①] 奥托·迈耶提出的法律保留原则,主要是适用于行政领域一般权力关系的"侵害保留",该原则意在限制行政权,避免行政行为侵犯立法机关的权限,恣意损害公民权利。公民权利是政府权力的基础,行政机关要限制公民的财产权利和自由,必须获得由人民选举的代表组成的立法机关制定的法律的许可,行政机关的行为才具有合法性。职权法定原则要求行政权受到法律的羁束,从正面上看,行政职权的来源和实施必须要有法律的明确依据;从反面上看,对行政机关而言,法无授权即禁止,没有法律的依据不得实施行政行为。在规范层面,以行政处罚权为例,《行政处罚法》第 17 条规定,行政处罚由具有行政处罚权的行政机关在法定职权范围内实施。这是职权法定原则在行政处罚领域的体现,可以称之为处罚法定原则。处罚法定要求行政处罚必须依法进行,行政处罚事项的设定和实施必须遵循法定的基本准则。[②] 人民法院在个案法律适用中,依据职权法定原则审查行政行为的合法性。

指导性行政案件的基础在于司法行为,根本上是为了指导准确理解行政法律规范的法律适用行为。[③] 一旦类似案件的裁判突破了法律适用的边界,就进入了法律创制的领域,构成对立法权的侵犯。如在指导性案例 90 号"贝汇丰诉海宁市公安局交通警察大队道路交通管理行政处罚案"中,贝汇丰驾驶车辆在道路上,遇行人停留在人行横道,未停车让行,被执法交警行政处罚。法院认为行人是否"正在通过人行横道"应当以特定时间段内行人一系列连续行为为标准,而不能以某个时间点行人的某个特定动作为标准,遂将"行人停留在人行横道"扩大解释为《道路交通安全法》第 47 条第 1 款中规定的"行人

---

① 参见[德]奥托·迈耶:《德国行政法》,刘飞译,商务印书馆 2013 年版,第 72 页。

② 参见周佑勇:《行政法原论》(第 3 版),北京大学出版社 2018 年版,第 283 页。

③ 参见李瑰华:《指导性行政案例研究》,法律出版社 2012 年版,第 177 页。

正在通过人行横道”。[①] 在文义上，“通过”与“停留”在字面上明显具有两种不同的含义，法院将前者的文义范围扩大至包括后者，扩张了“礼让行人”规范的内涵。在目的上，虽然该解释方案有利于实现《道路交通安全法》的立法目的，保护道路交通过程中行人的人身安全，但是增加了机动车驾驶人的义务，扩张了行政处罚的范围，违反了处罚法定原则。尤其是最高人民法院通过指导性案例的形式，将“礼让行人”规范的范围确立为“机动车驾驶人驾驶车辆行经人行横道，遇行人正在人行横道通行或者停留时，应当主动停车让行，除非行人明确示意机动车先通过”。[②] 这相当于通过案例的形式修改了《道路交通安全法》第47条第1款的内容，赋予了交警部门法律之外的执法权力，增加了机动车驾驶人法律之外的义务，不符合职权法定原则。

由于司法权与立法权的分工不同，法院不得创制具有法律效力的规范。在类似案件的裁判过程中，法院应该遵守行政处罚的法律边界，禁止超越职权法定的处罚范围，防止不当增加公民的义务或限制公民的权利。

（三）同案同判不得违反意思自治原则

意思自治作为民法的最高价值原则，同案同判也要受到当事人之间的契约规范的约束。在民事案件的裁判过程中，即使参照类似案件裁判，也必须尊重当事人的意思自治，不得违反意思自治原则。

意思自治是指公民得依其个人意志形成私法上的权利义务关系，即依其自由意思创设、变更、消灭私法上的法律关系。意思自治是公民人格自由发展的重要体现，自由平等关系为其基础。人的自由是意思自治的前提，意思自治是人的自由原则在民法领域的体现。[③] 在私人经济生活领域，国家应尽量减少干涉，交由个人自行决定。公民个人在公平、自由的秩序基础上追求最佳的个体利益，同时维护国家和社会秩序下的整体利益。作为私法领域的基本原则，适用于所有权、遗嘱、契约

---

① 参见浙江省海宁市人民法院（2015）嘉海行初字第6号行政判决书；浙江省嘉兴市中级人民法院（2015）浙嘉行终字第52号行政判决书。

② 参见最高人民法院指导性案例90号。

③ 参见耿林：《论私人自治的限制理论》，载《南京大学学报（哲学·人文科学·社会科学）》2019年第1期。

等所有私法领域。其中契约自由是意思自治原则的集中表现,包括契约缔结自由、相对人自由、内容自由、方式自由等方面。基于私法自治及契约自由原则,当事人得自行决定合同的类型与内容,且不限于民事法规范及其相关类案的范围。基于契约精神,当事人之间在意思表示真实的条件下签订的合同,如已合法成立,即应该依据合同的内容履行相应的义务,不得受到其他类似案件的影响而有所增减。

私法自治并非不受限制,就像自由一样,意思自治原则也要受到公共利益的限制。法律仅能出于维持社会秩序、增进公共利益并维护契约正义的理由,方得对契约自由进行限制。① 对于民事法律规范中的个案法律适用,如果涉及类案同判问题,必然需要在公共利益与公民一般人格自由之间进行价值权衡。即使以维护公共利益为由对意思自治进行限制,也必须充分考虑意思自治对于合同签订、履行乃至于整个民事自治制度的重大意义。因此,在涉及公共利益的民事案件中,待决案件在参照类案裁判过程中,应该注意个案中的意思自治要素是否相似,既要权衡公共利益要素的相似性,也要立足于对意思自治原则的尊重。

三、权利限制法定下同案同判的范围控制

根据法治国家的基本原则,人民依法享有的权利和自由,非依法律不得限制。在现代宪法秩序下,法与社会正义的实现完全取决于宪法价值体系下主体价值的确保,也就是人民作为国家的主权者的自由与权利。② 没有法律的明文规定,不得减损公民的权利与增加公民的义务。然而,在实现“同案同判”的过程中,个案变成了一个可视化的“法典”,通过相似性判断的媒介,时刻影响着待决的类似案件的裁判。通过类案强制检索制度的运行,当事人的权利义务与过去的案件发生了关联,已决的个案可能对案外的第三人产生不利的溢出效力,即限制了公民的权利或增加了公民的义务。那么在公民权利限制法定化下,“同案同判”的适用应该受到实体依据和程序运行上的控制。

---

① 参见王泽鉴:《民法总则》,台北,新学林出版股份有限公司2014年版,第271页。

② 参见陈慈阳:《宪法学》,台北,元照出版公司2005年版,第320页。

（一）同案同判对当事人权利义务的溢出效应

在理论上，司法裁判的待决案件中，当事人的权利义务原本只是通过案件事实与法律规范的勾连，由实在法决定相关权利义务的法律状态。但是《类案检索意见》要求新型疑难案件的裁判，应当参照或参考类似案件进行审理。这个司法规范性文件作为管理性规范，原则上只具有约束司法机关的效力，无权干涉当事人的法律行为和权利义务。然而，“同案同判”的制度内容却产生了溢出性效果，将当前或未来的待决案件交给了过去的已决类似案件决定，影响到当事人或案外第三人的权利义务。

上述司法规范性文件不仅在制定根据上欠缺规范基础支撑，而且在制度内容上可能与既判力相对性原则相违背。就前者而言，规范依据的不合法性主要表现为，扩张了法官的权限范围，限制了当事人的权利内容。在成文法中，纠纷双方的权利义务通过法律确定了，那么这种司法文件确定的法官强制检索类案并参照裁判的义务，有可能影响或改变了法律上公民的权利义务。如果是增加了类似案件当事人的权利，则没有问题；但是如果增加了类似案件当事人的义务或限制了权利，就违反了法治原则。就后者而言，既判力是指判决确定之后所具有的实质上的确定力，包括对裁判法院的自我约束力和其他法院的拘束力，以及对当事人的终局效力。[①] 既判力主体范围的相对性原则是既判力理论的核心，判决的主体效力范围只约束诉讼当事人，而不约束与案件无关的其他人员。既判力的制度效力蕴含的价值取向就在于，为当事人过去的纠纷画下一个句号，使其能够安排新的法律生活。法院的裁判是为了维持社会秩序的稳定和法律制度的安定，如果司法裁判能够随意约束与案件无关的其他人，那么不仅危害了安定有序的社会现状，而且侵害了公民基于法律保障的诉讼程序权利。

（二）法律保留视角下类案的依“法”裁判

在人大立法的主导下，法律的创设与公民权利义务的规定，都是立法机关的任务，而非司法机关所能干涉。现代法治国家之精义在于国

---

① 参见张卫平：《既判力相对性原则：根据、例外与制度化》，载《法学研究》2015 年第 1 期。

家权力应当在宪法的框架内运行,尤其是要求对基本权利的限制应当符合法律保留原则。[①] 法律保留的实质是权利保留,也就是说关于限制公民基本权利的规定,只能由法律决定,不得受到其他因素的影响。法律保留的含义随着社会的发展以及民主法治原则的确立,逐渐发生变化。经历了德国联邦宪法法院作出著名的限额条款判决之后,"重要性理论"兴起,即以公权力对基本权利的行使与实现是否重要为标准,判断法律保留的范围。我国的立法体制采用的是"重要性"理论,即重要事项由全国人大及其常委会立法规定,非重要性事项由国务院等机关规定。在我国的宪制体系中,《宪法》第 62 条、第 67 条及第 89 条与《立法法》第 10 条、第 11 条和第 12 条共同确立了法律保留原则。一方面,我国《宪法》第 62 条以及《立法法》第 10 条和第 11 条规定了全国人大的立法范围,即有关犯罪和刑罚、对公民政治权利的剥夺和限制人身自由的强制措施和处罚、司法制度等事项只能由全国人大制定法律,不能授权,这是绝对保留范围。如果将重要性范围"有关犯罪和刑罚……等事项"中的"等"理解为"等外等",那么对于公民其他权利的限制自然属于人大保留的范围。另一方面,通过对《立法法》第 11 条第 11 项的兜底条款"必须由全国人民代表大会及其常务委员会制定法律的其他事项"进行扩大解释,也看得出限制基本权利的事项属于法律保留范围。这两种解释都符合宪法层面法律保留原则的初衷,即防止公权力侵犯公民权利。

法院仅限于适用法律的规定,确认当事人在法律上的权利义务关系。在"同案同判"过程中,当事人实际的权利义务状态,可能由于类似案件的影响而发生了变化。换言之,待决案件中公民的权利义务受到其他类似个案的支配或拘束,依"法"裁判变成了依"案"裁判。这种个案判决的扩张效应,违反了法律保留原则,背离了个案纠纷解决的司法情景和司法程序,不符合"依法裁判"的严格司法理念。法院在个案审判活动结束之后,对法律的解释效力仅约束个案当事人,不得扩张适用于其他案件。也就是说,个案裁判仅具有个案判决效力,而不具有普遍

---

① 参见周维栋:《我国学生学籍强制处理的合宪性检视——以普通高中为视角的具体分析》,载《中国政法大学学报》2021 年第 2 期。

规范效力。在规范层面，《宪法》第131条规定，“人民法院依照法律规定独立行使审判权”，依“法律”审判之“法律”主要是从法律渊源的角度，采取广义的法律概念，即包括宪法、法律、法规等制定法。《人民法院组织法》第6条规定，“人民法院坚持司法公正，以事实为根据，以法律为准绳”，进一步确立了依法审判的裁判基准。为了防止类似案件的审判出现依“案”裁判的违法现象，必须坚守依“法”裁判的司法基本原则，在裁判依据上严格遵循法律的基本准则，不得将已决案件作为处理当事人权利义务纠纷的裁判依据。

（三）同案同判中当事人权利保护的程序条件

现代法治国家不仅指形式意义的依法治国，更包括实质意义的法治国，亦即对正义实体价值的追求和程序价值的保障。在法院判决以前，当事人之间私自适用法律而主张之权利，仅系假象之存在，并非真正存在的权利，这种非真正存在的权利，必须经过社会公认的法院判决，才能形成为实在权利。[①] 也就是说，只有经由正当程序的审判，立法文本中的权利，方能变成实践生活中的权利。确定判决所生之既判力，只有双方当事人在判决形成过程中参与诉讼程序，并受到判决的拘束，才具有正当性基础。而对其他未参与诉讼程序的案外第三人，原则上不受到既判力的拘束，否则将剥夺这些人程序上的诉讼权利，并可能对这些人的实体权利造成不利影响。

从当事人的角度来看，如果要受到未参与审判程序的裁判结果的约束，其程序性权利就会受到剥夺。但是为了解决类似案件的纠纷，维持实体法秩序的统一，基于类似案件类似审判的正义原则的要求，既判力的拘束范围有扩张至一定类似案件当事人的必要性。那么对于这些并未实际参与具有既判力案件的诉讼程序的类似案件的当事人而言，要受到既判力的拘束，就必须具备程序正当性基础，亦即获得程序性正当权利的保障。在审判程序上，承认判决的既判力和司法判决的终局性，就要充分保障司法审判的程序要件和论辩规则，确保案件得到公正的审理，建立司法的公信力和权威性。[②] 为了保障案外其他人的合法权

---

① 参见陈荣宗：《既判力之本质》，载《中兴法学》1978年第1期。

② 参见季卫东：《大变局下的中国法治》，北京大学出版社2013年版，第211页。

益,需要在程序构造上增设补强性条件,赋予权利受到影响的公民平等参与诉讼的机会。由于待决的类似案件是面向未来的,具有不确定性特点,所以程序保障规则的设计无法融入判决形成前的程序阶段,只能诉诸事后的程序保障。也就是在类案参照裁判的过程中,可以考虑在案件审理环节增加类案参照的论辩程序,补充待决案件当事人在类似的已决案件中"缺席"的程序要素,保障法律适用的程序正义。

第二节　依法独立行使审判权原则下同案同判的裁量机制

宪法上的每个国家机关都有其各自的制度功能,承担一定的目标和任务,所以任何侵害其他机关的职权或干涉其义务的行为都是违反宪法本身。然而,在宪法秩序整体范畴上,国家机关间功能的重叠和权力的相互影响,都是普遍存在的。[①] 如我国宪法确立的国家权力配置的基本原则要求"一府一委两院"的横向权力之间相互配合、相互制约,只是权力之间的协调关系不得影响权力的行使,从而侵犯其他权力的核心领域。我国《宪法》第131条明确规定了法院依法独立行使审判权,因此,在"同案同判"过程中,必须恪守依法独立行使审判权的宪法原则。法院的权力结构分为审判权与行政管理权,审判权指审判组织对案件纠纷的判断与裁定,是司法权的核心,不容侵蚀。[②] 法院是法律的忠实维护者,只受法律约束。遵循依法独立行使审判权有利于法官公正地作出裁判,为了保障依法独立行使审判权,司法机关应该有其自主裁量空间,不得受到无关审判因素的干涉和影响。

一、案例指导制度的行政化弊端及其转型

在人民代表大会制度下,按照国家权力配置的职能分工原则,司法裁判权应该以实现其公正裁判与保障人权的功能。依法独立行使审判

---

① 参见许宗力:《法与国家权力(二)》,台北,元照出版公司2007年版,第295页。

② 参见周维栋:《监察建议的双重功能及其宪法边界》,载《法学评论》2021年第4期。

权是宪法原则，包括组织独立与事物独立两个方面。在组织上之独立性方面，强调的是法院作为裁判机关的中立性地位，为了排除其他无关因素的干扰，应该避免出现可能影响法院中立性的行为。在事物上之独立性方面，强调法院裁判活动的自主性，法院具体裁判案件的实质内容不受其他力量的指令约束。司法权在本质上是一种判断权，司法判断权的属性，要求对司法的管理应采取与其属性相符合而区别于行政机关的管理机制。狭义的司法权仅是指审判权，指导性案例的编纂与类案的发布，并不是司法权的表现，而是司法行政权的运用。案例指导制度的行政化趋势，可能影响依法独立行使审判权的运行，需要回归到法院上下级之间的监督关系，控制案例指导制度的"行政"边界。

《案例指导规定》第 1 条规定了最高人民法院发布指导性案例的权限，第 3 条和第 4 条进一步规定了最高人民法院案例指导工作办公室的运行程序。通过制度的设计，可以看出我国的案例指导制度内嵌着一套严格的运行机制，表现出自上而下的行政属性。

案例指导制度的行政化运行模式，在一定程度上使得上下级法院之间的关系呈现为"领导与被领导"关系，可能导致上下级法院之间监督权的异化。如果案例指导制度过度行政化，"审理者裁判，裁判者负责"的基本司法规律将会受到司法行政权力的破坏。为此，需要控制司法权力系统内部的科层制权力要素。

具体而言，就是要摒弃案例指导制度实施过程中的"命令型"指导关系，回归个案法律适用中的"监督型"指导关系。根据《宪法》第 132 条和《人民法院组织法》第 10 条的规定，上下级法院之间是监督关系，监督对象是法院的审判工作。上级法院对下级法院行使监督权的表现形式主要是"指导"，这不同于行政机关之间的"领导"关系。指导关系包括两种途径：一是通过颁布抽象的规范性文件，指导下级人民法院在类似案件裁判中的法律适用问题，称之为"抽象性监督"；二是通过上诉审和审判监督程序，指导下级人民法院在具体案件裁判中的法律适用问题，称为"个案式监督"。案例指导制度应该回归司法监督的本质，即建立在个案审判基础上的"监督型"指导。为此，需要强化审级制度在统一法律适用中的功能，发挥上诉审和终审程序对下级法院个案审判的指导和纠错机制，并将高级人民法院乃至最高人民法院审理的典型案件作为指导下级法院裁判的案件。在审级制度的调适下,弱化案例的遴选程序,可以保证司法行政权尊重司法审判权内部的自治,从而强化审判的独立性。

二、司法自由裁量与统一法律适用的平衡

在自由民主宪制秩序下,基于依法独立行使审判权的宪法地位,法院有裁判上的自主性,在法治限度内对事实和法律问题进行自由裁量,作成有拘束力的司法判断。法官的裁量权是根据具体情况作出决定或裁定的权限,其作出的决定应是正义、公平、公正、平等和合理的。[①] 法律本身的多义性和事实的复杂性,使得法官的裁量成为司法的本质要求,同案同判应该尊重司法自由裁量权。法官在裁量空间内对事实和法律问题有一定的判断余地,尽管能够保证司法判断的正确性,但是也要受到统一法律适用的约束。案例指导制度的推行压缩了裁判者的自由裁量权,指导性案例的统一性限制了司法裁判的多样性,影响了司法的回应性功能,导致司法裁判的法律效果与社会效果、政治效果的协调失衡。法律问题追求的只是一种相对合理性,需要维持规范拘束与自由裁量之间的动态平衡。[②] 在案例指导制度下,同样需要推动同案同判的统一功能与个案裁判的裁量正义之间的平衡。

(一)同案同判对司法裁量空间的限制

同案同判的目的在于实现司法统一,包括程序展开方式的统一、事实认定的统一、法律适用的统一与自由裁量权行使规则的统一。[③] 然而,案例指导制度形式上维持了司法统一,实质上却限制了司法裁量权。法律的适用是一个动态的过程,法官需要在共性的法律与个性的事实间循环往复,通过裁量技术来发现、选择甚至续造适用于个案的裁判规则,所以个案裁判规则是一个不确定的、独特的、有待求证的问题。那么通过同案同判来提供标准的裁判规则,旨在达成司法裁判结果之

---

① 参见[英]戴维·M. 沃克:《牛津法律大辞典》,李双元等译,法律出版社2003年版,第329页。

② 参见周佑勇:《行政裁量治理——一种功能主义的立场》,法律出版社2008年版,第42页。

③ 参见苏泽林、李杆:《论司法统一与案例指导制度的完善》,载《中国司法》2009年第3期。

统一的控制方式,必然构成对司法裁量权的限制。

在法律现实主义看来,抽象的规则对于司法决策的过程只能提供有限的协助,因为每一项决策所造成的理想与失落的理想之间的精确结合,永远是一个没有先例的小世界,并且不存在任何充分的在先规则。[①] 案例指导行政化的模式,容易侵蚀法官的自主性,进而导致出现机械主义的司法裁判。真正的司法统一在于法律适用方法和规则的统一,而理解和适用法律是法官自由裁量权的体现,如果完全将其交由最高人民法院或其他类案裁判法院,那么必将损害法官的独立裁量权,陷入教条主义下的"机械法学"陷阱。没有裁量的规则,就无法全面考虑使结果适应具体案件的特定事实和情况。[②] 法官并不是宣布法律字词的喉舌,法官是连接普遍性法律与个殊性事实的桥梁,需要通过自由裁量权力来协调两者之间的沟壑。同案同判作为司法的原则性价值,而并不是规则性要求。在实际的司法实践中,面对多元复杂的具体个案争议问题,法官不可能根据一套僵硬的裁判规则来处理所有的类似案件,而是必须依其自由意志创造性地作出判断。

(二)案例指导制度下的司法裁量领域

法官不能充当法律售货机,只有基于法律的保护目的基础上的裁量,才能实现立法者的意图和解决现实生活中的纠纷。"那种想要让法官戴上锁链、手铐的尝试,是多么的徒劳无功。"[③]因为法律适用是一个动态的过程,法律规范与个案事实之间不可能机械地"对号入座",法律并不是形似代码一样的形式规则,否则机械司法的法官必然会被机器替代。现行案例指导制度和大数据司法技术对于复杂疑难案件的事实认定和法律适用问题的作用有限,尚需依靠法官的主观能动性。[④] 因为个案事实的特殊性与既定规范的普适性之间的张力是客观存在的,而

---

① 参见[英]马丁·洛克林:《公法与政治理论》,郑戈译,商务印书馆 2002 年版,第 183 页以下。

② 参见[美]戴维斯:《裁量正义:一项初步的研究》,毕洪海译,商务印书馆 2009 年版,第 17 页。

③ [德]冯·耶林:《法学是一门科学吗》,李君韬译,法律出版社 2010 年版,第 83 页。

④ 参见周维栋:《生成式人工智能类案裁判的标准及价值边界》,载《东方法学》2023 年第 3 期。

且立法技术和认知能力的有限性与既定规范的滞后性和模糊性也是无法改变的。

法官的裁判活动具有一定的主观性,也容易导致裁量权力滥用,需要受到一定的监督。案例指导制度的目的不是扼杀法官的自由裁量权,而是通过提高法官的司法技术和规范理性来促进法律适用的统一,保证法官的自由裁量权受到法律的约束。① 为此,就要设定合理的平衡范围,既要保留司法自由裁量的空间,又要实现法律统一适用的目的。个案裁量与形式统一的平衡点聚焦在法律解释上,因为法律解释的自主性是裁量权的表现,而解释标准的共识又是司法统一的要求。

具体而言,案例指导制度下的司法裁量领域包括法律模糊型与法律漏洞型两种情形。首先,法律是具备一定的开放结构的,法官只能在法律规范范围内获得有限的确定性。一方面,由于案件事实的多变性和个殊性,并且事实在法官那里是"关于实际事实的猜测",②需要法官的主观性判断才得以澄清。任何法律纠纷都是独一无二的,法官必须结合个案事实和法律规则进行裁量,才能获得符合个案正义的适用性规范。另一方面,由于法律规则的模糊性和抽象性,法官需要运用裁量权在个案中释明法律的含义和适用范围,实现法律的确定性。例如,面对行政规范中的不确定法律概念,由于语言的开放结构,往往需要法官斟酌实际事实情况,并依靠法官的个人价值评价来进行解释适用。当然,一旦类似案件对此等模糊规则作过裁判,后案法官对法律模糊释明的方法和技术则要受到类案的裁判思维约束。其次,立法者不可能完全预见到社会生活中的各种情况,法律时常会暴露出自身的缺点,这时就需要裁判者结合社会现实进行一定的修补工作。当法律出现漏洞时,司法裁判将会出现无规则可供适用,此时就需要法官行使自由裁量权来填补规则的空缺。比如,在民事案件中,面对生殖科技对人类生育现状的改善,出现了试管婴儿、受精卵等新型"人格物"。而民法规范对此疏于保护,需要法官在个案中进行价值权衡与规范续造,发挥对新型

① 参见吴英姿:《谨防案例指导制度可能的"瓶颈"》,载《法学》2011 年第 9 期。

② [美]杰罗姆·弗兰克:《初审法院——美国司法中的神话与现实》,赵承寿译,中国政法大学出版社 2007 年版,第 17 页。

权利的能动性保护功能。如果司法实践中再次碰到类似科技影响法律发展的案件，则可遵循相似的裁判方法，促进法律的统一适用。

三、同案同判中司法自由裁量的保障机制

同案同判可以限制法官的裁量权滥用，防止法官过度裁量影响法律的统一解释和适用。这个限制来自两个方面：一是对过去类案的遵守，二是对未来类案的预设。法官要向后看，总结和吸收在先裁判的经验和方法，既要适用法律，也要发展法律。同时，法官也要向前看，考量未来可能出现的社会因素。但是案例指导制度不得过度束缚法官的手脚，保持适度的裁量空间才符合司法审判的本质。为了保障法官独立的判断空间，需要从方法和制度两个层面做出改进。

（一）区别技术在类案裁判中的运用

在个案裁判中，法官既要倾听过去的声音，也要与未来对话。一方面，法官要回应过去法院对类似案件的裁判观点，判断个案事实与法律争议问题的异同；另一方面，法官也要顾及当下案件可能对未来案件的影响，以及对法律问题的解释是否与时俱进。由此，在法的安定性与法的调适性之间，需要法院针对具体案件依法独立而公正地行使审判权，综合权衡待决案件是否应该遵循在先类似案件的约束。面对充满活力的现代社会，判例制度的价值在于能够灵活地应变社会变迁，明智的法官通常可能会限制或废止不合时宜的判例。[①] 区别技术是限制或废止先例适用的关键方法，通过运用区别技术，法官可以不拘泥于类似案件的裁判思路，从而对个案特定事实的法律适用问题作出调整或对社会的变化作出回应。

区别技术是指在司法过程中对不同情形下各种相关或类似的因素进行区分，以找出其中的差别，并在法律上区别对待，得出不同的结论。[②] 在类似案件的裁判过程中，法官需要合理运用裁量权限，来判断究竟是遵循之前的类案还是偏离法院以前的裁判。合理裁量的标准，

---

① ［美］杰罗姆·弗兰克：《初审法院——美国司法中的神话与现实》，赵承寿译，中国政法大学出版社 2007 年版，第 311 页。

② 参见李红海：《判例法中的区别技术与我国的司法实践》，载《清华法学》2005 第 1 期。

取决于偏离类案的效用与变化造成的损害之间的权重。具体指导原则是："如果新的先例，在抵消变化所造成的损害之后，对于弥合法律与社会的差距、保护宪法及其价值的贡献，超过以前先例对于实现这些目标的贡献，那么偏离先例即无不妥。"[①]区别技术应用于判例法中是多个维度的，既包括案例之间事实要素的区分，也包括判例内部的判决理由和附带意见的区分。前者主要用来判断案件之间的相似性，对于案件的关键性事实和非重要性事实的区分，有助于案件之间的比较。[②] 当然，这个比较判断的过程，依赖于法官对案件要素的主观裁量。后者则是通过比较灵活的操作技术，对有拘束力的判决理由的识别，"既能使一个法院从以前的经验和智慧中获益，又能避免一些明显的愚蠢和错误"。[③] 这时如果法官发现在先案例的判决理由明显不合时宜，就可以不予适用，以弥合法律制度与社会生活之间的缝隙。但是类案的推翻要在裁量与拘束之间保持平衡，因为类案的效力和稳定性与其生效的时间密切相关，必须采取渐进式的变革方案。类案的效力体系就好比人体的成长过程，案例判决之初，就像新生儿一样，各项机能尚不成熟，若发现错误或不妥之处，当即可纠正，自不多说。但随着时间的积累，案例的类型化规则逐渐形成，类案得到充分的适用，就像成年人一样，各项惯习已经养成，要想作出改变，必伤筋骨。那么此时就要保持司法克制，因为类案规则具备共同体内部成员的确信力，法官的个人价值并不能代表社会的共识价值。法官对规则的一般框架进行改变的行为，缺乏民主正当性，所以应当对类案的一致性和稳定性保持尊重。但当一定的时间和事实证明，类案可能已经脱离了社会发展轨道，无法适应新的社会需要时，就要发挥司法能动作用，通过客观解释发展和更新类案，以稳固未来的裁判秩序。

（二）类案秩序的自发生成机制

在实行判例法或判例制度的国家，判例的生成是自发形成的过程，

---

① ［以］巴拉克：《民主国家的法官》，毕洪海译，法律出版社 2011 年版，第 146 页。

② 参见孙海波：《案例指导制度下的类案参照方法论》，载《现代法学》2020 年第 5 期。

③ E. Allan Farnsworth, *An Introduction to the Legal System of the United States*, 4th edition, Oxford University Press, 2010, p. 64.

不存在组织或程序上的制度约束。作为判例的判决可以是本法院作出的判决，也可以是上级法院的判决，有时其他法院作出的判决也可以用来作为判例。只要这些判决对正在审理的案件有意义，法官均可以选择作为裁判的参考。① 而我国的类案强制检索制度主要源于司法行政权力的助推，这在一定程度上阻碍了案例生成的市场机制，限缩了法院的自由裁量空间，不利于形成稳定持续的案例法治秩序。为了保障法院的自由裁量权，促进形成广泛遵循的类案秩序，类案的生成模式应该向理性自发型转变。

按照哈耶克的法律理论，法官的使命是进行智识化活动，司法的目的在于维护一种不断展开的行动秩序。法官服务于自生自发的秩序，这种秩序并非基于权力的运行而被建构出来，而是在进化过程中发展出来的。法官能够通过审判特定案件，而逐渐趋近一种最有助于形成有效的行动秩序，使整个行为规则系统内部达成一致，这种内部秩序的自我构造是进化论理性主义的表现。② 然而，我国的案例指导制度更多的是基于规则供给建构出来的。理性的调整思路是，放弃建构理性主义导控下的类案行政化筛选机制，采取进化理性主义导控下的类案自发生成机制。通过回归司法规则生成的本源，开放规则供给渠道，强化普通法院的生效裁判组成类案秩序，不断巩固司法机关内部的行为规则，才是未来中国案例法治发展之道。

第三节　个案正义保障下同案同判的范围限缩

法的安定性是法治国原则的基础，要求法律的适用具有可预测性和一致性，法官应受宪法和法律的约束。同案同判有助于生效判决效力的稳定，对于法的安定性具有重要意义。个案正义的保障也是法治国家的基本原则，即基于特定情况的考量，需要违背一般性原则，对当

---

① 参见最高人民法院课题组：《关于德国判例考察情况的报告》，载《人民司法》2006 年第 7 期。

② 参见［英］弗里德利希·冯·哈耶克：《法律、立法与自由》（第 1 卷），邓正来等译，中国大百科全书出版社 2000 年版，第 184 页。

事人的权利进行区别性保护。此时,法的安定性与个案正义之间就出现了紧张关系。那么该如何在保障个案正义的情况下,对"同案同判"的范围进行实质性限缩?既要维护实质的个案正义,又要防止其成为法官在个案中滥用权力的借口,必须实现同案同判与差异化判决相容。

一、个案正义与社会正义的关系

正义是人类社会普遍追求的价值,主要指的是公正的衡平标准。在正义的谱系中,社会正义与个案正义是一对基本矛盾,涉及法律制度的"稳定性"与"变动性"、法律实施的"普遍正义"与"具体正义"之间的矛盾,需要妥当地协调。正义存在于社会有机体各个部分之间的和谐关系中,在社会整体视域下,每个社会成员是普遍性秩序下的依附性成员,个人的愿望和倾向必须服从于整个集体的有机统一性。① 社会正义追求的是法律的普遍适用性,强调法律秩序的安定和谐。对于抽象的法律规范,主要是为了实现一般化的正义,保证将来不特定的案件都能得到相同的适用,而不至于损害公平。法律应保持持续和稳定,不至于朝令夕改而让人民无所适从,朝令夕改容易造成法律适用的不公平而违反正义。只有当法律以最佳的方式可预见、可预测时,才可能实现法律和平。② 形式意义上的秩序统一与行为一致是实现社会正义目标的有效工具,所有类似的案件和法律问题都按照相同的标准处理,有助于促进法律规则的统一实施和形成对法律秩序的确信,这体现的是社会正义。

个案正义追求的是法律的特殊适用性,强调特定个案权利的保障。在自由主义者那里,个人被视为道德关注的主要对象,个人的行为和动机作为正义的评价元素。③ 个人的权利与正义建立了耦合性关联,以权

---

① 参见[美]E.博登海默:《法理学:法律哲学与法律方法》,邓正来译,中国政法大学出版社2004年版,第262页。

② 参见[德]阿图尔·考夫曼:《法律哲学》,刘幸义等译,法律出版社2011年版,第208页。

③ 参见[英]哈里·布里豪斯编:《正义》,林毅、李浩译,江西人民出版社2019年版,第195页。

利为基础的理论关心个人的独立,而不是关心个人行为的服从性。[①] 只有认真对待权利,才能保证法律制度受到道德原则的指引,从而公平地对待每个人,进而实现正义。为了解决特定案件的纠纷而适用法律时,需要考量具体的个案正义,保护特定的权利。在个案正义的导控下,法律的裁量空间,基于个别案件的妥当性权衡,裁判者有形成自由。"一味地平等对待也可能会制造不正义,特定条件下的不平等对待在实质上却可能是公正的。"[②]如果在个别案件的适用上,发生显失公平的事情时,应作出个别的调整,以实现个别案件的正义。

一般化的正义与个别化的正义之间,整体法律秩序的统一性与具体案件法律价值的个别性之间,始终是处于一种矛盾的对立状态。在实在法的语境中,需要尽可能寻求二者的调和妥协。以刑法为例,既规定了法律面前人人平等,又规定了罪责刑相适应,这充分体现了社会正义与个案正义之衡平。实证法规则因具有法律安定性而受到支持,但却缺乏个案正义的弹性,为此需要修正实证法规则,来协调实质正义与法的安定性之间的矛盾,以便在个别案件中实现正义。在拉德布鲁赫看来,"依据国家权力并正确制定的实证法规则具有优先的地位,即使该规则可能是不公正的,并且违背大众福利;但当规则违背正义的程度达到难以容忍的程度以至于事实上成为非法的法律时,它必须向正义让步"。[③] 也就是说,维持法的安定性是第一顺位价值,而正义是第二顺位价值,此处的正义仅是指狭义的个案正义。法律安定性关系到当事人的期待利益,原则上法官不得恣意发挥能动性,鉴于司法可预测性与法的安定性对于司法公信力的重要性,这就要求同案同判。但是社会正义存在很大的局限性,不可避免发生法律统一适用的僵化,导致法律很难与时俱进。那么一旦遇到特殊情形,个案的实质正义要求就与不合时宜的甚至错误的判决先例发生冲突。缓和类案的普遍性适用所导

---

① 参见[美]罗纳德·德沃金:《认真对待权利》,信春鹰、吴玉章译,中国大百科全书出版社 1998 年版,第 228 页。

② Kent Greenawalt, *How Empty Is the Idea of Equality*?, Columbia Law Review, Vol. 83, 1983, p. 1183.

③ [德]拉德布鲁赫:《法律智慧警句集》,舒国滢译,中国法制出版社 2001 年版,第 161 页以下。

致的过度僵化和不公现象,妥当地对类案进行变更适用,有利于实现个别案件中的正义。

总之,任何一项法律制度首先关注的是公平,故应以一般化的正义为原则,在例外情况下才以个别化的正义为补充。衡平的观念就是考虑到个别案件的正义,缓和一般法律普遍适用导致的僵化情形,防止出现个别案件不公正的判断。

二、同案同判对个案正义的影响

同案同判对于维持形式意义上的法治与安定具有重要意义,但是存在很大的局限性。即便是在最好的条件或状态下,坚持"同案同判"也并非总是十全十美的,在一些特定场合中,遵循一个不明智或不妥当的先例判决有时会弊大于利。[①] 司法公正除了要实现同案同判的形式平等价值之外,还要保证个案实质正义,也即是说,要对各种正义价值目标进行权衡。

(一)类案的普遍性与个案的特殊性

让人民群众在每一个案件中感受到公平正义,体现了个案公正在司法裁判中的至高地位。但是普遍性正义与个案性正义之间必然出现矛盾,需要法官在同案同判过程中有效协调。通常情况下,每一个案件都能划归某一类案件,并且按照该类案件的裁判标准判决。这是司法可预测性与法的安定性的要求,对于维持司法公信力和促进社会正义具有重要意义。比如,对于"知假买假"行为这一类社会问题而言,将明知商品存在缺陷仍然大量购买商品并进行索赔的购买者认定为消费者,有利于监督商品质量,保障食品安全,维护市场秩序。但是在具体情况下,每一个案件都是独一无二的,类似案件的标准能否适用到待决案件中,有一个重新论证、选择和判断的过程。当遇到特殊情形时,每一个待决案件表现出来的都是个案正义,个案的实质正义要求摆脱前案的约束。如果证明购买者是职业打假人,由于其购买行为不是用于生活消费需要,违反了民事交易中的诚信价值,就不应支持其惩罚性赔

---

① See David Lyons, *Formal Justice and Judicial Precedent*, Vanderbilt Law Review, Vol. 38, 1985, p. 496.

偿诉求。如果以社会正义的名义,一味地追求形式公正,必将损害个案正义,司法理论也很难与时俱进。

法律的价值会随着社会的发展而变化,法官不能成为已决案件的门徒,完全类似的案件在新的时代背景下可能保护的价值已经发生了变化,不能继续维持过时的价值观念。尽管法官不能超越法律,但是法官不能落后于时代,而必须跟上社会发展。个案正义不能沦为法秩序安定性的奴隶,即使为了维护法律的统一适用,也不能消除任何个体的自由和正义。为了缓和类案的普遍性适用导致过度僵化的不公现象,妥当地对类案进行变更适用,有利于实现个别案件中的正义。

(二)同案同判智能化的限度

大数据、人工智能等信息技术的发展,大力助推司法裁判的智能化,提升类似案件的审判能力。但是同案同判智能化,应该恪守司法的内在限度。《类案检索意见》第 12 条规定,各级人民法院应当积极推进类案检索工作,加强技术研发和应用培训,提升类案推送的智能化、精准化水平。司法信息化改革进程,使得案例检索制度与人工智能深度融合,为类似案件的裁判提供了技术便利。在智慧法院建设过程中,法院通过运用编程和算法技术,将司法专业知识代码化和程式化,并建立类案智能推送系统,实现对类案的预测和控制作用。例如,苏州中院研发的"案件裁判智能研判系统"、北京市高院开发的"睿法官系统"。司法人工智能有助于克服人类裁判思维的片面与恣意,但也只是提高司法工作效率的便利工具。[①] 智能技术对司法的介入程度是有限的,如果企图以"智能理性"取代"人工理性",那么法官将沦为"司法民工",只是在司法产品生产线上按照程式办事的"机器人"。

司法人工智能只能发挥辅助性功能,在类案裁判中无法替代法官的角色。司法人工智能的应用可以用来解决同类简单案件,即使通过大数据计算和算法学习能够对待决案件的裁判发挥预测和预警功能,也主要是局限于简单案件的范围。[②] 对于疑难案件,一般的法律规定与

① 参见刘艳红:《人工智能法学研究中的反智化批判》,载《东方法学》2019 年第 5 期。

② 参见孙海波:《反思智能化裁判的可能及限度》,载《国家检察官学院学报》2020 年第 5 期。

个案事实并不完全对应，需要发挥法官的个性化能动作用。弗兰克把司法判决的过程划分为“神话”和“现实”两个公式，对于“神话”公式而言，“R(rule，法律规则) * F(fact，案件事实) = D(decision，判决)”；对于“现实”公式而言，“R(rule，法律规则) * SF(subjective fact，主观事实) = D(decision，判决)”。[①] 也就是说，在去神话化的司法现实过程中，裁判者的主观因素起到关键作用。司法案件并不是非黑即白的单向选择，往往面临的是多元规范、价值与事实的大杂烩，需要在模糊的现实中基于人的理性作出清晰的判断。而司法人工智能在处理事实认定与规范判断过程中会遇到个性化的难题，故而只能运行简单的从规范与事实结合得出结论的“神话”公式。况且人类才是司法人工智能的操盘手，并非机器说了算。即使在类案智能化裁判中，法官才是法律和事实争议的终极决断者，可以基于特定价值权衡的需要，逾越机器提供的类案标准。司法裁判活动的本质，仍然是法官在开放的社会场域中理性地运用价值判断。

三、同案同判和差异化判决相容

同案同判和差异化判决是相容的，因为同案同判不仅可以实现统一法律目的，还能够保证个案的实质正义。“类似案件”必须“同样裁判”是一种高度形式化的机械思维逻辑，虽然这种逻辑方式揭示了平等原则的要求，但是仅仅表达了形式意义上的侧面。平等原则还包含“不同情况不同对待”的要求，因为任何一群人都在某些方面相似而在其他方面相异，[②]除了确定相似之处，还需要找出相异之处，真正的差别才是平等原则的实质侧面。司法的任务就是发现个案中“有意义的”相似之处和相异之处，以便作出“同样对待”或“差别对待”。[③] 同案同判，并不是为了实现法律适用的一致性而消除差异性。

在多元宽容的宪法价值体系中，自由和平等等价值之间的矛盾是

---

① 参见[美]杰罗姆·弗兰克：《初审法院：美国司法中的神话与现实》，赵承寿译，中国政法大学出版社2007年版，第15页以下。

② 参见[英]哈特：《法律的概念》，张文显等译，中国大百科全书出版社1996年版，第157页。

③ 参见周少华：《刑事案件的差异化判决及其合理性》，载《中国法学》2019年第4期。

可以协调的，司法必须着眼于个人权利的保护，才能实现自由和平等。法律首先重视的是公平价值，故应以一般化的正义为原则，例外情况下以个别化的正义为补充。而司法实践时刻需要面对的是形形色色的个案，基于特定个案权利考量的差异化判决，更符合司法公正的实质面向。同案同判要避免出现绝对主义的思维局限，应该在合理的限度内为差异化判决预留一定的制度空间，保证司法公正在原则性坚守与灵活性变通之间维持平衡。

为了保证同案同判和差异化判决相容，需要透过类型化考量，设定逸脱同案同判的具体场景。“原则具有规则所没有的深度——份量和重要性的深度”，[①]同案同判作为一种司法原则，其适用方式并不像法律规则一样“全有或全无”，而是可以得到部分实现。由此遵循类案的裁判思维也仅仅是在“有限的分量”之内，在特定情形下具有逸脱的可能性。“在某种程度上，判决先例可以主张其享有正确性推定，但法官不可不假思索地信赖它，如其发现判决先例有可疑之处，即须自为判断。”[②]当出现个案权利需要特别保护的更强理由时，同案同判就要与个案正义进行权衡，作出更具“分量”的判断。既要避免机械僵化地维持“同案同判”的绝对一致性，又要合理控制基于司法认知和裁量偏差所引发的类案异判风险。在司法裁判过程中，为了寻求二者的调和机制，可以采取类型化的方法。类型化的裁判思维以取向于经验法则及符合典型的生活事实为准，通过分类考量不同情形的具体适用标准，建立合理的裁判规则体系。具体而言，基于实质正义的裁判立场，个案正义适用的类型化场域包括案件重要事实差异和法律规范变化。案件重要事实是关涉当事人基本权利的要素，包括权利的主体、行为和法益，当两个案件中的三个要素之中有任何一个要素不一致时，可能就需要基于特定权利保护的需求，作出差异化判决。法律规范是指个案拟适用的法律规范，法律为了调整新型社会关系可能作出变化。那么司法机关在类似案件的裁判过程中，就会在拘泥于旧案还是接受新规之间出现

① [美]罗纳德·德沃金：《认真对待权利》，信春鹰等译，中国大百科全书出版社 1998 年版，第 47 页。

② [德]卡尔·拉伦茨：《法学方法论》，陈爱娥译，商务印书馆 2018 年版，第 302 页。

紧张关系,这是司法进化需要面对的主要问题。为了防止司法裁判滞后于社会进步,这时法官需要做出灵活的应变,逸脱传统的类案范围,作出差异化判决,维护新的社会正义。

第六章　同案同判的宪法保障

为了实现法律适用统一，保障我国同案同判制度的良性运作，需要建构和完善相应的制度体系。中国特色的同案同判保障机制，搭建于案例指导制度实践中同案不同判的原因考量之上。通过对同案不同判的案例透视，造成法律适用不统一的原因来源于两个层面。在形式层面，表现为案例指导制度运行的实践壁垒，主要是法院回避参照类案适用与错误参照类案适用，导致同案不同判。回避参照类案适用包括两类情形：一类是消极回避，法院不遵守司法要求进行类案检索；另一类是积极回避，法院经过类案检索发现类案适用法律错误，从而回避参照类案。在实质层面，表现为制定法的问题和法律适用的问题。前者主要是由于法律规则本身的冲突、模糊与漏洞，导致针对类似案件的法律适用分歧；后者是由于裁判主体对同一个法律规则的理解和适用出现偏差，导致法律解释矛盾。面对上述问题和原因，现行制度并不能提供有效的应对方案。应该针对不同情形建立类型化的宪法保障机制，分别从同案同判监督管理的组织结构、法律适用分歧的协调机制和法律适用的合宪性控制等方面，形成体系化的统一法律适用保障机制。

第一节 同案同判的监督管理保障机制

为了保障同案同判，司法机关要承担主体责任，充分运用司法系统内部的审判管理机制和审判监督功能。在规范层面，我国《宪法》第132条和《人民法院组织法》第10条均规定了上下级法院之间的监督关系，《人民法院组织法》第33条和第41条等规定了法院内部监督的权力构造。所以在同案同判的监督管理保障机制上，既要发挥审判组织内部的管理约束机制，又要利用审级制度的监督机制和审判监督程序的外部制约功能，全方位构建同案同判的监督管理保障体系。

一、同案同判的审判管理机制

最高人民法院《关于完善统一法律适用标准工作机制的意见》明确指出，各级人民法院应当完善审判管理机制，构建全面覆盖、科学规范、监管有效的审判管理制度体系，充分发挥审判管理在统一法律适用标准上的作用。审判管理是法院的内部控制方式，有助于从源头上消除同案不同判现象。在同案同判过程中，对于法院消极回避适用类案和适用"假类案"的情形，需要通过审判管理机制进行监督，由此建立符合司法规律的监督机制。

（一）建立类案检索责任清单

消极回避适用类案涉及法官的类案检索责任问题，适用"假类案"涉及类案的认定标准和法律适用错误问题，需要通过建立相应的责任清单，达到统一法律适用目的。"让审理者裁判""由裁判者负责"是现代司法行为的基本规律，积极承担责任是有效规训司法行为的重要模式。权责一致原则不仅是现代法治的基本原则，而且是公权力有效运行的基本准则。[①] 在司法裁判过程中，贯彻权责一致原则是司法机关的责任和义务，尤其是在类案检索过程中，需要建立明确的责任清单。

---

① 参见刘启川：《权力清单推进机构编制法定化的制度建构——兼论与责任清单协同推进》，载《政治与法律》2019年第6期。

审判权是司法权的核心，同案同判既是法官审判权的体现，也是法官公正审判应尽的义务。现行案例指导制度赋予法官的权力要素过重，责任要素较轻，不利于维护公正司法。最高人民法院《关于统一法律适用加强类案检索的指导意见（试行）》（以下简称《试行意见》）明确规定了法官在类似案件的裁判过程中进行类案检索的职责，但是该意见并未规定法院回避类案检索和适用、参照“假类案”适用的具体情形和责任承担方式，这会影响同案同判的质量。法官责任是法官基于其角色职责所应当承担的一种法律责任，包含积极意义层面的法官正确履行审判职责和消极意义层面的法官承担违法行使审判权的不利后果。[①]《人民法院组织法》第 8 条的规定，人民法院实行司法责任制，建立健全权责统一的司法权力运行机制。在此基础上，2015 年 9 月 22 日最高人民法院颁布的《关于完善人民法院司法责任制的若干意见》系统地规定了法官审判责任及追究办法，明确了审判人员需要承担违法审判责任的具体情形和相应的责任承担方式。这些规范文件为建立类案检索责任清单，提供了规范基础依据。

从类案检索到类案裁判是一个体系性的司法过程，需要从程序和实体双重维度建立责任清单，来控制法官的恣意裁判行为。“一种司法责任制如果建立在行为、过程、程序的基础上，并作出符合其他司法规律、专业逻辑的具体制度安排，就值得给予特别的尊重。”[②]在程序上，通过“行为—程序”的归责模式，明确类案检索范围、类案适用方式和类案检索报告的提交责任，并将其纳入法律适用的前置程序中，保证类案检索与适用在程序上是可见和可控的。对于类案检索范围，《试行意见》第 2 条规定应当进行类案检索的范围包括：拟提交专业（主审）法官会议或者审判委员会讨论的；缺乏明确裁判规则或者尚未形成统一裁判规则的；院长、庭长根据审判监督管理权限要求进行类案检索的；其他需要进行类案检索的。也就是说，主要是新型、重大、疑难、复杂四类案件必须进行类案检索。对于类案适用方式，由于隐性适用类案（不指明

---

① 参见王迎龙：《司法责任语境下法官责任制的完善》，载《政法论坛》2016 年第 5 期。

② 周赟：《错案责任追究机制之反思——兼议我国司法责任制度的完善进路》，载《法商研究》2017 年第 3 期。

具体适用的类案名称,却参照类案的实质理由裁判)存在权力滥用情况,可能导致司法不公正,应该禁止该种适用方式。显性适用是公开适用类案的表现,既有利于限缩裁量权,又可以有效传达平等的价值观念,应该将其纳入责任清单。对于类案检索报告,《试行意见》第 8 条规定类案检索说明或者报告应当客观、全面、准确,包括检索主体、时间、平台、方法、结果,类案裁判要点以及待决案件争议焦点等内容,并对是否参照或者参考类案等结果运用情况予以分析说明。概言之,类案检索报告包括类案检索情况、类案之间的相似性比较情况和类案运用情况等三个方面的内容。尽管《试行意见》要求口头说明或书面报告都可以,但是为了加强对类案检索的有效监督,应该提交书面检索报告,保证类案裁判过程留痕,实现复审备查。在实体上,通过"结果—实体"的归责模式,明确类案不检索、报告不提交、适用不正确的责任承担方式。在结果上,类案不检索的或者不提交类案检索报告的,应该适用内部管理性惩戒措施。类案适用不正确导致法律适用错误的,应当参照《关于完善人民法院司法责任制的若干意见》关于违法审判责任的规定给予相应的纪律处分。总之,在类案检索行为与结果的双重责任保障机制下,有利于加强对同案不同判的监督管理。为此,应该细化和完善类案强制检索制度,增加类案检索的责任条款。

(二)明确院庭长、审委会的监督管理职能

人民法院统一法律适用标准的基础在于发挥法定审判组织和院庭长的职能作用,落实院庭长统一法律适用机制的监督管理职责,强调各审判组织统一法律适用的法定职责。为了实现同案同判,需要明确院庭长、审委会的监督管理职能及其协调机制。

首先,院庭长应当按照审判监督管理权限,在类似案件裁判的事前、事中、事后整个环节,全方位地参与同案同判的监管。《人民法院组织法》第 41 条规定,人民法院院长负责本院全面工作,监督本院审判工作,管理本院行政事务。最高人民法院《关于完善统一法律适用标准工作机制的意见》第 12 条规定,院庭长应当加强审判管理和业务指导,确保法律适用标准统一。院庭长主要是对个案的监督和管理,达到法院统一法律适用的目的。在事前阶段,院庭长主要是发挥法律适用不统一的风险提醒和预警监测作用,对于需要进行类案检索的案件及时向

院庭长报告。在事中阶段,院庭长可以通过实质性地参与审判,对事实与法律争议问题发表意见,将可能出现裁判标准不统一的案件提交专业法官会议、审判委员会进行讨论。在事后阶段,主要是发挥纠错功能,将个案法律适用不统一或错误的案件,提交上级法院监督,保证裁判公正。

其次,发挥审判委员会统一法律适用标准职责,明确类似案件的裁判标准,加强案件质量评查管理。《人民法院组织法》第37条规定,审判委员会主要是总结审判工作经验,讨论决定重大、疑难、复杂案件的法律适用等方面的职能。审判委员会是法院的中枢决策系统,其核心职能在于通过类案监督来统一法律适用标准。不仅要统一法院内部各个审判庭的裁判观点,避免同一个法院不同审判庭的裁判标准不一;而且要统一法院前后案件的法律适用标准,保证法秩序的安定。对于参照"假类案"导致同案不同判的情形,需要审判委员会明确类案的标准。没有明确的类案标准,将影响同案同判的司法效果,因为法官难以真正地比较并确定什么是同类案件或者类似案件。尽管最高人民法院《关于统一法律适用加强类案检索的指导意见(试行)》第1条规定,类案是指与待决案件在基本事实、争议焦点、法律适用问题等方面具有相似性,且已经人民法院裁判生效的案件。但是,这一标准也是非常宏观和概括的,对于需要处理个案的法官来说,仍然不够具体和明确。无论是类案检索机制还是案例指导制度,都需要在类案标准问题上出台细化规定,给法官以明确而直接的指示或者提示。结合前文,最高人民法院审判委员会应该明确类案形式上的效力层级标准和实质上的主体、行为、法益等权利要素相似标准。另外,权威性的指导性案例较少,也是参照了"假类案"的原因。截至目前,在案例指导制度正式运行的近10年时间内,最高人民法院总共发布了162个指导性案例。相比于全国每年超过两千万的案件数量来说,指导性案例的数量过少,无法满足司法实践中的强烈需求,所以需要增加指导性案例数量。应该根据《人民法院组织法》第18条的规定,细化指导性案例的发布规则,通过每个月定期发布指导性案例,建立常规性的指导性案例供给渠道。按照《关于完善人民法院司法责任制的若干意见》第12条的规定,建立符合司法规律的案件质量评估体系和评价机制。将同案同判情况纳入案件审判质量与法官绩效评价指标中,定期分析法官的法律适用情况,对于法律适用不统一的,应该加强对类似案件的审判质量监督,并对相应的审判人员作出消极评价。

最后,合理协调法官、庭长、院长、合议庭、审判委员会之间的关系,划清审判权与审判管理权之间的界限,对法官的职务监督管理行为,不得影响审判权。核心领域理论将司法裁判行为分为核心领域和非核心领域两个部分,前者包括固有之裁判行为本身——所有直接或间接为准备裁判及连续裁判的行为在此范围内的司法行为原则上排除职务监督,但是法官显然适用法律错误的行为除外。① 因回避类案检索或参照适用“假类案”导致法律适用错误的,理应属于适用法律错误的前置行为,虽然是审判权的核心领域,但是也应接受监督。案件审判质量评估与法官绩效评价,也不违背依法独立审判,此类管理机制原则上不得针对具体个案为之,更不得影响法官对个案审判的结论判断。另外,发挥审判联席会议的功能,加强法院内部系统的沟通,消除法官之间、审判庭之间关于类似案件的法律分歧,提高审判组织的整体效能。

(三)建立类案备案审查机制

在同案同判过程中,类案的作用贯穿始终,需要加强对类案本身的监督。作为生效裁判的类案,种类庞杂、数量繁多,不可避免会出现违反法律、法规等规范性文件的情况,而且类案之间也可能相互抵牾。在法院的等级体系结构中,不容许出现裁判标准不统一的情形,可以通过备案审查制度,消除类案的违法裁判和彼此矛盾,建立有机协调统一的类案秩序。由于指导性案例和其他类案的发布主体和效力地位差异,应该按照不同的程序构造来设计相应的备案审查机制。

对于指导性案例,在性质上属于最高人民法院关于具体适用法律问题的个案性解释,应该接受全国人大常委会的备案审查。案例指导制度一旦全面建立,如果缺少程序性限制,就会导致司法权力失控。②指导性案例的备案审查作为一种权力监督方式,实质上是立法机关对

---

① 参见姜世明:《法院组织法》,台北,新学林出版股份有限公司2016年版,第308页。

② 参见李仕春:《案例指导制度的另一条思路——司法能动主义在中国的有限适用》,载《法学》2009年第6期。

司法机关的监督权,控制最高人民法院司法解释权力的规范运行。在规范依据层面,我国《立法法》第119条第2款和《各级人民代表大会常务委员会监督法》(以下简称《各级人大常委会监督法》)第31条均规定,最高人民法院、最高人民检察院作出的属于审判、检察工作中具体应用法律的解释,应当自公布之日起30日内报全国人民代表大会常务委员会备案。最高人民法院作出的"具体应用法律的解释",包括抽象性的司法解释和具体性的指导性案例,所以将指导性案例纳入全国人大常委会的备案审查范围,有明确的法律依据。

在启动程序层面,指导性案例的备案审查可以分为要求审查和建议审查两种启动方式。对于要求审查,根据《各级人大常委会监督法》第32条第1款的规定,最高人民法院作出的具体应用法律的解释同法律规定相抵触的,国务院、中央军事委员会和省级人大常委会、最高人民检察院都可以向全国人大常委会提出审查要求。在四大要求审查主体中,由于最高人民检察院是承担办理具体案件的国家机关,在职权行使过程中经常适用指导性案例,负有维护统一检察标准的责任,并且检察院还是法律监督机关,具有监督指导性案例正确解释和适用法律的义务,所以最高人民检察院是启动指导性案例备案审查的重要"守门人"。国务院、中央军事委员会和省级人大常委会虽然不承担办理具体案件,但是在行使权力过程中可能遇到指导性案例与法律、法规、规章等不一致的情形,同时这些主体负有维护各自领域法治秩序统一的职责,有必要赋予其启动指导性案例备案审查的主体资格。要求审查是法律为四大机关设定的强制性监督义务,原则上必须履行。但是规范上的非强制性,导致实践中并无提请审查要求的动力。《各级人大常委会监督法》第32条第1款规定的提请审查要求权是"可以",而不是"应当""必须",这种授权规则意味着行为的可选择性和裁量性。未来可能的出路是赋予四大要求审查主体制定要求权行使细则,细化权力行使的条件、程序和责任。对于建议审查,根据《各级人大常委会监督法》第32条第2款的规定,四大要求审查主体以外的其他国家机关和社会团体、企业事业组织以及公民认为最高人民法院作出的具体应用法律的解释同法律规定相抵触的,可以向全国人大常委会提出审查建议。对于审查建议提请资格的设定是开放的,并不以当事人的基本权利受到侵害为条件,更不要求建议主体与被建议的审查对象具有利害关系。赋予广大社会团体、组织和人民的建议审查权,体现了人民主权理念,有利于促进社会和公民对司法权力的监督。法院、检察院和行政机关是在司法和执法实践中适用指导性案例的重要主体,最容易发现指导性案例的合法性和合理性问题,是启动指导性案例备案审查的活力源泉。具体的建议审查程序构造,可以采用逐层提请的方式,由具体发现指导性案例问题的主体,逐层向上级机关提请建议,审查建议层转至四大要求审查主体之后,由后者直接转送全国人大常委会审查。对于社会团体、组织和人民的审查建议,如果是由于有利害关系的具体个案引起,可向办案机关提起审查建议,由后者层报审查;如果不具有利害关系,则可以直接向全国人大常委会提出书面审查建议。

在审查标准层面,主要是合宪性审查、合法性审查和适当性审查。合宪性审查、合法性审查、适当性审查这组审查范畴,是构筑审查基准研究与运用的基本框架。[①] 合宪性审查包括宏观和微观两个方面的标准,在宏观方面,指导性案例要符合宪法的精神、原则和具体规定,以及党中央有关国家的路线、方针、政策和有关宪法问题的重大政治决定;在微观方面,指导性案例要符合宪法相关法、宪法的解释和宪法有关问题的咨询答复决定。尤其需要注意的是,社会主义核心价值观作为全国各族人民团结奋斗的共同思想基础,是宪法承认的价值共识,指导性案例要传播和弘扬社会主义核心价值观。最高人民法院《关于深入推进社会主义核心价值观融入裁判文书释法说理的指导意见》明确要求,司法裁判要发挥价值引领功能,推进运用社会主义核心价值观融入司法裁判释法说理。指导性案例要符合社会主义核心价值观,保证法律效果和社会效果的统一。合法性审查包括实体合法与程序合法两个维度,在实体合法维度,指导性案例对法律、法规等规范性文件的解释要符合立法目的和基本原则,避免在解释中产生歧义和法律冲突,而且指导性案例之间也不得相互矛盾。在程序合法维度,主要是审查指导性案例对法律的适用是否遵守正当程序,防止违反法定程序,导致程序不正义。适当性审查也称为合理性审查,一方面要审查指导性案例是否

---

① 参见郑磊:《备案审查程序三大板块初探》,载《中国法律评论》2020年第1期。

不合时宜,防止相对滞后的指导性案例与社会现实的冲突;另一方面要考量个案的差异性因素,防止不当地限制和剥夺公民、法人和其他组织合法权益,或者增加公民、法人和其他组织义务,导致个案不正义。

对于其他类案,基于上下级法院之间的监督关系,上级法院可以对下级法院的类案进行管理性监督,本质上是司法监督权。在启动程序上,按照法院的层级构造,依次向上级法院提交备案审查。普通司法类案的启动方式分为主动审查和被动审查,主动审查是上级法院定期对下级法院的类案进行审查,通过行使监督管理权,来检查下级法院的类案是否存在适用法律不统一的问题。被动审查主要是事后审查,在类案适用过程中,法院或当事人发现类案存在法律适用问题,可以提交上级法院备案审查。在审查标准上,除了合宪性审查、合法性审查和适当性审查,还包括合案例性审查,主要是审查下级法院的类案是否符合上级法院的类案标准,维护类案秩序的统一。尤其是地方各高级人民法院的类案,要及时提交最高人民法院备案审查,防止不同地区法律适用不统一、差异化裁判标准不合理。由于地方高级人民法院具有统一本区域法律适用的职责,可以出台地方性司法类案备案审查工作办法。通过建立类案备案审查长效工作机制,执行灵活的类案退出制度,定期清理适用法律错误的类案,协调类案之间的冲突,统一地方司法裁判标准。

二、同案同判的审级监督机制

从审判程序上保障同案同判,关键在于发挥审级制度的监督功能。在法院的科层式组织结构中,上下级法院分属等级秩序明确的不同权力层次。上下级法院之间是一种监督关系,下级法院致力于初审,上级法院致力于复审。上级审查是全面深入的,下级法院的事实、法律和逻辑等方方面面都要受到上级法院的复审和纠正。[①] 由于同案不同判可能是由于事实认定不一致或者是法律适用不一致,需要发挥审级制度的监督功能。审级制度的功能是多方面的:首先,监督下级法院的裁

---

① 参见[美]米尔伊安·R.达玛什卡:《司法和国家权力的多重面孔》,郑戈译,中国政法大学出版社2015年版,第64页。

判，防止出现审判错误和滥用权力，充分保障公民权利；其次，由于下级法院数量众多、法官质量参差不齐，导致法律见解不一，审级制度可以实现统一法律解释的目的；最后，法院具有确认社会价值，维护社会稳定的任务，上级法院对于统一价值观念和填补法律漏洞具有重要作用。司法系统内部的审级制度有两重含义：一是关于审判上诉救济途径的级别关系；二是关于法院组织构造中的上下级别关系。前者侧重于“审级”中的“审”，强调的是审判中的程序保障，指上下级法院在审判过程中的程序监督关系；后者侧重于“审级”中的“级”，关注的是组织法或行政监督意义上的层级关系，指上级法院有变更下级法院的裁判的权力，可以称为狭义的权力监督关系。在此基础上，根据同案不同判的原因，可以通过上诉审程序和偏离类案报告机制，实现上级法院的程序监督和权力监督双重目的。

(一)同案不同判的上诉审程序

针对法院“消极回避”类案适用，因未经类案检索程序导致同案不同判的，以及因错误参照类案导致同案不同判的，可以启动同案不同判的上诉审程序，获得当事人的权利救济。诉讼程序是通过司法审级制度将同案同判问题纳入司法权力监督范围的便捷途径，可以保障案例指导制度有效运行。

在理论上，基本上肯认案例指导制度的本质，就是上级法院基于审级监督权对下级法院的案件监督，达到统一法律适用目的。① 在实行判例制度的国家，主要是通过上诉审发挥审级制度的监督功能。在日本，虽然没有确立先例拘束原则，但是下级法院一般都会遵从上级法院的判例，否则，下级法院作出的判决就会在上级审时被撤销。② 日本《刑事诉讼法》第405条规定：对于高等裁判所的判决，做出与最高裁判所判例相反的判断的，在没有最高裁判所判例的情况下，有违反大审院或者作为上告法院的高等裁判所的判例，可以提出上告。在德国，诉讼程序

---

① 代表性的观点参见夏锦文、莫良元：《社会转型中案例指导制度的性质定位与价值维度》，载《法学》2009年第11期；杨知文：《指导性案例编纂中的司法统一与职能分层》，载《河北法学》2015年第7期。

② 参见[日]大木雅夫：《比较法》，范愉译，法律出版社1999年版，第126页。

中的上诉审制度也是判例制度有效运行的保障。[①] 总之，违反先例可以构成上诉审的理由，已经得到国际经验的认可。在我国有必要将同案同判制度与诉讼程序相结合，当类案检索与参照问题导致适用法律错误时，可以作为上诉审的理由。有学者认为法官偏离类案导致法律适用不一致时，当事人可以将类案作为提起上诉的证据使用。[②] 有学者主张类案的参照适用可以作为法律适用的情形，只有法院未能正确引用类案的都属于适用法律不当，上诉审法院可以改判或发回重审。[③] 案例指导制度既涉及事实认定问题，也涉及法律适用问题，是对整个裁判过程的指导，那么同案同判也是一个事实与法律问题交融的过程。在类案判断过程中，只要案件的相似性要素判断错误，就会构成类案认定错误（事实错误或法律适用错误）。究竟何种情形才构成上诉的原因呢？根据《民事诉讼法》第 168 条的规定，第二审人民法院应当对上诉请求的有关事实和适用法律进行审查。第 170 条进一步规定了，二审法院对原审判决出现事实错误或法律适用错误的处理情况。由此观之，在类案裁判过程中，出现事实认定错误或法律适用错误，才能提起上诉。所以法院参照类案裁判过程中出现类案认定错误，或者法院未检索类案导致法律适用错误，均可提起上诉，以保障当事人的权利。

（二）建立偏离类案报告机制

对于法院经过类案检索发现类案本身适用法律错误，从而回避参照类案的情形，虽然有利于保障司法实体正义，但是存在程序正义缺位，容易诱发恣意裁量，不利于司法监督。如果下级法院随意偏离上级法院的类案，实质上意味着下级法院变更上级法院的裁判，这违反了司法权力结构中的等级秩序。正确的司法权力监督模式是，尊重司法权力配置的等级秩序，只有上级法院才可以变更下级法院的不当裁判。《试行意见》第 9 条规定，法官检索到的指导性案例与新的法律、行政法规、司法解释相冲突或者为新的指导性案例所取代时，可不予参照。但

---

① 参见卢佩：《司法如何统一？——以德国联邦最高法院判例为实证分析对象》，载《当代法学》2014 年第 6 期。

② 参见张琪：《试论指导性案例的“指导性”》，载《法制与社会发展》2007 年第 6 期。

③ 参见孙光宁：《指导性案例如何参照》，知识产权出版社 2020 年版，第 126 页。

是该意见仍不足以解决类案本身适用法律不正确与不合时宜等问题，可以借鉴德国偏离判例报告制度，建立偏离类案报告制度，通过诉讼程序以外的权力监督机制解决。

在德国，为了统一法律适用，建立了完善的偏离判例报告制度。如德国《法院组织法》第 132 条规定了审判庭在审理案件时，如果要偏离其他审判庭的生效裁判，则应该将案件提交“联合审判庭”或“大审判庭”。[①] 偏离判例报告主要是一种程序性义务，其功能在于审级制度的监督来保证司法判决的一致性，其适用情形主要是判例不正确（适用法律错误）、判例不相关（出现了新情况）和判例解释分歧（存在不同的法律见解）。对于我国的偏离类案报告制度而言，可以从内容与程序两个角度进行建构。在内容上，偏离类案报告制度的核心在于报告的内容，主要包括待决案件和类似案件的法律问题、偏离类案的理由。法律问题是争议的前提，必须写明两个案件涉及相同的法律适用问题。理由是正确性的保证，偏离类案的理由主要是类似案件适用法律存在的问题以及待决案件正确的法律适用方案。只有说明充分的法律理由，才能保证偏离类案裁判的正当性。如果法官没有充分理由而背离指导规则，有可能面临来自本院审判管理与上级法院审判监督的双重约束。[②] 在程序上，由于我国类案等级秩序中的案例来源于多层级的法院，上至最高人民法院，下至基层司法机关，所以合适的偏离类案报告制度应该建立在类型化的基础上。针对偏离的类案的层级差异，分别建立相应的偏离类案报告制度。具体而言，法院在裁判当前案件时，如果类似案件存在法律适用问题，想要偏离下级或同级法院先前的类似判决，则负有将偏离报告的内容向本院审判委员会提交和报告的义务。如果类似案件是上级法院作出的，则需要将偏离报告的内容向上级法院提交。如果类似案件是其他省份的上级法院作出的，则需要将偏离报告的内容逐层提交至共同的上级法院。各级法院在违背指导性案例作出判决前，应当向上级法院提交偏离报告的内容，并层层上报至最高人民法

---

① 参见高尚：《德国判例使用方法研究》，法律出版社 2019 年版，第 62 页。

② 参见胡云腾、罗东川、王艳彬、刘少阳：《统一裁判尺度　实现司法公正——〈关于案例指导工作的规定〉的解读》，载《中国审判》2011 年第 1 期。

院,等待是否批准的答复。另外,为了加强对偏离类案裁判的监督,可以利用智慧司法技术,建立偏离类案预警机制。在大数据技术的支持下,通过建立类案数据库,为审判管理提供规则支撑和决策参考。

三、同案同判的审判监督机制

对于类案适用法律错误,仅仅依靠审级制度中的上下级监督程序,还不足以有效地实现全面的法律统一适用。在审级制度的约束下,上诉程序的监督功能局限于上下级法院之间,地方法院往往会遵从上级法院的判决,这有利于维持区域法律适用的统一。但是地方法院的管辖区域有限,司法裁量标准的地方性特色过重,影响全国法治统一。为了超越地方司法机关的权力局限,抑制地方保护主义,统一全国司法裁判标准,需要从整体视域为同案同判提供外部监督保障机制。根据最高人民法院《关于完善统一法律适用标准工作机制的意见》第 17 条的规定,要发挥审判监督程序依法纠错作用。当生效裁判存在法律适用标准不统一问题时,可以依据法定程序提请再审或者发挥检察机关的法律监督功能,防止审级监督同质化。

(一)最高人民法院的再审监督

最高人民法院的再审监督相较地方各级人民法院的再审监督,对于统一法律适用标准具有特殊性和重要性,所以有必要重点研究。最高人民法院位于司法权力的金字塔顶端,承担着维护司法统一的终局权威角色。最高人民法院主要是通过宏观指导和个案监督两种方式,来达到统一法律适用目的。宏观指导型监督是指就类似问题制定指导性司法文件或者发布指导性案例,个案审判型监督是指对下级法院的具体案件进行审查。作为抽象监督方式的司法解释,在一定程度上发挥着统一法律适用的法律强制功能。但是对于指导性案例而言,由于严格的遴选程序和行政化控制机制,指导性案例实际发挥的统一法律适用作用非常有限。最高人民法院统一发布的指导性案例,表面上形成了一元化的案例指导制度,实际上因为审级制度而出现阶梯性断层。[①] 最高人民法院并不能通过终审权力直接控制各下级人民法院统

---

① 参见宋晓:《判例生成与中国案例指导制度》,载《法学研究》2011 年第 4 期。

一参照指导性案例，而是在四级审判体制中发生了统一法律适用的功能性断裂。为了弥补这种缺陷，需要强化个案型监督机制，通过最高人民法院的再审监督，保证法律统一适用落实于个案审判中。

以民事诉讼领域为例，根据《民事诉讼法》第十六章"审判监督程序"的规定，最高人民法院有权对地方各级人民法院的生效判决按照法定程序进行再审。再审制度的目的在于保证判决的正确性，发挥审判监督功能。[①] 在同案同判过程中，启动再审程序，关系到生效裁判的稳定性和个案正义的保护。在启动主体上，可以依当事人的申请提请再审或者由法院依职权提起再审。在再审事由上，法律适用确有错误的案件，才可以启动再审程序。在司法组织构造中，越靠近上层的司法机构越倾向于对法律统一的维护和法律规则的创制，在审判过程中遵循有限审理的原则，一般只进行法律审理和有限的事实审理。[②] 最高人民法院肩负着纠正法律适用偏差的终极职责，只有当参照一定级别的类案适用出现法律适用错误时，才能进入最高人民法院的再审程序。在再审对象上，由于最高人民法院的法律控制功能和机构人员限制，应该限缩再审对象，主要是参照适用指导性案例或最高人民法院裁判生效的类案出现法律适用错误的案例。

（二）检察机关的专门法律监督

我国《宪法》第134条和《人民检察院组织法》第2条规定，人民检察院是国家的法律监督机关。检察机关作为专门的法律监督机关，具有维护法治统一的职能定位。在法律监督过程中，检察机关根据法律的授权，运用法律规定的手段，对法律的实施情况进行检查督促，以维护国家法治的统一和保障法律的正确实施。[③] 在同案同判过程中，涉及类似案件适用法律错误的问题，发挥检察机关的外部监督功能，通过检察监督与类案检索有机协调，可以协同推进法律适用统一。

对于类案适用法律错误的问题，检察机关主要是通过提出抗诉和

---

① 参见何兵、潘剑锋：《司法之根本：最后的审判抑或最好的审判？——对我国再审制度的再审视》，载《比较法研究》2000年第4期。

② 参见杨知文：《中国审判制度的内部组织构造》，法律出版社2014年版，第181页。

③ 参见朱孝清、张智辉：《检察学》，中国检察出版社2010年版，第184页。

检察建议进行法律监督。按照《人民检察院组织法》第 17 条和第 18 条的规定,人民检察院对于人民法院适用法律错误的生效判决,可以提出抗诉。抗诉主要是针对具体个案中适用法律问题的监督,保证个案裁判的正确性。在类案裁判过程中,抗诉的适用事由主要是类案适用错误导致的法律适用错误,包括实体性的类案标准判断错误与类案本身适用法律错误,以及程序性的类案检索与参照方式错误。按照《人民检察院组织法》第 21 条的规定,检察院可以通过提出检察建议的方式,来履行法律监督权。《民事诉讼法》第 208 条和第 209 条规定,针对人民法院在审判过程中的程序违法和裁判错误,检察院可以依职权或依申请提出检察建议。最高人民检察院《人民检察院检察建议工作规定》细化了检察机关通过检察建议参与法律治理的具体功能,旨在保证法律正确实施,促进法律统一适用。检察建议主要是针对系统性法律风险问题,从源头上消除法律适用不统一的隐患,所以适用于类案监督。当法院出现大量的案件适用法律不统一时,检察院可以提出加强重点法律分歧问题的研究标准制定的建议。当法院裁判过程中,出现类案本身适用法律错误或者不合时宜,可以向上级检察院申请提出检察建议,检察院则直接向作出类案的原审法院提出检察建议,防止有问题的类案再次影响法律适用统一。当法院在法律适用过程中或者是检察院在监督过程中,发现指导性案例的合法性、合宪性问题时,则可以层报至最高人民检察院,由后者向最高人民法院提出检察建议。

第二节　类案法律适用分歧的协调机制

同案不同判的根本原因在于法律适用分歧,为此需要建立类案法律适用分歧的协调机制。法律适用分歧是指不同法律规范的构成要素适用于同一个或同一类案件时,或者是同一法律规范由于法院适用过程中的不同理解,出现了彼此不相容的裁判结论。针对立法者而言,由于立法理性的有限性和社会生活的复杂性,经常发生同位法之间的矛盾与异位法之间的抵触等影响法秩序统一的难题,这是制定法本身的不足,导致个案法律适用分歧,影响类案法律适用统一问题。针对司法者而言,由于裁判的主观性和事实的多样性,对于类似的法律问题,出现解释和适用法律不一致的现象也是常态。而法院在个案法律适用过程中,运用相关宪法原理来协调法律适用分歧,是依法裁判的应有之义。通过建立类案法律适用分歧的协调机制,能够有效保证同案同判,维护法秩序的统一与规范适用的统一。

一、类案法律适用分歧的冲突协调机制

面对类案适用的法律彼此之间相互抵触、冲突或矛盾,需要通过法律冲突协调机制加以解决,从而选择合宪合法的法律进行适用。在个案裁判中对规范冲突的处理,是法院依据宪法和法律司法的职责。在司法实践中,由于同一事实涉及多个法律规范,法律条文的适用竞合与立法冲突客观存在,使法官在个案裁判中经常面临多重的法律条文选择,导致案件事实基本相同却适用不同裁判规则而产生不同的裁判结果。[①] 法律条文选择适用的确定性,是法律适用统一的基础。通过法律冲突协调机制化解规范冲突、协调利益矛盾,保证法律适用的统一性、协调性和稳定性。法官是“行动中的法律”,也是“以案释法”的主力军。法官通过对法律的解释和适用来处理个案的权利、义务和责任问题,有利于保证个案正义。域外国家的经验表明,法院一般是先处理法律适用冲突问题,再依据确定的法律规则裁判个案权利义务纠纷。在美国等普通法院审查制国家,对规范冲突的处理一并由普通法院进行,只是在审查程序上分两步走,即先进行个案法律的合宪性审查,后依据合宪的法律处理个案当事人的权利、义务和责任;在德国等宪法法院审查制国家,先由普通法院处理个案规范的冲突问题,如果普通法院的法官或者个案当事人对个案法律的合宪性质疑时,可以提请宪法法院审查。在我国,对于相互冲突的法律规范,法院可以依据《立法法》的规定,按照权限范围进行审查适用。从处理方式上看,对规范冲突的处理主要包括上位法优于下位法原则、特别法优于一般法原则与新法优于旧法原则。

---

① 参见房文翠:《司法责任制语境下的法律统一适用标准》,载《社会科学辑刊》2017 年第 2 期。

(一)上位法优于下位法原则

上位法优于下位法原则是指两个或多个法律规范针对同一事项的规定不一致的,法律位阶高的优先适用。法律位阶是指在一国法律体系之内法律规范之间存在的效力等级差异,并因此决定适用顺序有别的法律现象和相应的处理制度。异位阶的法律冲突审查标准主要是判断是否存在“相抵触”情形,所谓“冲突”或者“抵触”,是指下位法违反上位法的总意图、总目标、基本原则和具体规定,或者下位法的制定缺乏上位法的依据,即无权立法或越权立法等。① 我国《立法法》第 98 ~ 102 条明确列举了宪法、法律、行政法规、地方性法规、自治条例和单行条例、规章的效力位阶关系,但是并不是效力优先的法律规范一定优先适用。所有的下位法都是对宪法和上位法的具体化,而且法律和行政法规一经颁布之后,都会授权部门立法机关或地方立法机关制定实施性规定和变通性规定。因此,在依法处理具体的人和事时,下位法优先适用是必然的。

上位法优先适用的前提条件,是下位法抵触上位法。如果下位法与上位法不抵触,而且比上位法规定得更明确、更具体、更有针对性,则应该优先适用下位法。另外,某一下位法一旦被确定违反上位法之后,上位法获得优先适用,只是意味着下位法在本案中不予适用,但是法院无权裁定下位法无效。例如,指导性案例 5 号“鲁潍公司诉苏州市盐务局盐业行政处罚案”,最高人民法院在裁判要点指出,“地方政府规章违反法律规定设定许可、处罚的,人民法院在行政审判中不予适用”。通常情况下,如果法官在适用法律过程中,发现拟适用的下位法与上位法有冲突时,一方面应该选择适用上位法,另一方面可以建议下位法原制定机关作出修订或者废止。司法实践中通行的做法是,按照内部层报程序上报至最高人民法院,由后者处理。

(二)特别法优于一般法原则

特别法优于一般法原则是指同一机关针对同一事项制定的法律规范,特别规定与一般规定不一致的,适用特别规定。特别法优于一般法

---

① 参见全国人大常委会法制工作委员会国家法室编著:《中华人民共和国立法法释义》,法律出版社 2015 年版,第 303 页。

原则处理的是同位阶规范之间的冲突,主要表现为不同法律规范之间的一般与特别关系,同一法律规范中的总则与分则、原则与规则、一般规定与具体规定之间的关系,同一法律条文中的一般规范与特别规范之间的关系。特别法与一般法的区分标准,可以分为形式标准与实质标准。从形式上看,不同的法律规范调整社会关系的范围和角度不一样,特别规定是调整某种特殊社会关系的法律规范,一般规定是为调整某类社会关系而制定的社会规范。[①] 特别法是对一般法的具体化和特定化,或者说是对一般法的限缩和修正,二者之间在构成要件上有重合、交叉关系。在逻辑结构上,法律冲突的特别关系取决于构成要件和法律后果的双重因素。[②] 亦即特别法与一般法的关系在于,规则要件的重合性与法律后果的差异性。例如刑法中的一般抢劫条款与“入户抢劫”条款,二者在犯罪主体和主观方面完全重合,只是在客观方面和处罚结果上有区别,因此,“入户抢劫”构成了一般抢劫的特别法,应当优先适用。逻辑关系的考量有助于我们认识特别法的外部特征,但不能取代实质判断。

从实质上看,保护法益是特别法与一般法区分的核心。任何法律的目的都是保护特定的法益,特别法与一般法之间出现竞合关系的原因在于法益的重叠性。形成一般法与特别法关系的纽带,在于保护法益的相同性。但是特别法相较一般法而言,其“特别”之处在于,特别法所保护的法益具有超越性或者附随性。也就是说,特别法与一般法保护的法益具有异质性。上述一般抢劫条款与“入户抢劫”条款构成一般法与特别法的关系,根本原因在于二者都保护财产权和人身权两种法益,但是“入户抢劫”条款的特别之处在于其保护的法益还包括婚姻家庭、妇女老人儿童、住宅安宁等特殊利益。再比如《产品质量法》与《食品安全法》之所以构成一般法与特别法的关系,一方面是因为二者保护的法益都包括了消费者人身安全和产品质量;另一方面是因为《食品安全法》调整的对象——食品,属于特殊的产品类型,相对于《产品质量法》调整的普通产品而言,对人的身体健康乃至生命的伤害会更大。特

① 参见乔晓阳主编:《立法法讲话》,中国法制出版社 2000 年版,第 293 页。

② 参见杨登峰:《法律冲突与适用规则》,法律出版社 2017 年版,第 260 页以下。

别法优先原则的适用,旨在应对社会生活的复杂性和多样性,解决法律适用的普遍性与特殊性之间的矛盾。特别法与一般法形成的逻辑机理在于“差别对待”的必要性,而这种必要性建立在目的正当性的基础上。[①] 一般法是为了建立可以普遍适用的社会规则,保护的是同类基础利益。但是为了防止过度同质化对特殊利益考虑不周,在出现正当性的特殊利益需要保护时,基于同类事物的不同利益诉求,就可以为特别法开放通道。特别法优先适用,说到底是一个平等保护的问题,即相同的情况相同对待,不同的情况不同对待。

(三)新法优于旧法原则

新法优于旧法原则是指同一机关针对同一事项先后制定的同一位阶的法律相互冲突时,新法优于旧法适用。新法优先适用原则的价值诉求在于,维护法律的适时变化性,促进立法者适时矫正过去的立法错误,以及应时填补法律漏洞。“法律必须是稳定的,但又不能静止不变。”[②]所以法律为了适应社会生活的变化需要作出适当调整,而法律的变动可能引发新旧法律的冲突。法律变动时间的确定应该以法律实质上发生变更的时间为准,在法律形式和内容变更相分离时,应以内容变更为准。[③] 新法优先适用主要考虑的是生效时间问题,实质性内容发生变更的时间是认定新法的主要标准。

新法优先适用原则也要受到限制,最密切的限制是法不溯及既往原则。“立法者不能违背自己以前的行为”,如果一味强调新法优先适用,势必导致公民和社会组织的信赖利益受损。法不溯及既往原则的价值诉求,在于法律安定性、信赖利益保护和平等权保护等。当一部法律或者其中条文溯及适用的后果减少甚至剥夺了人民的既得利益或者信赖利益,或者增加了人民的负担、义务和责任,属于法不溯及既往原则所禁止的范围。如果将新的法律适用于其生效之前的行为和权利,那就构成了溯及既往的法律。尤其是当新法优先适用原则涉及“不利

---

① 参见王炎:《社会主义核心价值观的元价值及其释宪功能》,东南大学出版社 2021 年版,第 174 页。

② [美]罗斯科·庞德:《法律史解释》,邓正来译,中国法制出版社 2002 年版,第 2 页。

③ 参见杨登峰:《法律冲突与适用规则》,法律出版社 2017 年版,第 212 页。

溯及”的问题，导致侵害利害关系人基于旧法秩序而享有的既得利益。另外，基于从新兼从轻原则，对不纯粹溯及的法律，原则上适用新法，也就是新法对过去已经发生而且一直延续到其生效之时或者之后的行为事实具有适用效力。但是如果适用旧法处罚较轻的，则可以适用旧法。例如在“中石化华南分公司行政处罚案”中，[①]关于法律适用问题，法院认为由于行政相对人的行为发生在新法施行以前，具体行政行为作出在新法施行以后的法律适用问题，应该适用从旧兼从轻原则。

二、类案法律适用分歧的移送裁决机制

对于法律规范相互冲突，只有化解法律规范本身的分歧，明确法律适用规则，才能保证类案得到相同适用。不同的法律对同一调整对象作了不同的规范性要求，这是法律冲突的最明显特征。[②] 个案法律适用过程中不同法律规范之间的抵触、矛盾或冲突，有的可以依据法律适用规则进行协调，有的必须诉诸法律裁决机制。[③] 对于能够确定如何适用的法律分歧，法院应当在职权范围内作出判断；对于超出裁判范围的法律分歧，当不能确定相互冲突的法律规范如何适用时，法院应该按照《立法法》等法律规范的程序，移送有权机关裁决。通过移送裁决机制解决法律适用分歧之后，法院得以依据明确的法律规则来裁判案件，以维护法律适用的统一。类案法律适用分歧的移送裁决机制是一种外部监督法律适用的程序，可以称之为事后的立法审查。立法者通过事后裁决方式解决个案法律适用纠纷，实际上是为自身制定的不确定性法律规范背书，损害了法的安定性和普遍性，在一般情况下不轻易启动。如果法院无法按照法律冲突协调规则解决分歧，就需要启动适用分歧的移送裁决机制，包括启动条件和适用程序两个方面的内容。

（一）移送裁决机制的启动条件

在启动条件上，主要是存在法律规范冲突和不能确定如何适用冲突协调规则。存在法律规范冲突是前提性条件，该种情形下的法律规

---

① 参见广东省深圳市中级人民法院（2015）深中法行终字第873号行政判决书。

② 参见董皞：《论法律冲突》，商务印书馆2013年版，第41页。

③ 参见胡建森主编：《法律适用学》，浙江大学出版社2010年版，第555页。

范冲突包括同位阶规范之间的冲突和异位阶规范之间的冲突,前者包括法律之间、行政法规之间、地方性法规之间、规章之间新的一般规定与旧的特别规定不一致,后者包括根据授权制定的法规和法律之间、地方性法规与部门规章之间不一致。

不能确定如何适用冲突协调规则是保障性条件,如果法院能够确定如何适用法律规范,则无需启动移送裁决程序,启动移送裁决程序的目的是保障法院正确适用法律。何为"不能确定如何适用"？根据最高人民法院《关于审理行政案件适用法律规范问题的座谈会纪要》(以下简称《纪要》),[①]"新的一般规定"没有明确"旧的特别规定"是否继续适用时,即为"不能确定如何适用"。但这只是"不能确定如何适用"的形式审查标准,实质上取决于冲突规范的效力问题。法院无法适用何种冲突规范,原因在于相关冲突规范的效力等级在现行宪制体系中不明确,而基于法院对立法权的遵让原则,只有提请有权机关裁决,才符合宪法的权力配置原理。

(二)移送裁决机制的适用程序

在适用程序上,类案法律适用分歧的移送裁决程序是由移送主体与裁决主体的互动行为构成。对于移送程序而言,《立法法》并没有规定对法律规范不能确定如何适用的移送程序,《纪要》规定此种情况下法院应当中止案件的审理,逐级上报高级人民法院或最高人民法院移送有权主体裁决。由于规范冲突的类型差异,需要建立类型化的移送审查内容构造。具体而言:(1)法律之间、根据授权制定的法规与法律之间,逐级上报最高人民法院送请全国人大常委会裁决。(2)行政法规之间、部门规章之间、部门规章与地方政府规章之间,逐级上报最高人民法院送请国务院裁决;但如果部门规章之间是同一机关制定的,则逐级上报最高人民法院转交国务院部委裁决。(3)地方性法规之间、地方政府规章之间,逐级上报高级人民法院送请制定机关裁决。(4)地方性法规与部门规章之间,逐级上报最高人民法院送请国务院提出意见,国

① 法〔2004〕96号:新的一般规定允许旧的特别规定继续适用的,适用旧的特别规定;新的一般规定废止旧的特别规定的,适用新的一般规定。不能确定新的一般规定是否允许旧的规定继续适用的……送请全国人民代表大会常务委员会裁决……

务院认为应当适用地方性法规的,适用地方性法规的规定;认为应当适用部门规章的,应当提请全国人大常委会裁决。另外,在法院内部,也应该建立个案法律适用分歧移送程序,可以"主审法官提出申请—合议庭评议—审判委员会讨论决定"为移送模型。对于裁决程序而言,可以分为内部裁决与外部裁决。内部裁决是指同一机关制定的法律规范之间的分歧,由制定机关自身审查纠错;外部裁决是指不同机关制定的法律规范之间的冲突,由共同的上级机关进行监督式审查纠错。裁决主体对收到的法律规范审查之后,如果符合《立法法》第 107 条的情形,则按照该法第 108 条的规定,改变或者撤销法律、行政法规、地方性法规、自治条例和单行条例、规章。如果不存在法律规范冲突的,则可以驳回移送申请。按照程序正义的要求,裁决主体应该在法定时间内作出裁决,并将裁决结论反馈给移送审查主体,然后法院依据裁决结论处理个案,实现法律适用的统一。

例如,在突发公共卫生事件中对疫情信息公开的审查案件中,从突发公共卫生事件信息公开的权力配置上看,《传染病防治法》规定的权力主体是国务院卫生行政部门、省级人民政府卫生行政部门和省级人民政府,而《突发事件应对法》规定的权力主体是县级以上地方各级人民政府,所以信息公开权的主体不一致。从突发公共卫生事件信息公开的内容范围上看,《传染病防治法》仅规定了预警信息和疫情信息,《突发事件应对法》则详细规定了突发事件预测信息和分析评估结果、危害警告信息、防患建议信息、事态发展和应急处置信息,所以信息公开权的内容和程度不一致。故《传染病防治法》与《突发事件应对法》对同一调整事项的规定存在冲突。而《突发事件应对法》是调整自然灾害、事故灾难、公共卫生事件和社会安全事件等所有突发事件的法律,《传染病防治法》是专门调整由传染病的发生与流行导致的公共卫生事件的法律,二者构成一般法与特别法的关系。《传染病防治法》于 1989 年制定,后经 2004 年修订完善了传染病预警信息与疫情信息公布制度,尽管 2013 年再度修改,但并未修改信息公布相关内容,所以《传染病防治法》中关于信息公开事项的实质变动时间是 2004 年。而《突发事件应对法》于 2007 年制定生效,相对于《传染病防治法》的规定而言,是新法。所以二者之间的冲突也是新法与旧法的冲突。综上,关于突发公共卫生事件中的信息公开事项,《突发事件应对法》与《传染病防治法》构成新的一般规定与旧的特别规定之间的冲突。[①] 故法院无法按照《立法法》第 103 条规定的“特别规定优于一般规定”与“新的规定优于旧的规定”来确定适用,只能依据《立法法》第 105 条的裁决机制予以解决,由法院层报至最高人民法院送请全国人大常委会裁决。

综上,类案法律适用分歧的移送裁决机制的完整运行框架是:主审法官提出申请—合议庭评议—审判委员会讨论决定—中止案件审理—层级报送高级人民法院或最高人民法院—移送相应主体裁决—裁决主体反馈裁决结果。

三、类案法律适用分歧的合宪性解释机制

法律适用分歧协调侧重对多层级立法模式下的部门法律冲突之选择适用,但是“没有一个法律规范是独立存在的,它们必须作为整个法律秩序的部分要素来理解”。[②] 在规范层面,宪法规范具有最高效力,为部门法的立法和适用提供框架秩序。法院类案裁批判并不仅仅是案件事实的比较,也不是仅仅规范的分析,更主要的是存在价值冲突。在这种情况下,应该跳出法律冲突的部门法思维,站在整体法秩序视野中实现法律适用的合宪性优选。“规则可以像金字塔那样按低级到高级排列,当规则发生冲突时,高级规则控制低级规则。”[③]宪法是凝聚价值共识的规范载体,确认共识性的正义观念,所以宪法秩序是法律冲突协调的最高准则,可以发挥“法律的法律”之功能。实证法的竞合与冲突很大程度上与解释问题交织在一起,应该从立法目的和保护法益等方面综合考量,选择符合宪法的解释方案进行适用。[④] 这时就需要将类案法律适用分歧问题纳入合宪性解释视野,以宪法作为评判法律适用尺度的依据,实现“同案同判”的目的。类案法律适用分歧的合宪性解释机

① 参见周维栋:《论突发公共卫生事件中信息公开的法律规则——兼论〈传染病防治法〉第 38 条的修改建议》,载《行政法学研究》2021 年第 4 期。

② ［德］魏德士:《法理学》,丁晓春、吴越译,法律出版社 2005 年版,第 320 页。

③ ［美］弗里德曼:《法律制度:从社会科学角度观察》,李琼英、林欣译,中国政法大学出版社 1994 年版,第 46 页。

④ 参见［德］齐佩利乌斯:《法学方法论》,金振豹译,法律出版社 2018 年版,第 57 页。

制重点在于对类案所适用的个案规范不同理解和解释及互相冲突之个案规范的选择适用上，确保在个案规范在多重含义解释中锁定符合宪法的解释结果或选择适用更为合宪的个案规范，打通宪法向法律融贯的通道，保证法律适用的体系融贯。

（一）法律适用合宪性解释的规范基础

人民法院在个案审判中无时无刻不在解释法律，也或明或暗地在解释宪法，而且“依宪说理”与“依宪裁判”的案例达数万件。宪法的原则和精神天然地嵌套在司法判决中，司法政策中构设的“依宪说理”是对实践中法院个案释宪经验的规范型塑和效力承认。我国法院在个案法律适用中的合宪性解释，在法秩序体系中具有完备的规范根基。在规范上，宪法是“法律的法律”，是法院个案法律适用确当与否的基本准则。按照凯尔森的规范等级体系理论，宪法作为一国法制体系中的基础规范，决定着其他制定法等一般规范的创制，在一般规范基础上又创造出个别规范，由此不同等级的诸规范形成一个动态的规范等级体系。[①] 法院援引宪法说理的规范主义基础就是寻求法院在形成个别规范过程中的上位规范依据，而现行的宪制规范体系正好提供了有力的规则支撑。

一方面，宪法在一国法秩序中居于统率地位，宪法规范为法院援引宪法说理提供根本保障。目前学界主要围绕《宪法》第 67 条与第 131 条的规范内涵，为法院有无宪法解释权展开争论。第 67 条的争议焦点在于全国人大常委会的宪法解释权是否是一种排他性的权力，支持者认为我国实行的是“立法机关解释制”，宪法解释权属于全国人大常委会专享，法院无权解释宪法。[②] 反对者认为该条并没有赋予全国人大常委会垄断宪法解释的权力，只是其解释效力最高或者是“最终的”宪法解释权。[③] 本书赞同后者，从文义解释的角度，该条仅规定了全国人大常委会的宪法解释权，虽然“法无授权即禁止”是公权力运行的原则，但

---

① 参见［奥］凯尔森：《纯粹法理论》，张书友译，中国法制出版社 2008 年版，第 88 页以下。

② 参见谢宇：《宪法司法化理论与制度生命力的重塑——齐玉苓案批复废止 10 周年的反思》，载《政治与法律》2018 年第 7 期。

③ 参见黄卉：《合宪性解释及其理论检讨》，载《中国法学》2014 年第 1 期。

是该条不足以否定其他条文授予法院宪法解释权的空间。第131条的争议焦点在于“法律”概念的范围是否包括宪法，狭义法律说认为该条中的“法律”仅指全国人大及其常委会制定的法律，[①]广义法律说从法律渊源和立法体系的角度指出该条中的“法律”包括宪法。[②] 其实，从实体内容上看，该处的“法律”可理解为“符合宪法的法律”，这不仅符合合宪性解释的理论诉求，而且有助于保障法院通过履行审判权促进宪法的实施。从体系解释上看，《宪法》序言第13自然段和第5条均可为法院援引宪法说理提供依据。序言第13自然段规定了“一切国家机关……都必须以宪法为根本的活动准则，并且负有维护宪法尊严、保证宪法实施的职责”。法院显然在“一切国家机关”之列，当然以宪法为根本活动准则，固然负有保证宪法实施的职责。那么第131条之依法独立行使审判权，也应以宪法为准则，这是法院保证宪法实施的职责体现，该过程必然涉及法律适用的合宪性判断与宪法解释。第5条规定了“一切国家机关……都必须遵守宪法和法律。一切违反宪法和法律的行为，必须予以追究”。法院遵守宪法的义务就表现在其适用与解释宪法的权力之中。进一步联系第67条，对序言第13自然段和第5条的解释，反证出全国人大常委会的非专有性宪法解释权。而更合适的权力配置方案是，宪法确立了全国人大常委会的抽象解释与法院的具体解释的双轨衔接机制。从目的解释上看，序言第13自然段与第5条分别确立了法院保证宪法实施与遵守宪法适用的角色，这意味着法院承担着积极性“实施”宪法与消极性“遵守”宪法的任务，在双重任务导控下的法院宪法解释权，有利于保证全面实施宪法的目标。

另一方面，部门法是宪法的具体化，部门法规范为法院援引宪法说理提供间接依据。我国法律中普遍规定了“根据宪法，制定本法”，宪法作为国内法秩序中的最高规范，是其他法律规范的制定依据。翟小波指出，宪法的大多条文必须先由民意机关转化为明确具体的规则，才能成为相关主体的宪治行为根据。那么，立法机关将抽象的宪法规范转

---

① 参见刘松山：《人民法院的审判依据为什么不能是宪法——兼论我国宪法适用的特点和前景》，载《法学》2009年第2期。

② 参见韩大元：《以〈宪法〉第126条为基础寻求宪法适用的共识》，载《法学》2009年第3期。

化为具体的部门法规范之后，司法机关通过适用部门法规范间接适用宪法。通常而言，立法者将宪法具体化的过程也是对宪法的解释过程，司法者适用法律的过程就是对法律的解释过程。然而，由于立法者的问题，制定法难免出现漏洞或冲突等情况，造成宪法价值的缺漏。而司法者必须履行裁判义务，这时就需要依据宪法的原则和精神来选择或续造个案适用的规范，发挥宪法作为"法律的法律"之功能。"规则可以像金字塔那样按低级到高级排列，当规则发生冲突时，高级规则控制低级规则。"[①]部门法之间的冲突，需要发挥宪法解释的控制机能，对效力等级越低的下位规范进行合宪确认。这种间接适用宪法的方式实际上是部门法的合宪性解释，亦即通过解释宪法和法律，实现宪法与法律秩序的统一。另外，《法官法》第 3 条规定"法官必须忠实执行宪法和法律……"既然执行宪法是法官的义务，解释与适用宪法当然是法院执行宪法的方式。

最后，最高人民法院制定的《人民法院民事裁判文书制作规范》在"裁判依据"部分规定"裁判文书不得引用宪法……作为裁判依据，但其体现的原则和精神可以在说理部分予以阐述"。也就是说，法院可以"依宪说理"，"依宪说理"虽然仅仅在说理部分进行，其目的是确定个案适用的法律，但对法律的选择与确定却需要援用宪法，并以对宪法的理解与解释为前提。最高人民法院《关于深入推进社会主义核心价值观融入裁判文书释法说理的指导意见》规定，社会主义核心价值观是理解立法目的和法律原则的重要指引，也就是要发挥社会主义核心价值观对裁判规则的引领功能。而社会主义核心价值观入宪之后，就从政策规范转变为宪法规范，所以该指导意见实际上揭示了宪法规范在个案裁判释法说理中的调控作用。

（二）类案法律适用模糊的释明机制

法律模糊的释明机制主要是当个案适用的法律规范的内涵不确定时，需要依据宪法上的基本权利保护的原则和精神，解释出明确的法律规则。宪法规范尤其是基本权利规范是社会价值的法律化，代表社会

---

① [美]弗里德曼：《法律制度：从社会科学角度观察》，李琼英、林欣译，中国政法大学出版社 1994 年版，第 46 页。

关系中的核心价值与秩序基础,相较部门法而言,宪法规范处于原则地位。基本权利在性质上属于原则,作为一种最佳化命令,要求在事实与法律上可能的范围内最大限度被实现。[①] 由于法律条款的抽象程度较高,存在多种解释的可能性,并且很难发生违宪疑义,所以通常只当成解析规则来引进宪法观点,将宪法规范注入下位规范。[②] 通过"依宪说理"的释宪过程,将宪法的规范内涵和价值注入部门法律之中,是宪法规范作为"法律原则"适用于依据法律规范解决个案权利义务冲突的过程,使法律规范内涵的确定受到宪法控制。以宪法为标准,对法律适用分歧中的若干法律解释方案做出选择,实现法律解释目标的合宪性。

以民法为例,宪法为民法介入私人自治设定了框架或界限,当民法内部无法自足地提供权利制度供给时,可以通过宪法解释获得明确的权利保障资源。德国"吕特案"[③]就是通过宪法上的"言论自由条款"解释民法中的"善良风俗",释明抽象的民法规范的内涵,才得以形成具体的个案适用规范。同理,我国民法中的"公共利益"作为一个抽象的不确定法律概念,需要借助宪法中的"基本权利"进行填充,才能解释出明确的可适用性规则。在"北京讯奥科技有限公司与成都世纪安盛信息技术服务有限公司技术服务合同纠纷案"中,双方当事人订立的有偿网络删帖服务合同是否违反当时《合同法》第52条之损害社会公共利益而无效是该案核心争议焦点。法院认为"言论自由是宪法赋予公民的一项基本权利,而互联网言论自由是传统言论自由在互联网时代的体现,该项服务内容侵犯了公民的言论自由,不利于公民的表达权和监督权的实现,损害了社会公共利益,应属无效条款。"[④]法院实际上将宪法"言论自由条款"解释出互联网时代网络言论自由的公共价值,来填补

---

① See Robert Alexy, *A Theory of Constitutional Right*, Oxford University Press, 2002, p. 388.

② 宪法解释作为单纯的解释规则,指宪法相关规定应在法律解释时直接发生一定影响。苏永钦将合宪性解释想象成"灌浆"的过程,宪法规范溶入下位规范,就如水泥通过粗细不同的管道。参见苏永钦:《合宪性控制的理论与实际》,台北,月旦出版股份有限公司1994年版,第84、第115页。

③ 具体案情参见张翔主编:《德国宪法案例选释》(第1辑),法律出版社2018年版,第26页以下。

④ 参见北京市第一中级人民法院(2014)一中民终字第1677号民事判决书。

当时《合同法》中"公共利益"概念的模糊性，以此支持民法概括条款的具体化。

在类案不同判的司法实践中，对于模糊法律条款的合宪性解释，可以明确未来类似案件的裁判标准。例如在"徐云芬、杨元洪等与陈金虎机动车交通事故责任纠纷案"中，[①]死者赔偿金是按照城镇居民还是农村居民标准赔偿成为本案的争议焦点。2003 年最高人民法院《关于审理人身损害赔偿案件适用法律若干问题的解释》（已被修正）第 29 条规定："死亡赔偿金按照受诉法院所在地上一年度城镇居民人均可支配收入或者农村居民人均纯收入标准，按二十年计算。"当时该规定存在两种解释方案，即以"户籍地标准"或"常居住地标准"来认定城镇居民、农村居民，前者可能导致"同命不同价"的解释结果。一审法院认为杨昌勋一家均为农业家庭户，尽管在城市短暂居住，但是不能参照城镇居民的标准计算，亦即法院选择了"户籍标准"来解释"城镇居民或农村居民"。二审法院依据《宪法》第 33 条中的"人权保障"条款和第 37 条中的"人身自由不受侵犯"条款，认为上述司法解释并非人为地给生命定价，更不是要用户籍来划分生命价值的高低，而是体现出对生命的尊重，最终选择了"常居住地标准"，认定城镇居民、农村居民是指常年在城镇或者农村居住、生活的人，肯定了当事人以城镇居民标准计算死亡赔偿金。针对同一法律规定存在多种解释分歧时，法院根据宪法的原则选择了符合平等保护的解释，而排除了存在违宪疑义的解释，有利于法律分歧的统一适用。换言之，通过对概括性法律条款进行合宪性解释，可以充分发挥法律模糊的释明功能，协调类似案件的法律适用分歧。

（三）类案法律适用冲突的协调机制

当个案事实所适用的多个既定法律规范之间相抵触和不一致时，法院依据宪法的原则和精神，权衡和选择类案适用的法律规范，发挥法律冲突的协调功能。也就是说，宪法在个案法律适用过程中充当法律冲突协调的价值指导与判断标准。在理论上，法院的个案裁判应当优先适用结构完整的法律规则，遵循"禁止向一般条款逃逸"原则。宪法

---

① 参见浙江省绍兴市越城区人民法院（2007）越民一初字第 63 号民事判决书；浙江省绍兴市中级人民法院（2007）绍中民一终字第 316 号民事判决书。

规范尤其是基本权利规范并未规定其适用的具体条件，它只是存在于理想世界中的规范性要求，[①]适用时得“穷尽规则”。法院通过“依宪说理”则打开了宪法原则进入个案裁判的通道，更新了规则冲突的协调模式。当个案法律适用出现冲突时，寻找支撑法律规则背后的宪法原则，通过原则间权重分量的轻重权衡，对原则之下的冲突规则做出选择，有助于正确选择类案适用的法律，保证类案裁判的合宪性。

法院在审查多个相互冲突的法律规范时，不仅要判断法规文件是否与上位法相一致，而且往往要回溯到宪法原则中来，依据宪法原则对案系冲突规则进行说理协调，从而选择最符合宪法原则的规范进行适用。例如关于抢劫案件的两个司法解释，法释〔2000〕第 35 号与法发〔2005〕8 号按照功能标准将“户”分别解释为“供他人居住的与外界相对隔离的场所”与“供他人家庭居住的与外界相对隔离的场所”。对于这两个司法解释的冲突，按照《立法法》确立的新法优于旧法原则，本应废止前者，但司法实践中二者同时有效，导致法律适用不一致。在“韩维等抢劫案”中，[②]韩维等人强行进入何亚东等人的出租屋内实施抢劫，该案的核心争论焦点在于出租屋是否为刑法意义上的“户”。法院依据法释〔2000〕第 35 号，认为各租客的卧室是相对独立的，在各自独立生活的空间内，租房人员享有隐私权和自由权，其他人不得干扰其生活和自由，应当认定为刑法意义上的“户”。而在与上述案件类似的“林立柱等抢劫案”中，[③]被害人张某等 6 人合租一间房屋，被告林立柱等人入室抢劫。一审法院依据法释〔2000〕第 35 号，认定林立柱等人构成入户抢劫罪，判处有期徒刑十年；二审法院依据法发〔2005〕8 号，认为本案为生活租用房屋的居住成员之间无亲属关系，不具备家庭生活的基本特征，所以不属于“户”，将两被告人的刑期改为五年。结合上述两个案件，可以看出类似的案件或者是同一案件，当法官对法律冲突的解释和选择方案不一样时，判决结果也不一样。有学者认为法院应该对宪法中“公民的住宅不受侵犯”条款进行解释，导控出公民的隐私和人身自

---

① See Robert Alexy, *On the Structure of Legal Principles*, Ratio Juris. Vol. 13, 2000, p. 297.

② 参见最高人民法院指导性案例第 466 号。

③ 参见江苏省苏州市中级人民法院(2006)苏中刑二终字第 26 号刑事判决书。

由等的宪法保护,[①]进而勾连起宪法上的“住宅”与刑法上的“户”,选择适用符合《宪法》第39条的法释〔2000〕第35号,裁定出租屋为刑法意义上的“户”。也有学者认为法院应该依据宪法中的“婚姻家庭受国家保护”条款对刑法中的“户”作合宪性解释,以保护“户”之核心法益,从而选择法发〔2005〕8号之“供他人家庭居住”条款解决纠纷。[②] 以上两种解释均是对刑事法律的合宪性解释,无论哪一种解释方案,都是将宪法规范作为逻辑大前提,在相互冲突的法律规范中进行协调,推演出符合宪法的个案法律适用规则的小前提。

其实,上述两个解释分别对应的是宪法中的两对权利(原则):法释〔2000〕第35号对应的是公民的隐私和人身自由,法发〔2005〕8号对应的是婚姻家庭妇女儿童受宪法保护。二者的冲突可安置在宪法原则的冲突命题下,进行说理性权衡,实现原则之间的和谐共生。“婚姻家庭受宪法保护”不仅保护婚姻家庭生活的整体安宁,而且可解释出婚姻家庭内部的个体隐私和自由、妇女儿童权益保护,此时的“户”就可容纳宪法中的多重价值,而非单一价值。由此,刑法上的“户”在宪法理由的权衡下,宜依照法发〔2005〕8号之“供他人家庭居住”标准解释,这也体现了刑事法律对宪法价值体系的包容性摄入。

个案法律适用过程中,还可能存在同一规范所保护的不同主体的价值之间存在冲突,这时需要通过宪法解释权衡不同价值的位阶,实现价值的包容共存。由于宪法的开放性和社会的流变性,价值冲突是法律在调整社会关系过程中的常态。价值多元论主张“价值的不可通约性”,基于人的自由主体地位,价值之间的敌对状态并不能用一个尺度来衡量。[③] 在以塞亚·柏林看来,价值冲突往往是难以调和的,无法通过价值位阶的排序得以解决。绝对的价值优劣秩序确实不可取,但是每个价值在个案中的实现程度却是可以通过解释进行调和。价值一体论主张“解释普遍是整体性的。一个解释将许多不同的价值和假设编织到一起,这些价值和假设来自各种各样非常不同的判断或经验,而且

① 参见杜强强:《合宪性解释在我国法院的实践》,载《法学研究》2016年第6期。

② 参见陈辉:《“入户抢劫”案件中司法解释的适用——基于宪法分析的视角》,载《西南政法大学学报》2018年第6期。

③ 参见[英]以塞亚·伯林:《自由论》,胡传胜译,译林出版社2003版,第245页。

出现在一个解释案例中的各种价值之间没有任何支配和从属的等级之分”。[①] 也就是说，各个价值在个案中并不必然是相互排斥的，不同的价值在解释中可以建立关联。

面对价值冲突，宪法解释并不是一场空洞的演绎，所有对宪法价值的讨论总是伴随着一定的道德情境，这时抽象的价值就会与具体的权利相结合。在“顾某与伊纳克赛（南通）精致内饰材料有限公司劳动争议案”中，[②]争议焦点是顾某是否违反了双方在合同中约定的竞业禁止义务。法院依据《宪法》第 42 条之劳动权的规定，认为公民的劳动权事关社会弱势群体利益，蕴涵生存权价值，而设定竞业禁止义务是为了保护用人单位的经营权。当劳动权与经营权发生冲突时，虽然作为劳动权所保护的生存利益应该获得优先的保障，但是企业的经营权不可完全舍弃。所以为了平衡双方的利益，用人单位可在合理范围内设定劳动者的竞业禁止义务，只是应当以支付一定的经济补偿金为前提来维护劳动者的生存权。该案法官实际上是在宪法自由价值的导控下，通过对劳动权条款的宪法解释，权衡公民的劳动自由与企业的经营自由之间的冲突，在公民劳动权保障的生存价值优位原则之下实现二者的兼容保护。在人性尊严的导控下，即使某种价值获得优先保护也并不具有绝对的至上性，而是要根据社会情势进行协调，实现多元价值的包容共存。也就是说，宪法解释作为一种冲突协调规则，可将宪理导控于法理或裁判中，在数种相互冲突的法律规范或解释方案中，优先选择符合宪法者适用于个案。

（四）类案法律适用漏洞的填补机制

法律漏洞的填补机制是指当个案事实无法被既定的法律规范涵摄时，法院依照宪法的原则和精神，续造出涵摄个案事实的特定法律规范。“法律条文之有限，社会现象之无穷，势难以有限之法条，规范无穷之人事。”[③]良法仅仅是一种理想的法律状态，由于认知的有限性、社会

---

① ［美］罗纳德·德沃金：《刺猬的正义》，周望、徐宗立译，中国政法大学出版社 2016 年版，第 171 页。

② 参见江苏省南通市中级人民法院（2015）通中民终字第 02659 号民事判决书。

③ 林纪东：《行政法》，台北，三民书局 1984 年版，第 88 页。

的变化性、事实的复杂性与语言的局限性等原因，再完善的立法机制都难以保证法律的尽善尽美。也就是说，法律必然有漏洞。拉伦茨将法律漏洞的续造区分为“法律之内的法的续造”与“超越法律的法的续造”，前者应限定在法律的规整意向、计划及其内含目的的范围内，后者则应受到整体法秩序及其根本的法律原则的拘束。[①] 法律漏洞虽然可以为部门法之原则和目的所统领，进而以之为指导进行填补，但毕竟受到法律部门界限的严格限制，视野难以突破部门法的范围。宪法是部门立法的基础，立法机关通过制定部门法律来具体细化宪法内容，形成部门法秩序。当部门法出现漏洞时，可以通过宪法解释将宪法的原则和精神作为部门法律续造的考量因素，实现合宪的法律续造。

例如在“方林富炒货店行政处罚案”中，[②]由于《广告法》第57条第1项存在法律漏洞，未能区分绝对性宣传广告的类型，将一般的绝对性宣传广告与特殊的绝对性宣传广告同等处罚，导致处罚偏重。也就是说，《广告法》未能公正地实现差别对待，引发个案不正义。法院则依据《行政处罚法》第4条与第5条对《广告法》第57条第1项进行了限缩解释，并创造出新的法律规范，此即法律续造。基于法的安定性与法治国家原则的要求，法官的法律续造并非不受限制。法律续造的合法性基础在于法的正义功能，也就是共同体中公认的正义观念。[③] 而宪法是凝聚价值共识的规范载体，确认共识性的正义观念，所以宪法秩序是法律续造的正当化标准。法律续造不能抵触法秩序的一般原则，尤其是宪法的价值秩序。[④] 故在行政法体系内部，无法解决属于行政法制范畴的《广告法》的漏洞，必须在宪法上寻找法院变更制定法的正当依据。《广告法》第9条与第57条构成了对宪法上公民的营业自由与商业言论自由的限制，作为基本权利限制的实质合宪基准的比例原则要求限制目的合宪性、手段的适当性、必要性与法益的均衡性。[⑤] 而《广告法》

① 参见[德]拉伦茨：《法学方法论》，陈爱娥译，商务印书馆2018年版，第249、287页。

② 参见浙江省杭州市西湖区人民法院(2018)浙01行终511号行政判决书。

③ 参见[德]齐佩利乌斯：《法学方法论》，金振豹译，法律出版社2018年版，第123页。

④ 参见[德]拉伦茨：《法学方法论》，陈爱娥译，商务印书馆2018年版，第287页。

⑤ 参见汪进元：《基本权利的保护范围：构成、限制及其合宪性》，法律出版社2013年版，第58页。

第57条并未将危害性程度与发生可能性差异巨大的一般的绝对性宣传广告与特殊的绝对性宣传广告区别处罚，导致过度干预了公民的营业自由与商业言论自由，违反了比例原则。所以应该依据《宪法》第35条与第42条确立的言论自由与劳动权对该条进行漏洞填补，通过目的性限缩解释，实现合宪的法律再造。再如在“中国工商银行股份有限公司台州经济开发区支行与陈爱琴等执行分配方案异议案”中，[①]各方当事人的债权受偿顺序是争议焦点，但是当时的《担保法》和《物权法》并未明确规定公民的工资债权和企事业单位的抵押债权的优先受偿顺序。法院认为“劳动者获得劳动报酬是宪法赋予的基本权利，具有人的基本生存权属性，工资债权的实现对于保障劳动者维系自身和家庭成员最起码的生存具有重要意义，而抵押权所保障的则是民事主体的经营性利益，两者相较而言，工资债权应高于抵押权受到保护”。换言之，面对法律关于工资债权和抵押债权受偿顺序上的漏洞，法院通过援引宪法上的公民劳动权受保护原则进行说理，解释出生存优位的价值导向，得出职工工资享有优先受偿权的结论，实现了法律的续造。类似的案例还有“中国农业银行股份有限公司重庆万州分行与重庆市众托建设有限公司等债权执行异议纠纷案”[②]与“中国工商银行股份有限公司台州经济开发区支行与陈爱琴等执行分配方案异议之诉上诉案”[③]等，法院均是通过宪法中的基本权利保障原则，来对部门法律漏洞进行填补，从而解决个案法律适用问题，实现法律适用统一。

总之，在个案法律适用过程中，法院的“依宪说理”就是在宪法规范、法律规范与案件事实之间的诠释循环，实际上是一个宪法解释与适用的过程。在这个过程中，无论是单纯解释规则还是冲突规则和保全规则，是否符合宪法都是确定、选择或者排除法律解释方案的依据。作为法律适用形式的宪法适用，大致包括四个步骤：认定事实、寻找规范、涵摄和确定法律后果。[④] 这类似于法律适用逻辑三段论：法律规范的模糊、冲突与漏洞是基本事实，宪法规范是确定法律适用规则的大前提，

---

① 参见浙江省台州市中级人民法院(2015)浙台执分终字第10号民事判决书。

② 参见重庆市第二中级人民法院(2010)渝二中法民终字第1467号民事判决书。

③ 参见浙江省台州市中级人民法院(2015)浙台执分终字第10号民事判决书。

④ 参见[德]魏德士：《法理学》，吴越、丁晓春译，法律出版社2005年版，第288页。

法律规范的合宪权衡与违宪排除是小前提，个案法律适用方案的确定是结论。该诠释过程的功能不同于普通的法律适用直接处理当事人的权利义务纠纷，而是通过宪法解释直接处理法律适用分歧，即通过将个案正义的裁判争议，在技术层面转换为法律适用上是否与宪法相冲突的问题。当类似案件出现法律适用模糊、法律适用冲突、法律适用漏洞等情况时，可以发挥合宪性解释功能，实现对既定法律规范适用的协调，保证类案裁判统一在宪法的控制下。

第三节　同案同判的合宪性预审机制

为了实现法律适用统一，保障我国同案同判制度的良性运作，需要建构和完善相应的合宪性控制机制。在同案同判过程中，当社会事实发生多元变迁与法律规范出现适用冲突，而普通的法律解释与协调机制无法解决法律适用分歧问题时，宪法作为调适社会变迁与规范矛盾的原则性枢纽，可以发挥法院与人大常委会的合宪性预审联动机制，保证类案裁判的合宪性。面对个案裁判中的合宪性问题，法院有权利进行合宪性预审，保证法律的合宪性适用。在规范层面，《立法法》第110条设计了最高人民法院合宪性审查要求权与其他法院和公民的合宪性审查建议权两条路径，而审查要求权和审查建议权的启动，原则上都是建立在对合宪性问题作出初步判断的基础上。只有对案涉宪法问题预先审查之后，方可形成审查要求或审查建议的理由，否则审查要求或建议权的运行将有名无实。在功能层面，司法裁判权是法院的天职，裁判之中蕴含释法与释宪的功能。法院的司法审判职能是一种事后的判断权，法院裁判的方式则是结合普遍的法律规范与个殊的案件事实，解决当事人的权利义务纠纷。但是法官不是自动售货机，输入什么法律规范，就能产出符合程式的裁判结果。这时就需要裁判者在既定的宪法规范与法律规范中寻找或续造法律适用的大前提，然后通过各种宪法和法律解释方式将抽象规范转化为可适用于个案的具体规范，进而将个案具体规范作为小前提涵摄到案件事实中。因此，鉴于裁判的主观能动性和个案主义的内在品质，法院在个案法律适用中可以发挥司法裁判的内在功能,通过解释宪法和法律,有利于保证法律的正确适用与有效履行裁判法律适用分歧的职责。

尽管法院负有保证所适用的法律合乎宪法的职责,但是法院无权积极地作出法律违宪判断的决定。而只能消极地不予适用,否则将会损害法秩序的统一性。然而,依法审判是法院的宪法义务,面对这一法律适用困境,法院需要将违宪问题提请有权裁决机关作出判断。并且违宪的法律或类案也不应继续生效,应该通过宪法审查得到清除或更正。由于全国人大常委会享有宪法监督与解释的终局判断权,能够以法定形式确立法律规范的合宪性秩序或违宪处置方式,所以法院的个案适用法律违宪问题应该与全国人大常委会的宪法审查实现程序衔接。为此,我国有必要构建一套法院法律违宪预审与人大常委会终审的联动机制,保证全国人大常委会统一释宪权和法院个案释宪权之间的协调平衡。

一、同案同判中合宪性预审的范围

同案同判中合宪性预审的范围,取决于案例指导制度实践中同案不同判的原因考量。通过对同案不同判的案例透视,造成法律适用不统一的原因来源于两个层面。在实质层面,表现为事实问题和法律问题。事实问题主要是个案特定事实、法律拟制事实与社会背景事实在一定程度上的分离,导致类似案件的判断出现鸿沟,需要宪法进行价值调控。法律问题包括制定法的问题和法律适用的问题,前者主要是由于法律规则本身的冲突、模糊与漏洞,导致针对类似案件的法律适用分歧;后者是由于裁判主体对同一个法律规则的理解和适用出现偏差,导致法律解释矛盾,这两者都需要法院在法律适用过程中发挥宪法的原则和审查技术进行矫正。在形式层面,表现为案例指导制度运行的实践壁垒,主要是法院回避参照类案适用与错误参照类案适用,导致同案不同判。这两种情况需要建立类案偏离报告说理机制与备案审查制度得到监督,最终落入法院合宪性预审的范围。

(一)类案裁判的事实认定问题

案件基本事实是类案判断的逻辑前提,主要由个案特定事实、社会背景事实与法律拟制事实等三种事实组成。类案裁判首先就要判断案件之间是否具有足够相似的事实基础，据以审查的事实基础有无区别，这两点直接决定了裁判结果的类比可能性。部门法律适用仅仅是在法律规范与个案事实之间的勾连，处理个案中的权利和义务纠纷，维护个案正义。而宪法审查要处理的是个案法律适用问题，为了实现普遍性的社会正义，需要对个案特定事实、社会背景事实与法律拟制事实进行全面审查。有学者将事实问题分为立法事实与判决事实，其中仅仅事关直接当事人的事实，例如“5w”（where、when、who、what、why），为判决事实（adjudicative facts）；而为其法律或政策决策提供依据的事实则属于立法事实（legislative facts）。① 判决事实就是案件争议过程中的个案特定事实，包括案发时争议双方的主体、行为和法益等内容。立法事实就是立法当时考量的社会背景事实，包括立法当时的社会、经济、政治、文化等情况。立法事实论不仅考察法律制定时的社会背景事实，而且更加关注法律制定后的社会背景事实。法律拟制事实是沟通法律规范预设的大前提与个案具体事实的连接环节，包括假定条件、行为模式和法律后果三个方面拟制的事实。涵摄的过程也是类比推理的过程，是法律规范事实与具体生活事实的类型化分析，所以法律拟制事实对于类似案件的裁判规范起决定性作用。

我们倾向于将法官在宪法案件中为了形成个案规范而必须考察的所有事实称之为“宪法案件事实”。具体说来就是相对部门法诉讼的个案司法事实而言，作为宪法审查基础的案件事实是指据以作出法律合宪性裁定有关的一切事实，而不仅仅是指特定个案的司法事实。② 在事实、规范与价值的涵摄过程，需要着重审查三个方面的问题：一是个案特定事实差异可否涵摄于法律拟制事实之中；二是社会背景事实变迁如何涵摄于法律拟制事实之中；三是法律拟制事实变化怎样应对同案同判的要求。

1. 个案特定事实差异

个案特定事实是当下案件的客观反映，每一个案件的客观情况可

---

① Kenneth Culp Davis, *An Approach to Problems of Evidence in the Administrative Process*, Harvard Law Review, Vol. 55, 1942, p. 364.

② 参见汪进元：《宪法个案解释基准的证成逻辑及其法律控制》，载《中国法学》2016 年第 6 期。

能千差万别,在涵摄于法律拟制事实的过程中,可能出现差异化的勾连情形。在同案同判过程中,应对这些差异化要素进行合宪性预审,考量是否构成差别对待的正当条件。面对个案正义与社会正义的矛盾,法律适用的调和者,在遵守法的价值理念时,也应斟酌事物之本质事理以及社会生活的实际个案事实的具体情况。"虽然放在法律天平上的构成要件是客观的,但每个构成要件的个别权重,和最后综合出来的衡量结果,会因不同法官而有所不同。"[①]如果在个别案件的适用上,有发生显失公平的特定事实时,应作出个别的调整,以实现个别案件的正义。

法官在裁判中并非只能呈现法律的普遍性正义所指示的唯一个别规范,而在法律的一般规范的框架范围之内,法官还可以提供众多可能的个别规范。[②] 在一个开放的法教义学体系内,允许受到普遍性原则拘束的个案正义,这个个案正义是建立在个案特定事实基础上的个别规范表征。比如在入户抢劫罪中,法律拟制事实进入他人的"户"进行抢劫,在一般规范层面的量刑基准是 10 年以上有期徒刑、无期徒刑或者死刑。由于法律拟制的"户"的形态不确定,是一个开放的概念,可以容纳多种特定类型的"户"。所以该罪侵害的法益类型比较复杂,除了财产和住宅安宁之外,还涉及婚姻、家庭、妇女、老人、儿童等特殊权益保护,总体而言,是一个法益群。因此,如果类似案件中个案特定事实中的"户"分别是供一个人生活、夫妻双方生活、夫妻带有老人和小孩的大家庭共同生活等情形,那么并不能够一概而论,作出相同的裁判。因为这三种情况下的个案中需要保护的法益依次增多,出现了个案特定事实中需要差别对待的正当条件,所以量刑标准也应该相应地提高,才能够实现对案涉权益的平等保护。在具体的个案中,如在"广州市科泉物业管理有限公司诉刘少军、李凤玲物业服务合同纠纷案"中,[③]案件的争议焦点是该公司提出的类似群体性案件,法院能否按照同案同判原则,直接适用此前胜诉的类似个案的裁判规则进行裁判。法院认为在该案

---

① [南非]奥比·萨克斯:《断臂上的花朵:人生与法律的奇幻炼金术》,陈毓奇、陈礼工译,广西师范大学出版社 2014 年版,第 129 页。

② 参见孙海波:《在"规范拘束"与"个案正义"之间——论法教义学视野下的价值判断》,载《法学论坛》2014 年第 1 期。

③ 参见广东省广州市中级人民法院(2011)穗中法民五终字第 737 号民事判决书。

中,物业公司单方提高管理费收费标准,引发业主与物业公司关于管理费收费标准的争议,并且物业公司拒绝收取原标准下的管理费,导致业主不缴纳标准提高之后的管理费的行为,物业公司存在过失,也应承担一定的责任,以保证裁判的公平。这与已经裁判生效的类似案件"广州市科泉物业管理有限公司诉请刘秀梅支付管理费案"有不同之处,①不能完全受前案法院的约束而机械地适用同案同判规则。在一般情况下,司法裁判应该遵守同案同判的整体一致性原则,保证法律适用的横向平衡和纵向延续。如果出现事实基础上的个案差异性,那么需要对事实条件进行合宪性审查,按照公平原则,为差异化判决留出空间。通过具体分析个案的特殊情况,适当偏离同类案件的裁判结论,可以实现类案裁判的法律效果与社会效果的统一。

2. 社会背景事实影响

在宪法审查中,原则上只涉及个案法律的合宪性判断和续造。当案件的社会背景事实与个案法律拟制事实相互匹配和融通时,二者同时涵摄于法律规范之中,个案法律的合宪性当无置疑。但是,如果个案法律拟制的事实背离了具有价值共识的案件背景事实,那么法院只能尊崇共识性社会事实,裁定个案法律违宪或者不予适用,进而续造个案可适用的法律。

法律规范不是含义清楚的字典,社会场景赋予了法律规范鲜活的生命。如何正确地评价个案事实的规范意义?在法律现实主义者看来,社会是流变的,并且其变化一般都快于法律。因此,法律适用者需要对其不断重新检测,以确定其在多大程度上适合并且仍然适合其所试图服务的社会。在这个过程中,需要结合不同的社会背景事实,把握规范创制当时和规范适用当下丰富的社会现实。法律保护的公民权利具有明显的事实导向性,实现公民权利的社会条件是其中具有决定性的考量因素。"作为法律的背景的社会、经济的事实,在宪法诉讼中成为问题的不仅是已经过去的、制定法律当时的事实,而且还要弄清楚现

---

① 该案中,物业公司也是单方提高了物业管理费,但2/3的业主都按照1.2元/平方米/月的标准交纳了物业管理费,法院判决刘秀梅应按标准缴纳物业管理费。参见广东省高级人民法院(2010)粤高法民一申字第461号民事裁定书。

在也就是裁判当时是否有支撑法律使其具有合理性的事实。"[①]在立法当时,法律预设了适用的社会背景事实及其社会图像。然而,在法律适用时,基于社会变迁的事实考察,需要修正原来的预设社会模型。因为权利的实现依赖于一定的社会条件,当社会条件发生变化时,立法当时设定的权利保护模式可能会失效。此时如果不调整原来的保护模式,就无法实现对公民权利的有效保护。由于社会背景事实差异,当过去的法律保护方式已经无法适应当今的社会现状时,就必须对相关类案的法律适用进行调适,以实现对当下个案中权利的有效保护。

3. 法律拟制事实变化

法律拟制事实强调的是超越个案具体当事人、具有一般性且对将来的案件能发生拘束力的事实。法律拟制事实直接决定了个案具体事实能否被大前提涵摄,从而影响法官最终的判决结果及个案规范的导出。像任何其他人类制度一样,随着时间的流逝、经验的积累与环境的改变,法律会持续地经历形成、阐释和变迁过程。[②] 由于案件发生的时空条件差异与法律规范的时代变迁,不同法院在类似案件的法律适用问题上可能不一致,对同一法律条文的理解也可能发生矛盾。法治的实践不仅是对国家治理能力的考验,而且是对法律自身的检测仪。随着社会实践的发展,法律有可能为了适应社会生活的需要与调整新型社会关系的目的,也会作出相应的改变。法院遵循类似案件的裁判思路,有利于维持法律适用的统一性。但是一旦法院过分拘泥于传统的行事方式,就会丧失对周围环境的灵活应变能力。"当初正确的解决方式,今日因规范情境变更或整个法秩序的演变,须为他种决定时,则其不仅有权利,亦且有义务摒弃判决先例的见解。"[③]之前的类案有可能过时了,法院需要对社会环境保持开放性,通过适度的自我更正和纠错,实现当下案件的正义。

"判例也不是永久性的,情况在不断变化,法律变化,政策变化,新的判例产生,原有的判例就会失效。"[④]随着社会背景事实的变化和法律

① 芦部信喜『憲法訴訟の理論』(有斐閣,1973 年)182 – 183 頁。
② 参见[美]卢埃林:《荆棘丛》,明辉译,北京大学出版社 2017 年版,第 65 页。
③ [德]卡尔・拉伦茨:《法学方法论》,陈爱娥译,商务印书馆 2018 年版,第 301 页。
④ [美]本杰明・卡多佐:《司法过程的性质》,苏力译,商务印书馆 2019 年版,第 46 页。

规范的变迁，法官应当基于新的环境和视角来解释规则，类似案件的裁判标准也会出现前后不一致。《类案检索意见》第9条规定，检索到的类案为指导性案例的，人民法院应当参照作出裁判，但与新的法律、行政法规、司法解释相冲突或者为新的指导性案例所取代的除外。换言之，新的法律或司法解释改变了旧的类案裁判标准，法院就可以作出变通性处理。例如，法律规范对假药认定标准的调整，直接影响到涉及假药类犯罪的裁判结果。2019年8月26日修订的《药品管理法》限缩了修订前该法规定的假药范围，对于必须批准而未经批准生产、进口，或者必须检验而未经检验即销售的药品，不再按"假药"论处。[①] 这对我国《刑法》第149条第1款规定的生产、销售假药罪的认定，产生了直接的影响，提高了入罪的门槛，有利于实质出罪。例如，在《药品管理法》修订前发生的"李黎、贺勇销售假药"案中，[②]法院认为李黎、贺勇销售未经批准进口的"吉非替尼片"（印度版"易瑞沙"），构成销售假药罪。在"熊伟等人生产、销售伪劣产品"案中，[③]当事人销售未经批准生产的"利尿剂"药品，一审时《药品管理法》还未修订，法院认为熊伟生产、销售的"利尿剂"属于必须批准而未经批准生产、进口的药品，应按假药论处，构成生产、销售假药罪。二审时《药品管理法》已修订，法院认为因法律调整，熊伟销售的未经批准生产的"利尿剂"药品不属于现行《药品管理法》第98条规定的"假药"，不构成生产、销售假药罪，故撤销了原审判决。法律的修改使"假药"认定从形式审批标准到实质功能标准转变，有利于坚守"保障公民自由权利的刑法根基"，[④]体现了刑法的公正价值。旧的类案对于新法施行后的法律关系不再具有参考意义，法院及时更正不适应法律发展的类似案件的判决，也是对当下个案正义的维护。

司法解释作为法律规则的供给方式，当类似案件的裁判规则被司法解释取代时，相应的案例就不具有参照效力。"同案同判"原则并不

---

① 修订前的《药品管理法》第48条第3款第2项规定，必须批准而未经批准生产、进口，或者必须检验而未经检验即销售的药品，以假药论处。

② 参见重庆市九龙坡区人民法院(2017)渝0107刑初1271号刑事判决书。

③ 参见江苏省宿迁市中级人民法院(2019)苏13刑终333号刑事判决书。

④ 参见刘艳红：《刑法的根基与信仰》，载《法制与社会发展》2021年第2期。

是不可超越的，司法机关不能时刻保持因循守旧的态度，而是要在一定程度上向前看。如在《最高人民法院公报》2014 年第 12 期刊载的“朱俊芳与山西嘉和泰房地产开发有限公司商品房买卖合同纠纷案”中，[①]最高人民法院认为双方当事人基于同一笔款项先后签订《商品房买卖合同》和《借款协议》，在合同、协议均依法成立并已生效的情况下，应当认定当事人之间同时成立了商品房买卖和民间借贷两个民事法律关系。后来，最高人民法院通过司法解释改变了该类案件的裁判规则。最高人民法院修订的《关于审理民间借贷案件适用法律若干问题的规定》（以下简称《民间借贷规定》）第 24 条规定，当事人以订立买卖合同作为民间借贷合同的担保，借款到期后借款人不能还款，出借人请求履行买卖合同的，人民法院应当按照民间借贷法律关系审理。也就是说，司法解释否定了该类案件同时成立民间借贷与买卖合同两个完全不同的法律关系，只承认民间借贷法律关系。2015 年 12 月 4 日最高人民法院发布的合同纠纷典型案例之十四“李某诉段某民间借贷纠纷案”中，[②]当事人双方签订借款合同，为了保证到期能实现债权，又签订了《房屋买卖合同》，后因房屋履行合同纠纷诉至法院。法院否定了当事人履行房屋买卖合同的请求，并依照《民间借贷规定》第 24 条判定当事人限期偿还借款。法院在该案中并没有遵循之前类似案件的裁判标准，而是与新修订的司法解释保持一致，有利于适应法律的发展与推动正义的实现。

总之，在类案裁判过程中，法官并非输入既定的类案裁判规范和待决的案件事实，就能得出预设的个案规范和裁判结论，而是需要将多元事实和规范变迁纳入合宪性调适范围。司法过程包括事实认定、价值判断、规范选择、法律解释和法律适用等方面，在这个过程中，裁判先例、社会现实与法官前见等各种因素或明或暗地影响和制约着法官的判断和选择。[③] 类似案件的裁判是一个由案例、规范与事实组合起来的

---

① 参见最高人民法院（2011）民提字第 344 号民事判决书。

② 参见最高人民法院官网，http://www.court.gov.cn/zixun-xiangqing－16210.html，2021 年 7 月 2 日访问。

③ 参见汪进元：《基本权利的保护范围——构成、限制及其合宪性》，法律出版社 2016 年版，第 130 页。

动态诠释过程,在类案裁判规则的指引下,法官不仅要受到民主立法体制的约束和个案特定事实的限定,还要接受社会背景事实的检验和法律规范的变迁。

(二)类案裁判的法律适用问题

同案同判的最终目的是解决待决案件的法律适用问题,统一法律适用标准。面对类案适用的法律彼此之间相互抵触、冲突或矛盾,需要通过法律冲突协调机制加以解决,从而选择合宪合法的法律进行适用。在个案裁判中对规范冲突的处理,是法院依据宪法和法律司法的职责。在司法实践中,由于同一事实涉及多个法律规范,法律条文的适用竞合与立法冲突客观存在,使法官在个案裁判中经常面临多重的法律条文选择,导致案件事实基本相同却适用不同裁判规则而产生不同的裁判结果。[①] 法律条文选择适用的确定性,是法律适用统一的基础。法官通过对法律的解释和适用来处理个案的权利、义务和责任问题,有利于保证个案正义。对于相互冲突的法律规范,通常情况下,法院可以依据《立法法》中规定的上位法优于下位法原则、特别法优于一般法原则与新法优于旧法原则,按照权限范围进行审查适用。但是在例外情况下,法律适用分歧可能无法按照上述协调机制在法院内部解决,就需要通过合宪性预审机制化解规范冲突、协调利益矛盾,保证法律适用的统一性、协调性和稳定性。同案同判合宪性预审解决的是类案法律适用问题,具有矫正和补充立法的功能,达到统一法律适用的目的,同时扮演着与社会互动的角色,追求的是法律适用的社会整体正义。

1.类案法律适用的合宪性解释问题

同案同判并不仅仅是案件事实的比较,也不是仅仅规范的分析,更主要的是存在价值的权衡。在这种情况下,仅靠规范和事实的分析难以实现“同案同判”的目的。这就需要纳入合宪性解释视野,以宪法作为评判类案法律适用尺度的依据。其目的在于对类案所适用的个案规范不同理解和解释及互相冲突之个案规范的选择适用上,确保在个案规范在多重含义解释中锁定符合宪法的解释结果或选择适用更为合宪

---

① 参见房文翠:《司法责任制语境下的法律统一适用标准》,载《社会科学辑刊》2017 年第 2 期。

的个案规范，打通宪法向法律融贯的通道，从而解决类案法律适用问题，实现类案法律适用的规范控制功能。

法律规范及其目的需要在实践中通过各种解释技术，才能实现法律适用所追求的价值。不同法官对同一法律条文的解释策略与技术不同，可能产生不同的法律适用结果，导致法律适用不统一。宪法是共识性的价值载体，合宪性解释能够协调各种解释技术之间的矛盾与统一法律适用标准。宪法的原则和精神天然地嵌套在司法判决中，司法政策中构设的“依宪说理”和“法律适用协调”是对实践中法院合宪性解释的规范型塑和效力承认。

一方面，“依宪说理”说的是法律适用之“理”，这一说理过程涉及宪法规范与法律规范的关系，强调宪法规范对法律解释与适用的支撑与审查。在“依宪说理”过程中，宪法规范作为说理基准，将宪法的规定和精神导入对法律规范的解释与适用中，其目的在于选择确定适用于个案事实的合宪性法律作为裁判依据。根据图尔敏论证理论，司法过程中对作为推理大前提的法律规范的证成理由称之为“支撑”或“佐证”。[①] “依宪说理”即是在外部证成环节支撑个案法律适用的理由，保证个案适用的法律的正确性与恰当性。但法院在依据宪法的原则和精神融入法律规范的外部证成并解释和适用法律之时，尚需以对宪法的原则和精神作具体化的解释为前提，否则该说理过程就是“无理”之说。解释之中必然要说理，说理的形式外观是解释。故“依宪说理”的过程，就是对宪法规范与法律规范、案件事实的诠释循环。那么法院在个案法律适用中“依宪说理”，实质上就是法院的合宪性解释。而最高人民法院《关于深入推进社会主义核心价值观融入裁判文书释法说理的指导意见》规定，社会主义核心价值观是理解立法目的和法律原则的重要指引。也就是要发挥社会主义核心价值观对裁判规则的引领功能，而社会主义核心价值观入宪之后，就从政策规范转变为宪法规范，所以实际上揭示了宪法规范在裁判释法说理中的作用。法官是“对正义富有

① 参见［英］斯蒂芬·图尔敏：《论证的使用》，谢小庆、王丽译，北京语言大学出版社 2016 年版，第 90 页以下。

义务感、对制定法持批判态度的法官人格,取代无感情的涵摄机器”。[①]也就是说,法官在法律适用中需要对客观价值标准进行探求,而判决之价值基础来源于凝聚社会共识的宪法。客观价值秩序理论赋予了作为公权力主体的法官一种宪法义务,他有义务将宪法的基本权利和价值安排通过法律解释的技术贯彻到部门法的规范体系中。[②] 法院个案合宪性解释即具有价值正当性。解释是沟通抽象的价值概念与具体的规范和案件事实的桥梁,法院个案合宪性解释的本质就是将宪法所确立的基本价值融入普通法价值秩序之中,以此调适部门法的冲突或漏洞。

另一方面,在个案法律适用协调机制方面,为了保障法律统一适用,最高人民法院制定了《法律适用分歧解决办法》和《统一法律适用意见》。这两个文件就法律适用分歧申请的主体、程序及解决机制等作出了明确规定。“法律适用协调”虽然从表面上看只涉及法律规范冲突问题,但是规范冲突往往蕴含着价值冲突,而价值衡量必然要考虑宪法原则和价值,那么就需要解释宪法。“法律适用协调”的出现意味着法院已经开始正视个案适用中的合法性与合宪性解释问题,而要解决这一问题,必须将其纳入合宪性审查视野之中。

2. 类案法律违宪的合宪性预审问题

法律违宪包括法律本身违宪与法律适用违宪两种类型,前者是指立法机关制定的法律规范普遍性的不符合宪法,后者是指司法机关适用的法律规范在个案事实的涵摄中未能获得合宪性裁判。而法院在个案适用法律过程中,可能碰到上述两种违宪情形,通过个案法律适用分歧协调机制可以发挥违宪预判功能。即法院不仅可以通过宪法解释预判法律适用过程中的合宪性问题,而且可以依据宪法初步判断既定的法律规范本身的违宪性问题。

在国家的法律规范体系中,“实质宪法,不仅可以决定立法的机关和程序,在某种程度上还可以决定未来法律的内容”。[③] 立法是相对滞

---

① [德]鲁道夫·冯·耶林:《法学是一门科学吗?》,李君韬译,法律出版社 2010 年版,第 87 页。

② 参见张翔:《基本权利的规范建构》,法律出版社 2017 年版,第 264 页。

③ [奥]凯尔森:《法与国家的一般理论》,沈宗灵译,中国大百科全书出版社 1996 年版,第 195 页。

后的，很难预见到未来社会的变迁，不可避免地会发生与宪法相抵触的情形。那么，在没有启动抽象的规范审查之前，法院可以预先通过宪法解释解决法律本身的违宪性问题。其实法院往往需要通过作为宪法解释的保全规则，排除适用违宪嫌疑的解释，并不是裁判法律违宪无效。如“楚建英与陈付良买卖合同欠款纠纷再审案”中，再审法院认为由于当时（2001年）的宪法已经确立了社会主义市场经济制度，保障了市场主体之间的交易自由，所以原审法院“依据国务院于1984年制定的《农副产品购销合同条例》（以下简称《条例》）认定当事人之间没有签订书面协议的购销行为无效”的裁定与宪法的精神和原则相冲突。[①] 再审法院进一步指出该《条例》深受计划经济的影响，不符合现行宪法精神，并依据宪法的精神和立法目的，认定当事人的购销协议有效。该案中法院尽管没有对《条例》作出违宪判断，也没有认定《条例》无效，但实际上，已经运用合宪性解释对《条例》的违宪性问题进行了分析，也解决了本案的法律适用争议。最终，通过排除违宪法律的适用，发挥法律本身违宪的预判功能。

再比如前文实证分析中提到的人身损害赔偿中死亡赔偿金认定标准城乡差异，导致“同命不同价”的法律规范违宪问题。司法解释关于城乡“同命不同价”的二元分立，以及各地人身损害赔偿标准的差异，严重影响到该类案件的平等公正对待。为了解决不公正的差别对待，近年来有公民向全国人大常委会提出审查建议，认为司法解释关于死亡赔偿金的城乡差异违反了宪法的平等保护原则。[②] 2021年1月，全国人大常委会法工委主任沈春耀作备案审查工作报告时指出，随着社会发展进步，国家提出城乡融合发展，城乡发展差距和居民生活水平差距将逐步缩小，城乡居民人身损害赔偿计算标准的差异也应当随之取消。[③] 当法律规范的合宪性问题未得到纠正时，司法实践中只能发挥法院的合宪性预审功能，来排除不合宪法律的适用。2019年9月2日最

---

① 具体案情参见王禹：《中国宪法司法化：案例评析》，北京大学出版社2005年版，第168页以下。

② 参见曹庆：《安徽农民一封信撼动“同命不同价”》，载《安徽新闻网——新闻晚报》2021年1月25日，第2版。

③ 参见沈春耀：《全国人大常委会法工委关于2020年备案审查工作情况的报告》，载《中国人大网》2021年1月21日，第1版。

高人民法院印发《关于授权开展人身损害赔偿标准城乡统一试点的通知》，授权各省、自治区、直辖市高级人民法院及新疆维吾尔自治区生产建设兵团分院，根据各省具体情况在辖区内开展人身损害赔偿纠纷案件统一城乡居民赔偿标准试点工作。上述司法改革有利于推动人身损害死亡赔偿金问题同案同判，维护法律适用统一。但是一致性并不是一成不变的，变化才是不可避免的，在设计法律所提供的机制时，就要确保我们的制度在情况发生变化时能够进行有效调节。[①] 城乡标准的"统合"与地域标准的"分殊"之边界如何把握？是否可以根据普遍性的经济发展规律与具体性的人均收入状况，来实现合理的区别对待？这些都需要在司法实践中进行合宪性调控。

宪法规范作为原则性指引，可以对法律规范的具体适用发挥控制作用，保证适用过程的合宪性。尽管司法者应该对宪法判断保持克制，优先考虑法律解释处理法律适用争议。但是普遍性的法律规范在个案适用过程中，如果严格按照法律的通常解释，可能无法满足个案正义的要求。而对法律作出合宪性解释，则可以协调个案的法律适用与宪法的冲突，进而实现个案正义。如"汪某诉沈某婚姻无效案"中，汪某与宋某因感情不和，经亲友调解私下解除婚姻关系，后宋某与沈某结婚并生育3个子女，且补办了结婚登记。宋某去世后，汪某诉至法院，请求判决宋某与沈某的婚姻无效。法院认为汪某与宋某已形成婚姻关系，虽经调解分居，但未经民政部门或法院解除婚姻关系，其婚姻关系一直存在。宋某与沈某虽以夫妻名义共同生活生育子女，且补办了结婚登记手续，但仍构成重婚，遂判决其婚姻无效。[②] 如果按《民法典》第1051条之重婚无效的规定，宋某与沈某的婚姻确属无效，但是该案中宋某与沈某均属善意，且补办了结婚证，并维持婚姻生活达40年。《宪法》第49条规定"婚姻、家庭、母亲与儿童受国家的保护"。该条不仅维护形式上的婚姻关系，而且保障实质上的婚姻家庭生活的稳定关系。法院在适

---

① 参见[美]克利福德·吉尔兹：《地方性知识：阐释人类学论文集》，王海龙、家瑄译，中央编译出版社2000年版，第275页。

② 参见《明媒正娶四十年，不料竟是"第三者"》，载江苏省宿迁市中级人民法院网，http://sqza.chinacourt.gov.cn/article/detail/2014/05/id/1288477.shtml，2020年6月1日访问。

用“重婚无效”的规定时,并没有考虑到男女双方长期共同生活的善意重婚这一特殊情况,尽管汪某与宋某的结婚证具有形式婚姻的表征,但宋某与沈某的长期共同生活却是婚姻的实质属性。所以法院机械地适用“重婚无效”的规定,明显违反《宪法》第 49 条的保护意旨。法院正确的做法应该是对“重婚无效”进行目的性限缩解释,将善意重婚且长期共同生活的情形排除在无效婚姻之外,实现法律适用的合宪性控制。所以法院在法律适用过程中,也可以发挥法律合宪性预判的矫正功能。

在同案同判过程中,类案的作用贯穿始终,需要加强对类案本身的监督。作为生效裁判的类案,种类庞杂、数量繁多,不可避免会出现违反法律、法规等规范性文件的情况,而且类案之间也可能相互抵牾。在法院的等级体系结构中,不容许出现裁判标准不统一的情形,可以通过备案审查制度,消除类案的违法裁判和彼此矛盾,建立有机协调统一的类案秩序。由于指导性案例和其他类案的发布主体和效力地位差异,应该按照不同的程序构造来设计相应的备案审查机制。

对于指导性案例,在性质上属于最高人民法院关于具体适用法律问题的个案性解释,应该接受全国人大常委会的备案审查。指导性案例的运行机制是以司法系统内部主导,从指导性案例的制发到适用整个程序,缺乏外部的监督制约,就会导致司法权力失控。如果缺乏清理、修正与变更指导性案例的制度规范,一旦下级法院将指导性案例作为类案援引形成惯习,容易危害法律统一适用。指导性案例的备案审查作为一种权力监督方式,实质上是立法机关对司法机关的监督权,有利于控制最高人民法院司法解释权力的规范运行。在规范依据层面,我国《立法法》第 119 条第 2 款和《各级人大常委会监督法》第 31 条均规定,最高人民法院作出的属于审判工作中具体应用法律的解释,应当自公布之日起 30 日内报全国人大常委会备案。最高人民法院作出的“具体应用法律的解释”,包括抽象性的司法解释和具体性的指导性案例,所以将指导性案例纳入全国人大常委会的备案审查范围,有明确的法律依据。

在启动程序上,指导性案例的备案审查可以分为要求审查和建议审查两种启动方式。对于要求审查,根据《各级人大常委会监督法》第 32 条第 1 款的规定,国务院、中央军事委员会和省级人大常委会、最高人民检察院都可以对最高人民法院作出的具体应用法律的解释同法律规定相抵触的，向全国人大常委会提出审查要求。在四大要求审查主体中，由于最高人民检察院是承担办理具体案件的国家机关，在职权行使过程中经常适用指导性案例，负有维护统一检察标准的责任，并且检察院还是法律监督机关，具有监督指导性案例正确解释和适用法律的义务，所以最高人民检察院是启动指导性案例备案审查的重要"守门人"。其他主体虽然不承担办理具体案件，但是在行使权力过程中可能遇到指导性案例与法律、法规等不一致的情形，这些主体负有维护各自领域法治秩序统一的职责，有必要赋予其启动指导性案例备案审查的主体资格。要求审查是法律为四大机关设定的强制性监督义务，原则上必须履行。但是《各级人大常委会监督法》第 32 条第 1 款规定的提请审查要求权是"可以"，而不是"应当"，这种授权规则意味着行为的可选择性和裁量性。未来可能的出路是赋予四大要求审查主体制定要求权行使细则，细化权力行使的条件、程序和责任。

对于建议审查，根据《各级人大常委会监督法》第 32 条第 2 款的规定，四大要求审查主体以外的其他国家机关和社会团体、企业事业组织以及公民认为最高人民法院作出的具体应用法律的解释同法律规定相抵触的，可以向全国人大常委会提出审查建议。对于审查建议提请资格的设定是开放的，并不以当事人的基本权利受到侵害为条件，更不要求建议主体与被建议的审查对象具有利害关系。赋予广大社会团体、组织和人民的建议审查权，体现了人民主权理念，有利于促进社会和公民对司法权力的监督。法院、检察院和行政机关是在司法和执法实践中适用指导性案例的重要主体，最容易发现指导性案例的合法性和合理性问题，是启动指导性案例备案审查的活力源泉。建议审查具体的程序构造，可以采用逐层提请的方式，由具体发现指导性案例问题的案件承办主体，逐层向上级机关提请建议，审查建议层转至四大要求审查主体之后，由后者直接转送全国人大常委会审查。对于社会团体、组织和人民的审查建议，如果是由于有利害关系的具体个案引起，可向办案机关提起审查建议，由后者层报审查；如果不具有利害关系，则可以直接向全国人大常委会提出书面审查建议。

在审查标准上，主要是合宪性审查、合法性审查、适当性审查与合案例性审查。合宪性审查包括两个方面的标准，在宏观方面，指导性案例要符合宪法的精神、原则和具体规定，以及党中央有关国家的路线、方针、政策和有关宪法问题的重大政治决定；在微观方面，指导性案例要符合宪法相关法、宪法的解释和宪法有关问题的咨询答复决定。尤其需要注意的是，社会主义核心价值观作为全国各族人民团结奋斗的共同思想基础，是宪法承认的价值共识，指导性案例要符合社会主义核心价值观，保证法律效果和社会效果的统一。合法性审查包括实体合法与程序合法两个维度，在实体合法维度，指导性案例对法律、法规等规范性文件的解释要符合立法目的和基本原则，避免在解释中产生歧义和法律冲突。当法律修改或司法解释出台之后，相应的指导性案例应该及时修改或废止。在程序合法维度，主要是审查指导性案例对法律的适用是否遵守正当程序。适当性审查也称为合理性审查，一方面要审查指导性案例是否不合时宜，防止相对滞后的指导性案例与社会现实的冲突。当社会的价值观念和具体情境发生变化时，应保证指导性案例的与时俱进，方能有效指导当下的司法实践。另一方面要考量个案的差异性因素，防止不当地限制和剥夺公民、法人和其他组织合法权益，或者增加公民、法人和其他组织义务，导致个案不正义。

对于其他类案，基于上下级法院之间的监督关系，上级法院可以对下级法院的类案进行管理性监督，本质上是司法监督权。在启动程序上，按照法院的层级构造，依次向上级法院提交备案审查。普通司法类案的启动方式分为主动审查和被动审查，主动审查是上级法院定期对下级法院的类案进行审查，通过行使监督管理权，来检查下级法院的类案是否存在适用法律不统一的问题。被动审查主要是事后审查，在类案适用过程中，法院或当事人发现类案存在法律适用问题，可以提交上级法院备案审查。在审查标准上，除了合宪性审查、合法性审查和适当性审查，还包括合案例性审查，主要是审查下级法院的类案是否符合上级法院的类案标准，维护类案秩序的统一。尤其是地方各高级人民法院的类案，要及时提交最高人民法院备案审查，防止不同地区法律适用不统一、差异化裁判标准不合理。由于地方高级人民法院具有统一本区域法律适用的职责，可以出台地方性司法类案备案审查工作办法。通过建立类案备案审查长效工作机制，执行灵活的类案退出制度，定期清理适用法律错误的类案，协调类案之间的冲突，统一地方司法裁判标准。

二、同案同判中合宪性预审的原则

虽然法院个案合宪性预审具有正当性，但是法院必须秉承审慎审查原则，遵守法律解释的方法和规则。由于宪法规范的开放性与抽象性、案件事实的流变性与个案法律适用的不确定性，解释者的自由裁量权可能被滥用。为了防止宪法解释僭越立法权，损害公民基本权利，必须明确法院个案合宪性预审的实体边界。只有在不得已必须通过合宪性解释才能解决类案法律适用问题时，才能通过宪法解释塑造裁判规范，最终为当事人权利救济提供适用依据。在人大立法体制下，法院个案合宪性预审的适用范围即是法院解释宪法的权力边界，因为法院并非在任何案件中都可以预审合宪性问题，也不能超越司法裁判权借合宪性解释活动行使宪法审查权，这些既是法院个案合宪性预审应当遵循的原则，也是法院宪法解释权的外部运行框架。

（一）同案同判中合宪性预审的个案性原则

法院的个案合宪性预审源自法院审判权，是法院运用法律裁判个案所衍生出来的对法律规范的解释和合宪性预审的权能。法院的合宪性预审活动不得脱离具体个案，且解释和预审的对象在于确保个案规范的合宪性，其裁判效力亦局限于个案裁判结果。

法院同案同判合宪性预审的个案性原则包括个案范围限定性、个案规范相关性和个案效力拘束性。法院法律合宪性预审的个案范围限定性是指，法院个案法律适用中的宪法解释是建立在个案的基础上，以具体案件中的法律适用与解释为限。“司法权概念的核心在于具体的争讼”，[1]法院基于当事人之间具体案件的纠纷，选择合适的法律作出约束当事人的裁判。通常情况下，法律规范的合宪与否更多发生在法律适用于具体案件事实的过程中。法院合宪性解释的权力边界不得超越具体的案件范围，因为法院一旦脱离个案对法律作抽象性审查，可能侵

---

① ［日］芦部信喜、［日］高桥和之：《宪法》，林来梵、凌维慈、龙绚丽译，清华大学出版社2018年版，第266页。

犯立法权,违反宪法配置的国家权力秩序。在司法审查实践中,面对立法问题,法院应该保持克制,避免不当侵犯人大在宪法范围内的事务,这也被称为法院的消极性美德,即法院不得针对立法提出抽象的建议或裁判。而且司法活动的被动性决定了,法院只能在收到案件诉讼请求之后才能行使审判职能。因此,法院的宪法解释依附于案件裁判过程中的法律适用阶段,如果超出个案适用的法律范围,法院并无提出合宪性疑问的功能优势。

个案规范相关性是指预审对象的范围与条件限制。首先,个案规范相关性要求被质疑不合宪的法律规范是与待决案件的裁判密切相关,只能是个案适用法律中的特定条文,不能是整部法律或泛指立法目的不合宪。如果相关的类案与该法条的适用密切相关,则该法条被质疑不合宪的情况下,法官可以将相关的类案一并提请审查。这不仅符合法院释宪的个案规范控制目的,能够有效保证个案法律适用与同案同判的合宪性,而且提升了预审的效率和针对性。其次,个案法律规范相关性要求被质疑不合宪的法律规范对于个案裁判十分重要。按照德国联邦宪法法院的判例,提出法律解释请求的法院应该表明,被质疑不合宪的法律规范在有效的情况下形成的结论是不同于该规范无效的情况,即可认为该规范在原始程序中是重要的。[①] 换言之,该法律规范的有效性对裁判结论至关重要,有效性的判断标准是该法律规范必须适用于争议案件。如果法院不适用被质疑违宪的法律规范,仍然可以适用其他法律规范裁判案件,那么该法律规范对个案裁判就不重要。另外,个案法律规范相关性还要求解释对象须是与个案适用的法律规范相关的特定宪法条款,法院无权对与个案适用法律无关的宪法文本作出解释。

个案效力拘束性是指在法院的具体宪法解释机制下作出的解释结论仅具有个别效力,只适用于特定的案件当事人,并不具有普遍约束力。因为法院对个案法律的审查是一种附随性的审查活动,其解释行为也是派生性的宪法解释权。法院在审理具体案件中只能进行个案法

① 参见[德]克劳斯·施莱希、[德]斯特凡·科里奥特:《德国联邦宪法法院地位、程序与裁判》,刘飞译,法律出版社 2007 年版,第 163 页。

律适用的合宪判断与选择,对于不合宪的法律可以消极地不予适用,但不能积极地宣告无效或撤销不合宪的法律。司法权的作用是解决具体事件中的争议,如果解释的效力扩大到一般性的范围,就相当于赋予了法院的消极立法者角色,超越了司法权本身的界限。[①] 在现行制度设计上,《宪法》第 67 条明确规定了全国人大常委会"解释宪法,监督宪法的实施"职责,作为法定释宪主体的全国人大常委会作出的宪法解释才具有最终效力。

(二)同案同判中合宪性预审的必要性原则

同案同判合宪性预审的运行前提在于穷尽法律救济,只有在依据法律难以得出客观公正的结论时,才有必要考虑合宪性解释和预审机制。法院个案裁判时必须首先考虑法律,而不能优先考虑宪法。合宪性解释是法律解释结果的选择标准,法院应秉持宪法判断的司法谦抑性。宪法规范在一国法律体系中具有最高的法律效力,但"宪法的优位性并不能推导出宪法的优先适用性,否则就等于摧毁了整个法律秩序"。[②] 作为部门法之法律规范在个案裁判中具有适用的优先性,根据法律规范即可解决类案纠纷就应该回避宪法判断。

从规范属性上,宪法规范尤其是基本权利规范是社会价值的法律化,代表着一国法律关系某一领域的核心价值与基础原则。部门法规范是宪法的具体化,详细规定了权利义务关系、行为模式与法律后果,是明确具体的行为规则。在规范的层级结构中,原则的内容是价值导向的,规则的内容是行动导向的,所以规则性的部门法规范相对于原则性的宪法规范具有更强的可适用性。法院在个案裁判中应该优先适用立法者制定的法律规范而不是宪法规范,否则恣意用宪与释宪将会导致架空部门法规范的风险,破坏法秩序统一。如果在个案裁判中缺乏明确的规则依据,法院应当最大限度地依据宪法的原则性指引解释部门法规范,为当事人提供规则救济。

在个案法律适用过程中,宪法作为原则性指引,发挥着个案法律适用的导控功能。宪法解释就是解决个案法律适用问题,并没有达到控

---

① 参见韩大元、张翔:《宪法解释程序研究》,中国人民大学出版社 2016 年版,第 106 页。

② 王锴:《合宪性解释之反思》,载《法学家》2015 年第 1 期。

制裁判结果的长臂功效。从我国司法实践来看，就有法院不考虑法律适用的优先性和依宪说理的可能性，直接把宪法作为法律解决当事人权利义务的依据。这种做法背离了合宪性预审的功能，违反了法律适用优先的基本原则。如在“五河县房地产管理局与朱永侠房屋租赁合同纠纷案”中，[①]法院仅依据《宪法》第 45 条规定的公民享有物质帮助权，裁定原保障性住房租赁合同有效。其实本案存在《廉租住房保障办法》《经济适用住房管理办法》《公共租赁住房管理办法》等规定可适用，在有明确部门法依据的情况下，法院直接适用宪法进行个案判断，不仅将宪法的权威拉下神坛，而且损害了普通法律的权利救济功能。

（三）同案同判中合宪性预审的可普遍化原则

可普遍化原则为类推适用奠定基础，为实现同案同判提供理论根据。可普遍化原则的实现，有利于保证裁判的正确性与提高裁判的一致性。按照佩雷尔曼的惯性原理，努力追求可普遍化是共同体的理想，该原则构成了人类智识生活与社会稳定的基础。[②] 可普遍化要求某项规范经由普遍实践的积累，方可得到人们的普遍认同。根据个案规范论的观点，司法判决本身虽然只是法律适用的一次性“个案”，不具备普遍性规范效力的特点，但是经由对法律的解释与具体化，实际上就是在形成一个规范。这种个案规范获得了法律的规范品格，可以对将来的案件事实发生效力，是对将来的案件事实中的问题所作出的一种准规范属性的普遍性预设。[③] 在类似案件裁判中，法官并不仅仅是在个案中适用法律，他还可能将类似案件中的裁判规则转化为一个可普遍化的规范，此即类案规范。类案规范是建立在个案规范的基础上的，透过案例类型的累积形成拘束力，对将来待决的类似案件可以发挥规范效果。在社会正义价值导控下，同案同判的合宪性预审要求同案同判尽可能得到可普遍化的实现。尽管裁判过程中的正当性偏离不一定能够保证类案规范的普遍化完全实现，但是可普遍化标准应该作为司法裁判理

---

① 参见安徽省蚌埠市五河县人民法院(2016)皖 0322 民初 613 号民事判决书。

② 参见[德]罗伯特·阿列克西:《法律论证理论》，舒国滢译，商务印书馆 2020 年版，第 222 页。

③ 参见吴从周:《法源理论与诉讼经济》，台北，元照出版公司 2013 年版，第 77 页。

性证立的程式。

同案同判可普遍化的构成要素是什么呢？大体而言，包括时间维度的外在惯习与空间维度的内在共识。从时间维度来看，同案同判是经过历史的沉淀与实践的积累，在社会生活事实中得到不断的实践与承认，从而形成普遍一致的行为规范。也就是说，在纵向的历史发展过程中，各种事实上的法律关系得到经验法则的确立，从而形成普遍遵守的惯习。基于外在惯习的客观事实，人类具有习惯性的模仿本能与对以前类似行为的遵从态度。法院的判决一以贯之地遵循相同的裁判思路，在很大程度上都是与之前的判决相符合的。随着长时间持续存在的各种同类判决的累积，同类裁判规范就会形成长期的反复实践的惯习。为了达到类案裁判的可普遍化，同案同判的合宪性预审要考虑不同历史时期的裁判观点是否一致，通过对不同历史时期的类案规范进行比较，审查当下的个案是否可以接受长期形成的惯习。从空间维度来看，同案同判的可普遍化受到社会内在共识的影响。社会内在共识是同案同判可普遍化的主观要件，社会普遍性接受和认同类似案件的裁判观点，就会形成社会共同体的内心确信，进而被视为符合社会正义的正确行为标准。同案同判的合宪性预审就要考虑类案规范是否代表了广泛的社会共识，是否符合经由宪法确认的核心价值。法律是一个民族共同体中的共同确信，所有的法律都具有民族的特质，它们都是民族精神的象征，透过内在潜移默化的力量，这种民族精神就形成了法律的民族确信。[①] 类案规范一旦要实现可普遍化，也就是共同体意志的体现与社会价值共识的凝结，而不得是法官个人意志的体现与司法价值的专断。

影响裁判的外在的客观惯习与内在的主观共识并不是孤立地起作用，经过最高人民法院的承认与公布，乃至立法者的确认，类似案件的裁判可以实现客观惯习与主观共识的连接，使类案规范获得更为正式的规范效力。例如，指导性案例是由最高人民法院从司法判决中挑选出来的类案，虽然本质上是一个个案，但是这种案件在社会生活关系中

① 参见[德]萨维尼：《当代罗马法体系Ⅰ：法律渊源·制定法解释·法律关系》，朱虎译，中国法制出版社2010年版，第20页以下。

反复出现,成为同类案件的典型类型。该类案件的裁判规范不仅是针对个案具有效力,而且可以普遍化为一般性类案规范。于是,最高人民法院通过法定程序,将司法裁判中重复实践并得到共同体确信的个案,确立为可普遍适用的指导性案例。

三、同案同判中合宪性预审的联动

由于全国人大常委会享有宪法监督与解释的终局判断权,能够以法定形式确立法律规范的合宪性秩序或不合宪处置方式,所以法院的个案宪法解释应当接受全国人大常委会的监督与控制。法院通过对法律规范的合宪性解释能够预审、筛选涉嫌不合宪的法律规范,并可启动移送审查程序,从而激活合宪性审查与宪法解释程序。基于《立法法》第 110 ~ 113 条的规定,有必要建立法院与人大常委会关于法律适用合宪性的"启动—预审—呈报—反馈"联动机制,保证法院的具体性宪法解释统合于全国人大常委会的宪法解释权之下。

(一)个案法律适用合宪性审查的双轨制

法院的合宪性预审程序发挥着人大合宪性审查的"过滤器"功能,可以避免大量的非宪法性争议案件涌入最高司法机关乃至宪法审查机关,从而有效甄别出实质性宪法争议案件。各级法院在法律合宪性预审过程中能够提供充足的宪法审查资源,激发提请审查的动力,缓解全国人大常委会的宪法解释权难以落实的困境,推动具体合宪性审查有效实施。由于我国法院并没有最终的宪法解释权,更没有宪法审查权,所以在制度构造上需要考虑与人大体制接轨。那么当个案难以作出合宪性解释时,亦即出现法律不合宪时,应该建立法院法律合宪性预审的程序控制机制,保证法院个案合宪性解释与人大抽象释宪的双轨衔接型宪法解释与审查体制有效运行。

作为推动具体合宪性审查的实践轨道,法院在时空上的优势有利于激活宪法实施的潜能。在时间维度,法院时刻面临着鲜活的个案,经常性地处理法律适用问题,能够发挥常态化的释宪功能。而全国人大常委会由于开会频次低、周期短、人员少,不具有释宪的功能优势。法院则可填补这一空缺,能够迅速解决法律适用纠纷,提升释宪的效率,缓解人大常委会释宪的压力。在空间维度,司法权的重要功能就在于,法官可以在立法机关的希望和预期经历了社会现实的检验之后再去作出判断。通过将立法政策与鲜活的社会事实勾连起来,更容易发现立法者事前无法预料的现实可能性,使法院有能力为国家进行第二次的思考。[①] 亦即法院的这种优势满足了社会发展对宪法解释的现实需求,消除了立法的空间阻隔与时间错位。同时,由于立法者无法及时修法补漏,法院可以发挥宪法规范的开放性特征,通过宪法价值的摄入,弥合法律规范与社会现实之间的矛盾,赋予立法者制定的法律规范鲜活的生命,使文本中的宪法变成"活的宪法"。

在我国当前的体制下,法院在个案审理中对涉嫌合宪性问题的法律规范没有决定权,但法院在解释与适用法律时,亦需要对法律规范是否违反宪法进行初步判断。法律规范在个案中的"具体适用"是合宪性效果得以显露的重要条件,而宪法的规范性和至上性决定了,不能放任此不合宪问题被最终落实于裁判结果之中。[②] 个案法律适用的选择和续造是解释者说了算,如果法院能够对所适用的法律作出合宪性解释,则依据合宪的法律裁判,反之则需提请人大释宪。德国的具体规范审查就要求普通法院将一个法律提交联邦宪法法院做出法律解释时,法官必须形成对于其将要适用的法律的违宪性的确信。[③] 也就是说,提出法律解释请求的法官必须阐明其认为法律合宪性问题的意见,这种事后的个案审查经验对我国有借鉴意义。亦即法律规范是否有合宪性疑义,尚需通过具体适用法律的法院的合宪性预审,对法律作出初步的合宪性查明之后,才能形成合宪性与否的确信。若法院的法律合宪性预审得出法律不合宪的初步结论,则提供具体的理由,呈报至全国人大常委会进行合宪性判断。于是,通过法院法律合宪性预审与全国人大常委会的合宪性判断的勾连,就打通了个案宪法审查程序。

---

① 参见[美]亚历山大·比克尔:《最小危险部门——政治法庭上的最高法院》,姚中秋译,北京大学出版社 2007 年版,第 123 页。

② 参见黄明涛:《最高人民法院与具体审查——合宪性审查要求权的制度建构》,载《中国法律评论》2020 年第 1 期。

③ 参见[德]克劳斯·施莱希、[德]斯特凡·科里奥特:《德国联邦宪法法院:地位、程序与裁判》,刘飞译,法律出版社 2007 年版,第 160 页。

(二)法院法律合宪性预审的启动与层报

法院在审理案件过程中遇到所适用的法律出现合宪性问题时,该如何建构合宪性判断程序是各国宪法审查的重要内容。首先,在法院法律合宪性预审程序启动之前,法院需要中止普通诉讼程序,待法律的合宪性疑义处理后再回头审理。无论是德国的具体规范审查,还是法国的合宪性先决机制,都要求普通法院先行中止原审程序,因为当事人的权利救济以准确适用法律为前提,只有法律适用正确才能保障当事人的合法权益。鉴于审判效率的考量,应该将中止的期限尽可能控制在较短的范围内。其次,对于启动主体,我国应该采取职权主义模式,由法院启动预审程序并提请审查。根据宪法审查目的差异,各国启动模式存在分歧。法国的合宪性先决程序主要是为了强化对基本权利的保障,所以赋予了主观权利属性,由普通诉讼的当事人提请审查。德国的具体规范审查更多的是为了保证个案规范的合宪性,所以由法院依职权提请审查。我国的法院合宪性解释主要目的在于解决个案法律适用问题,统一法律适用规则,而不是直接处理当事人的权利、义务和责任问题,难以达到控制裁判结果的功能。部门法解释才是直接处理个案中的权利问题,发挥权利救济功能。所以不宜采取法国合宪性先决模式中的当事人主义,而应该由各级法院依职权启动预审程序并提请审查。当然,如果当事人在案件审理过程中提出法律的合宪性疑问,可由法院统一受理并决定是否启动预审程序或提请审查。

法院法律合宪性预审程序启动之后,需要按法定程序层报至最高人民法院,由最高人民法院向全国人大常委会提出法律合宪性审查要求。法院法律合宪性判断的提请审查是否需要经过中间层报程序?德国的具体规范审查赋予各级法院独立的提请审查权,而法国的合宪性先决机制则要求层报至最高行政法院或最高司法法院,由后者提请宪法委员会审查。相较而言,后者符合中国的制度实践与功能需求。一方面,我国法院系统内部已建立起完备的案件请示制度,当下级法院遇有法律适用疑难问题时,可向上级法院请示,这为法院就法律适用过程中的合宪性问题层报至最高人民法院提供了实践样本。另一方面,最高人民法院关于法律适用分歧的司法文件,为法院法律合宪性疑义问题的层报提供了制度依据。前文提到的《法律适用分歧解决办法》规定,相关法律规范冲突问题应该逐级送请有权机关裁决。《统一法律适用意见》也明确规定了,最高人民法院统一法律适用标准的职能地位及各级法院法律适用分歧的层报机制。这些司法文件均为法院的层报程序背书。在《立法法》第110条和第111条设计的合宪性审查要求权的规范空间内,由下级法院逐层提请至最高人民法院行使合宪性审查要求权,更能激发法院释宪的动力,也有利于建立法院合宪性预审的过滤机制。而且最高人民法院掌握终极预审权,可以有效控制法律的统一适用以及保证宪法含义的稳定。具体操作程序为:下级法院对法律合宪性问题进行初步预审后,层报至最高人民法院复审,由最高人民法院对层报或自行发现的涉合宪性问题的法律规范进行终极审查。如果最高人民法院不同意法律合宪性的初步预审结论,应该说明理由并给出法律适用分歧处理意见,如果同意初步预审结论,则将案件呈报给全国人大常委会。

（三）人大法律合宪性判断的审议与反馈

最高人民法院将法律合宪性案件呈报给全国人大常委会后,应该由常务委员会工作机构分送宪法和法律委员会进行统一审议,并将审议结果告知常委会,最终由常委会作出法律合宪性判断决定。根据《立法法》第110～112条的规定,全国人民代表大会专门委员会负有审查法律规范合宪性的职责。而宪法和法律委员会入宪之后,根据全国人大常委会《关于全国人民代表大会宪法和法律委员会职责问题的决定》,宪法和法律委员会承担了开展宪法解释、推进合宪性审查、加强宪法监督等职责。所以宪法和法律委员会有权向全国人大常委会提出解释宪法的建议或草案,从而成为法律合宪性判断的主要审议机构。在审议过程中,应该强化释宪程序的民主化,“把对法律理论的理想要求扎根于一个‘宪法诠释者所组成的开放社会’的政治理想之中”。[①] 在我国代表机关主导的宪法审查制之下,释宪民主是政治民主的应有之义。所以人大可以容允法律规范的制定机关、最高人民法院、原审法院及其他代表团体或利益相关当事人参与审议程序,构建一个以宪法为

① ［德］哈贝马斯:《在事实与规范之间:关于法律和民主法治国的商谈理论》,童世骏译,三联书店2003年版,第274页。

中心的开放透明的法律商谈平台，多元主体在论辩程序中达成法律适用与宪法解释的共识。

全国人大常委会作出审查决定之后，可参照《立法法》第 113 条的规定，将审查决定及时反馈给最高人民法院，最高人民法院进一步逐层移送给原审法院，原审法院据此作出最终个案裁判。为了保证法秩序的安定性，全国人大常委会针对宪法的审议结论具有终局效力。回应性司法理论强调宪法审查的民主正当性，宪法阐释体制的民主正当性取决于审查过程的民主回应性。[①] 如果最高人民法院在终极预审过程中否定了原审法院的法律合宪性审查诉求或者是原审法院拒绝了当事人的法律合宪性预审请求，可以赋予当事人向全国人大常委会提出复审建议的异议权。一方面，单一的司法系统内部层报程序可能导致预审程序消极地应对法律合宪性问题；另一方面，依据《立法法》第 110 条第 2 款规定的审查建议权，启动当事人的审查建议程序，可以作为审查要求的补充，有利于充分发挥多元制度优势，保证个案法律适用得到全面有效的宪法监督。

总之，打通法院个案法律合宪性预审与人大抽象合宪性审查之间的通道，建立法院合宪性解释的程序控制机制，有利于维持人民代表大会制度下的立法权与司法权配置的宪制结构平衡，保证法律效力的统一性和宪法秩序的一致性。而且健全法院司法性解释与人大立法性解释有机结合的双轨型宪法解释体制，能够保证宪法解释的权威性和法律适用的统一性。在法院合宪性解释的轨道上，只有将程序设计运行到规范和导控法院个案法律适用的全过程，构建个案合宪性预审的筛选判断及决定程序、移送裁决与反馈程序等，才能确保同案同判中个案法律适用的合宪性。

---

① 参见［美］巴尔金：《活的原旨主义》，刘连泰、刘玉姿译，厦门大学出版社 2015 年版，第 242 页。

结　语

案例指导制度与同案同判都是为了实现司法公正目标的中国特色司法实践尝试,但是法律适用标准不统一与同案不同判却时有发生。同案同判是平等原则在司法领域的理论投影,该如何运用宪法价值填充“正义”的符号,让平等原则的躯壳成为赋有灵魂、筋骨和血肉的体格,是本书的核心议题。在法秩序统一视野中对同案不同判问题进行宪法透视,可以发现同案不同判的直接后果是危害平等保护原则,其内在原因是司法存在不公正,其外观表现就是法律适用不统一,其根本矛盾在于法律规范冲突或裁判价值分歧。本书立足于中国的司法实践与制度体系,在宪法思维的统摄下,以案例法治的规范构造为基本图谱,努力为同案同判的有效运行提供一套合宪性方案。

同案同判的规则构造事关司法正义的实现,需要放在宪法整合的规范等级体系和基本价值体系中通盘考量,建立中国案例法治体系。从宏观层面,在合宪性思维的导控下,将秩序理念和权利价值融入类案裁判中,可以实现宪法的原则和精神在个案与类案的法治实践中得到充分贯彻。具体而言,从形式正义角度,以审级制度和效力层级为支柱,搭建起以最高人民法院发布的指导性案例为一元、其他各级人民法院的案例为多级的类案规范等级体系,可以消除类案冲突与维护法治统一,保证类案秩序的明确性和安定性。从实质正义角度，将基本权利作为比较中项，建立以主体、行为和法益等权利要素为比较要点的系统性类案判断标准，由此实现类案标准的可普遍化，保护类案裁判中的基本权利。从程序正义角度，完善同判认定的内部效力规则、参照裁判的技术规则和同判适用的外部商谈说理程序，可以促进交往论辩的民主公正，保障类案裁判受到程序理性的控制。

在宪法的框架秩序下，同案同判涉及国家权力配置与公民权利保障，为了保证同案同判制度的合宪性运行，需要遵循宪法秩序下的体制边界和价值边界。人大立法是司法裁判的依据和限制，既定的宪法和法律规范划定类案裁判规则的边界，法院在类案裁判中对法律的解释和选择必须以尊重制定法为前提，不得违反法律规范的文义范围和明显的立法意图。依法独立行使审判权是重要的宪法原则，案例指导制度应该尽可能向“监督型”指导转型，同时推动同案同判的统一法律适用功能与个案裁判的裁量正义之间的平衡。在同案同判过程中，当社会事实发生多元变迁与法律规范出现适用冲突，而普通的法律解释与协调机制无法解决法律适用分歧问题时，宪法作为调适社会变迁与规范矛盾的原则性枢纽，可以通过法院与人大常委会的合宪性预审联动机制，确保类案裁判的合宪性。

法院作为解决法律纠纷的“守门员”，是法律适用分歧问题的终极判官。当下中国的宪法和法律统一实施任重而道远，如果能够借助个案的窗口，打通“个案—类案—法律—宪法”的连接和沟通壁垒，就能真正实现统一法律适用的宪制目标。